Träume
deuten

Träume
deuten

von

Rolf Faller

Buch und Zeit Verlagsgesellschaft mbH · Köln

ISBN 3-8166-9745-3

Titelfoto: Peter Udo Pinzer
Zeichnungen: Daniela Schneider, Frankfurt am Main
Die Ratschläge in diesem Buch sind vom Autor und vom Verlag sorgfältig
erwogen und geprüft, dennoch kann eine Garantie nicht übernommen werden.
Eine Haftung des Autors bzw. des Verlags und seiner Beauftragten für Personen-,
Sach- und Vermögensschäden ist ausgeschlossen.
Satz: Fromm Verlagsservice GmbH, Idstein
Druck: Ebner Ulm

1999946083X7 2635 4453

Inhalt

Inhalt

Vorwort

»Träume sind Schäume«, sagt der Volksmund – und irrt sich damit gewaltig. Spätestens seit 1900, als der geniale Wiener Psychoanalytiker Sigmund Freud seine Arbeit über die Traumanalyse vorlegte, wissen wir mit wissenschaftlicher Sicherheit, daß Träume in der Regel der Verarbeitung von Tageserlebnissen, der Scheinbefriedigung von Bedürfnissen, die Moral und Anstand verbieten, und der Erholung im Schlaf dienen.

Viele Träume enthalten mehr oder minder stark verschlüsselte Botschaften aus jenem Teil unseres Seelenlebens, der dem Wachbewußtsein verschlossen ist – dem Unbewußten. Und nach den neueren Erkenntnissen der Schlafforschung tragen die Träume im Kindesalter sogar mit zur Reifung des Gehirns bei.

Mit solchen wissenschaftlichen Erkenntnissen, so interessant und wichtig sie für den Fachmann auch sind, weiß der Laie natürlich wenig anzufangen. Er möchte vor allem wissen, was hinter den oft so verworren erscheinenden Träumen und Symbolen an Sinngehalt steckt und wie er diese Botschaften in seinem Alltag nutzen kann. Mancher muß auch erst davon überzeugt werden, daß er tatsächlich träumt, weil er sich morgens an nichts mehr erinnern kann. Diese Erinnerungsfähigkeit kann man gezielt trainieren.

Dieses Buch informiert umfassend über den Traumschlaf, seine Funktionen und die Bedeutung der Traumsymbole. Die verschiedenen Trauminhalte und der richtige Umgang mit ihnen werden ausführlich dargestellt. Der Schwerpunkt liegt dabei auf der Bedeutung der in Traumsymbolen verschlüsselten Botschaften, die uns das Unterbewußtsein vermittelt. Dem dient auch der umfangreiche lexikalische Teil, in dem die Grundbedeutungen der häufigsten Traumsymbole vorgestellt werden.

So wird das Buch zur praktischen Lebenshilfe, denn über die Träume lernen wir uns selbst besser kennen, können falsche innere Einstellungen korrigieren, Lebensprobleme besser lösen und richtige Entscheidungen treffen, hinter denen wir dann auch uneingeschränkt stehen. Traumdeutung ist ein Weg zur Selbstverwirklichung, zum besseren, gesünderen Leben im Einklang mit sich selbst.

Mit Hilfe der Anleitungen fällt es nach einiger Übung auch dem Laien nicht schwer, die Quellen seiner Lebenskraft und die Erfahrungen in seinem Unterbewußtsein über die Traumdeutung anzuzapfen. Zwar sind Träume immer von ganz persönlicher Bedeutung und lassen sich nicht pauschal nach den häufigen Inhalten der einzelnen Symbole deuten. Die Erfahrung zeigt aber, daß es oft genügt, mit einem allgemeinen Hinweis den roten Faden eines Traums zu finden, an dem man dann seine individuelle Aussage erkennt.

Leben im Einklang mit sich selbst bedeutet mehr Lebensfreude, innere Sicherheit und bessere soziale Kontakte. Deshalb gehört die Traumanalyse zur seelischen Hygiene genauso selbstverständlich wie die tägliche Pflege zur körperlichen Hygiene.

Die Träume beschäftigen die Menschheit nicht erst seit Sigmund Freud. Hinweise auf eine vorwissenschaftliche Traumdeutung fanden sich bereits in den Mythen, Sagen und Religionen der vorchristlichen Zeit. Die Überlieferungen reichen etwa bis ins 2. Jahrtausend vor Christus zurück und zeigen, daß das Phänomen der Träume die Menschen zu allen Zeiten faszinierte und ängstigte. Obwohl sich die moderne Traumarbeit in ihren Methoden kaum noch mit der antiken und mittelalterlichen Traumdeutung vergleichen läßt, bestehen doch noch mehr Beziehungen dazu, als man auf den ersten Blick glaubt. Deshalb lohnt sich ein kurzer Streifzug durch die Geschichte der Traumdeutung, ihrer Grundlagen und Entwicklungen, der zugleich ein Streifzug durch die Kulturgeschichte der Menschheit wird.

Geschichte der

In den antiken Hochkulturen der vorchristlichen Zeit am Mittelmeer, in Ägypten und Asien stellten Träume die Verbindung der Menschen mit den Göttern her. Im Traum übermittelten diese »höheren Mächte« dem Menschen ihre Botschaften, Befehle und Absichten, ließen ihn einen Blick in die Zukunft werfen oder in das Reich der Toten blicken. Träume trugen deshalb oft entscheidend zur Gestaltung der Religionen bei, man denke an die Bibel oder den Koran, und ihre Deutung blieb oft den Priestern vorbehalten, die häufig gleichzeitig Ärzte waren. Eine besondere Blütezeit erlangte die Kunst der Traumdeutung im antiken Ägypten. Die fragmentarisch erhaltenen *»Ägyptischen Traumbücher«* können als erste Versuche einer ganzheitlichen psychologischen Traumdeutung gelten und informieren in einer Art »Lexikon« über die Grundbedeutung vieler Traumsymbole.

Auch für die Assyrer und Babylonier waren Träume wichtig genug, um die Erkenntnisse darüber in Tontafeln einzuprägen und der Nachwelt zu erhalten. Besonders das *»Assyrische Traumbuch«* aus der Regierungszeit des Königs Hammurabi, dessen Name auch mit einer umfangreichen Sammlung von Gesetzestexten (*»Codex Hammurabi«*) verknüpft ist, verdient Beachtung, da es das gesamte Traumwissen in Mesopotamien zusammenfaßt.

Im antiken Griechenland versuchten große Ärzte und Philosophen, wie Aristoteles, Platon, Äskulap und der als Vater der modernen Medizin angesehene Hippokrates, die Traumdeutung nicht ausschließlich mystisch-religiös zu ver-

Traumdeutung

stehen, sondern auf ein wissenschaftliches Fundament zu stellen, wobei auch die Zusammenhänge zu körperlichen Vorgängen berücksichtigt wurden. Hippokrates nutzte die Träume darüber hinaus zur Diagnostik von Krankheiten, der »Gottarzt« Äskulap wendete sie im Rahmen seiner Schlaf-Traum-Therapien auch zur Behandlung an.

Manche Erkenntnisse der damaligen Zeit konnten auch im Lichte der modernen Traumforschung bestehen, andere verdeutlichen in ihrer Vermengung von genauen Beobachtungen und okkulten, teilweise kurios anmutenden Vorstellungen die Auseinandersetzungen zwischen Religion und Wissenschaft, die die Fundamente zum späteren Aufstieg der Naturwissenschaften legten.

In der islamischen Welt, deren bilderreicher Sprache die Symbolik der Träume besonders nahesteht, spielten die Träume eine zentrale Rolle in der Religion. Im Koran finden wir zahlreiche Träume und Visionen Mohammeds, die er als Botschaften Allahs in den religiösen Glauben einfließen ließ. Ähnlich wie im antiken Ägypten galt die Traumdeutung als eine Kunst, die vielfach nur von religiösen Lehrern ausgeübt werden durfte.

Schließlich finden wir auch beim »auserwählten Volk« Israel eine hohe Traumkultur mit anfangs streng religiösen Deutungen. Die Juden verstanden Träume als göttliche Weisungen. Wenn sie keine solchen Botschaften in einem Traum erkennen konnten, dann maßen sie ihm einfach keine weitere Bedeutung bei. Wer Träume deuten konnte, galt als heilig.

Allmählich entwickelte sich aber auch die israelitische Auffassung vom Traum-geschehen in Richtung auf eine mehr wissenschaftliche, individuelle Deutung. Träume mit göttlichen Botschaften galten als Ausnahme, als Wunder, in der Regel wurde der Traum ganz persönlich verstanden. Dabei berücksichtigte man schon bald die Lebensverhältnisse und Persönlichkeit des Träumers bei der Deutung und gelangte so zu Traumanalysen, die bereits den Keim der modernen Auslegung der Inhalte und Symbole in sich trugen.

Die Traumdeutung der Antike bis zum Beginn des Mittelalters erstaunt uns heute noch durch ihre zum Teil sehr fortschrittlichen Auffassungen. Wenn man sie vom religiös-okkulten Beiwerk befreit, erkennt man darin bereits die Ansätze der fast zwei Jahrtausende später von Freud entwickelten Traumanalyse.

Traumdeutung im Mittelalter

Im Vergleich zur Antike, die eine Art Grundlagenforschung betrieb und nach wissenschaftlicher Erkenntnis strebte, mutet das Mittelalter auch in bezug auf die Traumanalyse eher finster an. Aberglauben, Alchemie, Magie, Hexenwahn und die starren Dogmen des christlichen Glaubens standen dem naturwissen-schaftlichen Fortschritt im Weg und behinderten damit auch die Traum-forschung, wie überhaupt die Entwicklung der Psychologie zu einer eigenstän-digen Wissenschaft.

Der Traum im Mittelalter: göttliche Botschaft oder heidnisches Blendwerk

In diesem zwischen Christentum und antikem Okkultismus hin und her geris-senen Geistesklima des Mittelalters, überdies vergiftet durch die Angst vor der Inquisition, die alle neuen Denkansätze im Keim erstickte, konnte es eigentlich nur zwei Haltungen zum Traum geben: göttliche Botschaft oder heidnisches Blendwerk.

Trotzdem entstanden im Mittelalter zahlreiche Traumbücher, die teilweise auf den Einsichten der antiken Denker aufbauten. Allerdings reichte das immer nur bis zu dem Punkt, den die nahezu allmächtige Kirche zuließ. Aus dem Zusam-menhang mit der antiken Kultur gerissen, mußten diese Traktate über den Traum Stückwerk bleiben, das noch nicht einmal die bis dahin gesicherten Kenntnisse vollständig vermittelte.

Eine Wende trat erst mit der Renaissance ein, als man sich in der geistigen Armut jener Zeit wieder auf die antike (klassische) Kultur und Bildung besann, um dem Geistesleben wenigstens einige neue Denkstöße zu geben. Gleichzeitig begann – nicht zuletzt unter dem Einfluß der von Martin Luther und anderen im 16. Jahrhundert durchgesetzten Reformation – der wissenschaftsfeindliche Einfluß der Kirche zu schwinden, und an der Wende vom Spätmittelalter zur Neuzeit befreite sich auch die Traumforschung vom Mystizismus.

Im weiteren Verlauf der Entwicklung — insbesondere mit der Aufklärung, die nur noch Vernunft und Logik gelten lassen wollte — verfiel man dann leider ins andere Extrem. Träume wurden als Phänomene verstanden, die ausschließlich durch körperliche Vorgänge zustande kamen. Damit wurde ihre Erforschung der Medizin überstellt, die sich bis ins 19. Jahrhundert hinein fast nur noch um die körperlichen Ursachen und Auswirkungen der Träume kümmerte.

Die Sicht der Aufklärung: Träume als Reaktionen auf körperliche Vorgänge

Die moderne Traumwissenschaft

Natürlich konnte die einseitig auf körperliche Aspekte des Traumschlafs ausgerichtete Forschung, die mit dem Übergang vom Mittelalter zur Neuzeit begann, in keiner Weise zufriedenstellen. Vielmehr kamen bei dem krampfhaften Bemühen, die Träume allein aus physischen Vorgängen zu erklären, oft kuriose Vorstellungen heraus, die in nicht minder kuriosen Experimenten gewonnen wurden.

Die Medizin ahnte zu jener Zeit ja noch nichts vom Unbewußten als Quelle unserer Träume und hatte die okkulten, irrationalen Vorstellungen der Antike und des Mittelalters über Bord geworfen, obgleich sie manchmal der Lösung der Rätsel viel näher kamen.

Die Romantik, eine geistige Strömung in Kunst, Literatur und Philosophie zu Anfang des 19. Jahrhunderts, die als Reaktion auf das kraß auf Rationalität beschränkte Denken der Aufklärung besonders in Deutschland entstand, trug viel dazu bei, auch das Individuelle und Irrationale im Traum wieder zur Geltung kommen zu lassen.

Den eigentlichen Durchbruch zur modernen, wissenschaftlichen Traumdeutung verdanken wir aber dem Wiener Nervenarzt *Sigmund Freud* (1856 bis 1936), dem Begründer der Psychoanalyse, der beim Studium der Hysterie das Unbewußte entdeckte und die Träume als »via regia« (Königsweg) zur Erforschung dieses Seelenbereichs erkannte.

Seine Forschungsergebnisse baute er zur Psychoanalyse aus, die sehr viel mit der Deutung von Träumen arbeitet.

Freuds im Jahre 1900 veröffentlichtes Werk »*Die Traumdeutung*« wurde bahnbrechend für die moderne Traumforschung und bewies, daß Träume weder rein körperlich erklärt noch als mystische Botschaften höherer Mächte verstanden werden dürfen. Er ging vielmehr davon aus, daß jedem Traum die Funktion zukommt, verborgene Wünsche und Begierden (vor allem sexueller Art) symbolisch zu befriedigen, weil wir sie uns auf Grund unserer Erziehung und der moralischen Normen unserer Gesellschaft nicht hemmungslos befriedigen, oft nicht einmal vor uns selbst eingestehen können.

Grundlegend für die moderne Traumforschung: Freuds »Traumdeutung«

Wegen dieser sehr einseitigen Fixierung der Traumfunktionen auf sexuelle Wünsche, der wir auch in der Psychoanalyse allgemein begegnen, wurde Freuds Traumdeutung von seinen Nachfolgern angegriffen und verändert. Das kann die Bedeutung seiner Arbeit aber nicht schmälern, und das gilt für die Traumwissenschaft nicht weniger als für die Psychologie und Psychotherapie insgesamt.

Nicht alle Träume sind sexuell beeinflußt

Zum Teil erklärt sich seine einseitige Auffassung wohl auch daraus, daß zu seinen Lebzeiten sexuelle Frustrationen tatsächlich noch eine sehr große Rolle bei der Entstehung seelischer Krankheiten (Neurosen) spielten. Heute, da wir sexuell freizügiger geworden sind, leiden die Menschen mehr unter anderen Problemen, vor allem unter der vermeintlichen Sinnlosigkeit ihres Lebens. Auf diese Konflikte weiß die Psychoanalyse nicht immer die befriedigende Antwort. Nach wie vor sind sich aber alle Traumforscher darin einig, daß die Träume aus dem Unbewußten stammen.

Zu den namhaftesten Nachfolgern und Kritikern Freuds, die der Psychotherapie wie speziell der Traumdeutung neue Impulse gaben, gehören *Alfred Adler* (1870–1937) und *Carl Gustav Jung* (1875–1961), beide ursprünglich Mitarbeiter Freuds oder zumindest Anhänger seiner Lehre, die aber im Verlauf ihrer Forschungsarbeit zunehmend eigene Wege beschritten.

Für Adler steht nicht die Sexualität im Mittelpunkt der menschlichen Bestrebungen. In seiner Individualpsychologie geht er vielmehr davon aus, daß jeder Mensch ständig nach Macht und Geltung strebt und mit allen Mitteln versucht, sich den Beschränkungen der sozialen Ordnung zu entziehen. Daraus resultieren (vereinfacht ausgedrückt) die inneren Konflikte, die zu Neurosen führen. Sie kommen unter anderem auch in unseren Träumen zum Ausdruck, müssen analysiert und bewältigt werden.

Im Grunde geht Adler mit dieser Theorie zwar einen anderen Weg als Freud, aber auch seine Vorstellungen kranken an einer Einseitigkeit, der Fixierung auf den Geltungstrieb, die der Freudschen Fixierung auf den Sexualtrieb durchaus ebenbürtig ist.

Wie Adler lehnte auch Jung die Erklärung seelischer Konflikte und der Träume ausschließlich aus der Sexualität ab. Er begründete die komplexe Psychologie, in deren Mittelpunkt die Spannungen und Konflikte stehen, die sich beim Finden und Entfalten des eigenen Ichs ergeben. Sie schlagen sich auch in unseren Trauminhalten nieder.

Die Archetypen, uralte Symbole des kollektiven Unbewußten

Für Jung besteht das Unbewußte aber nur an der Oberfläche aus individuellen Inhalten. In der tieferen Schicht, die er als »kollektives Unbewußtes« bezeichnet, ruhen die allgemeinen menschlichen Urerfahrungen. Diese unbewußten Inhalte und Verhaltensweisen sind bei allen Menschen gleich, bilden die überpersönliche Grundlage der menschlichen Psyche. Das kollektive Unbewußte enthält urtümliche, seit alters vorhandene allgemeine Symbole, die sogenannten »Archetypen«.

Ihnen kommt vorwiegend kultisch-religiöse Bedeutung zu. In unseren Träumen spielen sie eine wichtige Rolle. Mit den Archetypen knüpft Jung wieder an die antiken Vorstellungen der Trauminhalte als übernatürliche Erscheinungen an, gibt dazu aber eine neue, wissenschaftlich akzeptable Erklärung.

Neben Freud, Adler und Jung, den »Klassikern« der Tiefenpsychologie und Traumanalyse, bemühten sich im Laufe der Zeit auch viele andere Fachleute darum, das Traumgeschehen zu erhellen, neue Wege zu gehen, um den Sinn der Träume zu erkennen. Es ist unmöglich, die zahlreichen Theorien und Varianten der hier beschriebenen drei klassischen Vorstellungen auch nur annähernd vollständig aufzuführen. Manche der neuen Theorien ergänzen einander sinnvoll, andere lassen sich nicht (oder noch nicht) miteinander vereinbaren. Die Traumforschung steht trotz der zahlreichen Erkenntnisse der letzten Zeit noch immer am Anfang. Die Ansätze reichen aber bereits aus, um Träume für die »seelische Gesundheitspflege« nutzbar zu machen, über sie den Weg zu sich selbst zu finden.

Das Gebiet der Träume ist noch weitgehend unerforscht

Bei allen höherentwickelten Tieren gehört der Schlaf zu den lebenswichtigen Grundbedürfnissen. Entzieht man einem Tier oder Menschen längere Zeit den Schlaf, dann tritt unweigerlich der Tod ein. Allerdings dauert es unterschiedlich lange, ehe der Schlafentzug ernste Folgen nach sich zieht, weil der Schlafbedarf individuell verschieden ist. Nach den Erkenntnissen der Schlafforschung wird regelmäßiger, individuell ausreichender Schlaf um so wichtiger, je weiter eine Art in ihrer Entwicklung fortgeschritten ist. Das gilt besonders für den Menschen, der sich auf Grund seiner geistig-seelischen Entwicklung über alle anderen Säugetiere erhebt.

Traumschlaf und

Gesteuert wird der Schlaf-Wach-Rhythmus durch zwei Gehirnzentren. Das *Hemmungszentrum* verhindert das vorzeitige Erwachen, das *Erregungszentrum* als Gegenspieler fördert das Aufwachen. Die Funktionen der beiden Zentren erkannte man vor allem an den Ausfallerscheinungen, die als Folgen von Erkrankungen oder Verletzungen des Gehirns in diesem Bereich auftraten. Wird nämlich das Hemmungszentrum zerstört, kommt es zur unheilbaren Schlaflosigkeit, die Zerstörung des Erregungszentrums dagegen erzeugt dauernde Benommenheit.

Neben diesen Schlaf-Wach-Zentren spielen aber auch verschiedene Stoffe im Blut und in den Geweben sowie die Sinneseindrücke eine Rolle. Das Blut enthält zum Beispiel Stoffwechselschlacken, die bei Arbeit anfallen, ferner im Einzelfall auch noch Giftstoffe (wie Alkohol, Arzneimittel, Koffein), die schlaffördernd oder -hemmend wirken. Außerdem wird die Blutbeschaffenheit durch äußere Einflüsse verändert, man denke an Sauerstoffmangel, Kälte und Wärme. Sinneseindrücke können den Schlaf stark behindern. Dies gilt besonders für Lärm und Geruchsreize. Die Sinnesorgane werden nämlich im Schlaf nie völlig abgeschaltet. Das ist eine Vorsichtsmaßnahme der Natur aus der Zeit, als der Mensch noch ohne feste Unterkunft lebte und ständig – auch aus dem Schlaf heraus – auf mögliche Gefahren reagieren mußte.

Bei Säuglingen ist der Schlaf-Wach-Rhythmus noch angeboren und deshalb bei allen weitgehend gleich. Der Säugling schläft durchschnittlich 20 Stunden am

Tiefschlaf

Tag. Mit zunehmendem Alter wird der Rhythmus von Wachen und Schlafen individueller. Schulkinder benötigen noch etwa 10–12 Stunden Schlaf, beim Erwachsenen beträgt das individuelle Schlafbedürfnis durchschnittlich 7 bis 9 Stunden. Manche Menschen kommen aber auch mit nur 4–8 Stunden aus oder fühlen sich erst nach 10 Stunden Schlaf ausreichend erholt. Eine feststehende Norm für die Schlafdauer Erwachsener gibt es nicht, da die innere Uhr den Schlaf-Wach-Rhythmus individuell steuert. Oft verfügen die Menschen, die mit erstaunlich wenig Nachtschlaf auskommen, allerdings über die Fähigkeit, sich mehrmals am Tag einige Minuten zwischendurch völlig zu entspannen. Danach fühlen sie sich so erholt wie andere erst nach ausreichend langem Schlaf. Diesen Kurzschlaf auf Kommando kann man erlernen, besonders gut durch das autogene Training.

Alte Menschen schlafen nachts oft deutlich weniger. Die Traumschlafphasen sind bei ihnen in jedem Fall wesentlich kürzer. Das führte zu der irrigen Annahme, daß der alte Mensch insgesamt mit weniger Schlaf auskommt. Tatsächlich unterliegt er aber dem gleichen Schlaf-Wach-Rhythmus (mit den individuellen Abweichungen) wie im Erwachsenenalter. Nur finden alte Menschen häufig nur noch 4–5 Stunden Nachtschlaf, weil altersbedingte organische Veränderungen (vor allem Arterienverkalkung mit gestörter Hirndurchblutung) den Schlaf behindern. Dafür »dösen« ältere Leute dann oft am Tag für einige Zeit.

Die nächtlichen Schlafphasen

Aufzeichnungen der Hirnaktionsströme durch das Elektroenzephalogramm (EEG) gaben den Schlafforschern wichtige Aufschlüsse über den Nachtschlaf. Sie vermittelten vor allem die Erkenntnis, daß er bei allen Menschen in verschiedenen Phasen abläuft. Diese können an der unterschiedlichen Aktivität des Gehirns deutlich im EEG unterschieden werden. Die Hirnstromkurven im Tiefschlaf weisen auf weitgehendes Ruhen der Hirnfunktionen hin, obwohl das Gehirn insgesamt natürlich nie »schlafen« darf, während die Hirnaktivitäten im Traumschlaf unter Umständen sogar noch stärker als im Wachzustand ausgeprägt sind.

Das Gehirn schläft nie vollkommen ein

Die meisten Menschen erleben jede Nacht zwei Tiefpunkte, den ersten gegen 22 Uhr und einen zweiten zwischen 2 und 3 Uhr morgens. Sie treten unabhängig vom Schlafbeginn auf. Wenn man den ersten Tiefpunkt überwindet, also noch einige Zeit wach bleibt, schläft man hinterher oft nur sehr schwer ein, und der Schlaf bleibt oberflächlicher, bis der zweite Tiefpunkt naht. Am Morgen fühlt man sich dann häufig unausgeschlafen, auch wenn man rein zeitlich betrachtet ausreichend lange geschlafen hat. Auf Dauer kann der versäumte Schlaf vor Mitternacht, den der Volksmund mit einiger Berechtigung als den besten bezeichnet, zu chronischem Schlafmangel führen. Allerdings erleben manche Menschen auch nur einen einzigen nächtlichen Tiefpunkt gegen Mitternacht oder bald danach.

Nach dem Einschlafen gelangen wir über leichten und mitteltiefen Schlaf bald in die 1. Tiefschlafphase. Sie dauert 90–120 Minuten. Anschließend nimmt die Schlaftiefe wieder ab, und die 1., ungefähr 10 Minuten dauernde Traumschlafphase beginnt.

Die nächste Tiefschlafphase dauert 90–110 Minuten und geht in die 2. Traumschlafphase über, die jetzt schon etwa 20 Minuten dauert.

Von nun an werden die Tiefschlafphasen immer kürzer, die Traumschlafphasen dauern dafür entsprechend länger. Die 3. und 4. Tiefschlafphase dauert nur noch je 1 Stunde, die 3. Traumschlafphase schon 30 Minuten, die 4. meist sogar 40 Minuten.

Die letzten beiden Schlafphasen richten sich nach dem Erwachen. Der Tiefschlaf dauert nochmals 30–60 Minuten, die letzte Traumschlafphase 10–70 Minuten. Sie endet gewöhnlich mit dem Aufwachen. An die letzten Träume kann man sich deshalb meist auch am besten erinnern.

Tief- und Traumschlafphasen wechseln sich ab

Diese Schlafphasen laufen bei allen Menschen annähernd gleich ab. Geringfügige Abweichungen – zum Beispiel nur je 4 Tief- und Traumschlafphasen – erklären sich aus dem unterschiedlichen Schlaf-Wach-Rhythmus. Wer regelmäßig nur 7 Stunden (oder weniger) schläft, kann naturgemäß nicht ganz so lange im Tief- und Traumschlaf bleiben wie derjenige, der 9 Stunden Schlaf braucht.

Funktionen des Tiefschlafs

Im Tiefschlaf werden viele Körperfunktionen, nicht zuletzt auch die im EEG zu beobachtenden Hirnaktivitäten, auf jenes Minimum reduziert, das zur Lebenserhaltung notwendig ist. Diese Umschaltung des Organismus auf »Sparflamme« erfolgt vorwiegend über das vegetative Nervensystem. Am Tag überwiegt darin der Einfluß des Sympathikusnervs, der Leistungen unter Energieverbrauch bewirkt, im Tiefschlaf tritt der Parasympathikus in den Vordergrund, der als Gegenspieler auf Aufbau und Speicherung von Energie ausgerichtet ist. Deshalb werden auch die Verdauungsorgane jetzt besser durchblutet, da sie aus der Nahrung Energie aufbauen, und die Körperwärme, die nur durch ständigen Energieverbrauch aufrechterhalten werden kann, sinkt ab. Wenn man sich nicht richtig zugedeckt hat, fröstelt man und holt sich gar eine Erkältung.

Der Herzschlag verlangsamt sich, der Blutdruck sinkt ab und kann unter Umständen (vor allem bei Arterienverkalkung) morgens zwischen 2 und 4 Uhr kritische Werte erreichen, die uns aus dem Schlaf aufschrecken lassen oder Alpträume erzeugen. Auch die Atmung wird langsamer und oberflächlicher. Alle Skelettmuskeln erschlaffen, nur gelegentlich kommt es noch zu groben Zuckungen der Glieder als Folge zentral-nervöser Entladungen in der Gehirnrinde. Im Gegensatz zur Ohnmacht bleiben im Tiefschlaf aber alle Reflexe erhalten.

Während die Pupillen sich hinter den geschlossenen Lidern verengen und gegen Reize der Umwelt weitgehend abgeschirmt werden, nehmen die Ohren weiterhin Sinnesreize auf und leiten sie zum Gehirn weiter. Für den im Freien lebenden Jäger und Sammler der Steinzeit konnte das lebensrettend sein. Allerdings erhöht sich die Reizschwelle für akustische Reize, wir wachen also nicht beim kleinsten Geräusch auf, sondern erst ab einem gewissen Lärmpegel. Inzwischen wissen wir aber auch, daß selbst schwache akustische Reize den Schlaf sofort unterbrechen können, wenn sie für uns von Bedeutung sind. Die Mutter nimmt auch im Tiefschlaf das leise Weinen ihres Kindes wahr, erwacht und kümmert sich darum, während ein Fremder durch das Weinen überhaupt nicht in seinem Schlaf gestört würde.

Wir registrieren akustische Reize aber auch dann, wenn sie nicht stark genug sind, um unseren Schlaf zu unterbrechen. So stellte man fest, daß der Schläfer auf die Nennung seines Namens deutlich reagiert, auch wenn dieser aus einer Liste von über 50 Namen vorgelesen wird, die alle keinerlei Reaktion hervorriefen. Das beweist, daß Geräusche den Schlaf immer stören können, auch wenn wir nicht erwachen. Unser Bewußtsein wird im Schlaf nämlich nur stark eingeschränkt, aber nie völlig aufgehoben.

Nach heutigem Wissen dient der Tiefschlaf vor allem der körperlichen und teilweise auch geistigen Erholung sowie dem Aufbau von Energiereserven für körperlich-geistige Anstrengungen des nächsten Tags. Der Traumschlaf dagegen spielt vor allem für unsere seelische Regeneration eine wichtige Rolle.

Schläfer reagieren auf individuell bedeutsame Geräusche

Traumschlaf – Urform des Schlafs

Der gesunde Mensch träumt jede Nacht. Das gilt auch für jene 5 Prozent Frauen und 15 Prozent Männer, die in Umfragen angaben, daß sie niemals träumen. Sie können sich nur nicht daran erinnern. Träume werden nämlich meist sehr schnell vergessen, wenn man die Traumerinnerung nicht konsequent trainiert hat. Weckt man den Schläfer innerhalb von 8 Minuten nach dem Ende eines Traums, dann erinnert er sich nur noch in 33 Prozent der Fälle daran, daß er geträumt hat. Sind mehr als 8 Minuten vergangen, dann sinkt die Erinnerungsquote rasch auf unter 5 Prozent ab. Deshalb werden wir uns in der Regel morgens nur noch an Träume erinnern, die kurz vor dem Aufwachen abliefen. Der Traumschlaf ist eine »Erfindung« der Natur für Lebewesen mit höherentwickeltem Gehirn. Niedere Tierarten, wie die Reptilien, träumen noch nicht. Regelmäßigen kurzen Traumschlaf beobachtet man erst bei den Vögeln. Je differenzierter das Gehirn einer Art entwickelt ist, desto häufiger und länger träumen ihre Vertreter.

Inzwischen steht fest, daß der Traumschlaf der Gehirnentwicklung dient. Deshalb schlafen Frühgeborene praktisch überhaupt noch nicht traumlos, und beim nicht vorzeitig geborenen Säugling macht der Traumschlaf noch rund 50 Prozent der gesamten Schlafdauer aus. Der Erwachsene, der ohnehin deutlich weniger als Säuglinge und Kleinkinder schläft, bringt es nur noch auf einen Anteil von etwa 20 Prozent Traumschlaf pro Nacht. Greise träumen im Durchschnitt zwischen 6 und 10 Prozent (30–50 Minuten) pro Nacht. Auf Grund dieser Erkenntnisse betrachten viele Schlafforscher den Traum als Urform des Schlafs bei hochentwickelten Säugetieren, zu denen auch der Mensch gehört.

Schon immer fragten die Schlafforscher sich, wodurch der Wechsel vom Tiefschlaf zum Traumschlaf gesteuert wird. Die Frage konnte erst vor kurzem wahrscheinlich gelöst werden.

Das Hormon Vasotocin ruft Träume hervor

Der Stoff, aus dem die Träume sind, ist schon seit einigen Jahrzehnten bekannt. Bisher wußte man aber kaum etwas von seinen Aufgaben. Es handelt sich dabei um das Hormon Vasotocin, das in der Zirbeldrüse des Gehirns gebildet wird und mit der Hirn-Rückenmark-Flüssigkeit (Liquor) bis ins Rückenmark gelangt. Dort kann man seine Konzentration relativ einfach messen.

Vasotocin ist im Körper nur dann nachweisbar, wenn man träumt. Besonders hohe Konzentrationen werden bei lebhaften, sehr bunten Träumen gemessen. Die Konzentration in der Zirbeldrüse und in der Hirn-Rückenmark-Flüssigkeit verringert sich beim Erwachsenen analog zu seiner verminderten Traumschlafzeit. Dem entspricht auch, daß die Zufuhr des Hormons von außen bei Kindern am stärksten wirkt, bei Erwachsenen aber nicht mehr so deutlich.

Vasotocin wirkt in der unvorstellbar geringen Dosis von 0,001 mg (1 mg = 1/1000 g), die in die Nase geträufelt wird und lebhafte Träume erzeugt.

Verstärkt wird seine Wirkung durch Gehirnzellen, die den hormonartigen Überträgerstoff Serotonin enthalten. Dieser leitet im Gehirn als Neuro-Transmitter Impulse von einer Zelle zur anderen weiter.

Nach neuen Erkenntnissen wissen wir, daß Serotoninmangel entscheidend zu Depressionen beitragen kann, die häufig von Schlafstörungen begleitet werden. Möglicherweise erklären sich diese aus der bei Serotoninmangel behinderten Wirksamkeit von Vasotocin.

Diese Ergebnisse langjähriger Forschungsarbeit wurden experimentell bereits zur Behandlung hartnäckiger Schlafstörungen mit gutem Erfolg genutzt. So gelang es zum Beispiel bei mehreren Versuchspersonen, durch geringe Mengen Vasotocin den gestörten Schlaf-Wach-Rhythmus zu normalisieren. Als natürliche Substanz erzeugt Vasotocin nach bisherigen Erkenntnissen weder unerwünschte Nebenwirkungen noch suchtartige Abhängigkeit. Der Schlaf wird auch nicht künstlich erzwungen wie durch chemische Schlafmittel, die zudem oft den Traumschlaf behindern, sondern kommt auf natürliche Weise zustande und ist deshalb auch erholsamer. So trägt die Traumschlafforschung vielleicht schon bald dazu bei, das Problem schwerer, chronischer Schlafstörungen zu lösen.

Äußere Merkmale der Traumschlafphasen

Traumschlafphasen erkennt man sicher an den veränderten Hirnstromwellen im EEG. Sie weisen auf eine erhöhte Aktivität des Gehirns hin, die manchmal die Aktivitäten im Wachzustand noch übertrifft, ohne daß der Träumer deshalb erwacht.

Charakteristisch für den Traumschlaf sind auch die mit Elektroden nachweisbaren raschen Augenbewegungen hinter geschlossenen Lidern, die sich deutlich von den langsamen Bewegungen im Tiefschlaf unterscheiden. Sie gelten inzwischen als so beweiskräftig, daß man den Traumschlaf nach den Anfangsbuchstaben von »rapid eye movement« (schnelle Augenbewegung) auch als REM-Schlaf bezeichnet. Erklärt werden die Augenbewegungen aus der Tatsache, daß Träume vorwiegend bildhaft ablaufen. Selbst Blinde träumen in Bildern, wenn sie nicht blind geboren werden oder vor dem 5. Lebensjahr erblindeten.

Interessanterweise stehen (zumindest bei manchen Träumern) diese Augenbewegungen mit den Trauminhalten in Beziehung. In Versuchen ermittelte man zum Beispiel, daß ein Schläfer, dessen Augen sich horizontal bewegten, im Traum ein Tischtennisspiel beobachtete, während ein anderer mit Bewegungen der Augen nach oben einem Bergsteiger im Traum zuschaute. Sekundäre, also nicht so beweiskräftige Merkmale des REM-Schlafs lassen sich aus den veränderten Körperfunktionen ableiten. Die Skelettmuskulatur erschlafft noch stärker als im Tiefschlaf, so daß sich sogar Wundstarrkrampfkranke noch entspannen, was im Tiefschlaf nie gelingt. Atmung und Puls werden beschleunigt, der Blutdruck verändert sich, bei Männern tritt eine Erektion des Glieds auf, und im Gesicht kann man Ausdrucksbewegungen wahrnehmen, die in Beziehung zum Traum stehen.

Beim Träumen bewegen sich die Augen hinter geschlossenen Lidern

Erholungswert der Träume

Während der Tiefschlaf vor allem für die körperliche und teilweise auch noch für die geistige Erholung zuständig ist, sind unsere Träume hauptsächlich für die seelische Gesunderhaltung unentbehrlich. Bei Säuglingen und Kleinkindern dienen sie außerdem der Gehirnentwicklung, also den geistigen Funktionen.

Wir erkennen den Erholungswert des Traumschlafs heute wahrscheinlich noch nicht ganz genau. Interessant sind in diesem Zusammenhang aber verschiedene Beobachtungen der Traumforscher. Sie stellten unter anderem fest, daß man im Traumschlaf nicht plötzlich aufschreckt oder gar umhergeht (Schlafwandeln), nicht redet, keine epileptischen Anfälle erlebt und sich (bei entsprechender Neigung zum Bettnässen) nicht einnäßt. Auf die vertiefte körperliche Entspannung, die selbst bei Wundstarrkrampf noch im Traumschlaf beobachtet wird, wiesen wir bereits hin. Alle diese nur für den Traumzustand gültigen Phänomene deuten an, daß diesen Schlafphasen ein beträchtlicher Regenerationseffekt zukommt.

Beim Träumen werden Erlebnisse verarbeitet

In vielen Träumen befaßt sich das Unterbewußtsein mit unerledigten Resten des vorangegangenen Tages oder der jüngeren Vergangenheit des Träumers. Dabei werden Enttäuschungen, Konflikte und Probleme gelöst und verarbeitet. Zwar handelt es sich dabei in der Regel um Scheinlösungen, aber sie können das Seelenleben doch wenigstens vorübergehend entlasten. In dieser Zeit treten vielleicht die seelischen Selbstheilungskräfte in Aktion und können seelische Störungen und Spannungen abbauen.

Manchmal finden wir in Träumen sogar echte Lösungen für Fragen, die uns im Alltag beschäftigen, oder sie regen uns zu künstlerischen Leistungen an. Bekanntestes Beispiel dafür ist wohl die Entdeckung des Benzolrings, die dem Chemiker Kekulé buchstäblich im Traum einfiel (wenn auch in symbolisch verschlüsselter Form), nachdem er sich vorher lange Zeit mit dieser Problematik beschäftigt hatte.

Im Traum werden alle Gesetze von Zeit und Raum, von Moral und Vernunft aufgehoben. Deshalb können wir viele verborgene Wünsche, Begierden und Triebe scheinbar befriedigen, die wir normalerweise nicht auszuleben, vielleicht noch nicht einmal vor uns selbst einzugestehen wagen. Sogar im Traum erfolgt die scheinbare Befriedigung häufig nur in symbolischer Form, weil unser Über-Ich (Gewissen) nur bis zu einem gewissen Grad zu Zugeständnissen bereit ist. Die Traumbefriedigung dient auch hier der Entlastung des Seelenlebens von Spannungen, Konflikten, gestauten Gefühlen und Trieben, die sonst das innere Gleichgewicht erheblich stören. Im Gegensatz zu Freud geht man in der modernen Traumforschung nicht mehr einseitig davon aus, daß hinter solchen Spannungen und Stauungen ausschließlich sexuelle Probleme stehen. Das kann der Fall sein, aber man muß auch an andere Ursachen denken. Schließlich können wir uns im Traum an viele Ereignisse erinnern, die im Wachzustand schon lange vergessen sind. Sie können im Traum gleichzeitig aufgearbeitet werden, so daß eine innere Entlastung und Entspannung eintritt, die erholsam auf unsere seelische Ausgeglichenheit wirkt.

Der Traumschlaf trägt auf Grund dieser wichtigen Effekte entscheidend zu unserer seelischen Harmonie bei, auch wenn seine symbolischen Inhalte überhaupt nicht gedeutet werden. Mit Hilfe der Traumanalyse, zu der dieses Buch anleitet, kann dieser Erholungswert noch weiter gesteigert werden.

Traumschlaf ist wichtig für seelische Harmonie

Folgen des Traumschlafentzugs

Wenn man ein oder zwei Nächte nicht ausreichend geschlafen hat, macht sich das meist deutlich durch verminderte Leistungsfähigkeit, Konzentrationsstörungen, Abgespanntheit und zunehmende Müdigkeit bemerkbar. Der Organismus zwingt uns meist dazu, den versäumten Schlaf nachzuholen. Dabei werden auch die verlorenen Träume nachgeholt.

Versuche im Schlaflabor ergaben, daß der Traumschlaf für die Erholung im Schlaf wahrscheinlich sogar wichtiger als der Tiefschlaf ist. Man ließ freiwillige Versuchspersonen zeitlich ausreichend lange schlafen, weckte sie aber jedesmal auf, wenn die raschen Augenbewegungen auftraten. Auf diese Weise erhielten sie genügend Tiefschlaf, der Traumschlaf aber wurde unterdrückt. Die Folgen der versäumten Träume traten bereits nach zwei Nächten in Erscheinung. Die Betroffenen litten am Tag vor allem unter Angstzuständen und Gereiztheit. Ließ man sie danach wieder ungestört schlafen, wurden die versäumten Träume in den folgenden Nächten nachgeholt.

Besonders deutlich wird das Nachholbedürfnis bei Alkoholabhängigen während der Entziehungskur. Alkohol behindert – ähnlich wie bestimmte Schlafmittel – den Traumschlaf erheblich. Das gilt nicht nur bei Alkoholikern, auch nach gelegentlichem Alkoholkonsum kommt es zu dieser Behinderung des Träumens. Dann können die versäumten Träume aber in den folgenden Nächten nachgeholt werden.

Der Alkoholkranke, der dauernd unter Alkohol steht, kann das aber nicht. Nach dem Absetzen seines Suchtmittels im Rahmen einer Entziehungskur in der Klinik brechen die versäumten Träume durch. Unter Umständen beträgt der Traumschlafanteil am gesamten Nachtschlaf zu Beginn einer Entziehungskur bis zu 90 Prozent. Dabei sind die Träume oft sehr lebhaft, bunt und angstbeladen. Erst allmählich normalisiert sich das Verhältnis von Traumschlaf und Tiefschlaf.

Dauernd gestörter Traumschlaf, der nicht ausreichend nachgeholt wird, kann zu Tagträumen führen. Die Betroffenen leiden dann unter kurzen Ausfällen des Bewußtseins, weil Träume in den Wachzustand durchbrechen – am Steuer eines Fahrzeugs oder an einer Maschine am Arbeitsplatz unter Umständen ein lebensgefährlicher Zustand. In schweren Fällen treten als Folgen des entzogenen Traumschlafs auch Sinnestäuschungen (Halluzinationen) und wahnartige Zustände bis hin zu Psychosen (Geisteskrankheiten) auf. Alle diese Folgen zeigen uns, wie wichtig Träume für unsere Gesundheit sind.

Tagträume können gefährlich werden

In seinem Standardwerk über die Traumdeutung bezeichnet Sigmund Freud die Träume als »via regia« (Königsweg, also Hauptweg) zum Unbewußten. Deshalb können wir uns in den Träumen wie in einem Spiegel erkennen und besser verstehen. Unsere Träume entspringen dem Unbewußten, umfassen aber alle drei Bereiche des Seelenlebens, nämlich Ich (Bewußtsein), Über-Ich (Gewissen) und Es (Unbewußtes). Von dieser Gliederung des Seelenlebens, die Freud begründete, gehen die meisten Richtungen der Psychologie auch heute noch aus.

Träume als »Spiegel«

Es kann nicht Aufgabe dieses Buchs sein, die Grundlagen der Psychologie und Psychotherapie ausführlich darzustellen. Da die Träume dem unbewußten Bereich der Psyche entspringen, auch wenn Inhalte des Bewußtseins und Über-Ichs darin ebenfalls zum Ausdruck kommen, wollen wir uns damit begnügen, das Unbewußte genauer zu untersuchen. Als Unbewußtes (Unterbewußtsein) bezeichnet man jenen Bereich der Psyche, zu dem wir im Wachzustand normalerweise keinen Zugang haben. Trotzdem stammen daraus wesentliche Impulse für unser Denken, Fühlen, Handeln und Verhalten, ohne daß wir uns dessen bewußt werden.

Ins Unbewußte verdrängen wir Enttäuschungen und andere, meist mit negativen Gefühlen besetzte Erfahrungen unseres Lebens. Dadurch verschwinden sie aus unserem Bewußtsein, geraten scheinbar in Vergessenheit. An Einfluß verlieren sie aber nicht. Vielmehr treten sie »maskiert«, das heißt in anderer Form wieder auf.

Sie erzeugen Gefühle, Vorurteile und Ängste, bestimmen unser Denken und Wollen mit und lenken unser Verhalten in einer Weise, über die wir uns bewußt keine Rechenschaft ablegen können, die uns oft selbst vollkommen unverständlich bleibt.

Typisch sind zum Beispiel unangemessen starke, manchmal explosive Reaktionen auf minimale negative Erlebnisse des Alltags, die normalerweise nicht der Rede wert sind. Wir können uns diese übersteigerten Reaktionen selbst nicht

der Seele

erklären, denn die Ursachen berühren einen wunden Punkt in unserem Unbewußten, vielleicht eine frühere Enttäuschung oder angstbeladene Situation (oft
aus der Kindheit), die wir damals nicht verarbeitet, sondern ins Unbewußte
verdrängt haben. Die unangemessen heftige Reaktion auf aktuelle Erlebnisse,
die in irgendeiner Weise auf diesen wunden Punkt unserer Vergangenheit zielen,
verdeutlicht uns, wie stark die scheinbar vergessenen negativen Erfahrungen der
Vergangenheit in uns noch wirksam sind und unser gegenwärtiges Dasein
mitbestimmen. Solche Beispiele für den Einfluß des Unbewußten auf unser
Leben könnten Bücher füllen.

Das Unbewußte ist aber keineswegs nur der »Mülleimer« für negative Lebenserfahrungen. Aus ihm stammen auch positive Energien, zum Beispiel die Antriebe, Ideale und Lebensziele, unsere Kreativität (künstlerische Leistungen
lassen sich fast immer teilweise aus dem Unbewußten ableiten) und die Kräfte,
die uns zu Höchstleistungen beflügeln und unser Leben positiv gestalten. Solange wir nichts von den Inhalten unseres Unterbewußten wissen, mangelt es uns
an Selbsterkenntnis.

Das steht der Selbstverwirklichung im Weg, die zu den Grundbedürfnissen jedes
Menschen gehört. Zwar können auch die unbewußten Inhalte unseres Wesens
durch ihren Einfluß auf das bewußte Streben und Verhalten im Leben die
individuell angemessene Richtung geben, gezielter und wirksamer lassen sie
sich aber einsetzen, wenn sie uns bewußt werden.

Negative Inhalte des Unbewußten führen zu Neurosen und ähnlichen seelischen Erkrankungen. Leichtere seelische Störungen dieser Art lassen sich oft durch vertiefte Selbsterkenntnis abbauen. Was uns bewußt wird, verliert seinen negativen, krankmachenden Einfluß auf das Leben. Wenn die Selbsterkenntnis nicht gelingt, muß mit der professionellen Unterstützung eines Therapeuten der Einfluß des Unbewußten analysiert werden. Dabei tauchen die verdrängten seelischen Inhalte schließlich wieder auf, können nachträglich abreagiert und verarbeitet werden und verlieren dadurch dann ihren störenden negativen Einfluß auf unser Leben.

Eine Chance für bessere Selbsterkenntnis

Als »Spiegel« der Seele, in dem wir die unbewußten Inhalte unseres Seelenlebens ebenso wie Normen und Wertvorstellungen unseres Gewissens und bewußte Absichten, Erwartungen und Einstellungen mit ihren Wurzeln im Unbewußten erkennen, verhelfen uns die Träume zur vertieften Selbsterkenntnis und Selbstverwirklichung im Einklang mit uns selbst.

Wir lernen aus der Selbstdeutung von Träumen zu verstehen, warum wir so sind, wie wir sind, und welche Entwicklungsmöglichkeiten in uns ruhen, von denen wir bisher gar nichts wußten.

Wir erfahren, wie wir unser Verhalten im realen Leben gestalten können und sollten, um Probleme und Konflikte zu lösen, Absichten und Ziele zu verwirklichen, unser Leben positiv zu gestalten.

Und wir erkennen, welche Gefahren und Hindernisse auf unserem weiteren Lebensweg auftauchen, die sich aus unserer Persönlichkeitsstruktur oder unseren nicht im Einklang mit den Inhalten unseres Selbsts stehenden Verhaltensweisen und Bestrebungen ergeben.

Traumdeutung als Weg des Menschen zu sich selbst beinhaltet immer praktische Lebenshilfe.

Aus Selbsterkenntnis im Spiegel der Träume resultiert Selbstverwirklichung, die uns hinführt zum individuell richtigen Lebenssinn. Gerade heute, da immer mehr Menschen am Sinn ihres Lebens zweifeln, weil sie nicht mehr im Einklang mit sich selbst leben, gehört die Traumanalyse zu den wichtigsten Selbsthilfemethoden, die uns den Weg aus der Existenzangst und vermeintlichen Sinnlosigkeit unseres Lebens weisen.

Dabei hat Selbstverwirklichung nichts mit Egoismus zu tun, der ohnehin zu Unrecht pauschal als negativer seelischer Inhalt betrachtet wird. Tatsächlich sind wir alle bis zu einem gewissen Grad Egoisten, das gebietet uns schon der Selbsterhaltungstrieb.

Wer frei von egoistischen Bestrebungen erscheint, ist entweder ein Heuchler oder fürchtet die Reaktionen der Umwelt, wenn er seinen egoistischen Bedürfnissen freien Lauf ließe.

Beides läßt sich mit seelischer Gesundheit auf Dauer nicht vereinbaren. Der »normale Egoismus«, der auch bei der Selbstverwirklichung zum Tragen kommt, ist keineswegs asozial, im Gegenteil. Die sozialen Beziehungen zu Menschen, sie sich selbst kennen und einigermaßen im Einklang mit sich selbst leben, können sehr viel besser sein als die zu jenen Menschen, die sich ihre persönlichen Bedürfnisse immer wieder verbieten, sie verdrängen, weil sie vor der Selbsterkenntnis die Augen verschließen, damit aber letztlich den Einflüssen ihres Unterbewußtseins um so mehr ausgeliefert sind.

Quellen der Trauminhalte

Die Inhalte unserer Träume stammen aus verschiedenen Quellen. Davon hängt zum Teil auch ihre Bedeutung ab. Die aufschlußreichsten Träume wurzeln in den vielfältigen Erfahrungen unseres Lebens. Sie können bis in die früheste Kindheit zurückreichen und längst aus unserer Erinnerung verschwunden sein. Das Unterbewußtsein vergißt nichts. Im Traum treten die Erfahrungen in Bildern wieder hervor, ohne daß wir sie auf Anhieb als Erinnerung an frühere Erlebnisse erkennen. Zum Teil sind sie noch mit aktuellen Lebensumständen verknüpft. Dann fällt es meist besonders schwer, den Bezug zur Vergangenheit wahrzunehmen.

Traumerinnerungen stehen oft auch in Zusammenhang mit einer anderen wichtigen Traumquelle, der Triebwelt. Sie umfaßt Bedürfnisse und Bestrebungen, die man in der Realität unterdrückt, häufig auch vor sich selbst insgeheim nicht eingesteht. Die Befriedigung wird versagt, nur im Traum können solche Triebe symbolisch abreagiert werden. Dabei treten neben der symbolischen Befriedigung auch Erinnerungen an frühere Erfahrungen mit den Trieben und ähnlichen Bedürfnissen (meist Enttäuschungen und Konflikte) auf. Auch aktuelle Frustrationen (Enttäuschungen, Versagungen) von Gefühlen und Bedürfnissen können mit der Erinnerung an frühere Enttäuschungen verbunden im Traum auftauchen.

Im Traum können unterdrückte Bedürfnisse symbolisch abreagiert werden

Trauminhalte entspringen aber auch Quellen außerhalb unserer individuellen Erfahrungen und Triebe. Sie beruhen dann auf dem von *C. G. Jung* entdeckten, der Menschheit insgesamt gemeinsamen kollektiven Unbewußten, dem wir auch in den Märchen und Mythen der Völker begegnen.

Erlebnisse des Alltags bilden eine weitere Grundlage vieler Träume. Sie tauchen in mehr oder minder stark verschlüsselter Form auf. Dabei handelt es sich oft um Eindrücke, die wir im Tagesbewußtsein überhaupt nicht richtig aufgenommen haben. Erst im Traum steigen sie empor und verbinden sich mit anderen, vielleicht wirklich wichtigen Trauminhalten zu einer schwer durchschaubaren Mischung (siehe auch Traumverschiebung, Seite 29). Über dem ablenkenden Alltagseindruck, dem keine besondere Bedeutung zukommt, wird der eigentlich bedeutungsvolle Trauminhalt dann leicht übersehen.

Zum Teil entspringen unsere Träume körperlichen Vorgängen im Schlaf. Da wir im Traum weitgehend von der Außenwelt abgewandt sind, werden Reize aus dem

Körper viel intensiver wahrgenommen als im Wachzustand. So kommen auch vorerst noch diskrete Störungen körperlicher Funktionen zum Ausdruck, die wir im Alltag überhaupt noch nicht bemerken. Sie werden mit in viele Träume eingebaut. Wahrscheinlich erklärt sich daraus zum Teil, weshalb Träume beginnende Krankheiten in einem sehr frühen Stadium ankündigen, noch ehe sie deutlichere Symptome hervorrufen. Man sollte diese warnenden Krankheitsträume ernst genug nehmen, um eine gründliche Untersuchung zu veranlassen, ehe die Erkrankung spürbar zum Ausbruch kommt.

Warnende Krankheitsträume sollte man ernst nehmen

Eine letzte wichtige Traumquelle bilden die Reize aus der Umgebung des Schläfers. Gehirn und Sinnesorgane werden ja im Schlaf nie vollständig ausgeblendet. Sie nehmen sehr wohl Reize der Umwelt auf und beurteilen sie, nur wird dabei gewöhnlich der Schlaf nicht unterbrochen. Sie können aber verschiedene Träume auslösen, die uns vielleicht zu Bewegungen veranlassen oder sogar aufwecken.

Träume sind oft aus den Inhalten verschiedener Quellen zusammengesetzt. Wichtiges steht neben Unwichtigem, das die Traumanalyse erheblich erschweren kann. Deshalb darf man den Inhalt eines Traums nie mit seinem Sinn gleichsetzen. Als *Trauminhalt* bezeichnet man nur das tatsächliche Traumgeschehen, hinter dem sich mehr oder weniger verschlüsselt der eigentliche Sinn des Traums *(Traumaussage)* verbirgt.

Traumarbeit und Traumgewissen

Das Traummaterial aus den verschiedenen Quellen wird zu einem vollständigen Traum zusammengefügt, der vorwiegend aus Bildern besteht. Er entzieht sich jeder Logik und allen Gesetzen von Zeit und Raum. Deshalb wirkt er oft phantastisch, vielleicht sogar chaotisch. Solange wir träumen, fällt uns das aber nie auf. Erst später im Wachzustand, wenn wir uns an den Traum erinnern, erscheint er uns dann unvernünftig oder unsinnig. Das Zusammenfügen von Traummaterial zu einem Traum wird als *Traumarbeit* oder *Umdeutung* bezeichnet. Als Ergebnis dieser Traumarbeit entsteht die *Traumentstellung*. Daran ist auch das Traumgewissen als eine Art »Zensor« beteiligt. Traumarbeit, -entstellung und -zensur sind unentbehrlich für die Funktionen der Träume.

Das Traumgewissen zensiert das Traummaterial

Die symbolisierende Entstellung des Traummaterials (Chiffrierung) ist mit vom Alter des Träumers abhängig. Kinder träumen im allgemeinen noch wenig verschlüsselt. Die Entstellung der Träume nimmt erst jenseits der Pubertät deutlich zu, wird also maßgeblich durch die Erziehung zur Befolgung gesellschaftlicher Normen und Wertvorstellungen gesteuert.

Je stärker ein Mensch von diesen Werten und Normen gelenkt wird, je mehr er sich ihnen angepaßt hat (um den Preis eines Teils seiner Individualität), desto mehr wird das Traumgewissen seine Träume zensieren, damit sie nicht allzu offen von den bejahten Werten und Normen der Gesellschaft abweichen. Der Zeitpunkt der Pubertät, mit der diese Entstellung verstärkt auftritt, ergibt sich aus der Tatsache, daß unsere Zivilisation vor allem die in dieser Zeit erwachenden sexuellen Bedürfnisse am stärksten beschneidet und reglementiert. Deshalb träumen auch Frauen insgesamt verschlüsselter als Männer, da ihre Sexualität über Jahrhunderte hinweg wesentlich stärker als die der Männer eingeschränkt und unterdrückt wurde.

Zwar hat sich daran in der modernen Industriegesellschaft viel geändert, innerlich konnte die Frau die traditionellen Sexualtabus jedoch noch nicht vollständig überwinden. Sie wirken noch bis in ihre Traumarbeit nach. Diese Erkenntnisse zeigen, daß die Sexualität im Traum eine recht große Rolle spielt, wenn auch nicht die einzige, wie Freud in seiner Psychoanalyse annimmt.

Traumentstellung, also die Chiffrierung von Trieben und ähnlichen Bedürfnissen in einer Form, die auch das Gewissen akzeptieren kann, läßt sich bei jedem Menschen nachweisen, auch wenn er ein noch so moralisches, den sozialen Normen angepaßtes Leben führt. Die Beschränkungen, die jede Gesellschaftsordnung ihren Mitgliedern auferlegt, führen immer zu einem Konflikt mit unseren egoistischen Bedürfnissen und Trieben. Daraus resultieren mehr oder minder deutliche innere Spannungen, die uns im Wachbewußtsein nicht bewußt sein müssen.

Je mehr Anpassung, desto stärker die Traumentstellung

Der ständige Kampf zwischen dem individuellen Anspruch auf ungehemmten Lustgewinn und dem Anspruch der Gesellschaft auf Einhaltung moralischer Normen und Einschränkung der individuellen Bedürfnisbefriedigung findet unterhalb der Bewußtseinsebene statt, beeinflußt aber sehr wohl unser alltägliches Leben. Träume dienen als Ventil, indem sie uns eine Scheinbefriedigung der unterdrückten Bestrebungen und Triebansprüche erlauben. So wird verhindert, daß sich übermächtige Triebstauungen explosionsartig und somit unkontrollierbar entladen. In der Regel reicht dieses »Überdruckventil« dazu aus. Manchmal kündigen Träume aber auch an, daß die Scheinbefriedigung bald nicht mehr genügen wird, um das innere Gleichgewicht zu erhalten. Solche Warnträume sollten unbedingt beachtet werden und – bei Bedarf mit Hilfe eines Psychotherapeuten – bearbeitet werden.

Die Traumarbeit verhüllt und verharmlost unsere Bedürfnisse und Triebe, die im Traum ausgelebt und scheinbar befriedigt werden, damit das auch im Schlaf als Zensor wirkende Gewissen nicht den Schlaf (und damit die Scheinbefriedigung) unterbricht, wenn die Traumaussagen zu offensichtlich gegen die im Wachzustand gültigen moralischen Normen und Werte verstoßen. Die Grenze dessen, was das Traumgewissen zuläßt, ist individuell verschieden und immer darauf abgestimmt, einen annehmbaren Mittelweg zwischen unverhüllten Bedürfnissen und Angst oder Schuldgefühlen wegen dieser tabuisierten Bedürfnisse zu finden.

Kinder, deren anerzogene Moral noch nicht stark ausgebildet ist, und selbstsichere Menschen, die sich auf Grund ihres Selbstbewußtseins nicht zu stark an die geltenden Normen anpassen müssen, träumen aus diesem Grund weniger verschlüsselt als unsichere, gehemmte Menschen.

Zu den Techniken der Traumarbeit gehören neben der Symbolisierung in Bildern vor allem Traumverdichtung und Traumverschiebung.

Durch Verdichtung entstehen Symbole

Traumverdichtung bedeutet das Zusammenziehen verschiedener Traummaterialien zu einem symbolischen Bild – gewissermaßen dem gemeinsamen »Nenner«. Diese Verdichtung auf ein Symbol kann nicht auf Anhieb verstanden werden. Deshalb erfüllt das Traumbild den Anspruch des Gewissens auf Verschlüsselung der Traumaussage vollkommen.

Die Verdichtung einer Traumaussage zieht nicht nur Faktoren zusammen, die einander ähnlich sind und in etwa zusammenpassen. Häufig werden auch Gegensätze zu einem gemeinsamen Bild verdichtet. Das ist der Fall, wenn Traummaterial zu Ängsten führen kann, zum Beispiel bei einer Verfolgung. Der zunächst bedrohlich wirkende Verfolger (er verkörpert vielleicht einen in der Realität stark unterdrückten Trieb) kann sich daher im Traum ganz plötzlich in eine vertraute Person verwandeln, vor der man keine Angst zu haben braucht. Verfolgung und Sicherheit werden hier also zusammengezogen und bringen zum Ausdruck, daß man beide Aspekte des Problems berücksichtigen sollte. (Sexualität ist ja keineswegs nur unterdrückter, bedrohlicher Trieb, der für den Träumer die Gefahr darstellt, gegen die Gesellschaftsordnung zu verstoßen; zugleich kann Sexualität ja durchaus auch der Ausdruck von Liebe und Zärtlichkeit sein.)

Zur Traumverdichtung gehört auch der Einsatz von Wortspielen und Redewendungen mit mehrdeutigem Sinn oder der Gebrauch ähnlich klingender Worte unterschiedlicher Bedeutung (zum Beispiel Ähre für Ehre). Auch dahinter stehen oft Traumaussagen, die unverhüllt vom Traumgewissen nicht zugelassen werden.

Sie sind nicht einfach zu erkennen, da wir uns natürlich auch im Wachzustand gegen solche Aussagen wehren, sie verdrängen und nicht zur Kenntnis nehmen wollen. Scheinbar unsinnige Traumaussagen dürfen daher nicht wörtlich genommen werden. Man sollte sich vielmehr fragen, ob dahinter kein ähnliches Wort oder eine Wortspielerei, vielleicht auch ein Witz oder Kalauer steht. Das Unbewußte kann nämlich unter Umständen recht makabre Scherze mit Worten treiben.

Auch die *Traumverschiebung* gehört zu den Techniken der Traumarbeit. Sie entstellt die eigentliche Traumaussage, indem sie die Akzente bis zur Unkenntlichkeit verschiebt.

Bei der Traumverschiebung tritt das Wesentliche in den Hintergrund

Anstelle des tatsächlichen Sinns, der bis zur Nebensächlichkeit im Traumgeschehen schrumpft, treten unwichtige Trauminhalte stark in den Vordergrund. So wird das Wesentliche des Traums leicht übersehen, und man bemüht sich vergeblich, in einer überbetonten Kleinigkeit oder einem Zufall einen tieferen Sinn zu erkennen.

Zu dieser Verschiebung der Akzente gebraucht das Unterbewußtsein häufig Eindrücke aus unserem Alltag, die wir überhaupt nicht voll wahrgenommen haben. Sie werden in auffälliger Weise mit der Traumaussage verbunden. Weil wir uns nicht mehr an sie erinnern können, erkennen wir auch nicht ihre Quelle. Die Deutung des Traums wird in die falsche Richtung gelenkt und der Anspruch des Traumgewissens auf Zensur und Entstellung der Träume auf diese Weise befriedigt.

Traumverdichtung und -verschiebung gehören zu den wichtigsten Formen der Traumarbeit und müssen bei jedem Deutungsversuch unserer Träume immer in Betracht gezogen werden.

So kompliziert die Zensur durch das Traumgewissen auch arbeitet, sie läßt uns doch immer die Möglichkeit, hinter den wirklichen Sinn unserer verdichteten, in ihren Schwerpunkten verschobenen Trauminhalte zu blicken. Wenn wir uns aufrichtig darum bemühen, scheinbare Widersprüche und Zufälle beachten und analysieren, wird oft die Intuition zu Hilfe kommen und spontan die Einsicht in die Traumaussage ermöglichen. Nur die Geduld darf man dabei nicht gleich verlieren.

Träume in Erinnerung behalten

Auf Grund gesicherter wissenschaftlicher Erkenntnisse können wir von der Tatsache ausgehen, daß jeder gesunde Mensch jede Nacht träumt. Vielen von uns ist das zumindest teilweise auch bekannt, weil sie sich an ihre Träume erinnern.

Zunächst erhebt sich also die Frage, weshalb manche Menschen von sich behaupten, niemals zu träumen. Sind sie vergeßlicher als andere, oder stehen dahinter besondere Motive?

Warum vergißt man Träume so schnell?

Schon Freud erklärte in seinem Buch über die Traumdeutung, daß das Vergessen von Träumen mit einem inneren Widerstand gegen ihre Aussagen in Zusammenhang steht. Anders ausgedrückt: Wer nichts von seinen unbewußten Bedürfnissen, Gefühlen, Wünschen und Trieben wissen will, sich vor Einsichten in seine Persönlichkeit ängstigt, weil sie sein bewußtes Selbstbild stören oder gar zerstören könnten, wird auch dazu neigen, seine Träume zu vergessen und zu leugnen.

Dieses Motiv liegt im Unterbewußtsein, wird also vom angeblichen Nicht-Träumer nicht bewußt erkannt. Er kann subjektiv völlig zu Recht bestreiten, daß er jemals träumt.

Aus Versuchen im Schlaflabor wissen wir heute auch, wie dieser Widerstand gegen die Träume praktisch durchgesetzt wird. Das Unterbewußtsein nutzt dazu die Tatsache, daß Träume rasch vergessen werden (siehe auch Traumschlaf – Urform des Schlafs, Seite 18). Deshalb kommen die Menschen, die ihre Träume bestreiten, nach dem Aufwecken langsamer zu sich als jene, die ihre Träume akzeptieren. So bleibt genug Zeit, um die Erinnerungen an die Träume vollständig auszulöschen. Auf Grund dieser Erkenntnisse bieten sich zwei wichtige Ansatzpunkte zum Training der Traumerinnerungen.

Der Wecker bringt den Beweis: auch überzeugte »Nichtträumer« träumen!

Die eine Möglichkeit kann man als eine Art »Überrumpelungstaktik« bezeichnen. Da wir annähernd genau abschätzen können, wann wir in der Nacht träumen (siehe Schlaf-Wach-Rhythmus, Seite 14), benötigt man dazu nur einen Wecker. Er wird so gestellt, daß er morgens in der letzten Traumschlafphase weckt. Das klappt nicht immer auf Anhieb, mit etwas Geduld und Spürsinn wird man aber bald den richtigen Zeitpunkt »erwischen« und dann als »überzeugter Nichtträumer« erstaunt feststellen, daß man gerade eben noch lebhaft geträumt hat.

Allerdings setzt diese Technik voraus, daß man sich recht »brutal« aus dem Schlaf reißen läßt und nicht wie sonst noch eine Weile im Halbschlaf bleibt, weil der Traum dann doch wieder vergessen wird. Sobald die Taktik Erfolg hatte, notiert man den Traum sofort, sonst könnte dieser Beweis durch einen kurzen Nachschlaf doch wieder vergessen und verdrängt werden.

Die zweite Möglichkeit wirkt »sanfter«, kann aber auch mit der Überrumpelungstaktik verknüpft werden. Sie beruht auf der Tatsache, daß wir uns an Dinge, die unser Interesse finden, auch viel besser und genauer erinnern. Wenn man also erst einmal davon überzeugt ist, daß man jede Nacht träumt – wer den wissenschaftlichen Erkenntnissen nicht genügend traut, kann sich das ja mit Hilfe der Überrumpelungstaktik selbst beweisen –, wird allein diese neue Einstellung dazu beitragen, daß man sich tatsächlich nach und nach an seine Träume erinnert.

Und wenn man dann sogar voller Interesse darangeht, diese Traumerinnerungen zu verarbeiten und zu verstehen, dabei die ersten Erfolge erzielt, steht der regelmäßigen Traumerinnerung in Zukunft fast nichts mehr im Weg. Schon der Kauf dieses Buchs bringt ein gewisses, oft überdurchschnittliches Interesse am Verständnis der Träume zum Ausdruck und kann so zum Anstoß für Traumerinnerungen werden.

Bei manchen Menschen können allerdings trotzdem noch erhebliche Widerstände bestehen bleiben, weil die Angst vor unangenehmen Einsichten in die eigene Persönlichkeit (die denkbar, aber nicht unbedingt zu erwarten sind) zu stark hemmend wirkt. Dann müssen diese Ängste und Widerstände sorgfältig analysiert werden, indem man die eigenen Einstellungen und Erwartungen kritisch hinterfragt, den Sinn dieser Haltungen zu ergründen versucht und aus den dabei gewonnenen Einsichten eine neue Haltung erarbeitet. Wer das nicht allein schafft, sollte den Weg zum Fachmann nicht scheuen. Er lohnt sich bestimmt, weil man zukünftig nicht nur über ein besseres Traumgedächtnis verfügen wird, sondern weil sich dabei auch ganz neue allgemeine Entwicklungsmöglichkeiten für die Persönlichkeit eröffnen.

Auf der Grundlage dieser wichtigen Voraussetzungen, die der vermeintliche Nichtträumer sich erst erarbeiten muß, während die anderen sie schon mehr oder minder vollständig mitbringen, geht man an die praktische Traumerinnerung. Sie beginnt jeden Morgen gleich nach dem Aufwachen mit der Frage: Was habe ich in dieser Nacht geträumt? Diese Frage übt man so lange bewußt ein, bis sie ganz automatisch jeden Morgen als erster Gedanke noch im Halbschlaf auftaucht.

Die erste Frage morgens: Was habe ich geträumt?

Bei der Fragestellung sollten möglichst alle Erwartungen vollständig ausgeschaltet werden. Man darf also nicht daliegen und grübeln, um eine Antwort zu erzwingen, sonst läßt uns das Gedächtnis leicht im Stich oder produziert Scheinerinnerungen, die den unbewußten Erwartungen entsprechen. Gerade dem heutigen Menschen, der im Alltag gewohnt ist, seine Absichten durch Willensanstrengung zu erreichen, fällt es erfahrungsgemäß oft sehr schwer, einfach auf die Antwort zu warten, sich den Bildern hinzugeben, bis dann die richtige Erinnerung auftaucht und das Traumgeschehen vor unserem inneren Auge wieder gegenwärtig wird.

Aber auch das kann trainiert werden, am besten im Rahmen des autogenen Trainings oder einer anderen Entspannungs- und Meditationstechnik (wie zum Beispiel Yoga).

Es empfiehlt sich auch aus anderen Gründen, eine dieser Techniken zu erlernen. Wer sie beherrscht, ist anderen zumindest als Anfänger bei der Traumdeutung schon einen Schritt voraus. Unentbehrlich sind diese Hilfstechniken zur Traumanalyse jedoch nicht. Im Grunde genügt neben der Einsicht, daß man selbst jede Nacht träumt, das Interesse für diese Träume und der aufrichtige Versuch, sich jeden Morgen unmittelbar nach dem Erwachen daran zu erinnern. Der Erfolg stellt sich immer ein, wenn man geduldig übt – vielleicht unter dem Einfluß dieser Lektüre schon morgen früh.

Mit dem Vorsatz, die Traumerinnerungen gleich nach dem Aufwachen niederzuschreiben, erhalten sie eine größere Bedeutung, die als Motiv für die Erinnerung sehr wichtig ist.

Traumerinnerungen sofort niederschreiben!

Dadurch machen wir uns bewußt, daß wir uns mit den Inhalten unseres Unterbewußtseins ernsthaft auseinandersetzen und uns besser kennenlernen wollen. Diese Ziele erleichtern naturgemäß die Erinnerung an Träume. Abgesehen davon dienen die Notizen selbstverständlich dem Zweck, die Erinnerungen möglichst detailliert festzuhalten, solange wir uns noch an viele, für die spätere Deutung vielleicht wichtigen Einzelheiten erinnern können.

Unser Gedächtnis arbeitet ja nicht so objektiv wie ein Computer, sondern neigt häufig dazu, Inhalte zu verfälschen. Das könnte zu falschen, nutzlosen Traumdeutungen führen, die uns – wenn wir ihnen im Alltag folgen – in die Irre leiten, statt uns zu neuen Einsichten zu verhelfen.

In der praktischen Arbeit mit Träumen hat es sich bewährt, die Traumerinnerungen in einem Ringbuch oder Tagebuch in chronologischer Folge aufzuzeichnen. Das Buch sollte möglichst in Griffnähe am Bett liegen, damit man die Erinnerungen sofort aufschreiben kann. Der Griff nach diesem Buch am Morgen unmittelbar nach dem Aufwachen geht bald in Fleisch und Blut über. Die Niederschrift erfolgt so ausführlich wie möglich. Das heißt nicht, daß man einen Traum nun gleich seitenlang »auswalzen« muß – wer hätte dazu am Morgen auch schon genug Zeit.

Detaillierte Notizen sind wichtig

Man kann einen Traum auch in Stichworten sehr detailliert festhalten. Verkürzen sollte man den Inhalt allerdings nie. Auch scheinbar unwichtige Kleinigkeiten können später bei der Deutung große Bedeutung erlangen. Es ist kaum möglich, immer auf Anhieb schon bei der Niederschrift sicher das Wesentliche vom unwichtigen Beiwerk zu unterscheiden, und gerade dem Anfänger ist dies völlig unmöglich.

Viele Menschen, die sich schon längere Zeit mit Traumdeutung beschäftigen, tragen im Anschluß an den Traum gerne auch ihre Deutung in ihr Traumbuch ein. Das kann nützlich sein, ist aber nicht unbedingt erforderlich. Wenn man sich dazu entschließt, sollte man am besten ein Ringbuch als Traumtagebuch verwenden, da hier Seiten nachträglich eingefügt werden können. Für die Mehrzahl der Träumer wird die Niederschrift ihrer Traumerinnerungen die geeignete Methode sein.

Mancher zieht vielleicht (auf Grund einer besonderen Begabung) aber auch die zeichnerische Darstellung vor. Im Grunde kommt sie der Bildersprache der Träume ja besonders entgegen. Nur ist es für einen zeichnerisch nicht sonderlich begabten Menschen natürlich schwierig, einen Traum detailliert in Form einer Zeichnung darzustellen. Ihm mangelt es ganz einfach an den zeichnerischen Ausdrucksmöglichkeiten, so daß er dazu neigen wird, die Trauminhalte zu vereinfachen, so daß aufschlußreiche Details für die spätere Deutung des Trauminhalts nicht mehr zur Verfügung stehen.

Der Begabte dagegen kann seinen Trauminhalt in Form eines Bildes oft viel besser als mit vielen Worten darstellen, vor allem dann, wenn er auch noch die Farben wiedergibt. Ein Kunstwerk muß dabei ja nicht entstehen, obwohl viele Gemälde (aber auch literarische Werke) durch Träume inspiriert wurden. Wer das Bedürfnis verspürt, einen Traum in Form einer Zeichnung (oder eines Gedichts, einer Reportage oder Kurzgeschichte) festzuhalten, sollte dem jedenfalls möglichst immer nachgeben.

Das Festhalten der Träume ist nicht allein für die Deutung im Augenblick sehr wesentlich. Vielmehr bietet es die Möglichkeit, später einmal im Traumbuch nachzuschlagen und ähnliche, häufig wiederkehrende Trauminhalte zu erkennen. Solchen Wiederholungen bestimmter Trauminhalte kommt für die Deutung und die daraus zu ziehenden praktischen Konsequenzen meist ein großer Wert zu.

Positive Träume kann man lernen

Seit einiger Zeit kennen wir neben den verbreiteten »normalen« Schlafstörungen eine neue, ständig zunehmende Form, die »negative Traumunruhe«. Dieser Begriff wurde von französischen Nervenärzten unter Leitung von Professor *Jules Dorpier* auf Grund längerer Forschungen geprägt.

Dorpier und sein Team stellten fest, daß sich die Trauminhalte der Franzosen in den letzten 25 Jahren deutlich verändert haben. (Es besteht kein vernünftiger Grund zu der Annahme, daß dies nicht auch für andere hoch industrialisierte Staaten zutrifft.)

Insbesondere die Zahl der Angst- und Katastrophenträume nahm in dieser Zeit um etwa 60 Prozent zu. Während früher vor allem Menschen jenseits des 55. Lebensjahrs von solchen negativen Träumen gequält wurden, treten sie heute bereits bald nach dem 28. Lebensjahr auf. Nach den Angst- und Katastrophenträumen rangieren die Kriegsträume an 2. Stelle. Frauen leiden häufiger und schwerer als Männer darunter.

Negative Träume werden häufiger

Negative Träume stören den Schlaf. Man fühlt sich am Morgen nicht so recht erholt, wacht wie gerädert auf, leidet unter Konzentrations- und Leistungsschwäche, Gereiztheit und Depressionen. Darüber hinaus wirken sich die negativen Träume nach *Dorpiers* Untersuchungen auch auf die körperliche Gesundheit aus. Zwar erzeugen sie wohl nicht unmittelbar Krankheiten, verschlimmern aber viele bereits bestehende Erkrankungen erheblich. Das gilt vor allem für seelisch-nervöse Leiden, Kreislaufstörungen, Magen-Darm-Erkrankungen, Rheuma, Lähmungen, Seh- und Hörstörungen. Rund ein Drittel aller bekannten Krankheiten werden durch negative Träume verschlimmert – manchmal so stark, daß sich die Betroffenen in einer Nervenklinik einer speziellen Behandlung unterziehen müssen.

Die Ursachen sehen die französischen Wissenschaftler vor allem in der Unruhe, die heute auf der ganzen Erde unter und zwischen den Völkern herrscht und an der wir über die Massenmedien teilnehmen. Das peitscht unsere Nerven so auf, daß wir auch im Traum keine Ruhe und Erholung mehr finden, sondern unsere Ängste mit übernehmen. Natürlich hat der einzelne keine Möglichkeit, diese Quellen der Angst zu beseitigen. Er kann auch die Augen nicht vor den Tatsachen verschließen, die Gefahren unserer Zeit einfach leugnen, nur um positiver zu träumen. Aber er kann lernen, den Einfluß dieser Unruhe auf seine Träume abzuschwächen, so daß der Schlaf wieder erholsam, das Traumgeschehen wieder positiver wird.

Positiv träumen bedeutet nun nicht, alle negativen Trauminhalte ängstlich zu vermeiden. Das hieße ja nur, das Unbewußte zu »vergewaltigen«, und ließe sich auch nur (wenn überhaupt) für kurze Zeit durchführen. Es kommt nicht darauf an, ob wir Angstträume erleben oder nicht, sondern auf die Art, wie wir im Traum und später im Wachzustand auf die Angstursachen reagieren. Daraus ergibt sich

Was heißt positiv träumen?

33

erst, ob uns ein Angsttraum bedrückt, vielleicht sogar krank macht, oder innere Kraft und Stärke verleiht, die auch in den Alltag nachwirkt. Drei Grundsätze müssen zur positiveren Traumgestaltung berücksichtigt werden:

1. Gefahren im Traum, gleichgültig welcher Art, nicht ausweichen, sondern aktiv bewältigen.
2. Freude und Lust am Traum ganz intensiv zu erleben versuchen.
3. Ein »Geschenk« aus dem Traum mit in die Realität bringen.

Diese Traumziele genügen, um aus jedem Traum einen persönlichen Gewinn zu machen und negativen Träumen ihren krankmachenden Einfluß zu nehmen. Sie müssen konsequent eingeübt werden. Dazu bereitet man sich durch individuell formulierte Vorstellungen und Vorsatzformeln vor dem Einschlafen auf alle möglichen Traumsituationen und deren positive Bewältigung vor. Dazu einige Überlegungen, die bei der Formulierung helfen können:

Angstsituationen bewältigen

■ Zur Bewältigung von Angstsituationen im Traum stellt man sich mit eigenen Worten vor, daß man den Kampf in jedem Fall annehmen und gewinnen wird. Zusätzlich kann man sich vornehmen, im Notfall Traumhelfer zu rufen oder mit einem Zauberstab alle Gefahren und Feinde zu besiegen. Da sich hinter den angsterzeugenden Gefahren des Traums oft verdrängte Bedürfnisse, Triebe und Frustrationen verbergen, bewirkt die Annahme der Auseinandersetzung mit ihnen, daß sie nicht länger als Störfaktor aus dem Unterbewußtsein die innere Harmonie beeinträchtigen, sondern aktiv verarbeitet werden und dadurch ein für allemal ihren Einfluß verlieren.

Positives bewußt genießen

■ Ferner nimmt man sich vor dem Einschlafen vor, alles Angenehme und Schöne, das im Traum auftaucht, voll auszukosten, möglichst noch zu steigern. Das gilt für alle positiven Traumerlebnisse einschließlich der sexuellen Phantasien, die bis zum Orgasmus erlebt werden können. Falsche Hemmungen, die dem in unserer Gesellschaft verbreiteten lustfeindlichen Denken in moralischen Kategorien entspringen, können dem anfangs zwar noch im Wege stehen, werden aber durch Übung allmählich überwunden. Mit Hilfe dieser Vorstellung kann jeder Traum zu einem wenigstens teilweise angenehmen Erlebnis werden, an das man sich am Morgen gerne erinnert und das für viele Versagungen und Enttäuschungen des täglichen Lebens einen Ausgleich schafft.

Ein »Geschenk« aus dem Traum mitnehmen

■ Schließlich sollte man sich vornehmen, aus den Träumen ein »Geschenk« mitzubringen. Wenn man von Feinden träumte, wird dieses Geschenk eine Aussöhnung mit den verdrängten Inhalten des Unbewußten symbolisieren. Erhält man das Geschenk im Traum von anderen, nicht feindlich gesinnten Menschen, deutet das den Gewinn an, den man aus dem Traum zieht. Das symbolische Geschenk aus jedem Traum verkörpert also immer den Nutzen des Traums für unser Leben, der sonst vielleicht überhaupt nicht bewußt geworden wäre. Selbstverständlich können diese drei Vorstellungen nicht von heute auf morgen wirksam werden. So wie andere Inhalte unseres Unbewußten, die Einfluß auf unsere Träume nehmen, sich allmählich einprägten, müssen auch die Vorsätze für positive Träume durch regelmäßige Vorstellungen am Abend vor dem Einschlafen zunächst den Weg ins Unbewußte finden. Irgendwann werden sie dann fester Bestandteil des Unterbewußtseins und wirken ebenso wie alles andere, was darin schon enthalten war, auf die Träume. Die ständige Wiederholung wirkt wie eine Art Selbsthypnose unfehlbar.

Regelmäßige Vorstellungen vor dem Einschlafen

Besser und schneller kann die Selbstbeeinflussung meist wirksam werden, wenn man sie mit Entspannungs- oder Meditationstechniken verknüpft, die das Unbewußte von vornherein aufnahmebereiter für die Suggestionen werden lassen. Besonders das autogene Training ist hier wieder hervorzuheben. Also keine Angst vor negativen Träumen. Sie können zur Quelle neuer Kraft und seelischer Gesundheit für den werden, der nicht vor ihnen flieht.

Eine Sprache erlernen wir, indem wir Vokabeln und bestimmte Redewendungen lernen und ihre Grammatik verstehen, damit wir die Worte sinnvoll aneinanderreihen können. Ähnlich ergeht es uns mit der Sprache unserer Träume. Der Anfänger, der sich mit der Traumdeutung beschäftigt, muß wie der Sprachschüler zunächst einmal das Vokabular und typische »Redewendungen« der Traumsprache erlernen und erkennen, wie sie zu Trauminhalten zusammengefügt werden. Erst dadurch gewinnt er zunehmende Sicherheit bei der Traumdeutung. Im Gegensatz zur eigentlichen Sprache besteht die »Traumsprache« vor allem aus Bildern.

Die Sprache des

Die »Sprache« unserer Träume wird mit dem pauschalen Begriff *Traumsymbolik* bezeichnet. Das ist aber nicht ganz korrekt. Nicht jeder Trauminhalt kann als Symbol verstanden werden, daneben gibt es noch andere Traumbilder und die von *C. G. Jung* entdeckten Ursymbole (Archetypen). Diese Traumbilder kennen wir auch in der Sprache. Meist stellen sie eine Kunstform dar, die in der Alltagssprache nur in Einzelfällen verwendet wird. Im Traum tauchen sie aber regelmäßig auf. Zur Traumdeutung ist es notwendig, diese verschiedenen Bilder unterscheiden zu können. Die Allegorie veranschaulicht – meist in Form einer Person – einen abstrakten Begriff. Ein typisches Beispiel dafür ist der »Sensenmann«, der als Skelett, das mit einer Sanduhr und einer Sense ausgerüstet ist, den Tod darstellt.

Als Attribut bezeichnet man Beifügungen, die eine bestimmte Funktion kennzeichnen. Sie könnten auch allein auftauchen, wenn ihr Sinngehalt stark genug ist. Charakteristisch ist beispielsweise die Waage als Attribut der Justitia, die für Gerechtigkeit steht. Manchmal symbolisiert auch die Waage allein abstrakte Begriffe wie Recht und Ausgleich.

Metaphern sind Worte oder Redewendungen, die neben der eigentlichen, vordergründigen und im Alltag üblichen noch eine übertragene Bedeutung besitzen. Entweder werden sie im üblichen oder übertragenen Sinn gebraucht, beides zugleich ist nicht möglich. Als gutes Beispiel sei der doppelte Sinn der Mimose angeführt. In einer wissenschaftlichen Abhandlung über Pflanzen wird sie

Traums

zweifelsfrei diese bezeichnen, in einem Roman dagegen kann sie als Metapher für eine überempfindliche Persönlichkeit stehen.

Das Symbol hat immer doppelte Bedeutung. Es enthält eine tatsächliche Erscheinungsform, die wir mit unseren Sinnen wahrnehmen, und gleichzeitig eine abstrakte Bedeutung, die wir damit verknüpfen. So kennen wir den Lorbeer als Zierpflanze, zugleich aber auch als Symbol des Sieges, den Adler als Raubvogel, der gleichzeitig Stolz und Unabhängigkeit symbolisiert.

In unseren Träumen sind alle Formen solcher Bilder möglich. Wenn man sie bei der Deutung von vornherein unterscheidet, versteht man ihren Sinn im allgemeinen rascher und besser.

Die Archetypen

Diese Urbilder (Ursymbole) stammen aus der Frühzeit menschlicher Entwicklung. Sie sind allen Menschen unabhängig von Rasse, Nationalität, Geschlecht und Kultur gemeinsam. Unangefochten vom jeweils herrschenden Zeitgeist und unabhängig von der individuellen Entwicklung wurde ihre Grundbedeutung nahezu unverändert über die Jahrtausende hinweg von Generation zu Generation vererbt. Sogar den tiefgreifenden sozialen Wandel ab dem 19. Jahrhundert, der viele Grundwerte der Menschheit zerschlagen hat und das menschliche Bewußtsein grundlegend veränderte, überstanden sie ohne nennenswerte Veränderungen ihres Symbolgehalts. Die Archetypen verbinden uns über die Jahrtausende hinweg mit unseren Vorfahren und zugleich mit allen zukünftigen Generationen, denen wir nach menschlichem Ermessen die gleichen Archetypen vererben werden.

Was sind Archetypen?

Dieses Geheimnis der Ursymbole kann der menschliche Geist in seiner zeitlichen Beschränktheit und Fixierung auf die Individualität nur schwer erfassen. Der Schweizer Hochschullehrer *C. G. Jung*, zunächst ein Schüler, später Kritiker *Sigmund Freuds*, untersuchte die Archetypen sehr genau und erkannte, daß sie als Inhalte des kollektiven Unbewußten zu verstehen sind. Auch dieser von Jung geprägte Begriff, der die unbewußten gemeinsamen Grundlagen aller Menschen umfaßt und sich dadurch deutlich vom persönlichen Unbewußten unterscheidet, ist zeitlos und vom menschlichen Verstand her kaum genau zu definieren. Die irrtümlichen Bilder des kollektiven Unbewußten tauchen nicht nur in den Träumen aller Menschen auf, sondern auch in den Religionen, Märchen, Mythen und in der Kunst. In der Bildersprache des Traums erscheinen sie uns in der Gestalt von Personen oder in symbolischer Bildform. Ein allgemein bekanntes Ursymbol ist zum Beispiel das Kreuz, ein schon in der heidnischen Vorzeit nachweisbares Zeichen, das wegen seiner mystischen Bedeutung von den christlichen Religionen übernommen wurde.

Auch die Mutter gehört zu den Archetypen und kommt deshalb in vielerlei Bedeutungen vor. *Jung* schreibt dazu unter anderem:

Die Mutter als Archetypus bei Jung

»Ich erwähne nur einige typische Formen. Die persönliche Mutter, Groß-, Stief- und Schwiegermutter, ... auch die Amme ..., die Ahnfrau und die weiße Frau; in höherem, übertragenem Sinn die Göttin, speziell die Mutter Gottes; ... im weiteren Sinn die Kirche, die Universität, die Stadt, das Land, der Himmel, die Erde, ... das Meer, ... die Materie, die Unterwelt, ... in engerem Sinn als Geburts- oder Zeugungsstätte der Acker, der Garten, ... die Quelle, ... das Taufbecken ...; im engsten Sinn die Gebärmutter, jede Hohlform, ... der Backofen, der Kochtopf; als Tier die Kuh, der Hase ... Alle diese Symbole können einen positiven, günstigen oder einen negativen ... Sinn haben.«

(Aus: *C. G. Jung, Von den Wurzeln des Bewußtseins*, Zürich 1954)

Die Schlange Uroboros

In seinem Buch »Die große Mutter« (Zürich 1956) beschreibt der Psychologe *E. Neumann* den Ur-Archetypus »Uroboros«. Er hat die Gestalt einer Schlange, die sich selbst in den Schwanz beißt. Damit symbolisiert sie die Ur-Situation, in der sich menschliches Bewußtsein und Ich erst noch entwickeln mußten. Dieser Archetypus verkörpert gleichsam das Ur-Chaos der Widersprüche von Gut und Böse, Mann und Frau – ein Sinnbild vom Anfang menschlicher Entwicklung.

Ein letzter interessanter Archetypus sei noch vorgestellt: Mandala. Diese symbolische Zeichnung vereinigt Kreis und Quadrat in sich, kann aber sehr unterschiedlich ausgeschmückt sein. Mandala gilt als Symbol der Selbstwerdung, die jeder Mensch anstrebt. In manchen Religionen (Lamaismus, Yoga) dient Mandala als Objekt der Versenkung. Damit kennen wir natürlich noch lange nicht alle Archetypen. Die wenigen Beispiele mögen aber zur Veranschaulichung genügen. Im lexikalischen Teil werden später die verschiedenen Urbilder erklärt.

Das Mandala als Archetypus

Typische Trauminhalte

Hier lernen wir nun gewissermaßen die Grundregeln der »Traum-Grammatik« kennen, also die Muster, nach denen das Traummaterial zu bestimmten, häufig wiederkehrenden Träumen zusammengefaßt wird. Natürlich erfordert jeder Traum seine individuelle Deutung. Aber wenn man vorher weiß, ob und welchem der folgenden Traumtypen er zugeordnet werden kann, erleichtert das den Einstieg in die Analyse doch ganz erheblich.

Es war nicht möglich, alle Traumtypen genauer vorzustellen. Wir beschränken uns auf häufige, typische Inhalte, die in vielen Fällen den »roten Faden« zur weiteren Deutung in die Hand geben. Unter Umständen fällt einem dank eines solchen allgemeinen Hinweises die Bedeutung des Traums zumindest in groben Zügen fast von allein ein.

Alltagserlebnisse im Traum

Mit solchen Trauminhalten erleben wir unseren Alltag noch einmal nach. Oft geht es dabei um ganz banale Eindrücke und Erfahrungen des vorangegangenen Tags, manchmal reicht die Traumerinnerung aber auch einige Zeit zurück. Wir verarbeiten gewissermaßen Reste unseres Alltags in solchen Träumen, zum Beispiel die vielen kleinen Ärgernisse, Sorgen und Probleme, die meist jeden Tag auf uns einstürmen, von denen wir aber nur vorübergehend oder überhaupt nicht aus der Ruhe gebracht werden.

Vielen dieser Alltagsträume kommt ein besonderes Gewicht zu. Vielleicht zeigt uns das Unbewußte im einen oder anderen aber auch, wie wir ein Problem beseitigen, eine Schwierigkeit aus dem Weg schaffen können. Allerdings sollte man solchen Lösungsvorschlägen mit gesundem Mißtrauen begegnen. Nicht immer erweisen sie sich in der Realität als sinnvoll.

Alltagsträume sind nicht bedeutungslos

Das Unterbewußtsein kann sich nämlich auch damit begnügen, im Traum eine Scheinlösung zu finden, ein Problem symbolisch aus der Welt zu schaffen, damit wieder innere Ruhe und Harmonie einkehrt. Andererseits erstaunen uns manche dieser Träume aber auch durch die Kreativität, den Weitblick und die Phantasie, mit der das Unterbewußtsein uns auf eine sinnvolle Lösungsmöglichkeit hinweist, die uns im Wachzustand nicht einfiel.

Alltagsträume können also ganz einfach Erfahrungen des täglichen Lebens widerspiegeln. Dann sollte man sich davor hüten, einen tieferen Sinn in ihnen erkennen zu wollen, das führt nur zu Fehlinterpretationen. Wenn sie konkrete Lösungen für die Realität anbieten, muß sorgfältig geprüft werden, ob es sich dabei um Scheinlösungen oder realisierbare Wege handelt.

Angst-(Alp-)träume

Eine Unterscheidung zwischen Angst- und Alpträumen ist nur individuell möglich. Beide Traumtypen werden von Angstzuständen gekennzeichnet. Beim einfachen Angsttraum wird man in der Regel nicht aufwachen, sondern die Angst im Traum überwinden. Das kann übrigens mit Hilfe der im Kapitel über positive Träume (siehe Seite 33) vorgestellten Technik trainiert werden. Alpträume führen dagegen im allgemeinen dazu, daß man aus dem Traum aufschreckt, sobald die massive Angstsituation unerträglich wird.

Angst- und Alpträume erkennt man relativ leicht daran, daß sie sehr stark gefühlsbetont sind. Ihre genaue Deutung richtet sich nach dem symbolischen Geschehen im Traum. Häufige Ursachen von Angstträumen ergeben sich vielleicht aus den tatsächlichen Lebensumständen des Träumers, man denke an bevorstehende Prüfungen (im weitesten Sinn), Angst vor Bestrafung, oder Entdeckung, weil der Träumer sich etwas zuschulden kommen ließ, oder ähnliche Hintergründe.

Angstträume als Folge von Verdrängung
Schwieriger wird die Deutung, wenn Angstträume als Folge verdrängter Bedürfnisse, Absichten, Bestrebungen oder Triebe auftauchen. Dann kommen oft auch noch Schuldgefühle wegen dieser Inhalte des Unbewußten dazu. Die Angst erklärt sich aus dem Konflikt zwischen dem persönlichen Wunsch nach Befriedigung solcher Bedürfnisse und den sozialen Normen und Regeln, die dem entgegenstehen. Das Gewissen läßt solche Inhalte dann vielleicht als Verfolger im Traum auftauchen und ruft – gleichsam als eine Art Strafe für diese Wünsche – die unterschiedlich starke Angst hervor.

Treten Angst- und Alpträume häufiger auf, ohne daß man die unbewußten Ursachen durch Selbstanalyse zu erkennen vermag, empfiehlt sich meist die Konsultation des Fachmanns. Dahinter können ernstere seelische Störungen stehen, die man allein, ohne professionelle Hilfe, kaum überwinden wird. Ihre Wurzeln reichen häufig bis in die frühe Kindheit zurück und können Produkt einer falschen Erziehung mit hohem Anpassungsdruck an gesellschaftliche Normen und Gebote sein.

Hemmungsträume

Sie ähneln in ihren Ursachen oft den neurotischen Angstträumen und können auch von massiven Angst- und Schuldgefühlen begleitet werden. Nicht selten leiden die Träumer auch in der Realität unter Hemmungen im Umgang mit anderen Menschen und erreichen deshalb nur unvollkommen ihre Lebensziele. Charakteristisch für Hemmungsträume sind Fall- und Lähmungssituationen, zum Beispiel der Absturz nach einem anstrengenden Aufstieg (Berg, Treppe und ähnliches) oder die Bewegungslosigkeit einzelner Körperteile, wenn nicht des ganzen Körpers. Bei der Deutung sollte man unter anderem den Symbolgehalt der Körperteile berücksichtigen, die gelähmt waren.

Grundsätzlich stehen hinter Hemmungsträumen meist tiefreichende seelische Störungen, insbesondere fehlendes Selbstvertrauen, Mißerfolgserlebnisse im Beruf und/oder Privatleben (auch auf sexuellem Gebiet) oder ein allgemeines Gefühl der Lebensuntüchtigkeit und Sinnlosigkeit aller Bemühungen. Unter Umständen erfordern solche Traumaussagen, die häufiger auftreten und nicht nur aus einem vorübergehenden Gefühl der Mutlosigkeit zu erklären sind, eine fachmännische Therapie.

Hemmungsträume deuten auf seelische Störungen hin

Körperbedingte Träume

Auf die Entstehung und Bedeutung solcher Träume gingen wir bereits im Kapitel über die Quellen der Trauminhalte ein (siehe Seite 25). Hervorgerufen werden sie im allgemeinen durch Reize aus unserem Körperinnern (etwa dem schon beschriebenen nächtlichen Blutdruckabfall) oder von außen (zum Beispiel dann, wenn man sich nicht richtig zugedeckt hat und friert).

Manche Körperträume verlaufen relativ harmlos, andere sind von Angstzuständen bis hin zur massiven Todesangst begleitet. In vielen Fällen resultieren sie aus der einfachen Verarbeitung von körperlichen (meist banalen) Mißempfindungen oder leichten Schmerzen.

Manche signalisieren aber tatsächlich beginnende Erkrankungen, deren diskrete erste Anzeichen wir im Wachzustand wegen der abgelenkten Aufmerksamkeit überhaupt noch nicht wahrnehmen. Diese Träume sollten Anlaß zu einer gründlichen Generaluntersuchung sein. Zuweilen erleichtert der Traum sogar die Diagnose, indem darin das kranke Körperteil deutlich oder in chiffrierter Form zum Vorschein kommt.

Hinweise auf Krankheiten sollte man ernst nehmen

Manchmal enthalten Körperträume deutliche Hinweise auf Dinge, die man tun oder unterlassen sollte, um gesund zu bleiben. Auch sie können verschlüsselt oder direkt auftauchen.

So berichten manche Menschen von Träumen, in denen sie aufgefordert wurden, bestimmte Nahrungsmittel oder Getränke zu meiden oder ein ganz bestimmtes Arzneimittel einzunehmen. Wenn sie dem Folge leisteten, trat fast immer tatsächlich eine Besserung ihres Allgemeinbefindens oder einer bestehenden Erkrankung ein.

Solche Erfahrungen lassen sich bisher nur schwer erklären. Vermutlich kommen die Körperträume hauptsächlich deshalb zustande, weil unser ganzer Organismus von einem sehr engen, feinen Nervengeflecht durchzogen wird. Die feinen Nerven registrieren auch geringfügige Veränderungen und geben sie an das Gehirn weiter. Dieses muß die Fülle eingehender Informationen aber nach ihrer Bedeutung »sortieren« in wichtige, die uns bewußt werden, und unwichtige, die wir überhaupt nicht wahrnehmen. Solange wir am Tag durch stärkere andere Reize abgelenkt sind, werden die schwachen Informationen über geringfügige erste Veränderungen körperlicher Funktionen vom Gehirn als unwichtig eingestuft und gelangen daher überhaupt nicht ins Bewußtsein. Im Schlaf dagegen kann das niemals schlafende Gehirn, das sich nun fast ausschließlich auf körperliche Vorgänge konzentriert, diese Informationen »ernster« nehmen und zu Träumen verarbeiten.

Sexuelle Träume

Nicht alle Träume sind sexuell bedingt

Nicht alle Träume, nicht jede seelische Störung läßt sich letzten Endes auf sexuelle Vorgänge zurückführen, wie *Sigmund Freud* das einseitig tat. Trotzdem spielen unsere sexuellen Bedürfnisse, Wünsche, Probleme und Frustrationen in vielen Träumen eine sehr wichtige Rolle. Oft werden sie aber durch die Traumzensur so verschlüsselt und entstellt, daß man den sexuellen Inhalt nicht sofort erkennt.

Dementsprechend treten sexuelle Träume recht selten offenkundig auf. Hinter direkten sexuellen Trauminhalten steht dann oft eine Traumaussage, die mit Sexualität überhaupt nichts zu tun hat. Der sexuelle Inhalt verschlüsselt dann einen anderen Traumsinn und kann deshalb auch ungehindert die Traumzensur passieren.

Relativ häufig (vor allem bei jungen Menschen) sind exhibitionistische Träume. Die Träumer sehen sich selbst oder andere Personen unbekleidet in der Öffentlichkeit.

Dahinter kann natürlich auch einmal ein erotisches Bedürfnis oder eine sexuelle Abweichung stehen. In erster Linie bringen solche Träume aber den Wunsch des Träumenden nach mehr Beachtung und Anerkennung durch die Umwelt zum Ausdruck – auch, aber nicht nur, oder zumindest nicht in erster Linie, in sexueller Hinsicht.

Viele Sexualträume dienen vor allem als Ventil für gestaute sexuelle oder (im weiteren Sinn) erotische Bedürfnisse und Empfindungen, die in der Realität nicht oder nicht ausreichend befriedigt werden. Deshalb führen sie zu inneren Spannungen.

So wie der Hungrige oft vom Essen träumt, erlebt der sexuell unbefriedigte Mensch im Traum mehr oder weniger unverhüllt den Geschlechtsverkehr. Während die Scheinbefriedigung des Hungers im Traum aber das körperliche Nahrungsbedürfnis nicht stillt, kann die Traumbefriedigung sexueller Bedürfnisse durchaus zufriedenstellend sein und die Triebspannung vermindern. Das gilt besonders dann, wenn man gelernt hat, die eigenen Träume lustvoll zu gestalten (siehe positive Träume, Seite 33) und einen Sexualtraum vielleicht sogar bis zum Orgasmus zu führen.

Ist die Spannung zu stark, muß das Traumgewissen nachgeben

Das Traumgewissen wird solche direkten Sexualträume zulassen, wenn die innere Triebspannung zu stark geworden ist und nach Entladung verlangt, ehe das innere Gleichgewicht zu stark gestört wird. Unter dieser Voraussetzung kommt es zur ziemlich unverhüllten sexuellen Befriedigung, während sich der

Körper bei geringerer Bedürfnisspannung mit mehr symbolischer Befriedigung bescheiden muß.

Auch das Inzestverbot, ein Tabu in jeder Gesellschaft, kann im Traum aufgehoben sein. Allerdings haben die Trauminhalte dann in der Regel wenig mit tatsächlicher Sexualität zu tun, obwohl man das natürlich nicht immer von vornherein ausschließen kann.

Manchmal wird im Traum das Inzesttabu aufgehoben

Das junge Mädchen zum Beispiel, das im Traum mit seinem Vater den Geschlechtsverkehr ausübt, wird sich im allgemeinen nach einem Menschen sehnen, der dem Leitbild des Vaters ähnelt, aber nicht mit diesem selbst schlafen wollen. Das gleiche gilt für Knaben, die im Traum mit dem Leitbild der Mutter intime Beziehungen unterhalten.

Manchmal kann hinter solchen Inzest-Phantasien aber auch eine unter Umständen sexuell gefärbte und übersteigerte Eltern-Kind-Beziehung stehen, die vielleicht psychotherapeutisch behandelt werden muß.

Das gleiche gilt dann, wenn die Eltern vom Geschlechtsverkehr mit ihren Kindern träumen. Dahinter kommt zum Beispiel Überbesorgtheit, übersteigerte Zärtlichkeit und krankhaftes Festhalten an den Kindern zum Ausdruck. Wirklich sexuelle Wünsche können daneben eine gewisse Rolle spielen, sind aber den Eltern unbewußt. Auch hier muß im Einzelfall psychotherapeutische Hilfe dringend angeraten werden.

Unausgereifte, vielleicht aggressive oder verunsicherte Sexualität verbirgt sich oft hinter Träumen mit perversem sexuellem Inhalt. Dazu gehören unter anderem Träume, die sadistische oder masochistische Phantasien oder Orgien zum Inhalt haben.

Man täte dem Träumer unrecht, ihn allein wegen solcher Trauminhalte gleich als »perversen Lüstling« abzustempeln. Zwar können auch einmal abartige sexuelle Bedürfnisse auf diese Weise abreagiert werden, weil sich in der Realität dafür kein Partner fand.

Im allgemeinen darf man solche Traumphantasien aber nie rein sexuell, sondern nur vor dem Hintergrund der Gesamtpersönlichkeit und ihrer Lebensumstände deuten. Dann wird man die tatsächlichen Aussagen solcher scheinbar sexuellen Träume erkennen, die mit Sexualität – wenn überhaupt – allenfalls am Rand zu tun haben.

Während offenkundig sexuelle Träume als Folge der strengen Traumzensur also vergleichsweise selten sind, treten sexuelle Bedürfnisse recht oft in verschlüsselter Form auf. Wir kennen zahlreiche Traumsymbole, die auf den ersten Blick völlig unsexuell wirken, hinter denen in Wirklichkeit aber eindeutig sexuelle Aussagen stehen.

Meist treten sexuelle Bedürfnisse verschlüsselt auf

Diese Traumsymbole werden später im lexikalischen Teil beschrieben. Sie erfüllen die Forderung des Traumgewissens, auch in den Träumen nicht zu offensichtlich gegen die sozialen Normen und Moralvorschriften zu verstoßen, die unsere Gesellschaft ihren Mitgliedern auferlegt, gleichzeitig aber sexuelle Triebspannungen abzubauen, damit das innere Gleichgewicht nicht ernsthaft ins Wanken gebracht wird.

Verlegenheitsträume

Sie ähneln den Hemmungsträumen und können auch mit Angstzuständen verbunden sein. Charakteristisch ist, daß man in solchen Träumen Situationen durchlebt, in denen man sich aus Verlegenheit falsch verhält, vielleicht etwas Falsches sagt oder tut, möglicherweise auch bloßgestellt wird. Letzteres kann symbolisch dadurch zum Ausdruck kommen, daß man nackt an einem belebten Platz steht.

Manche Verlegenheitsträume beruhen auf Situationen, die man tatsächlich in der Realität erlebt hat. Sie werden im Traum also nochmals mit allen peinlichen Einzelheiten nachvollzogen. Möglicherweise erscheinen diese Peinlichkeiten im Traum sogar noch übersteigert. Das hat häufig Rückwirkungen auf das Verhalten im Alltag. Meist wird man sich noch unsicherer und verlegener fühlen.

Manchmal können Verlegenheitsträume aber auch hilfreich sein, wenn das Unterbewußtsein demonstriert, wie man sich zukünftig in ähnlichen Situationen verhalten könnte.

Hinter Verlegenheitsträumen stehen häufig tief in der Persönlichkeit des Träumers verwurzelte Minderwertigkeitsgefühle und Versagensängste. Manchmal lassen sie sich objektiv erklären, zum Beispiel durch tatsächlich vorhandene Behinderungen oder Entstellungen. Meist beruhen sie aber auf subjektiven Ursachen, die vernünftiger Überlegung nicht standhalten können.

Die Deutung von Verlegenheitsträumen kann Hilfe bringen

Die Deutung solcher Träume ist sehr aufschlußreich und kann viel dazu beitragen, die Wurzeln der Verlegenheit, Hemmungen und Ängste aufzudecken. Dann können sie gezielt abgebaut werden. Wenn das aus eigener Kraft nicht gelingt, empfiehlt sich psychotherapeutische Hilfe.

Wunschträume

Genaugenommen enthalten viele unserer Träume Wünsche, die zum Teil symbolisch im Traum befriedigt werden. Damit versucht das Unterbewußtsein, Spannungen zu vermeiden und die innere Harmonie zu erhalten. Viele dieser Wünsche werden aber vorher chiffriert, damit sie die Traumzensur passieren können.

Sozial unverträgliche Wünsche werden im Traum chiffriert

Sie sind dann nicht sofort aus dem Trauminhalt zu erkennen, sondern erst aus der Traumaussage, also nach der Deutung des Traums. Meist handelt es sich dabei um Wünsche, die man nicht ohne weiteres mit dem eigenen Gewissen und den sozialen Normen und Regeln in Einklang bringen kann, zum Beispiel um den Wunsch nach dem Ausleben sexueller Bedürfnisse oder um Rachegelüste gegenüber einem Menschen.

In den eigentlichen Wunschträumen dagegen wird sofort deutlich, was dahintersteckt. Die Wünsche sind nicht verschlüsselt, sondern werden ganz offen zum Ausdruck gebracht. Deshalb geht es dabei in der Regel auch um einfachere, unkompliziertere Bedürfnisse, die unser Gewissen auch im täglichen Leben zuläßt, weil sie nicht gegen Normen und Moral verstoßen. Im Traum können sie ganz einfach wiederholt werden, vergleichbar den banalen Alltagserlebnissen, die ebenfalls oft unverschlüsselt in unseren Träumen auftauchen. Möglicherweise zeigt uns das Unterbewußtsein im Wunschtraum aber auch einen Weg zur Verwirklichung unserer Wünsche. Vielleicht bietet es tatsächlich eine realistische, originelle Lösung an, der man getrost folgen darf. Häufiger wird die Traumlösung aber nur scheinbar zum Erfolg führen können. Kritische Distanz und sorgfältige Überlegung sind notwendig, ehe man der Traumlösung folgt, damit Enttäuschungen vermieden werden.

Traumlösungen kritisch prüfen

Direkte, unverschlüsselte Wunschträume finden wir besonders häufig bei Kindern. Das entspricht der bereits erklärten Tatsache, daß Kinder ganz allgemein weniger chiffriert träumen, weil anerzogene Hemmungen und Normen bei ihnen noch nicht so ausgeprägt vorhanden sind wie beim Erwachsenen. Im allgemeinen kann man die direkten Wunschträume leicht selbst deuten.

In den vorangegangenen Kapiteln wurden vor allem die theoretischen Grundlagen der modernen Traumanalyse beschrieben. Sie bilden das Rüstzeug, mit dessen Hilfe Träume zuverlässig gedeutet werden können. Nun wollen wir uns der Praxis der Traumdeutung zuwenden, insbesondere darstellen, wie man Träume selbst deuten und aus den Erkenntnissen praktische Konsequenzen ziehen kann.

Träume selbst

Träume sind keine »Schäume«, wie der Volksmund meint, sondern verschlüsselte Botschaften aus unserem Unterbewußtsein. Gewiß, nicht alle enthalten bemerkenswerte Einblicke in unsere Persönlichkeit, und geniale Lösungsvorschläge für Probleme und Konflikte im Traum dürfen wir erst recht nicht erwarten, obwohl es sie manchmal gibt. Aber jeder Traum, und sei er noch so banal, erfüllt zunächst einmal eine wichtige Funktion für die nächtliche Erholung und Regeneration. Damit ist über den Wert der Traumanalyse noch nichts ausgesagt. Sie geht weit über das bloße Registrieren von Träumen hinaus und versucht, die Traumaussagen aufzudecken. Und darauf kommt es unter Umständen entscheidend an.

Traumanalyse bedeutet also, einen Bereich der menschlichen Psyche zu erschließen, zu dem wir bewußt keinen Kontakt aufnehmen können – eben weil er unbewußt bleibt. Allerdings nimmt er, ohne daß wir das im Wachzustand bemerken, großen Einfluß auf unser Verhalten. Wir könnten das natürlich einfach hinnehmen, als unabänderliche Tatsache abhaken. Dann werden wir immer wieder erleben, wie Verhaltensmuster in unseren Alltag durchbrechen, die wir hinterher selbst nicht verstehen, über deren Motive wir uns keine Rechenschaft ablegen können. Wir bleiben dann unserem Unterbewußtsein weitgehend ausgeliefert. Mit Hilfe der Traumanalyse können wir aber auch versuchen, unser Unbewußtes selbst zu erforschen und besser zu verstehen. Das wird allerdings nie vollständig gelingen.

deuten

Immerhin können wir durch zähe, konsequente Arbeit mit unseren Träumen aber die großen Grundlinien des Unbewußten aufdecken und die Erfahrungen unseres Lebens, die uns stark beeinflussen, wieder aus dem Dunkel des Vergessens ins Bewußtsein heben.

Damit gewinnen wir Selbstbewußtsein und befreien uns teilweise vom Einfluß jener psychischen Bereiche, die sich unserem Verstand und Willen entziehen. Wir entdecken die Wurzeln unserer Verhaltensweisen und werden nicht mehr von ihnen überrascht, sondern können sie positiv beeinflussen. Das allein lohnt eigentlich schon die Mühe, die zweifellos mit der regelmäßigen Traumanalyse verbunden ist. Sie wird sich im täglichen Leben bald bezahlt machen – durch mehr Selbstbewußtsein, mehr Sicherheit in unserem Verhalten, mehr innere Ausgeglichenheit und mehr Selbstverwirklichung.

Gleichzeitig bietet die Selbstanalyse von Träumen einen gewissen Schutz vor seelischen Störungen. Wer gelernt hat, in sein Unterbewußtsein hinabzusteigen, um seine Inhalte zu erforschen, kann nicht mehr so leicht von ihnen überwältigt werden. Mit der Bewußtwerdung verlieren sie ihren krankmachenden Einfluß. So betrachtet gehört die Traumdeutung eigentlich ganz selbstverständlich zur täglichen »Seelenhygiene«.

Darüber hinaus kann die Traumanalyse aber auch die Weisheit und Kraft des Unbewußten »anzapfen« und für unser tägliches Leben nutzbar machen. Im Unbewußten ruhen unsere persönlichen Erfahrungen vom Beginn des Lebensan. Zugleich enthält es aber auch den Erfahrungsschatz der ganzen Menschheit, der über Jahrtausende hinweg von Generation zu Generation weitergegeben wurde und das kollektive Unbewußte bildet. Wie spärlich muten daneben unsere bewußten Erfahrungen und unser erlerntes Wissen an, auf die sich gewöhnlich unsere Entscheidungen im Alltag stützen. Die Traumanalyse bietet uns die Möglichkeit, von diesem Erfahrungsschatz zu profitieren. Dadurch erweitern wir die Basis unserer Entscheidungen und erhalten gleichzeitig die Gewähr dafür, daß wir uns im Einklang mit uns selbst (also individuell richtig) entscheiden. Wir müssen dem Unbewußten nur die richtigen Fragen vorlegen und seine Antworten, die es uns im Traum zukommen läßt, richtig interpretieren, dann läßt es uns nicht im Stich.

Sorgfältige Traumanalyse erweitert die Entscheidungsbasis

Traumdeutung bedeutet also nicht nur Psychohygiene, vergleichbar der täglichen Gesundheitspflege für den Körper, sondern darüber hinaus praktische Lebenshilfe. Soviel kann uns keine der zahlreichen anderen Selbsthilfemethoden anbieten. Wir werden im Kapitel »Traumdeutung als Lebenshilfe« noch ausführlich auf die vielfältigen praktischen Möglichkeiten der Traumanalyse zu sprechen kommen.

Grenzen und Gefahren der Selbstdeutung

Grundsätzlich kann jeder normal intelligente Mensch, der die Anleitungen zur Traumanalyse versteht und beachtet, auch versuchen, entsprechend dieser Anweisungen seine Träume selbst zu deuten.

Intellektuelle Minderbegabung oder Störung (Hirnkrankheiten, Geisteskrankheiten und ähnliches) können die Selbstanalyse be- und verhindern, weil die Betroffenen oft überhaupt nicht in der Lage sind, die Grundlagen der Traumdeutung zu erfassen und in die Praxis umzusetzen. Allerdings kann es bei solchen Menschen durch Intuition zu manchmal erstaunlich sicherem Verständnis der eigenen Träume kommen.

Der Selbstdeutung sind Grenzen gesetzt

Darüber hinaus sind der Selbstdeutung von Träumen allgemein oder bestimmter Trauminhalte noch andere Grenzen gesetzt. In der Regel werden seelisch labile und kranke Menschen ihre Träume nicht selbst nach der Anweisung eines Buchs deuten können.

Ihre Analysen müssen zwangsläufig unvollständig bleiben, weil sie nicht flankiert werden von allgemeinem psychologischem Wissen, über das nur der ausgebildete Fachmann verfügt. Deshalb gelangen sie leicht zu falschen Schlüssen und treffen danach Fehlentscheidungen, die unter Umständen sogar ihre seelische Krankheit verschlimmern können.

Aus diesem Grund darf die Traumanalyse in solchen Fällen nur unter fachmännischer Anleitung und begleitet von der gezielten Therapie durchgeführt werden. Warnzeichen einer seelischen Störung, die bisher vielleicht überhaupt noch nicht erkannt wurde, aber der Selbstanalyse entgegensteht, ist es oft, wenn immer häufiger quälende, beunruhigende und ähnliche unangenehme Träume auftauchen. Dann ist es höchste Zeit, die Selbstdeutung sofort zu unterbrechen und möglichst den Psychotherapeuten aufzusuchen.

Seelisch Kranke müssen ihre Träume vom Fachmann analysieren lassen

Die Grenzen der Selbstanalyse einzelner Träume, die auch der psychisch weitgehend gesunde, stabile Mensch zwischendurch erreicht und nicht aus eigener Kraft überwinden kann, erklären sich aus dem menschlichen Bestreben, unangenehme oder unerträgliche Erfahrungen zu verdrängen, weil man sie nicht verkraften kann.

Diese Verdrängung erfolgt im Einzelfall so perfekt, daß die symbolische Traumerinnerung trotz aller Bemühungen nicht gedeutet werden kann. Die Analyse wird hartnäckig blockiert oder in die Irre geführt – eine Art Selbstschutz der Seele, wenn die Erinnerung immer noch unerträglich wäre. (Allerdings erhebt sich hier die Frage, ob ein Mensch, der Lebenserfahrungen so massiv verdrängt hat, überhaupt noch als seelisch vollkommen gesund angesehen werden kann – aber wer ist das heute schon?) Mit fachmännischer Hilfe lassen sich (bei Bedarf) solche Blockaden durchbrechen und die Traumaussagen doch noch entschlüsseln.

Die Grenzen der Traumselbstdeutung sollten unter allen Umständen respektiert werden, damit aus der Reise durch das Unbewußte keine vermeidbaren Gefahren entstehen.

Ganz allgemein ist die Selbstanalyse von Träumen aber auch für seelisch stabile, gesunde Menschen mit gewissen Gefahren verbunden. Wer auf diese vorbereitet ist, wird sie rechtzeitig erkennen und bald auch über genügend praktische Erfahrung verfügen, um ihnen zu entgehen. In unklaren Fällen läßt man aber besser die Finger von Selbstdeutungen oder bespricht einzelne Träume mit dem Therapeuten.

Zu den größten Gefahren der Selbstdeutung gehört zweifellos, daß die Expedition durch das Unbewußte mehr Inhalte – vor allem negativ gefühlsgeladene Erinnerungen an die Vergangenheit – freisetzt als der Träumer zunächst ertragen und verarbeiten kann. Zum Glück sorgt aber das Unterbewußtsein meist selbst dafür, daß die Grenzen des momentan Erträglichen nicht überschritten werden, oder zeigt uns zumindest, wie wir mit den aus der Traumanalyse bewußt gewordenen Inhalten und Einsichten umgehen sollten. Wenn diese Hinweise beachtet werden, droht keine Gefahr.

Auf die Hinweise des Unterbewußtseins achten!

Manchmal schlägt das Unbewußte einen Menschen, der über die Träume Zugang dazu gefunden hat, so stark in seinen Bann, daß er sich immer weiter in sich selbst zurückziehen möchte. Dieser Rückzug aus der Realität steht aber im Widerspruch zum eigentlichen Sinn der Traumanalyse, die neben der Erforschung des Unbewußten ja zugleich und vor allen Dingen praktische Lebenshilfe sein will.

Deshalb muß dieser Neigung zur Abkapselung energisch widerstanden werden. Es gilt, einen individuell richtigen Mittelweg zu finden, also mit beiden Beinen im Leben zu bleiben, ohne auf die Selbsterkenntnis zu verzichten. Wer bemerkt, wie er sich bei der Erforschung seines Unterbewußtseins allmählich immer weiter vom Leben abkehrt, muß ganz bewußt dagegen angehen. Die Flucht vor der Realität in die Welt des Unbewußten kann möglicherweise Symptom einer bisher nicht bemerkten seelischen Störung sein. Im Einzelfall macht sie deshalb psychotherapeutische Hilfe erforderlich.

Realitätsflucht ist gefährlich!

Die Gefahr der Entfremdung und Abwendung von der Welt und den Mitmenschen droht auch noch von einer anderen Seite: Mancher fühlt sich wegen seiner Verbindung zum Unbewußten nämlich bald als überlegen und anders als die anderen Menschen.

In der psychologischen Terminologie bezeichnet man dieses Phänomen als Hybris, umgangssprachlich am besten mit »Aufgeblasenheit« und »Überheblichkeit« zu umschreiben. Da die Mitmenschen im allgemeinen nicht daran denken, diese Überheblichkeit zu akzeptieren und der Alltag den Träumer nicht losläßt, obwohl er »über den Dingen« zu stehen glaubt, ergeben sich aus dieser Einstellung meist herbe Enttäuschungen und Konflikte. Die Aufgeblasenheit kann dann in tiefe Depressionen umschlagen.

Vorsicht vor Selbstüberschätzung

Besonders ausgeprägt tritt das Phänomen der Hybris naturgemäß dann auf, wenn der Träumer die Trauminhalte als Offenbarungen, göttliche Botschaften oder ähnliches mißversteht und sich deshalb als »Auserwählter« fühlt. Unter Umständen kann er sogar einige Anhänger und »Gläubige« finden, die ihm diese Rolle abnehmen.

Beispiele dafür finden wir in der Geschichte vor allem unter den Religionsgründern (insbesondere Mohammed hatte viele Traumvisionen, die im Islam als »göttliche Botschaften« Eingang fanden), in der Gegenwart zum Beispiel bei den Gurus und Sektengründern, die zunehmend zur Gefahr für junge Menschen werden. In der Regel wird die Mehrzahl der Mitmenschen sich aber nicht um die selbsternannten »Auserwählten« oder um die »Berufung« des irregeleiteten Träumers kümmern.

Wohl jeder, der damit beginnt, seine Träume selbst zu analysieren, macht zunächst einmal eine solche Phase der Selbstüberschätzung durch, die letztlich seine Unsicherheit und mangelnde Übung zum Ausdruck bringt. Das ist nicht weiter schlimm, wenn der Zustand vorübergehend bleibt und man richtig darauf reagiert, also die Selbstüberschätzung bald erkennt und wieder abbaut. Je besser man die Hintergründe der Träume verstanden hat, desto weniger anfällig wird man für solche Gefahren.

Der Intellekt ist nicht alles!

Hüten sollte man sich auch davor, die Traumreise rein vom Verstand her zu unternehmen, die Symbole also nur intellektuell zu deuten, ohne die damit verbundenen Gefühle und Empfindungen zuzulassen. Das führt zur wenig hilfreichen Theoretisierung, weil die Traumaussagen nur zum Teil erfaßt, aber nicht durchlebt (nacherlebt) werden. Der Mensch lebt eben nicht allein im Intellekt, sondern wird viel mehr noch von der irrationalen Ebene seiner Gefühle, Bedürfnisse und Triebe bestimmt. Wenn man sie bei der Traumanalyse vernachlässigt oder verdrängt, verfehlt man den eigentlichen Sinn der Traumdeutung.

Eine letzte Gefahr erwächst dann, wenn man über einen gewissen Zeitraum hinweg ziemlich regelmäßig seine Träume selbst gedeutet hat und dann plötzlich damit aufhört. Die Traumanalysen führten nämlich zu neuen Selbsterkenntnissen und Denkanstößen oder konfrontierten uns mit Problemen, die uns vorher nicht bewußt waren. Alles das ist in Gang gekommen und erfordert nun dauernde Arbeit an sich selbst, um einer Lösung näher zu kommen und schließlich das bisher gewohnte Leben sinnvoll zu ändern.

Nicht abrupt mit der Traumdeutung aufhören!

Bleibt man auf halber Strecke stehen, fühlt man sich zumindest frustriert. Häufiger wird man aber mit den aus der Verdrängung hervorgeholten Einsichten und Konflikten nicht mehr fertig, kann sie weder vollends lösen noch erneut verdrängen. Man sitzt gewissermaßen zwischen allen Stühlen – ein auf Dauer meist unerträglicher Zustand.

Wenn er nicht aus eigener Kraft überwunden werden kann, ist es meist ratsam, psychotherapeutische Hilfe in Anspruch zu nehmen, ehe ernstere seelische Störungen auftreten. Solchen Gefahren kann man allerdings vorbeugen, indem man sich vor Beginn der regelmäßigen Traumanalyse klar macht, daß diese Arbeit konsequent fortgeführt werden muß.

Anderenfalls sollte man besser gleich die Finger davon lassen oder sich darauf beschränken, gelegentlich einmal hinter den Sinn eines Traums zu schauen, der besonders interessant erscheint.

Unsere Traumreise durch die Welt des Unbewußten ist ein Abenteuer. Am Rand des Wegs lauern manche Gefahren. Sobald man sie kennt, kann man sich dagegen wappnen und sie vermeiden. Die natürlichen Grenzen der Selbstdeutung darf man jedoch nie überschreiten. Unter diesen Voraussetzungen können wir unsere Träume aber getrost selbst analysieren und als praktische Lebenshilfe nutzen.

Praxis der Traumanalyse

Jeder Traum hat seine ganz individuelle Aussage. Zuverlässige Analyse setzt deshalb stets gute Kenntnisse der individuellen Persönlichkeit und Lebensumstände des Träumers voraus, da sich der tiefere Sinn eines Traums oft erst auf diese Weise erschließt. Die Technik der Traumanalyse hingegen ist weitgehend unabhängig von individuellen Faktoren. Sie beruht auf dem theoretischen Wissen, das wir von der menschlichen Seele und speziell von den Träumen besitzen.

In den folgenden Kapiteln wird erklärt, wie man die Aussagen der Traumerinnerungen durch richtige Feststellung, Wecken von Assoziationen, Entspannung und Meditation durchschauen und prüfen kann, ob die Deutungen auch tatsächlich richtig sind.

Dazu empfiehlt es sich, jeden Traum nach einem bestimmten Schema ins Traumtagebuch einzutragen. Das systematisiert die Analyse und gibt ihr größere Sicherheit, macht vor allem auch verschiedene Träume mit ähnlichem Inhalt leichter vergleichbar. Deshalb werden solche Schemata in Form von Fragebögen auch in der fachmännischen Traumanalyse häufig verwendet. Sie versuchen, möglichst viele Einflüsse auf das Traumgeschehen (unter anderem auch Krankheiten, Genußmittel und Speisen) zu erfassen.

Zur Selbstdeutung muß man sich zwar nicht strikt an das nachstehende Beispiel eines Traumschemas halten, als Grundlage für die Traumanalyse ist es aber doch – bei Bedarf mit individuellen Abweichungen und Ergänzungen – sehr gut geeignet.

Traumschema zur Selbstanalyse

I. Allgemeiner Teil

1. Datum des Traums (Nacht vom ... zum ...)

Die Notiz nach einem solchen Schema systematisiert die Traumanalyse

2. Zeitpunkt des Einschlafens

   2.1 Ungefähr ... Uhr

   2.2 Besonderheiten beim Einschlafen (etwa früher/später als sonst, besonders müde und abgespannt oder »aufgekratzt«, Schwierigkeiten beim Einschlafen und ähnliches)

3. Qualität des Nachtschlafs (zum Beispiel gut, normal, ungestört, unruhig, Durchschlafstörungen, längeres Wachliegen, vorzeitiges Erwachen am Morgen und so weiter)

4. Gesundheitszustand zum Zeitpunkt des Traums

   4.1 Akute Krankheiten in der Traumnacht (wie Fieber, Koliken, Schmerzen und andere)

   4.2 Chronische Krankheiten (wenn ja, welche?)

   4.3 Andere körperliche Beschwerden (zum Beispiel als Folge von Wetterfühligkeit)

   4.4 Stimmungslage und seelische Störungen zum Zeitpunkt des Traums (wie Depressionen, Angstzustände, ungelöste Probleme, Konflikte und Sorgen; Ärger, Enttäuschungen oder schockierende positive/negative Ereignisse in der Zeit vor dem Traum; Neurosen, Verhaltensstörungen, Geisteskrankheiten und andere bekannte psychische Erkrankungen oder Störungen)

   4.5 Bei Frauen: Besteht ein Zusammenhang mit der Menstruation (vor oder nach dem Eisprung, während der Menstruation), den Wechseljahren (vor, während oder nach dem Klimakterium) oder einer Schwangerschaft?

5. Arzneimittel
   5.1 Medikamente, die am Tag/Abend vor dem Traum eingenommen wurden
       (wie Schlaf-, Beruhigungs-, Schmerzmittel und ähnliches; Zeitpunkt der
       Einnahme, Dosis)
   5.2 Häufig oder dauernd verabreichte Medikamente (Art, Dosis, Zeitpunkt
       der Einnahme)
       Besonderheiten der Ernährung am Tag/Abend vor dem Traum (zum
       Beispiel zu schwere oder zu spät am Abend eingenommene Mahlzeiten,
       außergewöhnliche Speisen, versäumtes Essen zu den gewohnten Zeiten,
       Fastentag und ähnliches)
7. Genußmittel, die am Tag/Abend vor dem Traum konsumiert wurden (vor
   allem Alkohol, Koffein und Nikotin, aber auch andere; gewohnheitsmäßig
   oder außer der Reihe, in normaler oder höherer Dosis verabreicht; andere
   Besonderheiten)
8. Wetterbesonderheiten am Tag/Abend des Traums (vor allem bevorstehender
   Witterungsumschlag, Föhn, Gewitter und ähnliches)

II. Traumaussage und Trauminhalt

1. Grundidee des Traums
2. Einzelheiten des Traumgeschehens (möglichst detaillierte Angaben über
   Ablauf, Handlungen, Personen, Objekte, Stimmungen, Farben und ähnliches)
3. Typische Trauminhalte (siehe Seite 39 ff.)
   3.1 Kann der Traum einem der beschriebenen typischen Traummuster zu-
       geordnet werden?
   3.2 Wenn ja, welchem? (Alltags-, Angst-, Alptraum, körperbedingter Traum,
       Krankheitstraum, sexueller Trauminhalt, Fall-, Lähmungs-, Hem-
       mungs-, Verlegenheits-, Wunschtraum)
4. Die wichtigsten Symbole des Traums und ihre Bedeutung
   4.1 Aussagen der im lexikalischen Teil dieses Buchs erklärten Symbole
   4.2 Individuelle Symbole (nicht im Lexikon angeführt) und deren Bedeu-
       tung
5. Selbstanalyse des Traums
6. Ähnliche Träume in der Vergangenheit
   6.1 Wenn ja, Zeitpunkt und Häufigkeit dieser Träume
   6.2 Abweichungen der Träume einer solchen Serie voneinander und speziell
       vom augenblicklich zu analysierenden Traum
7. Praktische Konsequenzen aus der Traumanalyse, Einsichten, Erkenntnisse
   und andere Nutzeffekte

Mit Hilfe eines derartigen Schemas, das man entweder bei jedem Eintrag ins
Traumtagebuch neben sich legen oder vervielfältigen und ins Traumringbuch
einheften kann, werden die Träume umfassend unter ihren verschiedenen
Aspekten beleuchtet. Wenn man regelmäßig danach verfährt, bietet das die

Gewähr dafür, daß bei der Selbstanalyse nichts Wesentliches vergessen oder übersehen wird. Auf der Grundlage dieses Traumschemas wollen wir nun darangehen, sämtliche technischen Einzelheiten der Traumanalyse eingehend zu erläutern.

Symbole erkennen – Assoziationen erwecken

Träume als Urform menschlichen Denkens

Träume stellen als eine Art »Denken ohne Worte« vielleicht die Urform menschlichen Denkens überhaupt dar. Das deckt sich mit der Erkenntnis, daß die Träume beim Säugling zur Gehirnreifung beitragen und damit also auch die Entwicklung des Sprechens unterstützen. Allerdings schließt das nicht aus, daß auch der Traum Worte kennt, also das Traumdenken nicht nur vorsprachlich in Bildern, Gefühlen und Symbolen zum Ausdruck kommt. Hinter den Worten steht aber oft ein verschlüsselter Sinn, der gedeutet und in andere Worte gefaßt werden muß.

Vielen Symbolen des Traums kommt eine allgemeingültige Bedeutung zu, weil die meisten Menschen damit ähnliche Vorstellungen verknüpfen. Dazu gehören auch die Archetypen, also jene Ursymbole, die seit Jahrtausenden Allgemeingut der Menschheit sind. Wenn das nicht so wäre, könnte man überhaupt kein sinnvolles Lexikon der Traumsymbole zusammenstellen.

Auch in der Werbung nutzt man diese Tatsache, indem man Produkte mit einer vorsprachlichen, symbolisierten Aussage koppelt, die viel leichter als viele Worte den Weg ins Unbewußte findet, dessen »Sprache« ja gerade die symbolhaften Bilder sind, und von dort her auch als stärkere Aufforderung in unser tägliches Leben fortwirkt.

Stets stellen unsere Träume aber auch den individuellen Ausdruck von Inhalten des Unbewußten dar.

Deshalb darf man nicht von vornherein davon ausgehen, daß jedes Symbol in der allgemeingültigen Bedeutung auftritt. Es kann in seinem individuellen Sinn sehr stark davon abweichen, weil unsere persönlichen Erfahrungen daran mitgewirkt haben.

Symbol oder nicht?

Beispiel: Ein Tier kann im Traum vielleicht nichts weiter als unser tatsächlich vorhandenes Haustier darstellen. Unter Umständen symbolisiert es aber auch Gefühle, Erwartungen, Absichten oder Triebe, die entweder allgemein von den meisten Menschen dahinter gesehen werden oder die unserem ganz persönlichen Unbewußten entspringen. Vielleicht stellt das Tier aber auch nur eine Nebensächlichkeit im Traum dar und lenkt dann eher von den Hauptinhalten des Traums ab.

Solche Überlegungen sollten bei jedem Traumsymbol sinngemäß angestellt werden, ehe man an die Deutung geht.

Wie erkennt man Symbole?

Am Anfang der Traumanalyse muß man zunächst einmal die Symbole des Traums erkennen. Sie werden möglichst detailliert notiert, wie das im eingangs beschriebenen Traumschema unter II.4. vorgesehen ist. Dabei spielt es zunächst keine Rolle, ob ein Symbol als wichtig oder unwesentlich anzusehen ist. Normalerweise wird man das auf den ersten Blick ohnehin nie erkennen, das ergibt sich in der Regel erst im weiteren Verlauf der Traumdeutungsarbeit aus den Begleitumständen und Zusammenhängen eines Traums.

Wenn alle Symbole erkannt und ausführlich notiert wurden, geht man daran, sie individuell zu deuten. Zunächst sucht man im lexikalischen Teil dieses Buchs nach ihnen. Die Angaben im Lexikon können natürlich nur die häufigsten, allgemeingültigen Inhalte erfassen. Deshalb wird sorgfältig geprüft, ob diese Bedeutung im Einzelfall zutrifft oder ein anderer, individueller Sinn dahinter steht.

Dazu bedient man sich ebenso wie zur Analyse ganz persönlicher, im lexikalischen Teil nicht genannter Traumsymbole der freien Assoziation. Oft können die allgemeingültigen Erklärungen aus dem Lexikon aber wenigstens den Anstoß zu solchen Assoziationen geben, die dann zum individuellen Sinn eines persönlichen Traumsymbols hinführen.

Das Wecken von freien Assoziationen zu den einzelnen Trauminhalten zeigt, wie nahe Psychoanalyse und Traumdeutung einander stehen. Auch in der Psychoanalyse und bei einigen anderen psychotherapeutischen Techniken gibt sich der Patient einfach den als freie Assoziationen auftauchenden, nicht bewußt gelenkten oder auf ein bestimmtes Ziel gerichteten Erinnerungen, Gedanken und Vorstellungen hin, die aus seinem Unbewußten aufsteigen.

In diesen freien Assoziationen kommen Motive, Wünsche und andere Inhalte des Unbewußten zum Vorschein. Der Betreffende selbst beziehungsweise sein Therapeut können daraus wichtige Rückschlüsse auf die Ursachen seelischer Störungen ziehen.

In der Traumanalyse enthüllen die freien Assoziationen zu den einzelnen Symbolen, was dahinter steht, geben also die wahre, individuelle Bedeutung preis, die mit der allgemeingültigen in Einklang stehen oder davon mehr oder minder stark abweichen kann.

Freie Assoziationen tauchen oft ganz spontan auf, etwa als plötzliche Eingebungen. Sie lassen sich niemals erzwingen. Je mehr man dazu den Willen einsetzt, desto zweifelhafter werden die Ergebnisse. Es kann durchaus einmal vorkommen, daß die starke Willensanstrengung gerade das Gegenteil provoziert, also eine Blockade der freien Assoziationen oder Scheinassoziationen hervorruft, die der Traumanalyse eine falsche Richtung geben.

Gerade das geduldige Warten auf freie Einfälle gelingt jedoch dem hektischen, gestreßten heutigen Menschen oft nur sehr schwer. Er ist es gewohnt, seine Aufgaben gezielt anzugehen, unter Einsatz des Willens zu lösen, und hat dadurch viel von der Fähigkeit zur Entwicklung von Vorstellungen aus dem Unbewußten eingebüßt.

Ungeduld behindert die Traumanalyse

Das kann ein großes Hindernis für die Traumanalyse bedeuten. Andererseits ist es aber auch möglich, diese Fähigkeiten wieder zu erlernen und so lange konsequent zu trainieren, bis sie wieder ganz selbstverständlich geworden sind.

Dazu gibt es verschiedene Techniken. Das autogene Training gehört zu den wichtigsten und zeichnet sich vor allem durch seinen systematischen Aufbau aus, der bei regelmäßiger Übung fast immer zum Erfolg führt. Wir kommen später noch ausführlich auf das autogene Training und andere Methoden zur Entfaltung der Vorstellungskraft zu sprechen, die sich nicht allein bei der Traumdeutung, sondern ganz allgemein immer auszahlt.

Die Entwicklung freier Assoziationen über Traumsymbole bildet heute die Grundlage jeder zuverlässigen Traumdeutung. Wir kennen jetzt also vier Schritte der Traumanalyse:

Die vier ersten Schritte der Traumdeutung

1. Erinnerung des Traums am Morgen.
2. Aufzeichnung des Traumgeschehens in Wort oder/und Bild so detailliert wie möglich.
3. Erkennen und Aufzählen der verschiedenen Traumsymbole eines Traums.
4. Wecken freier Assoziationen zu den verschiedenen Symbolen.

Diese vier Schritte schaffen die Grundlage zur individuellen Traumdeutung. Allein reichen sie aber noch lange nicht aus, um einen Traum gründlich zu analysieren. Ganz entscheidend kommt es dabei ja auf den Zusammenhang und die Begleitumstände eines Traums, oft auch zusätzlich auf die tatsächliche Lebenssituation an.

So wie ein Wort oft erst aus dem Satzzusammenhang sinngemäß verstanden werden kann, so können auch die Bilder und Symbole – die Worte der Traumsprache – erst richtig interpretiert werden, wenn man die inneren Zusammenhänge erkennt. Unsere weitere Aufgabe besteht also darin, die innere Logik eines Traums zu erkennen, die mit Logik im üblichen Sinn auf den ersten Blick nicht viel zu tun haben muß.

Logik des Traums aufdecken

Wenn wir einen Traum genauer betrachten, dann erkennen wir zunächst oft, daß er sich sinnvoll in verschiedene Hauptabschnitte gliedern läßt. Sie müssen zur Analyse jedoch nicht unbedingt einzeln aufgeführt werden. Wenn man genügend Symbole erkennt und dazu ausreichend freie Assoziationen aus dem Unbewußten emporsteigen, wird man auf diese Zergliederung eines Traums meist verzichten können.

Eine Gliederung des Traums kann nützlich sein

Hilfreich kann die Aufteilung in Hauptphasen bei jenen Träumen sein, zu denen wenige oder keine Assoziationen einfallen, die besonders lang dauerten oder aus anderen Gründen schwer zu deuten sind. Wenn man in solchen Fällen eine sinnvolle Gliederung des Trauminhalts vornimmt, erleichtert das die Analyse oft ungemein.

Vor allem erleichtert diese Aufteilung in Hauptphasen die richtige Fragestellung, wenn es an freien Assoziationen zu den einzelnen Symbolen mangelt. Anstatt in solchen Fällen lange auf Einfälle zu warten, sich dabei innerlich zu verkrampfen (was die Einfälle zusätzlich blockiert) und schließlich die Lust an der Traumdeutung ganz zu verlieren, betrachtet man besser die einzelnen Abschnitte des Traums und fragt nach ihrem Sinn. Dazu ein einfaches Beispiel aus der Praxis:

»Ich war im Traum ein Vogel und saß inmitten einer großen Schar anderer Vögel, die alle aufgeregt umherflatterten und zwitscherten. Plötzlich erhob ich mich aus der Vogelschar und stieg immer höher in die Lüfte empor. Immer kälter wurde es um mich herum, ein eisiger Wind schnitt mir ins Gesicht und lähmte meine Flügel. Ich spürte, wie die Kälte mein Herz ergriff, die Sinne schwanden mir, und wie ein Stein stürzte ich nach unten. Als mein Sturz jählings endete, saß ich auf den Zinnen einer Burg und blickte hinaus ins weite flache Land.«

Ein praktisches Beispiel

Ein sehr aufschlußreicher Traum, der von einem Probanden mit erheblichen sozialen Kontaktstörungen stammte. Er tat sich recht schwer mit der Selbstanalyse und versuchte deshalb, den Traum in seine Hauptphasen zu zerlegen und daraus die für die Deutung wichtigen (und richtigen) Fragen zu stellen. Folgende hauptsächlichen Traumabschnitte mit entsprechenden Fragen kristallisierten sich dabei heraus:

Traumabschnitt 1: Als Vogel unter vielen Artgenossen.
Fragen: Ich fühle mich nicht wohl unter den anderen Vögeln, die viel Lärm um nichts machten. Habe ich das Gefühl, nicht zu den anderen zu passen, etwas Besseres zu sein – und was erweckt diesen Eindruck in mir?
Traumabschnitt 2: Aufstieg aus der Vogelschar in den Himmel.
Fragen: Ich sonderte mich von den anderen ab, erhob mich über sie in höhere Regionen. Fühle ich mich über andere Menschen tatsächlich erhaben oder möchte ich gerne über ihnen stehen? Will ich über meine Grenzen hinaus – und warum?
Traumabschnitt 3: Höhenflug in eisige Kälte.
Fragen: Ich spürte ganz allein dort oben eisige Kälte. Fühle ich mich auch im Leben vereinsamt, isoliert von allen anderen? »Friere« ich in dieser Kälte der Gefühle?
Traumabschnitt 4: Absturz und schwindende Sinne.
Fragen: Die Kälte lähmte mich, ich verlor das Bewußtsein. Wie stark behindert mich meine Kontaktarmut?
Verliere ich dadurch den klaren Blick für die Realität, für andere Menschen und für meine Bedürfnisse?
Traumabschnitt 5: Erwachen auf den Burgzinnen mit weitem Blick ins freie Land.
Fragen: Ich bin zurückgekehrt zur Erde, zur Wirklichkeit, und finde über dem Alltagsgeschehen Schutz und Geborgenheit; dabei blicke ich auf eine weite, friedliche, flache Ebene. Muß ich mich in Zukunft entscheiden zwischen der Hektik und den Ansprüchen, die andere Menschen an mich stellen könnten, und meinem Anderssein, meinem Bedürfnis nach Harmonie, Frieden und tieferen zwischenmenschlichen Kontakten? Will ich dafür ein gemächliches, vielleicht ereignislos-langweiliges Leben in Kauf nehmen oder soll ich doch den Kontakt mit anderen Menschen suchen und dafür ihre störenden Eigenarten in Kauf nehmen?

Aus den Fragen, die er zu den fünf Phasen seines Traums an sich selbst stellte, kam der Proband zur folgenden, im großen und ganzen zutreffenden Selbstanalyse des Traums:

**Die Selbst-
analyse**

»Ich habe Kontaktschwierigkeiten mit anderen Menschen, weil sie mich durch ihre Betriebsamkeit und Oberflächlichkeit überfordern, manchmal abstoßen. Ich bin ein zu ernster, ruhiger Mensch, als daß ich das alles mitmachen könnte. Im Grunde fühle ich mich deshalb über andere Menschen erhaben und toleriere ihre Eigenarten nicht, erwarte aber von ihnen, daß sie mich akzeptieren, wie ich bin, und meine Richtung zu der ihrigen machen. Wenn sie das nicht tun – und die meisten denken nicht daran –, entferne ich mich von ihnen, weil ich mir besser als sie vorkomme. Die Einsamkeit ertrage ich aber auch nur sehr schwer, sie lähmt mich oft. Nach außen hin merkt man mir das kaum an, ich wirke eher kalt, arrogant und abweisend. Deshalb bleiben mir nicht nur viele negative Erfahrungen im Umgang mit Menschen erspart, ich versäume auch viele positive Erlebnisse. Ich muß aus meiner übertriebenen Selbsterhöhung wieder herabsteigen und nach einem Mittelweg suchen, der mir genug Ruhe und Frieden läßt, aber auch meinen Wunsch nach sozialen Kontakten befriedigt. Dann wird mein Leben nicht flach und eintönig verlaufen, sondern in Zukunft positiv gestaltet werden.«

**Lebenshilfe auf-
grund der
Traumanalyse**

Auf Grund dieser Traumeinsichten und mit Hilfe eines »maßgeschneiderten« Verhaltenstrainings lernte der Proband tatsächlich bald, diesen für ihn individuell richtigen Mittelweg zu gehen und seine Kontaktschwierigkeiten zufriedenstellend abzubauen.

Natürlich gehört er auch heute nicht zu den Menschen, die rasch Kontakte anknüpfen. Aber er hat, ausgehend von den Erkenntnissen, die ihm die Traumanalyse bot, gelernt, andere zu tolerieren, und damit die wichtigste Blockade seiner Kontaktfähigkeit beseitigt.

Sicher läßt sich dieses Beispiel nicht pauschal auf alle Träume anwenden. Zweifellos hätte man diesen Traum auch mit Hilfe anderer Techniken analysieren können. Und vor allem: Nicht alle Träume lassen sich so leicht und eindeutig in ihre Hauptteile zergliedern wie dieser – bei manchen gelingt das überhaupt nicht.

Für den Klienten war die Technik der Aufteilung in Hauptabschnitte aber die individuell richtige und schnellste Möglichkeit der Traumdeutung, die auch zu befriedigenden praktischen Konsequenzen führte.

Fassen wir noch einmal zusammen: Träume, zu denen uns keine freien Assoziationen einfallen, die sehr lang waren oder aus anderen Gründen nur schwer zu deuten sind, kann man oft in ihre Hauptphasen zerlegen und daraus gezielte Fragen ableiten, die zur individuell richtigen Analyse führen.

Diese Methode läßt sich zwar nicht bei jedem, aber doch bei den meisten Träumen anwenden, wenn man auf andere Weise zu keinem befriedigenden Ergebnis gelangt. Auch bei den Träumen, zu denen uns genügend spontane Assoziationen einfallen, kann eine solche Aufgliederung in Hauptabschnitte manchmal von Nutzen sein.

Am Beispiel des in seine Phasen zerlegten Traums erkennt man auch sehr gut die Logik des Traums. Oft läßt sie sich mit dem Wort »weil« aufdecken. Betrachten wir den Traum einmal unter diesem Aspekt, dann stellen wir folgende logische Kette fest:

Die Logik erkennen durch Zerlegung des Traums

1. Weil die Vogelschar aufgeregt zwitscherte und flatterte, erhob sich der Träumer in die Luft.
2. Weil er zu hoch emporstieg, wurde ihm kalt ums Herz, erlahmten die Flügel und schwanden ihm die Sinne.
3. Weil er das Bewußtsein verlor, stürzte er ab.

Der logische Aufbau dieses Traums ist leicht zu erkennen, sobald man ihn in seine Hauptteile zerlegt und gezielte Fragen stellt.

Auch im täglichen Leben gibt es viele solcher logischen »Weil-Folgerungen«, wie zum Beispiel:

»Weil ich das Fahrrad nicht angekettet habe, wurde es mir gestohlen.«

»Weil ich die Waschmaschine nicht abgeschaltet hatte und weil der Strom ausfiel, kam es zur Überschwemmung in der Wohnung.«

»Weil ich den Kunden nicht pünktlich aufsuchte, reagierte er ablehnend auf das Angebot.«

Genau betrachtet basieren auf logischen Ketten dieser Art die meisten Ereignisse und Entscheidungen mit den später eintretenden Folgen. Das kleine Wörtchen »weil« zeigt Ursachen und Richtungen im Leben auf, weist auf bevorstehende Ereignisse hin, die logischerweise eintreten müssen, deckt Absichten, Gedanken und Gefühle auf.

Auch der Traum – genauer gesagt das Unbewußte – kann nicht auf einen so wichtigen Faktor im menschlichen Leben verzichten. In vielen Träumen steht das logische »weil« sogar im Zentrum der Traumaussage. Manchmal ist die Logik im Traum derartig zwingend, daß man sie auf Anhieb erkennt, oft muß sie aber auch erst mühsam hinter dem scheinbaren Chaos eines Traums freigelegt werden.

Die »Weil-Folgerungen«

Dabei hilft die Aufgliederung des Traums in seine Hauptteile und die Ableitung der logischen Kette, wie sie weiter vorne bereits gezeigt wurde. Unter Umständen gelingt die Einsicht auch spontan durch Intuition.

Aus der Logik des Traums erkennen wir meist zugleich den Zusammenhang, in dem die einzelnen Symbole zueinander stehen. Das erleichtert die Deutung des Traums ungemein. Bewährt hat es sich, die logische Gedankenfolge schriftlich festzuhalten, damit man sie bei der weiteren Traumanalyse stets vor Augen behält.

Beziehungen zwischen mehreren Träumen erkennen

Sehr aufschlußreich können Traumserien sein, also mehrere Träume mit teilweise ähnlichen Aussagen oder nahezu identisch häufig wiederkehrenden oder sich allmählich verändernden Symbolen. Solche Traumserien kann man freilich nur dann sicher erkennen und vergleichen, wenn man regelmäßig sorgfältig das Traumtagebuch (siehe Seite 31) führt.

Traumserien
können sehr
aufschlußreich
sein

Traumserien beweisen zugleich überzeugend, daß Träume keineswegs »Schäume« sind, mehr oder weniger bedeutungslos und zufällig auftauchen, sondern von unseren Einsichten und Erfahrungen – von unserer persönlichen Entwicklung und Reifung – entscheidend geprägt werden, so wie sie ihrerseits über diese Reifeprozesse unserer Psyche Aufschluß geben.

Kehren wir zu dem Traumbeispiel zurück, das schon die Aufgliederung der Träume in Hauptteile veranschaulichte.

Wir wollen in abgekürzter Form, beschränkt auf die jeweils wesentlichen Traumaussagen, nun beobachten, wie der Traum sich fortsetzte, was vom Trauminhalt gleich bleibt und was sich ändert. Er endete damit, daß sich der Träumer nach seinem Absturz auf den Zinnen einer Burg wiederfand, von wo aus er einen weiten Blick hinaus ins flache Land hatte.

Die folgende Traumserie trat – immer wieder unterbrochen durch andere Träume ohne erkennbare Beziehung zur Ausgangssituation – in einem Zeitraum von mehr als zwei Monaten auf. In dieser Zeit nahm der Proband an einer gezielten Verhaltenstherapie teil.

Traum 1

»Ich stand auf einem hohen Berg, den andere, noch höhere, schroffe Bergzinnen umgaben. Sie gestatteten mir keinerlei Ausblick in die Umgebung. Es war eisig kalt.«

In diesem Traum wird die Aussage des ersten in anderer Form wiederholt: Die Selbsterhöhung des Träumers führt zu seiner Vereinsamung, die ihn seelisch »frieren« läßt und seine Lebenserfahrungen – positiv wie negativ – stark beschneidet.

Traum 2

»Ich stieg auf einem schmalen Pfad einen Berg hinauf. Jenseits der Baumgrenze wurde der Weg immer steiler und beschwerlicher. Ich begann zu frieren, je höher ich kam. Auf einer Geröllhalde nahe beim Gipfel glitt ich aus und stürzte in den Abgrund. Vor Schreck wachte ich auf.«

Auch dieser Traum weist wieder auf die Gefahren hin, die von der Selbstüberschätzung des Träumers ausgehen. Seine Mühen, mit denen er versucht, sich über seine Mitmenschen zu erheben, werden nicht belohnt. Sobald er sich zu weit vom Leben – symbolisiert durch die Baumgrenze – entfernt, stößt ihm ein Unglück zu.

Traum 3

»Ich befand mich mit vielen anderen Menschen in einem Flugzeug. Alle anderen wußten, wohin die Reise ging, nur ich nicht, aber ich traute mich auch nicht, jemanden zu fragen. Als ich aus dem Fenster hinabblickte, sah ich ein fremdes Land mit vielen Tälern und Hügeln.«

In diesem Traum erkennen wir ein erstes Anzeichen dafür, daß im Träumer eine Entwicklung in Gang gekommen ist, deren Fortgang und Folgen er selbst noch nicht abschätzen kann. Die soziale Kontaktschwäche besteht zwar noch fort, immerhin erhebt er sich jetzt schon mit anderen Menschen über die Erde, fühlt sich also nicht mehr erhaben, sondern tritt zusammen mit Gleichgesinnten die Lebensreise an.

Traum 4
»Ich wohnte in einem schönem Haus an einem See und badete häufig darin. Hinterher legte ich mich in die wärmende Sonne.«
Das Gefühl der Kälte ist ebenso wie der Fluggedanke in diesem Traum gewichen. Das Bad deutet an, daß der Träumer allmählich seine alten Gewohnheiten und Einstellungen »abspült«, ein anderer Mensch werden will, das schöne Haus verheißt ihm eine positive Gestaltung der Zukunft.

Traum 5
»Ich war ein Säugling, der in einer dunklen, warmen Kirche getauft wurde. Viele Menschen waren dabei und klatschten Beifall.«
Noch kann der Träumer zwar nicht genau erkennen, was nach der »Taufe« — dem Beginn eines neuen Lebensabschnitts — liegen wird, dazu ist es noch zu dunkel. Die Wärme zeigt aber, daß er sich vom Gefühl her schon viel sicherer wähnt. der Beifall der Anwesenden zeigt, daß die Umwelt den »neuen Menschen« annehmen wird.

Traum 6
»Ich blickte in eine Grube mit vielen, zum Teil häßlichen Tieren, aber ich hatte keine Angst dabei. Ich wußte, daß mich nichts verletzen kann. Deshalb stieg ich ohne Bedenken hinab und sprach mit den Tieren.«
Dieser letzte Traum zeigt, daß ein wichtiger Schritt vollzogen ist: Der Träumer akzeptiert jetzt andere Menschen, auch wenn ihn ihre Eigenheiten ärgern oder abstoßen. Er gibt sich mit ihnen ab, steigt hinab in das, was ihm vorher als »Niederungen« des Lebens erschien. Er hat gelernt, tolerant gegen andere zu sein und auf sich selbst zu vertrauen.

Damit ist diese Traumserie abgeschlossen. Sicher zeigt der letzte Traum noch nicht, daß sich der Proband vollständig seelisch stabilisiert hat. Den wichtigsten Schritt zu seiner weiteren Entwicklung tat er aber bereits und schuf damit die Grundlage, auf der er nun weiter an sich arbeiten kann.

Die Traumserie vollzieht eine Entwicklung nach

In dieser mit den wichtigsten Kommentaren versehenen Traumserie wird sehr anschaulich gezeigt, wie Träume über einen längeren Zeitraum hinweg eine innere Entwicklung der Persönlichkeit widerspiegeln. Aus der Kälte und dem vermessenen Höhenflug der ersten Träume wurde allmählich Wärme, Rückkehr auf den Boden der Realität, schließlich sogar der erste mutige Abstieg in das tägliche Leben, über dessen Banalitäten der Träumer vorher zu stehen glaubte.

Bei Traumserien kann man allmähliche Wandlungsprozesse beobachten

Solche Traumserien können auch mit anderen Fragen und Problemen auftreten, es muß nicht immer um Entwicklungen der Persönlichkeit und Überwindung falscher innerer Haltungen gehen. Zum Teil zeigen uns die Traumserien beispielsweise Schritt für Schritt, wie wir ganz alltägliche Schwierigkeiten und Hindernisse lösen und Absichten verwirklichen können.

Abgesehen von dieser Bedeutung der Traumserien für die Aufhellung persönlicher Entwicklungen oder die Klärung von Alltagsfragen erleichtern sie im Einzelfall auch die Analyse der Träume ungemein. Deshalb fragt das Traumschema (siehe Seite 52) auch ausdrücklich nach ähnlichen Träumen in der Vergangenheit, die mit dem augenblicklich zu deutenden Traum in Zusammenhang stehen.

Indem man solche Zusammenhänge aufdeckt, gelangt man zu einem vertieften Verständnis des Einzeltraums und kann eher die richtigen praktischen Konsequenzen daraus ziehen, als wenn man ihn nur isoliert und aus dem Zusammenhang gerissen deuten würde.

Gerade die allmähliche Wandlung von Symbolen oder eine plötzliche Veränderung im Traumgeschehen kann sehr aufschlußreich sein. Vielleicht hat man jahrelang davon geträumt, auf einen Berg zu steigen oder zu fliegen, ohne daß dabei jemals etwas Bemerkenswertes geschah. Wenn man dann aber plötzlich im Traum abstürzt, kommt dem natürlich eine besondere Bedeutung zu. Man kann sie nur richtig würdigen, wenn man die Flugträume der Vergangenheit mit in die Deutung des Einzeltraums einbezieht.

Traumserien können in kurzen Abständen oder mit längeren Unterbrechungen über Wochen, Monate oder sogar Jahre hinweg auftreten. Die Begleitumstände in den Träumen sind einander zum Teil sehr ähnlich, oft weichen sie aber auch stark voneinander ab, ohne daß es dafür eine Erklärung gäbe. Dann erkennt man die Traumserie nicht auf Anhieb. Durch Vergleich der Traumsymbole und -deutungen der Vergangenheit, die man im Traumtagebuch festgehalten hat, gelingt es aber, auch stark verzerrte Traumserien schließlich doch noch zu erkennen und im Zusammenhang zu analysieren. Wir kennen jetzt die wichtigsten Techniken der modernen Traumanalyse, nämlich:

Die fünf wichtigsten Analysemethoden

1. Symbole erkennen und detailliert aufschreiben.
2. Assoziationen zu den Symbolen entwickeln.
3. Träume in ihre Hauptteile gliedern.
4. Logische Gedankenfolgen in den Träumen erkennen.
5. Traumserien mit ihrem inneren Zusammenhang entschlüsseln.

Mit Hilfe dieser fünf Analysemethoden lassen sich alle Träume zuverlässig analysieren, wenn man konsequent und geduldig daran arbeitet und ausreichend Vorstellungskraft entwickelt. Bei manchen Träumen hilft es noch weiter, wenn man gezielt nach urmenschlichen Symbolen sucht, die von allgemein gültiger Bedeutung sind und vor allem auch in den Märchen und Mythen der Völker auftauchen.

Märchen und Mythen im Traum

Legenden, Märchen, Mythen und teilweise auch die Religionen sind im Grunde auch Träume, die »bearbeitet« wurden, so daß sie im täglichen Leben ihren Ausdruck fanden. Ähnliches gilt für viele Kunstwerke, die von Trauminhalten inspiriert sind, oder für kühne Gedankengebäude der Philosophen, in denen Urträume und Sehnsüchte der Menschheit ihren »erstarrten« Niederschlag fanden.

Grundsätzlich kann man die kulturellen Leistungen – künstlerische wie religiöse, wissenschaftliche und sogar politische – als Versuch des Menschen verstehen, seine Träume zu analysieren und zu verwirklichen. Im Gegensatz zum reinen Traum sind diese kulturellen Leistungen aber eine Mischung aus Unbewußtem und Bewußtsein. Und so wie die Träume die Märchen, Mythen und ähnliches mit ihren Bildern und Symbolen beeinflußten, so können auch Legenden, Märchen und andere kulturelle Inhalte umgekehrt auf unsere Träume Einfluß nehmen.

Gegenseitige Beeinflussung

Wenn in unseren Träumen Märchenfiguren, mythische Gestalten oder religiöse Inhalte auftauchen, dann meldet sich dadurch oft das kollektive Unbewußte zu Wort. In solchen Träumen stecken häufig wichtige, allgemeingültige Informationen, Erfahrungen und Einsichten der ganzen Menschheit, die unserem Leben vielleicht eine ganz neue Richtung geben können.

Erwachsenen fällt es oft schwer, hinter den Sinn der Märchen und Mythen zu schauen, sie haben sich schon zu weit vom »Märchenalter« entfernt. Kinder dagegen verstehen nicht selten intuitiv auf Anhieb, was ein Märchen ihnen sagen will.

Aber auch der Mensch, der seine Kindheit schon lange hinter sich hat, vermag wieder in die Botschaft der Märchen, Legenden und Mythen einzudringen, wenn er sich aufrichtig und unvoreingenommen damit auseinandersetzt, Parallelen zu seiner eigenen Person, seinem eigenen Leben zieht, sich vielleicht sogar mit einer der Märchenfiguren identifizieren kann.

Religiöse Menschen werden sich nicht schwertun mit der Deutung von Träumen, in denen Symbole und Personen ihrer Glaubenswelt auftauchen. In dieser Beziehung gleichen sie dem Kind, das noch in seiner Märchenwelt lebt und deshalb auch leichter Zugang findet, wenn im Traum Märchengestalten auftauchen. Hüten sollten sich religiöse Menschen allerdings davor, einen Traum mit religiösem Inhalt als eine göttliche Botschaft zu deuten. Das führt leicht zu der bereits im Kapitel über Gefahren der Selbstdeutung (siehe Seite 48) beschriebenen Überheblichkeit.

Atheisten sollten einen Traum mit religiösem Inhalt nicht einfach beiseiteschieben. Hinter den religiösen Symbolen stehen ja Aussagen, die nicht unmittelbar mit dem Glauben zu tun haben.

Träume mit religiösem Inhalt

Vielmehr wurden sie oft erst von den Glaubensgemeinschaften aus alten heidnischen Bräuchen und Mythen übernommen (wie beispielsweise das christliche Kreuz) oder symbolisieren in der Religion bestimmte innere Haltungen, die auch dem Nichtgläubigen durchaus verständlich und vertraut sein können. Es wäre schade und unnütz, einen vielleicht aufschlußreichen Traum nur deshalb zu ignorieren, weil das Unbewußte seine Aussagen in ein vordergründig religiöses Gewand gekleidet hat.

Viele Träume erinnern uns an Märchen und ähnliches, weil das alles den gleichen Quellen entspringt. Während Märchen, Mythen, Legenden und auch die Religionen aber als im Alltag erstarrte, zu bestimmten Ritualen und Formen verarbeitete und »geronnene« Träume anzusehen sind, wird der wirkliche Traum nur selten so klar und eindeutig ablaufen. Gerade deshalb helfen uns die Märchen und ähnliche Trauminhalte aus dem kollektiven Unbewußten aber bei der Analyse einzelner Träume. Sie geben Denkanstöße allgemeiner Art, die uns auf die richtige Spur führen können.

Eine jederzeit anwendbare Technik der Deutung solcher Trauminhalte gibt es nicht. Der lexikalische Teil dieses Buchs kann vielleicht den »roten Faden« an die Hand geben, wenn das Symbol darin aufgeführt und erklärt wird, die anderen Analysemethoden helfen ebenfalls weiter. Im Grunde muß man aber versuchen, in sich zu horchen, Beziehungen zu » geronnenen Träumen« herzustellen, dann erkennt man auch meist die individuelle Traumaussage.

Vorstellungskraft entwickeln

Was versteht man unter bildhaften Vorstellungen?

Die Fähigkeit, bildhafte Vorstellungen zu entwickeln, erleichtert die Traumanalyse oft erheblich. Ohne ein gewisses Grundmaß an Vorstellungskraft ist Traumdeutung praktisch unmöglich. Von Vorstellungen spricht man in der Psychologie, wenn ohne auslösende äußere Reize früher einmal wahrgenommene, im Gedächtnis gespeicherte Vorgänge, Objekte oder Personen im Bewußtsein auftauchen (Erinnerungs-/Gedächtnisvorstellungen) oder Bestandteile solcher Wahrnehmungen in subjektiv neuer Kombination auftreten (Phantasievorstellungen).

Im Gegensatz zu den krankhaften, zwangsartig auftretenden Halluzinationen, die für den Betroffenen Realitätscharakter annehmen, werden Vorstellungen nie mit der Wirklichkeit verwechselt.

Obwohl keine aktuellen tatsächlichen Sinneseindrücke am Zustandekommen von Vorstellungen beteiligt sind, kann man nach den einzelnen Sinnesorganen doch die verschiedenen Vorstellungsformen wie folgt unterscheiden: Vorstellungen mit akustischem (Hören), gustatorischem (Geschmack), motorischem (Bewegung), olfaktorischem (Geruch), optischem (Sehen) oder taktilem (Tasten) Inhalt. Nicht selten tauchen verschiedene Vorstellungsformen nebeneinander auf, zum Beispiel die Kombination von Bildern, Geräuschen und Gerüchen. Dann spricht man von zusammengesetzten Vorstellungen.

Vorstellungen regieren unser Leben mehr, als uns gemeinhin bewußt wird. Im allgemeinen stellen wir uns alles, was wir verwirklichen möchten, zunächst einmal bildhaft vor. Deshalb beeinflussen die Vorstellungen unter anderem unsere Verhaltensformen, Urteilskraft, Entscheidungsfähigkeit, Gefühle und zwischenmenschlichen Beziehungen.

Da viele Vorstellungen über das vegetative, dem Willen nicht unterliegende Nervensystem auch auf jedes Organ, ja in jede einzelne Zelle des Organismus wirken, können sie sogar unser körperliches Wohlbefinden beeinflussen und Erkrankungen verschlimmern oder heilen.

Mit Hilfe positiver Vorstellungen überwinden wir die größten Schwierigkeiten, negative Vorstellungen dagegen können ein Leben zerstören, im Extremfall sogar tödlich wirken. Dazu gibt es in der medizinischen Fachliteratur genügend Beweise.

Die Fähigkeit zur bildhaften Vorstellung ist heute bei vielen Menschen verkümmert. Unsere technisierte, rationalisierte und automatisierte Welt verlangt uns in erster Linie Logik und Willenskraft ab. Tatsächlich steht das aber der Vorstellungskraft nicht entgegen, denn die Vorstellungen lenken ja auch unseren Willen mit.

Völlig logische Willensentscheidungen können nicht durchgeführt werden, wenn ihnen anderslautende, oft unbewußte Vorstellungen entgegenstehen. Umgekehrt neigen ganz unlogische Vorstellungen dazu, sich auch gegen den bewußten Willen zu verwirklichen.

Der heutige Mensch läßt nicht nur seine Vorstellungskraft ganz allgemein verkümmern. Ganz besonders betrifft diese Neigung die positiven Vorstellungen. Das ist symptomatisch für die tiefe Verunsicherung und Existenzangst des modernen Menschen, die sich hauptsächlich aus dem sozialen Wandel gerade in der 2. Hälfte unseres Jahrhunderts erklärt.

Im Zuge dieses tiefgreifenden sozialen Umbruchs, der noch immer im Gang ist, wurden viele traditionelle Normen, Werte und Sinninhalte des menschlichen Lebens zerschlagen.

Für das dabei entstandene Vakuum hat der Mensch nur kümmerlichen Ersatz gefunden, der ihn unbefriedigt läßt. Das erklärt viele Ängste, Depressionen und Zweifel, die verbreitete Hoffnungslosigkeit und das Gefühl, an Institutionen und Kräfte ausgeliefert zu sein, die man nicht durchschauen und kontrollieren kann.

Natürlich müssen sich solche negativen inneren Grundhaltungen auch in den Vorstellungen und Träumen niederschlagen.

Wir wiesen bereits auf die französischen Untersuchungen hin (siehe positive Träume, Seite 33), nach denen im Verlauf der letzten Jahre immer mehr Menschen immer früher von Angst-, Katastrophen- und Kriegsträumen heimgesucht werden.

Die Vorstellungskraft – insbesondere die Entwicklung positiver bildhafter Vorstellungen mit starkem Aufforderungscharakter – kann man trainieren. Das hilft im täglichen Leben ebenso wie bei der Traumdeutung. Ganz allgemein gilt,

Bildhafte Vorstellungen beeinflussen den Menschen in hohem Maße

Positive Vorstellungen trainieren

**Meditations-
techniken sind
hilfreich**

daß alle Meditations- und Entspannungstechniken von vornherein die Fähigkeit zu bildhaften Vorstellungen unterstützen. Wer also autogenes Training,
Yoga oder eine ähnliche Methode beherrscht und regelmäßig anwendet, kann
dadurch auch allmählich seine Vorstellungskraft steigern und seine Träume
leichter analysieren.

Darüber hinaus kennen wir aus der Yogalehre aber noch einige ganz gezielte
Übungen zum Training unserer Vorstellungskraft. Die wichtigsten wollen wir
nun beschreiben. Welche der Übungen man für sich persönlich auswählt, ist im
Prinzip ohne Bedeutung. Man kann auch ohne weiteres die verschiedenen
Methoden nacheinander ausprobieren und sich dann für die entscheiden, die
einem am besten zusagten, oder sie immer wieder im Wechsel anwenden, um
der Gewohnheit zu entgehen.

Entscheidend für den Erfolg des Trainings ist die regelmäßige tägliche Übung,
damit Vorstellungen bald automatisch wie Reflexe produziert werden können.
Am besten trainiert man zu Tageszeiten, wo man mit Sicherheit ungestört bleibt,
mindestens einmal am Abend. Die Kombination mit Entspannungsübungen
(vor allem autogenem Training) ist zu empfehlen.

Übung 1

**Betrachtung
einer Flamme**

Eine sehr einfache, auch für Anfänger gut geeignete und wirkungsvolle Übung.
Man benötigt dazu eine brennende Kerze. Sie steht im Abstand von etwa 1 m in
Augenhöhe vor dem Probanden und soll ganz ruhig brennen (Docht vorher
putzen, Luftzug vermeiden). Die Flamme der Kerze wird eine Minute lang
betrachtet. Dann schließt man die Augen und stellt sich die Flamme ganz
intensiv vor, Anfänger etwa 30 Sekunden lang, Geübte bis zu 5 Minuten. Nach
dieser inneren Betrachtung öffnet man die Augen wieder und vergleicht das
innere Bild mit der wirklichen Flamme. Im Lauf der Zeit erreicht man bei
regelmäßigem Üben eine zunehmende Übereinstimmung zwischen Flamme
und Vorstellung.

Übung 2

**Betrachtung
eines Gegen-
stands**

Ebenfalls eine recht einfache Übung zum Training der Vorstellungskraft. Zunächst schließt man dazu kurz die Augen, um sich innerlich zu sammeln. Dann
öffnet man die Lider und richtet den Blick etwa 30 Sekunden lang auf einen
beliebigen Gegenstand in der Umgebung, der sich in einer Entfernung von etwas
2–3 m befinden soll. Auf die Art des Gegenstands kommt es dabei nicht an,
wichtig ist die intensive Betrachtung. Danach schließt man die Augen wieder
und stellt sich das Objekt so detailliert und plastisch wie möglich vor. Sobald es
einigermaßen deutlich in der Vorstellung auftaucht, öffnet man die Augen
wieder und vergleicht das innere Bild mit dem realen Objekt. Insgesamt soll
diese Übung mit kurzen Unterbrechungen viermal hintereinander durchgeführt
werden. Das innere Bild wird dabei immer deutlicher.

Wer diese Übung häufiger oder dauernd durchführt, muß sich natürlich immer
wieder auf neue Objekte seiner Umgebung konzentrieren, sonst wird der Trai-

ningseffekt durch die Gewöhnung immer schwächer. Am besten wechselt man das Objekt, wenn es in der Vorstellung so genau und plastisch erscheint, daß keine Verbesserung des inneren Bilds mehr möglich erscheint.

Übung 3

Diese Übung, der zweiten ähnlich, wird vor allem von Menschen mit einem gewissen zeichnerischen Talent bevorzugt. Man legt dazu einen Gegenstand auf den Tisch und betracht ihn 2 Minuten lang ganz intensiv. Danach schließt man für etwas 30 Sekunden die Augen, um sich das Objekt genau vorzustellen. Dann öffnet man die Lider wieder, der Gegenstand wird außer Blickweite gelegt und nach der inneren Vorstellung so genau wie möglich nachgezeichnet. Diese Skizze vergleicht man dann mit dem realen Objekt. Im Lauf der Zeit ähnelt sie immer mehr dem betrachteten Gegenstand, bis keine Verbesserung mehr möglich ist. Dann ist es an der Zeit, ein anderes Betrachtungsobjekt für die Übung auszusuchen.

Einen Gegenstand nachzeichnen

Übung 4

Diese Übung führt man nur einmal täglich abends vor dem Schlafengehen durch. Sie ist schon etwas abstrakter als die anderen drei. Deshalb kann es im Einzelfall sinnvoll sein, sie erst dann durchzuführen, wenn man sich durch die einfacheren anderen Übungen einige Zeit an die Entwicklung von Vorstellungen gewöhnt hat. Die Übung besteht aus 2 Teilen, die aber nahtlos ineinander übergehen.

1. Selbstbetrachtung: Dazu stellt man sich vor einen großen Spiegel und faltet die Hände hinter dem Kopf, nimmt die Schultern zurück und zieht den Bauch ein. In dieser Grundstellung betrachtet man sich ganz intensiv im Spiegel, Anfänger etwa 2 Minuten lang, mit zunehmender Übung bis zu 5 Minuten. Dabei tritt bei den meisten Menschen das Bedürfnis auf, sich zu kratzen, übers Haar zu streichen oder eine andere Bewegung auszuführen. Dem muß so lange wie möglich widerstanden werden.

Selbstbeobachtung vor dem Spiegel

Vorstellungen entwickeln: Nach Ablauf der Selbstbeobachtungszeit setzt oder legt man sich möglichst entspannt nieder und richtet den Blick zunächst auf einen beliebigen Gegenstand in der Umgebung. Er wird etwa 5 Minuten lang betrachtet. Dabei atmet man ruhig und gelassen tief und regelmäßig durch und läßt die Gedanken zwanglos kommen und gehen. Nach Ablauf dieser Zeit atmet man einmal tief aus, dann langsam tief ein und nimmt sich beim Einatmen ganz fest vor: Von diesem Augenblick an erfüllt mich nur noch die Vorstellung von einer ganz bestimmten Sache.

Es kommt nicht darauf an, was man sich vorstellt, sondern daß man von dieser Vorstellung so erfüllt wird, daß daneben möglichst keine anderen Gedanken mehr auftauchen. Anfangs bereitet das den meisten Menschen Schwierigkeiten, weil es ungewohnt ist; durch konsequentes Training erreicht man aber bald den erstrebten Zustand. Die Vorstellung soll so lange wie möglich ohne Abweichung beibehalten werden. Dem Geübten wird das 10 bis 15 Minuten lang gelingen.

Übung 5

Bildhafte Vorstellung abstrakter Begriffe

Hier geht es um die bildhafte Vorstellung abstrakter Begriffe, wie Freundschaft, Liebe, Frieden, Treue, Gerechtigkeit und ähnliches – gewissermaßen die Hohe Schule der Vorstellungskraft. Unter Umständen gelingen diese Vorstellungen erst dann, wenn man sich vorher lange genug durch andere, einfachere Übungen in seiner Vorstellungskraft geübt hat.

Ziel der Übung ist es, die abstrakten Begriffe mit Leben zu erfüllen, ihnen bildhaft konkrete Formen zu verleihen. Dabei entstehen ganze Ketten von Vorstellungen, die um den Ausdruck der Begriffe und Gefühle in der Realität kreisen. So kann man zum Beispiel die Liebe in all ihren Erscheinungsformen – Elternliebe, Liebe zu Kindern, Tieren, zu schönen Dingen, und so fort – detailliert in der Vorstellung ausmalen.

Wenn zu einem Begriff keine neuen Bilder mehr auftreten, ist es an der Zeit, mit einem neuen Begriff weiterzuarbeiten. Gerade diese Übung hilft bei der Traumanalyse besonders gut.

Manchmal kann es von Vorteil sein, wenn man unmittelbar nach einer solchen Übung der Vorstellungskraft mit der Traumanalyse beginnt. Bei anderen Menschen ist die Fähigkeit zur Entwicklung von Vorstellungen durch die Übung aber zu stark »erschöpft«, so daß sie zur Traumanalyse einen anderen Zeitpunkt wählen sollten.

Man muß selbst ausprobieren, welche der beiden Möglichkeiten individuell richtig ist. Im Lauf der Zeit wird das Vorstellungsvermögen aber so gut trainiert, daß man jederzeit Vorstellungen zur Traumanalyse (oder auch zu anderen Zwecken) entwickeln kann.

Vorstellungskraft und Traumanalyse

Wann und wie nutzt man die neu erwachte und trainierte Vorstellungskraft nun aber zur Traumanalyse? Grundsätzlich erleichtert die Fähigkeit, gleichsam »auf Befehl« Vorstellungen in sich wachzurufen und zu steuern, ganz allgemein die Traumdeutung, gleichgültig welche der bisher beschriebenen Techniken dazu angewendet wird. Die Entwicklung von Vorstellungen ist aber keineswegs bei jedem Traum erforderlich, um seine Aussagen zu erkennen. Als unentbehrlich erweist sie sich allerdings oft bei schwer zu deutenden Träumen mit weitgehend unklaren Symbolen, wenn andere Techniken allein nicht oder nur unzureichend weiterhelfen.

Die Methode ist für den Geübten denkbar einfach anzuwenden. Wenn er seine Vorstellungskraft richtig und lange genug trainiert hat, gelingt es ihm auch leicht, sich mit Hilfe der Aufzeichnungen im Traumtagebuch in den Traum zurückzuversetzen.

Er erlebt ihn also in seinen Vorstellungen noch einmal. Da er dabei nicht schläft, kann er den Traum bewußt Schritt für Schritt betrachten, gezielte Fragen stellen und klären oder Symbole näher untersuchen. Diese Traumarbeit ähnelt der Arbeit einer Cutterin, die einen Film Bild für Bild anschaut und an den richtigen Stellen schneidet, bis aus dem umfangreichen Rohfilmmaterial der endgültige, sinnvoll zusammengesetzte Film richtiger Länge entstanden ist. Der Traum gleicht dem Rohfilm, den wir in unserer Vorstellung noch einmal an uns vorüberziehen lassen und dabei so lange bearbeiten, bis seine Aussagen erkennbar werden.

Eine Reise durch das Unbewußte

Diese Aufgabe kann zu einer abenteuerlichen Reise durch das Unbewußte werden. In unseren Vorstellungen ist es zum Beispiel möglich, im Traum nur vage angedeutete Ereignisse auszuarbeiten, Personen zu identifizieren, Erlebnisse konsequent und sinngemäß zu Ende zu führen, vielleicht sogar Gespräche mit den Traumfiguren zu führen, um von ihnen selbst Auskunft über ihre Rollen im Traum zu erhalten.

Da alle Ereignisse, Erlebnisse und Figuren im Traum unserem eigenen Unbewußten entsprangen, das auch unsere Vorstellungen beeinflußt, deutet bei dieser Methode das Unbewußte gewissermaßen selbst den Traum für uns. Seine Analyse erweist sich natürlich als sehr zuverlässig und ausführlich. Eine ähnlich umfassende und sichere Deutung wird man mit Hilfe anderer Techniken nur schwer erreichen, allenfalls noch durch spontane Einsichten (Intuition), die gleichfalls aus dem Unbewußten stammen.

Allerdings birgt die Traumanalyse durch Vorstellungen auch das Risiko der Entstellung und Verzerrung der Traumaussage. Das Unbewußte kann inzwischen zum Beispiel andere Absichten verfolgen oder abweichende Meinungen vertreten. Das wirkt sich auf die Vorstellungen zum Traum aus, aus der Analyse entsteht also eine Art neuer Traum. Dann verfehlt man den Sinn des ursprünglichen Traums. Im allgemeinen ist das aber nicht weiter von Bedeutung. Da der Traum ohnehin von den neuen Absichten oder Ansichten des Unbewußten überholt wurde, gewinnt man aus den neuen Vorstellungen aktuellere Einsichten und Erkenntnisse als aus dem ursprünglichen Traum. Wer seine Vorstellungskraft richtig trainiert hat, wird die Vorstellungen ohnehin so lenken können, daß diese Gefahr bei seiner Traumanalyse kaum besteht.

Meditation und Hypnose – Hilfen zur Traumdeutung

Unsere Träume entspringen dem Unbewußten, jenem Bereich der Seele also, zu dem wir im Wachzustand keinen Zugang finden. Aus dem Unbewußten stammen aber auch die Blockaden und Widerstände, die uns die Traumanalyse manchmal erheblich erschweren, in selteneren Fällen sogar ganz unmöglich machen.

In solchen Fällen bewährt es sich meist, einen Zustand eingeschränkter Bewußtheit zu erzeugen. In ihm sind die Grenzen zwischen Bewußtsein und Bewußtem nicht mehr so streng gezogen und können deshalb zur Traumdeutung eher einmal übersprungen werden. Ein solcher Zustand erleichtert die Traumanalyse aber auch bei ganz unkomplizierten Träumen. Notwendig sind Meditation oder Hypnose dann zwar nicht, mit ihrer Hilfe kann man Träume aber oft schneller und sicherer analysieren – von den anderen positiven Auswirkungen außerhalb der Traumdeutung einmal ganz abgesehen.

Das autogene Training

Zu den Meditations- und Entspannungstechniken, die praktisch jedermann erlernen kann, gehört das schon mehrfach erwähnte autogene Training. Diese von *Professor Schultz* vor mehr als 50 Jahren entwickelte Methode zur konzentrativen Selbstentspannung zeichnet sich durch ihren systematischen Aufbau aus, der das regelmäßige Selbsttraining erleichtert. Fortgeschrittene können, sobald sie alle 6 Grundübungen einwandfrei beherrschen, mit Hilfe des autogenen Trainings gezielte Selbstbeeinflussung (Autosuggestion) betreiben, zum Beispiel ihre Vorstellungskraft fördern, die Erinnerung an Träume verbessern, sich zur regelmäßigen Traumanalyse ausreichend motivieren und schließlich sogar Kontakt mit ihrem Unbewußten aufnehmen, seine Inhalte erforschen oder die daraus aufsteigenden Träume in eine positive Richtung lenken. Dabei sind die verschiedenen Trainingsschritte so einfach zu verstehen und anzuwenden, daß jeder durchschnittlich intelligente Mensch sie ohne weiteres nachvollziehen kann.

Zur Not läßt sich die Unterstufe des autogenen Trainings sogar im Selbststudium erlernen, etwa nach einem Buch oder einer Tonkassette. Dabei sollte man die Herzübung allerdings vorsorglich ausfallen lassen. Meist gelingt das Training aber besser, wenn man es unter fachlicher Anleitung in einem Gruppenkurs oder im Einzelunterricht erlernt hat.

Regelmäßig üben ist wichtig

Erfolge im autogenen Training wird man nur erzielen, wenn man regelmäßig – als Anfänger 3mal, mindestens 2mal täglich, als Fortgeschrittener wenigstens abends – richtig übt. Dann wird man im allgemeinen innerhalb von etwa 12 Wochen die Unterstufe beherrschen. Das erlaubt dann gezielte Selbstbeeinflussung durch Suggestionsformeln, die man selbst entwickelt und im Anschluß an die Übung der Stirnkühle – also in völliger körperlicher Entspannung – ins Unbewußte einprägt.

Durch regelmäßige Wiederholungen werden diese Suggestionen Bestandteile des Unbewußten mit starkem Aufforderungscharakter, so daß man sich im Alltag bald ganz automatisch danach richtet. Später, wenn man die Umschaltung auf eingeschränkte Bewußtheit in Sekunden erreicht, kann man dann unter Anleitung des Fachmanns auch darangehen, die Oberstufe des autogenen Trainings zu erlernen, die als aufdeckende Methode der Psychotherapie Einblicke ins Unbewußte ermöglicht.

Es kann nicht Aufgabe dieses Buchs sein, das autogene Training zum Selbststudium ausführlich zu beschreiben, dazu gibt es im Buchhandel genügend Literatur. Wir wollen uns mit der Frage befassen, wie der Geübte den Zustand, der am Ende der 6. Grundübung (Stirnkühle) eingetreten ist, zur Traumanalyse nutzen kann.

Eines der wichtigsten Anwendungsgebiete des autogenen Trainings ist die Traumerinnerung. Wir haben weiter vorne bereits beschrieben, wie man Träume in die Erinnerung hebt (siehe Seite 28). Diese Technik wendet man kombiniert mit autogenem Training in Form von Selbstbeeinflussungsformeln an, um den Erfolg zu beschleunigen.

Ebenso kann man durch entsprechende Vorsätze im autogenen Training die Träume positiv beeinflussen, so daß sie immer zu einem Gewinn für den Träumer werden und nicht in Form der »negativen Traumunruhe« das körperlich-seelische Befinden verschlechtern. Auch hierzu wird auf die Erläuterungen im Kapitel über positive Träume (siehe Seite 33) verwiesen.

Eine große Hilfe bildet autogenes Training, wenn man zu Traumsymbolen die entsprechenden Assoziationen wecken will. So wie sich der Klient bei der Psychoanalyse entspannt auf die Couch legt, damit die Assoziationen leichter auftauchen, so erlebt man in der tiefen Entspannung durch die 6 Grundübungen des autogenen Trainings deutlich, wie die Einfälle zu den Trauminhalten viel leichter und schneller bewußt werden. Unter Umständen kann man in der Tiefenentspannung sogar Intuitionen wecken, die den Sinn eines Traums schlagartig enthüllen, nachdem man sich durch bestimmte Vorsatzformeln entsprechend »vorprogrammiert« hat.

Nicht zuletzt dient autogenes Training auch noch der Entwicklung unserer Vorstellungskraft (siehe Seite 64). Die Übungszustände der Unterstufe lassen sich nicht durch Willensanstrengungen erreichen, diese bewirkten eher das Gegenteil. Man muß lernen, sich Schwere, Wärme und die anderen Trainingszustände vorzustellen, dann treten sie viel schneller und zuverlässiger auf. Regelmäßiges autogenes Training bedeutet also zusätzliches ständiges Einüben neuer Vorstellungskraft.

In der Oberstufe des autogenen Trainings kann man sogar direkten Kontakt mit dem Unbewußten herstellen, mit seinen Figuren »sprechen« und so vertiefte Einsichten in das Selbst gewinnen, die auch der Traumanalyse zugute kommen. Die Entspannung in der Unterstufe genügt aber schon, um die Entwicklung von Vorstellungskraft und die Deutung von Träumen durch Vorstellungen zu unterstützen.

Autogenes Training wurzelt teilweise in Erfahrungen mit Yoga und Hypnose, die *Professor Schultz* dann zu einem Trainingsprogramm zusammengestellt hat, das dem heutigen Menschen besonders entgegenkommt. Beim Yoga wird dagegen mehr der meditative Charakter der Übungen betont.

Meditation stammt aus dem Lateinischen und bedeutet »Üben, Nachsinnen«. Man kann Meditation also mit »Einüben des Nachsinnens« übersetzen. Konkret bedeutet Meditation Verinnerlichung, das Eintauchen in sich selbst, um sich zu erforschen, Einsichten in die eigene Persönlichkeit und deren Grundlagen zu gewinnen und letztendlich ihre Beziehungen zum geistigen oder/und Göttlichen zu erkennen.

Damit geht die Meditation weit über das bloße Nachdenken hinaus. Man macht sich bei den Übungen nicht nur Gedanken über etwas, sondern versucht, mit dem Inhalt des Nachsinnens eins zu werden, es zu erfahren, von ihm ergriffen zu werden.

Was bewirkt das autogene Training?

Was versteht man unter Meditation?

Dem allgemein-menschlichen Urbedürfnis nach Meditation begegnen wir in der vorchristlichen Antike ebenso wie im Christentum, im Morgenland wie im Abendland in verschiedenen Ausprägungen. Im weiteren Sinn gehört autogenes Training zu den modernen Meditationstechniken des Westens. Yoga dagegen ist eine uralte indische Meditationslehre, deren Ziel darin besteht, den Körper mit all seinen Schwächen dem geistig-seelischen Wollen unterzuordnen und so den Weg zum Heil, zur Erlösung zu finden. Dazu erlernt der Yogaschüler den achtfachen »Heilsweg«:

Der achtfache Heilsweg des Yoga

1. Einhalten der moralischen Gebote.
2. Innere und äußere Reinheit.
3. Konzentrationsfördernde Körperhaltungen.
4. Regulierung der Atmung.
5. Ablenkung der Sinne von der Außenwelt.
6. Konzentration des Denkens in einer bestimmten Richtung.
7. Meditation.
8. Versenkung.

Die Schritte 1–5 gelten dabei als Vorbereitung, die Übungen 6–8 als »königliches Yoga«, etwa vergleichbar mit der Hohen Schule der Oberstufe des autogenen Trainings.

Yoga stammt aus einer anderen Zeit und einem anderen Kulturkreis als das autogene Training. Es wird untermauert durch weltanschaulich-religiöse Gedanken, die dem modernen Europäer nur schwer verständlich sind. Deshalb tut er sich mit den Übungen häufig schwer.

Aus diesem Grund wurde das auf den europäischen Kulturkreis zugeschnittene West-Yoga entwickelt, das seit einiger Zeit regen Zulauf findet. Es empfiehlt sich übrigens, Yoga immer unter der Anleitung eines erfahrenen Lehrers zu erlernen, dann kann es sich auf ähnliche Art und Weise ebenso hilfreich wie das autogene Training erweisen.

Auch zur Traumanalyse kann Yoga seinen Beitrag leisten. Allerdings darf man keine gezielte Selbstbeeinflussung, wie sie mit Hilfe von autogenem Training möglich ist, erwarten.

Durch Yogameditation gelingt es vielmehr, gleichsam in die Träume einzutauchen, sie nachzuerleben und dabei ihre Aussagen zu erkennen. Insbesondere hilft Yoga durch Entwicklung der Vorstellungskraft bei der Traumdeutung mit. Die weiter vorne zu diesem Zweck beschriebenen 5 Übungen stammen alle aus der Yogalehre.

Transzendentale Meditation

Ein anderer Weg zur Erfahrung unserer Träume durch Meditation ist durch die transzendentale Meditation gegeben. Sie beruht aber ähnlich wie Yoga auch auf einem dem Europäer fremden weltanschaulichen Fundament und darf deshalb ebenfalls nur unter Anleitung eines erfahrenen und verantwortungsbewußten Fachmanns erlernt werden. Dabei geht es im Grunde darum, höhere Einsichten zu erwerben.

Aus verschiedenen Gründen ist transzendentale Meditation bei uns teilweise heftig umstritten. Deshalb soll hier nicht weiter darauf eingegangen werden. Im Einzelfall kann die Methode durchaus einmal angezeigt sein, grundsätzlich ist sie aber entbehrlich und bietet im Vergleich zu autogenem Training und Yoga keine Vorteile.

Aus diesem keineswegs vollständigen Überblick über die als Selbsthilfe zur Traumdeutung einzusetzenden Methoden geht hervor, daß autogenes Training sich für Europäer grundsätzlich am besten eignet.

Sigmund Freud kam über Erfahrungen mit Hypnose zur Traumdeutung und Psychoanalyse. Auch heute trägt die Hypnose noch ihren Teil zur Erforschung des Träumens bei. In der Regel wird man sie aber nicht zur Selbsthilfe anwenden können. Zwar gibt es auch die Selbsthypnosetechnik, grundsätzlich erfordert sie aber gleichfalls zunächst fachmännische Fremdhypnose, die den selbst erzeugten Hypnosezustand vorprogrammieren soll. Abgesehen davon gelingt die Selbsthypnose keineswegs jedem und erreicht im allgemeinen nie die Tiefe der Fremdhypnose durch den Therapeuten. Hypnose als Zustand stark eingeschränkter Bewußtheit weist viele Ähnlichkeiten mit dem Schlaf auf, obwohl es sich dabei natürlich nicht um echten Schlaf handelt. Wegen dieser weitgehenden Übereinstimmungen erleichtert die Hypnose ganz besonders den Kontakt mit dem Unbewußten.

Hypnose und Selbsthypnose

Der Therapeut – bei erfolgreicher Selbsthypnose auch der Proband selbst – kann nicht nur die Traumerinnerung durch Suggestionen fördern, Assoziationen oder Vorstellungen dazu erwecken und positive Träume herbeiführen, wie das durch autogenes Training möglich ist. Vielmehr gelingt es ihm sogar, ganz gezielt Träume mit bestimmten Inhalten hervorzurufen, die Antwort auf aktuelle, wichtige Fragen geben oder Problemlösungen aufzeigen. Außerdem kann in Hypnose die Analyse eines Traums aus dem Unterbewußtsein heraus herbeigeführt werden. Schließlich dient sie noch der experimentellen Erforschung der Träume. Deshalb kann man die Hypnose durchaus als das universale Instrument der Traumforschung und -deutung in der Hand des erfahrenen Hypnosetherapeuten ansehen.

Medizinische Hypnose hat nur den Namen gemeinsam mit den Show-Hypnosen, die man auf Jahrmärkten, in Varietés und manchmal auch im Fernsehen miterleben kann. Dabei entsteht häufig der Eindruck auf die Zuschauer, die hypnotisierten Personen seinen willenlose Werkzeuge des Hypnotiseurs. Das stimmt nicht.

Der Hypnotiseur erlangt nur soviel Einfluß über den Hypnotisierten, wie dieser ihm einräumt.

Es ist niemals möglich, den Hypnotisierten zu Handlungen zu veranlassen, die ihm wesensfremd sind, zu denen er also im Wachzustand nicht fähig wäre. Hypnose überwindet nur die Blockaden und Widerstände, die bei vollem Bewußtsein wirksam sind.

Ob und wann Fremd- oder Selbsthypnose zur Traumanalyse angezeigt sind, entscheidet immer der Fachmann, den man aufsuchen sollte, wenn man mit der Traumanalyse allein nicht zurechtkommt. In solchen Fällen kann die Hypnose als das »stärkste Instrument« der Traumforschung eingesetzt werden. Normalerweise kommt man aber ohne sie aus.

Stimmt die Traumdeutung?

Die Selbstanalyse von Träumen nützt uns nicht viel, wenn wir nicht nachprüfen können, ob die Deutungen individuell richtig sind. Wer Träume in Zusammenarbeit mit seinem Psychotherapeuten analysiert, kann bei Bedarf dessen Rat einholen. Im allgemeinen wird man sich aber zunächst darauf verlassen, daß die Analyse schon einigermaßen zutrifft. Eine gewisse Unsicherheit bleibt aber oft zurück. Besonders problematisch wird das, wenn man aus Träumen praktische Konsequenzen ziehen soll, die das Leben vielleicht von Grund auf verändern. Ganz hilflos bleiben wir dieser Unsicherheit allerdings doch nicht ausgeliefert. Es gibt einige Merkmale der richtigen Traumanalyse, die ziemlich zuverlässig aufzeigen können, ob die Deutung den Kern eines Traums getroffen hat oder nicht.

Dem Gefühl vertrauen

Den sichersten Hinweis auf die korrekte oder falsche Traumdeutung liefert uns meist unser Gefühl. Ganz spontan – ohne längeres Nachdenken über die Zuverlässigkeit einer Interpretation – fühlen wir uns am Ende einer umfassenden und richtigen Traumanalyse ganz einfach zufrieden und sicher. Dieses Gefühl, dem man fast immer uneingeschränkt vertrauen kann, geht oft mit gehobener, froher Stimmung oder sogar einer Art freudiger Erregung einher, wie man es manchmal auch bei anderen Erfolgen erlebt. Umgekehrt führt die falsche oder unvollständige Traumanalyse dazu, daß wir unbefriedigt bleiben. Instinktiv spüren wir, daß aus dem Traum noch mehr »herauszuholen« wäre, als unsere Analyse zutage gebracht hat. Es gilt also, weiter an dem Traum zu arbeiten, bis man mit der Interpretation zufrieden ist.

Fehlerquellen kann man aufdecken

Insbesondere sollte man nach den Fehlern der Deutung fragen. Vielleicht wurden Symbole zu pauschal gedeutet, weil man sich mit den allgemeingültigen Inhalten aus dem Lexikon zufriedangab, ohne den individuellen Sinn zu hinterfragen. Oder man erlag falschen Assoziationen und Vorstellungen, die der Analyse eine falsche Richtung gaben. Diese Fehlerquellen sollte man aufdecken und neue Überlegungen anstellen. Manchmal kann es sinnvoll sein, den ganzen Traum nochmals aufzurollen und neu zu deuten, obwohl das schwierig ist. Einmal gefaßte Meinungen und Ansichten lassen sich oft nicht so ohne weiteres ändern, auch wenn man eingesehen hat, daß sie falsch sind.

Ergänzt wird die Traumanalyse durch den Versuch, die Interpretation mit den eigenen Lebenserfahrungen zu vergleichen. Das kann sehr aufschlußreich sein, vor allem allgemeingültige, individuell nicht zutreffende Deutungen entlarven. Da alle unsere Träume aus uns selbst stammen, liegen ihren Aussagen natürlich oft entsprechende Erfahrungen des Alltags zugrunde. Deshalb werden diese Erfahrungen gewöhnlich auch die Traumdeutung erklären. Ist das nicht der Fall, sollte man das Ergebnis der Analyse mit Skepsis betrachten. Es kann aber doch zutreffen, dann nämlich, wenn der Traum auf Entwicklungen in der Persönlichkeit beruht, denen entsprechende Erfahrungen erst später folgen werden. In solchen Fällen nimmt der Traum Erfahrungen vorweg, versucht vielleicht sogar, eine Entwicklung noch aufzuhalten, um uns negative Erfahrungen zu ersparen.

Ein letzter Versuch, das Ergebnis der Traumanalyse abzusichern, besteht in den folgenden Fragen:

1. Ist die Deutung so klar und einleuchtend, daß jeder sofort den Zusammenhang zwischen Traum und Analyse erkennt?
2. Werden alle Ereignisse, Symbole und Personen des Traums vollständig und befriedigend erklärt?
3. Hat die Deutung Bestand, interpretieren wir den Traum also auch nach einiger Zeit noch in der gleichen Weise, oder wird sie durch bald danach tatsächlich eintretende Ereignisse praktisch bestätigt?

Drei Grundfragen zur Traumanalyse

Wenn diese 3 Grundfragen alle mit einem klaren »Ja« zu beantworten sind und dann auch noch das Gefühl persönlicher Zufriedenheit mit der Traumdeutung auftritt, kann man sich getrost darauf verlassen, daß die individuelle Selbstanalyse korrekt war.

Träume erfüllen zunächst ganz unabhängig von der Deutung eine wichtige Funktion für den Erholungswert des Nachtschlafs. Mit Hilfe der Traumdeutung können wir zusätzlich Einblicke in unsere Persönlichkeit gewinnen, die uns im Wachzustand versagt bleiben. Nicht genug damit, bietet uns die Traumanalyse schließlich noch die Möglichkeit, praktische Konsequenzen aus den Einsichten in unser Selbst zu ziehen, die Traumaussagen also zur sinnvolleren Gestaltung des Lebens in Einklang mit sich selbst zu nutzen. Mit den wichtigsten dieser Möglichkeiten wollen wir uns jetzt vertraut machen.

Traumdeutung als

Jeder Mensch strebt danach, sich im Rahmen der Grenzen, die das Zusammenleben mit anderen Menschen uns zwangsläufig auferlegt, selbst zu verwirklichen. Allerdings gehört die Selbstverwirklichung (auch als Selbstaktualisierung bezeichnet) zu den ranghohen Bedürfnissen. Anders ausgedrückt: Erst wenn die rangniedrigeren Bedürfnisse – vor allem die lebens- und arterhaltenden wie Essen, Trinken oder Sexualität – befriedigt sind, geht man daran, sich selbst zu verwirklichen. Um mit Bert Brecht zu sprechen: »Zuerst kommt das Fressen, und dann kommt die Moral.«

Der Begriff der Selbstverwirklichung bedarf eigentlich keiner langen Erklärungen. Es geht darum, selbständig möglichst alle in einem Menschen angelegten Möglichkeiten zu entwickeln und zu entfalten. Das gilt für körperliche, seelische und geistige Eigenschaften ebenso wie für die sozialen Fähigkeiten. Selbstverwirklichung gelingt nur teilweise aus dem Bewußtsein all dieser in einer Persönlichkeit angelegten Möglichkeiten heraus. Der weitaus größere Teil der in uns ruhenden individuellen Möglichkeiten schlummert im Unbewußten, wir ahnen überhaupt nichts davon. Deshalb fällt es uns auch sehr schwer, Willen und Vorstellungskraft gezielt auf die Selbstverwirklichung bestimmter Anlagen und Eigenschaften in uns zu konzentrieren.

Wir lassen den größten Teil brachliegen und verfehlen dadurch zum Teil die Sinnerfüllung unseres Lebens. Das wird uns zwar nicht richtig bewußt, weil wir ja nicht genau wissen, was uns fehlt, kann aber zu erheblichen seelischen

Lebenshilfe

Störungen führen. Insbesondere die heute weit verbreiteten Angstzustände und Depressionen stehen oft in Zusammenhang mit mangelnder Selbstverwirklichung.

Der unerläßliche erste Schritt zur Selbstverwirklichung möglichst vieler Anlagen in uns besteht in der vertieften Selbsterkenntnis. Diese »Ich-Erfassung« gehört seit langem zu den großen Fragen in der Philosophie. *Immanuel Kant* sah in ihr den »Anfang aller menschlichen Weisheit« und der Philosoph *Pascal* meinte dazu: »Man muß sich selbst kennen. Dient das nicht dazu, die Wahrheit zu finden, so dient es zum mindesten dazu, unser Leben zu leiten – und Richtigeres gibt es nicht.«

Diesem Verständnis der Selbsterkenntnis kann man auch aus psychologischer Sicht zustimmen. Obwohl die Selbsterkenntnis auch ein wichtiges Anliegen der Psychologie und Psychotherapie sein müßte, wird sie in der Fachliteratur wie bei der Ausbildung der Psychotherapeuten nur sehr stiefmütterlich behandelt. Hauptinhalt der Psychologie ist es vielmehr, andere Personen zu erkennen. Lediglich die tiefenanalytischen Therapiemethoden (Psychoanalyse) bestehen noch darauf, daß sich jeder, der später einmal andere analysieren will, zunächst durch eine Lehranalyse selbst erkennt, damit seine eigenen Probleme, Konflikte, Vorurteile und ähnliches nicht bei der Therapie den Weg verstellen.

Der seelisch einigermaßen stabile, gesunde Mensch braucht sich natürlich keiner langwierigen Psychoanalyse zu unterziehen, um sich selbst besser kennen und verwirklichen zu lernen. Für seine Bedürfnisse wäre eine so aufwendige Methode nicht angemessen und überdies schon allein wegen des Mangels an Fachtherapeuten kaum durchführbar. Er ist also auf Selbsthilfe angewiesen. Das klingt nicht weiter schwierig. Die meisten Menschen gehen ja davon aus, daß sie sich selbst am besten kennen. Genau das trifft aber – zumindest so pauschal formuliert – fast nie zu. Es gibt keine Selbsterkenntnis ohne ein gewisses Maß an Selbsttäuschung.

Selbsterkenntnis beinhaltet auch Selbsttäuschung

Wir haben alle Eigenschaften, die wir sogar uns selbst nicht eingestehen und die deshalb unter normalen Umständen nie aus dem Unbewußten ins Wachbewußtsein aufsteigen. Und wir alle möchten auf unsere Mitmenschen in einer ganz bestimmten Weise wirken. (Die Motive dafür wollen wir hier nicht weiter untersuchen.) Deshalb spielen wir eine Rolle. Aus den Reaktionen der Umwelt auf unser Rollenspiel ziehen wir wieder Rückschlüsse auf unser Selbst, gewinnen also eine Selbsterkenntnis, die von vornherein nicht in allen Teilen zutreffend sein kann.

Wenn wir auf dieser alltäglichen Selbsterkenntnis aufbauen, können wir bei der Selbstverwirklichung leicht auf Irrwege geraten. Dann verfehlen wir teilweise den Sinn unseres Lebens, bleiben zeitlebens unbefriedigt, zerstören vielleicht viele wertvolle Ansätze in uns. Die Selbsterkenntnis des Alltags erfordert deshalb eine gewisse Kontrolle, die ein höheres Maß an Objektivität garantiert. Völlig objektiv kann man sich nie selbst betrachten, ein gewisses Maß an subjektiver falscher Selbsteinschätzung wird wohl immer in Kauf genommen werden müssen. Zur Korrektur falscher Selbsteinschätzungen bietet sich die Traumanalyse geradezu an.

Die Traumdeutung fördert Verborgenes zu Tage

Wie kaum eine andere Selbsthilfemethode führt sie uns hinab in die Tiefen unserer Persönlichkeit, legt deren Absichten, Einstellungen, Erwartungen und andere Inhalte bloß, die wir sonst höchstens ansatzweise erahnen können. Auch das, was wir vor uns selbst verbergen, kommt in den Träumen symbolisch zum Vorschein. Im richtig gedeuteten Traum sehen wir uns gleichsam nackt und bloß mit all unseren Eigenschaften, auch und gerade jenen, die wir vor der Mitwelt verbergen wollen und auch uns selbst nicht einzugestehen wagen. Dabei erweisen sie sich bei näherer Betrachtung nicht selten sogar als wertvoll oder zumindest nicht als so negativ, wie unser Gewissen uns im Wachzustand glauben machen will.

Natürlich dauert es normalerweise ziemlich lange, bis man aus den vielen einzelnen Träumen die Steinchen zum Mosaik der Gesamtpersönlichkeit herausgepickt und zu einem umfassenden, korrekten Puzzle zusammengesetzt hat. Diese Aufgabe kann ein ganzes Leben lang dauern. Nach einiger Erfahrung mit der Traumanalyse läßt sich dem aber gezielt abhelfen. Im Kapitel über das Erlernen positiver Träume (siehe Seite 33) sahen wir, daß unsere Traumaussagen durch Vorstellungen und Vorsätze – am besten mit autogenem Training vor dem Schlafengehen verbunden – innerhalb gewisser Grenzen gelenkt werden können. Daher ist es auch möglich, die Träume über einige Zeit so vorzuprogrammieren, daß sie rascher einen tieferen Einblick in unser Selbst ermöglichen. Es bedarf dazu lediglich der gleichen Selbstbeeinflussungstechnik, die auch positive Träume erzeugt. Dabei wird das Unterbewußtsein zur Mitarbeit motiviert und beantwortet mehr oder weniger chiffriert unsere Fragen im Traum. Man nimmt sich zum Beispiel abends vor dem Einschlafen in tiefer autogener Entspannung vor:

»Ich erkenne mich selbst. Morgen früh gleich beim Erwachen erinnere ich mich an einen Traum, aus dem ich ganz klar erkenne, wer ich bin.«

Vorsatzformel zur Selbsterkenntnis

Diese einfache, intensive Vorstellung, die man sich etwa 30mal wiederholt, wirkt manchmal schon in der ersten Nacht.

Häufiger läßt die Antwort allerdings einige Zeit auf sich warten, weil das Unbewußte die Suggestion erst annehmen muß. Dann tritt – richtige Anwendung der Vorsatzformeln vorausgesetzt – der Erfolg aber unweigerlich ein.

Wer keine globalen Einsichten in seine Persönlichkeit will, sondern konkrete Auskünfte des Unbewußten über ganz bestimmte Eigenschaften, kann seine Fragen in Form gezielter Vorsätze sinngemäß nach dem gleichen Beispiel formulieren.

Manche Menschen schwören darauf, daß sie nur dann eine Antwort im Traum erhalten, wenn sie ihrem Vorsatz am Abend ein höfliches »Ich bitte um Auskunft« hinzufügen und sich am Morgen für den Traum beim Unterbewußtsein »bedanken«. Solche Rituale mögen dem Skeptiker lächerlich vorkommen. Er übersieht dabei, daß der unbeirrbare Glauben an ihre Notwendigkeit und Wirksamkeit oft tatsächlich erst die Voraussetzung schafft, um die Erwartungen Wirklichkeit werden zu lassen. Man sollte sich deshalb nicht davon abhalten lassen, bestimmte Rituale einzuhalten, von deren Nutzen man überzeugt ist, auch wenn sie noch so kurios anmuten mögen.

Die im Lauf der Zeit aus regelmäßigen Traumanalysen gewonnene Selbsterkenntnis zeigt uns neue, bisher übersehene oder unterdrückte Inhalte unserer Persönlichkeit auf, die wir zukünftig gezielter verwirklichen oder – falls es sich tatsächlich um negative Inhalte handelt – verarbeiten können. Zu dieser Selbstverwirklichung kann die Traumdeutung gleichfalls beitragen. Was nützt es uns zum Beispiel, wenn wir zwar verschiedene Denkanstöße zur Selbstaktualisierung erhalten haben, nun aber nicht wissen, womit oder wie wir damit anfangen sollen?

Neue Möglichkeiten zur Selbstverwirklichung

Das Unbewußte kann uns auf solche Fragen in Träumen verschlüsselte Antworten geben, die – wenn wir sie richtig deuten und befolgen – der erste Schritt in eine bessere persönliche Zukunft im Einklang mit uns selbst werden können. Auch dazu wendet man wieder die weiter vorne beschriebene einfache Technik zur Lenkung der Traumaussagen an. Durch regelmäßige Übung wird man bald erste Erfolge verzeichnen können.

Selbstverwirklichung ist eines der wichtigsten Ergebnisse aus der vertieften Selbsterkenntnis, aber nicht das einzige. Darüber hinaus trägt die Einsicht in die Inhalte und Möglichkeiten der eigenen Persönlichkeit auch noch zur Stärkung des Selbstbewußtseins und des darauf zum Teil aufbauenden Selbstvertrauens bei.

Als Selbst-(Ich-)Bewußtsein bezeichnet man das Wissen des Ichs um sich selbst als Subjekt aller Erlebnisse, Erfahrungen, Empfindungen und ähnlichem. Anders ausgedrückt: Was ich erfahre, empfinde oder erlebe, nehme ich dank meines Selbstbewußtseins als das von mir persönlich Erfahrene, Erlebte oder Empfundene wahr. Wenn dieses Selbstbewußtsein in irgendeiner Weise eingeschränkt wird, entstehen mehr oder minder ernste seelische Störungen bis hin zu den Geisteskrankheiten (Psychosen). Selbsterkenntnis durch Traumanalyse als Weg zur Erhaltung oder Festigung des Selbstbewußtseins kann daher auch als Maßnahme zur vorbeugenden seelischen Gesundheitspflege (Psychohygiene) nicht hoch genug eingeschätzt werden.

Durch ein gestörtes Selbstbewußtsein entstehen seelische Störungen

Vertrauen setzt immer ein gewisses Maß an Vertrautheit mit dem voraus, dem man vertrauen soll. Diese Vertrautheit erfordert unter anderem ausreichende Informationen über das Objekt unseres Vertrauens. Diese Feststellung gilt nicht allein für das Vertrauen, das wir anderen entgegenbringen, sondern ebenso für unser Selbstvertrauen. Wir können es nur dann genügend entwickeln, wenn wir mit uns selbst ausreichend vertraut sind, vor allem um unsere Stärken und Fähigkeiten, Anlagen und Möglichkeiten wissen.

Selbstvertrauen ist eine lebenswichtige Eigenschaft, die individuell sehr unterschiedlich ausgeprägt ist und in verschiedenen Formen zum Ausdruck kommt. Auf dem Selbstvertrauen baut zum Teil unsere Selbstsicherheit auf. Nach zuverlässigen Schätzungen der Fachleute leiden in den modernen Industriegesellschaften mindestens 40 Prozent der Bewohner unter stärker geschwächtem, gestörtem oder gar zerstörtem Selbstvertrauen. Das trägt mit zu den heute so weit verbreiteten seelischen Störungen bei – insbesondere Angst, Depressionen und Unsicherheit –, erschwert gleichzeitig aber auch die zwischenmenschlichen Beziehungen, weil Menschen mit mangelndem Selbstvertrauen in der Regel »schwierig« sind.

Vertiefte Selbsterkenntnis schafft bessere Vertrautheit mit sich selbst

Natürlich kann man allein durch Traumanalyse kein ausreichendes Selbstvertrauen erwerben. Durch vertiefte Selbsterkenntnis schafft sie aber eine wichtige Voraussetzung dafür: Die bessere Vertrautheit mit sich selbst. Darauf kann man das Selbstvertrauen aufbauen, wenn nötig unter Anleitung eines Psychotherapeuten. Träume können uns sogar den individuell richtigen Weg zu mehr Selbstvertrauen und Selbstsicherheit weisen. Dazu ist es wieder notwendig, dem Unbewußten die richtigen Fragen vorzulegen und um Antworten zu bitten, wie es weiter vorne bereits bei der Selbsterkenntnis erklärt wurde. In mehr oder weniger chiffrierter Form werden in den Träumen dann die Antworten aus dem Unbewußten aufsteigen, denen man getrost auch dann folgen darf, wenn sie deutlich von den bisherigen Einstellungen, Haltungen, Absichten und Wünschen abweichen sollten.

Vertiefte Selbsterkenntnis durch Traumanalyse gehört zu den wichtigsten praktischen Anwendungsgebieten der Traumdeutung. Sie schafft einen gewissen Schutz vor seelischen Störungen, weil alles, was uns an Inhalten unserer Persönlichkeit bewußt ist und von uns als Teil unseres Selbsts akzeptiert wird, uns nicht mehr überraschen, erschrecken oder gar krankmachen kann.

Richtige Entscheidungen treffen

Entscheidungen stellen den letzten Teil eines Willensbildungsprozesses dar. Sie stehen also unmittelbar vor der Bereitschaft, die gefällte Entscheidung auch aktiv in Handlungen umzusetzen. Grundsätzlich können wir zwei Formen von Entscheidungen (man spricht auch von Entschlüssen) unterscheiden:

1. Spontane Entscheidungen, die ohne lange Vorbereitung und Überlegung getroffen werden, meist aus einer aktuellen Situation, Stimmung oder Gefühlsregung (Laune) heraus.
2. Vorbereitete Entscheidungen, bei denen alle für die Entscheidungen wichtigen Aspekte und Fakten vorher gründlich überlegt und gegeneinander abgewogen wurden; gleichzeitig ist man sich bei solch wohlüberlegten Entscheidungen der persönlichen Verantwortung für ihre Folgen voll bewußt.

Die zwei Grundformen der Entscheidung

Das tägliche Leben verlangt ständig Entscheidungen von uns. Manche sind von großer Tragweite, weil sie die Weichen für unsere Zukunft stellen, unser gewohntes Leben vielleicht von Grund auf umkrempeln. Die meisten betreffen kleinere Fragen und Probleme, die sich mehr um das aktuelle Tagesgeschehen drehen. Allerdings kann man das nicht immer schon zum Zeitpunkt der Entscheidung sicher erkennen. Mancher anfangs banale Entschluß führt später zu Folgen, die man nicht voraussah, und wird so doch noch — im guten wie im negativen Sinn — zu einer schwerwiegenden Entscheidung.

Jeder Entschluß, auch ein noch so gut vorbereiteter, der ein scheinbar geringfügiges Problem betrifft, birgt einige Unsicherheitsfaktoren in sich. Genaugenommen wissen wir immer erst dann, wenn wir ihn durchgeführt haben, ob er wirklich richtig war. Viele Menschen tun sich deshalb mit Entscheidungen schwer. Es sind meist nicht die unintelligentesten, sondern eher hochintelligente, sensible Naturen mit Weitblick, der sie alle möglichen Komplikationen voraussehen läßt. Ihre verminderte Entschlußfähigkeit betrifft häufig nicht nur die Entscheidungen in schwierigen Fragen, oft lähmt sie auch bei der Lösung ganz alltäglicher Probleme. Da das Leben aber irgendwann einen Entschluß verlangt, ringen sie sich schließlich doch dazu durch. Halbherzig, voller Zweifel und Unsicherheit, wird er verwirklicht und trägt deshalb den Keim des Mißerfolgs bereits in sich. Natürlich verstärkt ein solches Mißerfolgserlebnis die Entscheidungsschwäche, scheint sich doch damit einmal mehr zu beweisen, daß man zu sicheren Entschlüssen unfähig ist.

Verminderte Entschlußfähigkeit

Aber selbst wenn sich der Entschluß als richtig erweist, grübeln solche Menschen noch längere Zeit, ob eine andere Entscheidung nicht doch noch besser gewesen wäre, obwohl sich ja nichts mehr ändern läßt. Im Extremfall kann das krankhafte Züge annehmen und muß dann psychotherapeutisch behandelt werden. So weit braucht es nicht zu kommen, wenn man sich angewöhnt, vor Entscheidungen die Weisheit des Unbewußten anzuzapfen. Es verfügt über weit mehr Erfahrungen und Kenntnisse, als uns im Wachzustand zugänglich sind, und kann sie wie eine Art Computer zur Entscheidungsfindung verarbeiten. Schon das allein ist ein wichtiger Vorteil.

Die Weisheit des Unbewußten hilft bei der Entscheidungsfindung

Davon abgesehen kennt des Unterbewußtsein auch unsere Absichten, Erwartungen, Hoffnungen und Wünsche, insbesondere jene, die uns selbst nicht bewußt werden, unterschwellig aber unseren Lebensweg mitbestimmen. Deshalb kann es Entscheidungen vorbereiten, die nicht nur objektiv (weil aus einer Fülle von Erfahrungen geschöpft) richtig sind, sondern uns auch subjektiv befriedigen, so daß wir mit unserer ganzen Persönlichkeit uneingeschränkt dahinterstehen. Nach solchen Entscheidungen gibt es kein Grübeln mehr über möglicherweise bessere Alternativen, keine Zweifel und Unsicherheiten bei der Durchführung. Leider können wir das Unterbewußtsein nicht vor allen Entscheidungen zu Rate ziehen. Mancher Entschluß muß rasch getroffen werden. Im allgemeinen bleibt uns aber zumindest bei wichtigen Entscheidungen doch genügend Zeit, um darüber zu schlafen. Dieses Überschlafen, eine oft gebrauchte Redewendung, bei der man sich wenig denkt, hat durchaus seine Berechtigung. Das Unbewußte arbeitet in der Nacht weiter an der Lösung des Problems, zu dem man einen Entschluß fassen muß, und morgens fällt einem vielleicht ganz spontan das richtige ein. Wer gelernt hat, seine Träume zu deuten, muß nicht auf solche spontanen Einfälle warten. Er kann sein Unterbewußtsein so programmieren, daß es mit hoher Wahrscheinlichkeit eine Antwort gibt. Im allgemeinen wird sie verschlüsselt in unseren Träumen auftauchen. Die Technik ist einfach und beruht auf unserer Fähigkeit zur Selbstbeeinflussung. Wir stellten schon fest, daß man positive Träume erlernen und Traumerinnerungen für den kommenden Morgen ziemlich zuverlässig vorprogrammieren kann. Diese beiden Techniken werden sinngemäß auch dann angewendet, wenn es um Entscheidungen geht.

Konkrete Vorstellungen vor dem Einschlafen

Man stellt sich also am Abend vor dem Einschlafen ganz klar nochmals das Problem vor, zu dem man eine Entscheidung treffen soll. Diese Vorstellung verbindet man mit der Erwartung, daß am nächsten Morgen nach dem Erwachen ganz sicher die Lösung als Traumerinnerung verschlüsselt im Bewußtsein auftauchen wird. Vielleicht verbindet man die Vorstellung des Problems auch noch mit dem Satz »Ich bitte um Antwort«, das hilft vielen Menschen. Und wie immer, wenn wir mit unserem Unbewußten in Kontakt treten wollen, wirken unsere Vorstellungen dann am besten, wenn wir sie in einem Zustand eingeschränkter Bewußtheit entwickeln. Am besten bewährt sich auch dabei wieder das autogene Training, zumindest aber ein Zustand körperlicher, geistiger und seelischer Entspannung.

Manchmal kommt die Antwort am Morgen als spontaner Einfall, häufiger als Traumerinnerung, die zuerst gedeutet werden muß. Vielleicht wird das Unbewußte auch nicht gleich am ersten Morgen eine vollständige Antwort geben, sondern mit einer Traumserie antworten, die vielleicht verschiedene Möglichkeiten und ihre Konsequenzen aufzeigt. Dann bleibt zwar immer noch die Qual der Wahl, aber wenigstens hat man einige Anhaltspunkte, an denen sich die bewußte Entscheidung orientieren kann.

Natürlich gelingt das alles kaum auf Anhieb. Man muß den Kontakt zum Unbewußten ständig pflegen und trainieren, so wie auch der Kontakt zu Menschen dauernde Pflege von beiden Seiten erfordert. Wer nur zwischendurch einmal sein Unterbewußtsein befragen will, weil er nicht mehr weiterweiß, ansonsten aber auf seine Bedürfnisse, Hinweise und Ratschläge keine Rücksicht nimmt, darf nicht erwarten, daß es plötzlich zur Mitarbeit bereit ist.

Was nützt diese Technik aber dann, wenn eine Entscheidung rasch zu treffen ist, für das Überschlafen also keine Zeit mehr bleibt? Unmittelbar kann man die Traumdeutung in solchen Fällen nicht einsetzen. Meist sind solche kurzfristigen Entscheidungen aber auf Fragen geringerer Bedeutung beschränkt, vor wichtigen Entscheidungen bleibt fast immer genügend Zeit. Und wer dank Traumdeutung bei Problemen von einiger Tragweite erlebt hat, wie sicher er in seinen wichtigen Entscheidungen geworden ist, wird allmählich in weniger wichtigen Angelegenheiten auch ohne vorherige »Konsultation« seines Unterbewußtseins sicherer werden. Er hat gelernt, sich wieder selbst zu vertrauen und uneingeschränkt hinter seinen einmal getroffenen Entschlüssen zu stehen.

Der im autogenen Training Geübte kann auch versuchen, sein Unterbewußtsein unabhängig von den Träumen anzuzapfen, indem er sich rasch in tiefe Entspannung oder kurzen Schlaf versetzt und vorher sein Unbewußtes um Hilfe bittet. Nach einiger Übung dieser Methode wird es ihm nach beendeter Übung vielleicht wie Schuppen von den Augen fallen, weil aus dem Unterbewußtsein spontan die richtige Entscheidung als Einfall emporgestiegen ist.

Durch autogenes Training kann das Unterbewußtsein ebenfalls befragt werden

Entscheidungstraining durch Traumanalyse, eine wichtige praktische Hilfe für den Alltag, die unnötigen Streß vermeidet und mit zur Selbstverwirklichung beiträgt. Nicht nur entscheidungsschwache Menschen bedienen sich dieser Hilfe, sondern oft auch jene, die das eigentlich auf Grund ihrer Persönlichkeit nicht nötig hätten – Führungskräfte in Wirtschaft, Politik und Wissenschaft, die durchaus zu raschen, klaren Entscheidungen fähig sind und diese dann auch konsequent durchführen könnten.

Es gibt aber für manchen unter ihnen keinen vernünftigen Grund, auf den ungeheuren Schatz an Wissen und Erfahrungen zu verzichten, den das Unbewußte repräsentiert und der im kollektiven Unterbewußtsein weit über Zeit und Raum hinausreicht. Im Kapitel über kreative Träume werden wir noch sehen, daß unser Unterbewußtsein unter Umständen sogar geniale Lösungsvorschläge entwickeln kann.

Konsequenzen
für die Lebensführung

Es gibt zahlreiche, zum Teil sehr persönliche Motive für die Traumdeutung. Am Anfang steht oft eine gewisse skeptische Neugierde, gepaart mit dem Wunsch nach besserem Selbstverständnis. Manchen erscheint die Traumanalyse auch als Strohhalm, an den sie sich in schwierigen Situationen klammern.

Motive für die Traumdeutung

Für einige – und deren Zahl nimmt zu – bedeutet Traumdeutung die Befriedigung einer gewissen Neigung zum Okkulten und Mystischen, die symptomatisch für unsere Gesellschaft geworden ist, in der unser Hunger nach Mythen immer stärker durch Verstand und Vernunft unterdrückt wird. Schließlich kann ganz einfach Interesse hinter der Traumdeutung stehen, wie andere Menschen es in ihrer Freizeit für Physik, Geschichte, Philosophie und andere Wissensgebiete spüren. Das Motiv – meist wird man von mehreren Motiven ausgehen können – bestimmt entscheidend mit, wie ernsthaft die Traumdeutung betrieben wird, wie weitreichende Konsequenzen der einzelne daraus zieht.

Der eine wird hinter jedem Traum eine wichtige Botschaft wittern und nicht ruhen, bis er die Inhalte so zurechtgedeutet hat, und sie tatsächlich einen tieferen Sinn zu erhalten scheinen, auch wenn er überhaupt nicht vorhanden war. Auf die Gefahren solcher Selbsttäuschungen wiesen wir weiter vorne bereits hin. Der andere wird die Traumdeutung gelegentlich einmal als amüsante Freizeitbeschäftigung betreiben und sich nicht ernsthaft darum bemühen, aus wichtigen Träumen praktische Konsequenzen zu ziehen. Schaden wird ihm das kaum, Nutzen kann er freilich auch nicht aus seinen Träumen ziehen. Zwischen diesen beiden Extremen lassen sich wohl die meisten Menschen einordnen, die sich mit ihren Träumen beschäftigen.

Traumdeutung ist kein Spiel

Traumdeutung ist kein Gesellschaftsspiel, das in Mode gekommen scheint, seit die Psychologie insgesamt mehr und mehr die Rolle einer Ersatzreligion übernimmt. Und sie hat nichts mit Okkultismus zu tun. Vielmehr kann sie in der psychotherapeutischen Praxis wie (als Selbstanalyse) im Alltag als wichtiger Zugang zur Persönlichkeit und ihren unbewußten Elementen verstanden werden – als Weg zum Selbst. Deshalb sollte auch der Laie sie ernst nehmen, ohne ihr allerdings einen zu hohen Stellenwert beizumessen. Dazu leitet dieses Buch an.

Wir zeigten in den vorangegangenen Kapiteln, wie Träume uns Anregungen und Hinweise für das Leben geben, wie man sie zu diesem Zweck sogar steuern kann und wie man die Aussagen dann entschlüsselt. Dabei stellte sich der Umgang mit Träumen als zähe, langwierige und nicht immer einfache Aufgabe dar, die ständig geübt und vervollkommnet werden muß. Dessen sollte man sich stets bewußt bleiben, wenn man sich auf seine Träume einläßt, sonst wird gerade der Anfänger leicht enttäuscht und wirft die Flinte bald wieder ins Korn. Der ganze Aufwand »lohnt« sich aber nur, wenn aus den Anregungen der Träume auch

Konsequenzen für den Alltag gezogen werden. Damit beginnt oft erst der schwierigste Teil der Traumarbeit, dem nicht selten erhebliche innere Widerstände entgegenstehen.

Solche Widerstände werden durch verschiedene Ursachen hervorgerufen und machen sich auf unterschiedliche Weise bemerkbar. Eine der wichtigsten Ursachen ist die Macht der Gewohnheit. Wir alle neigen mehr oder minder stark dazu, einmal erlernte Gewohnheiten, innere Haltungen und Einstellungen beizubehalten, nicht selten von Kindheit an bis zum Lebensende. Aus der Traumanalyse kann sich aber die Forderung ergeben, bestimmte Gewohnheiten abzulegen und neue zu erlernen. Das gehört unter anderem auch zu den Aufgaben der Psychotherapie ganz allgemein. Diesem Um- und Neulernen setzen wir oft erhebliche innere Widerstände entgegen. Es ist unbequem und erfordert viel Mühe – aber dieser Grund wiegt nicht so schwer.

Um- und Neulernen stellt vor allem Teile unserer Persönlichkeit, aus denen die zu ändernden Gewohnheiten und Einstellungen stammen, in Frage. Das erscheint zunächst fast jedem Menschen unerträglich. Darüber hinaus beruhen unsere Einstellungen und Gewohnheiten auf Erfahrungen, die mit Gefühlen verbunden waren. Typisches Beispiel: Ein Kind wird durch ein System von Belohnungen und Strafen dazu erzogen, stets seinen Teller leer zu essen – ein im Grunde unsinniger Erziehungsinhalt, der später meist zu Übergewicht führt. Auch wenn es später als Erwachsener alles über gesunde Ernährung weiß, wird es die falsche Gewohnheit allein vom Verstand her kaum ablegen können.

Eingefahrene Verhaltensmuster sind schwer zu ändern

Wissen allein genügt nicht, um mit Gefühlen besetzte gewohnte Verhaltensweisen zu überwinden. Das erklärt auch, weshalb so viele Schlankheitskuren zu keiner bleibenden Normalisierung des Körpergewichts führen, sondern nur zu vorübergehenden Erfolgen. Nun unterscheiden sich aber Anregungen und Denkanstöße, die wir aus der Traumanalyse gewinnen, in einem Punkt ganz erheblich von anderen Anstößen zur Veränderung falscher Einstellungen und Gewohnheiten: Sie werden nicht von außen an uns herangetragen, sondern stammen aus dem eigenen Ich, entsprechen also uneingeschränkt bestimmten, bisher unterdrückten oder nicht genügend beachteten Teilen der Persönlichkeit. Deshalb wird das Unterbewußtsein bereitwilliger mit zu ihrer Verwirklichung beitragen, wenn wir sie erst einmal aus unseren Träumen erkannt haben und entsprechend verstärken. Wieder kommt uns dabei die menschliche Fähigkeit zur Selbstbeeinflussung im Zustand tiefer Entspannung zu Hilfe.

Um eine Verhaltensänderung mit Hilfe des Unbewußten zu erreichen, verwenden wir einfach die aus der Traumanalyse erkannten Anregungen aus dem Unbewußten als Positive Vorstellungen beim autogenen Training. Dadurch werden die im Unterbewußtsein bereits vorhandenen gleichen Inhalte verstärkt. Bei konsequentem Training gewinnen sie schließlich so viel Einfluß, daß sie stärker als die gleichfalls im Unbewußten vorhandenen Gewohnheiten und Widerstände werden. Diese verlieren zunehmend an Bedeutung und können die Verhaltensänderung als praktische Konsequenz aus der Traumdeutung nicht mehr verhindern.

Übertragen wird die theoretische Anleitung auf unser Beispiel von der gesundheitsschädlichen Gewohnheit aus der Kindheit, den Teller unabhängig vom Nahrungsbedarf in jedem Fall leer zu essen. Dabei setzen wir voraus, daß diese Erziehung beim Erwachsenen zum Übergewicht geführt hat (eine sehr wahrscheinliche Annahme) und daß er schon mehrere Schlankheitskuren hinter sich hat, die alle nur vorübergehend halfen.

Der Leidensdruck ist inzwischen so stark geworden, daß sich der Betroffene dazu entschlossen hat, sein Unterbewußtsein zu Rate zu ziehen. Es antwortet mit einem oder mehreren Träumen, deren Analyse – vereinfacht ausgedrückt – ein neues Eßverhalten als praktische Konsequenz nahelegt. Beim Versuch, das zu verwirklichen, treten die oben beschriebenen Widerstände auf. Trotz gutem Willen verhindern sie, daß die falschen Eßgewohnheiten konsequent verändert werden. Deshalb formuliert der Betroffene die Botschaft aus der Traumanalyse in eine griffige Suggestionsformel um, die er sich täglich im Zustand tiefer Entspannung (beim autogenen Training nach dem Erreichen der Stirnkühle) etwa 30mal intensiv vorstellt. Sie kann zum Beispiel lauten:

Verhaltens-änderungen mit Hilfe des autogenen Trainings

»Ich bin beim Essen vollkommen frei und gelassen – Essen ganz gleichgültig, Appetit (oder Hunger) wichtig.«

Diese Vorstellung führt bei konsequenter Wiederholung allmählich dazu, daß die Empfehlung aus den Träumen im Unterbewußtsein verstärkt wird und beim Essen schließlich wirklich nur noch der Appetit zählt, aber nicht die frühere Gewohnheit. Der suggerierte Zustand der Gelassenheit beim Essen und der Gleichgültigkeit gegenüber den Speisen reduziert das Essen auf seine biologische Bedeutung: Zufuhr von Nahrung, auf natürliche Weise gesteuert vom Hungergefühl, befreit von den gefühlsbesetzten Erfahrungen aus der Vergangenheit.

Wer autogenes Training beherrscht, wird an dieser Stelle vielleicht einwenden: Das klappt auch ohne vorherige Traumanalyse. Dieser Einwand ist nicht unberechtigt. Nur lehrt die Erfahrung, daß viele Menschen zunächst einmal unsicher in der Formulierung ihrer Suggestionen sind. Sie wissen selbst nicht genau, was sie sich vorstellen sollen, einfach weil ihnen der Kontakt zum Unterbewußtsein noch fehlt.

Hindernisse bei der Verwirklichung von Traumbotschaften

Deshalb droht bei der Selbstbeeinflussung unter Umständen die Gefahr, daß individuell nicht passende, rein vom Verstand her gewonnene Vorstellungen ins Unbewußte eingeprägt werden und innere Konflikte hervorrufen. Unser Ziel, das Leben im Einklang mit sich selbst, wird dadurch verfehlt. Erst kombiniert mit der Traumanalyse erhält man genügend Sicherheit. Das gilt nicht nur in unserem Beispiel, sondern grundsätzlich für alle Lebensbereiche. Ein zweites wichtiges Hindernis beim Versuch, Traumbotschaften im Alltag konsequent zu verwirklichen, erklärt sich oft aus unserem unzulänglichen Selbstbild. Wir alle tragen ein Bild unserer Persönlichkeit, unserer Eigenschaften und Möglichkeiten in uns, das mehr oder minder deutlich von der Realität abweicht. Es wird unter anderem entscheidend von unseren Idealen, Wünschen, positiven und negativen Erfahrungen geprägt.

Dieses Selbstbild gerät durch die vertiefte Selbsterkenntnis aus der Traumdeutung leicht ins Wanken. Da wir aber dazu neigen, auch ein negatives Selbstbild zu verteidigen (das positive aus naheliegenden Gründen sowieso), können wir die Aussagen von Träumen oft nicht ohne weiteres annehmen und praktische Konsequenzen daraus ziehen. Sie stürzen uns sonst in einen schweren Konflikt zwischen Selbstbild und Einsichten, die ihm widersprechen.

Wir neigen dazu, unser Selbstbild zu verteidigen – ob negativ oder positiv

Unter anderem kann das dazu führen, daß die Traumanalyse bald wieder aufgegeben oder zwar fortgeführt, aber nicht ernst genommen wird, also auch keine praktischen Konsequenzen daraus resultieren. Manchmal werden die Widerstände sogar so stark, daß sie die Traumerinnerungen blockieren. Die Betroffenen behaupten dann von sich, daß sie nur selten oder überhaupt nicht träumen, obwohl dieser Einwand wissenschaftlich exakt widerlegt ist. Es erweist sich oft als schwierig, solche Widerstände zu beseitigen, damit die Traumdeutung auch einen praktischen Sinn erhält. Die Betroffenen müssen zunächst dazu bewegt werden, sich uneingeschränkt selbst anzunehmen, also auch mit den Persönlichkeitsinhalten, die nicht in ihr Selbstbild passen. Ob das gelingt, hängt mit von der Motivation ab.

Ein Mensch, der in einer seelischen Krise steckt, darunter leidet und Hilfe sucht, wird meist eher dazu bereit sein als jemand, der sich in seiner Haut wohl fühlt und keinen Anlaß sieht, sich in Frage zu stellen und zu ändern. Übertragen auf die praktischen Konsequenzen aus der Traumdeutung bedeutet das: Man benötigt ebenfalls ein ausreichend starkes Motiv. In unserem Beispiel war es die Dickleibigkeit, die einen ausreichenden Leidensdruck zur Überwindung der Widerstände erzeugte.

Jeder wird, wenn er ehrlich darüber nachdenkt, in seinem Leben etwas finden, was er unbedingt ändern möchte. Das gilt es ganz klar herauszuarbeiten, zu begründen und dann mit Hilfe der Traumanalyse zu verwirklichen. Je stärker der Wunsch nach einer Änderung ist, desto eher wird man hinnehmen können, daß die Antworten aus dem Unbewußten das Selbstbild in Frage stellen. Wenn der erste Widerstand überwunden ist, fällt es in Zukunft zunehmend leichter, Korrekturen am Selbstverständnis vorzunehmen. Die frühere scheinbare Sicherheit in der Selbstbeurteilung, die allen Veränderungen im Wege steht, kann sich nie mehr einstellen. Vielmehr tritt statt dessen eine gewisse Neugierde nach dem wahren Ich auf, die solche Änderungen begünstigt.

Änderungswünsche hat jeder einmal

Am schwersten fällt die uneingeschränkte Annahme der Persönlichkeit meist dann, wenn Träume die verdrängten »dunklen« Seiten wieder hervorheben. Wir alle sind keine vollkommenen Menschen – weder vollkommen gut noch vollkommen böse. Deshalb gibt es auch bei jedem Eigenschaften, Absichten und innere Einstellungen, die er vor den anderen verbergen möchte, nicht zeigt und nicht auslebt. Innerhalb gewisser Grenzen ist das sogar notwendig für das menschliche Zusammenleben.

Unsere Gesellschaft wäre schon lange auseinandergebrochen, wenn jeder alle seine Aggressionen, Begierden, Egoismen und Triebe ungehemmt befriedigen wollte. Solange diese sozialen Hemmungen bewußt erfolgen, aus Einsicht,

Rücksichtnahme und Vernunft also, sind sie positiv zu bewerten. Erst wenn wir selbst die Augen davor verschließen, was alles an negativen Eigenschaften in uns vorhanden ist, wenn wir es ablehnen und verdrängen, führt das zum inneren Widerstreit, zur Disharmonie und seelischen Krankheit.

Sich akzeptie-
ren, wie man ist

Praktische Konsequenzen aus der Traumdeutung zu ziehen kann also auch bedeuten, sich mit allen Fehlern und Schwächen zu erkennen und zu akzeptieren – eine wichtige Maßnahme der Psychohygiene.

Falsche Einstellungen korrigieren

Innere Einstellungen zu anderen Menschen und Gruppen, zu Werten und Objekten des Alltags bestimmen unsere Wahrnehmungen und Reaktionen entscheidend mit. Sie wirken sich in fast alle Lebensbereiche aus und beeinflussen unser Verhalten deutlich. Die meisten Einstellungen des Erwachsenen sind so selbstverständlich für ihn geworden, daß er sie bewußt überhaupt nicht mehr hinter seinem Verhalten erkennt, sondern sich automatisch danach richtet.

Prägende
Faktoren

Unsere Einstellungen werden durch verschiedene Faktoren geprägt. Eine wichtige Rolle spielt die Erziehung in der Kindheit und Jugend, das Milieu, in dem man aufwächst. Später werden sie auch von Erfahrungen und von der Zugehörigkeit zu bestimmten sozialen Gruppen und einer sozialen Schicht mitgeprägt. Schließlich führen auch die eigenen seelisch-geistigen Leistungen zu inneren Einstellungen, die aber immer mit durch das soziale Umfeld bestimmt werden, dessen Einfluß sich niemand ganz entziehen kann. In vielen Einstellungen sind Überzeugungen als wesentliche Bestandteile enthalten. Immer sind unsere Einstellungen wertorientiert, nehmen also Stellung zu bestimmten materiellen oder ideellen Werten, und/oder von Gefühlen mit beeinflußt.

Ein weiteres Kennzeichen der Einstellungen ist, daß sie recht dauerhaft sind. Dadurch unterscheiden sie sich von unseren Erwartungen, die sich meist nur auf vorübergehende Reaktionsmuster in einer aktuellen Situation beziehen. Zwar können sich unter bestimmten Voraussetzungen auch unsere Einstellungen ändern, dazu müssen aber erhebliche Widerstände überwunden werden.

Selbst wenn sich die Einstellungen im Alltag als unhaltbar oder sogar schädlich erwiesen haben, behalten wir sie in der Regel noch lange hartnäckig bei. Das kann zu erheblichen Problemen im Alltag, zu Mißerfolgen und Verfehlen der Selbstverwirklichung führen. Wenn falsche Einstellungen von Gruppen oder größeren sozialen Gemeinschaften vertreten werden, sind die Folgen häufig noch viel schlimmer. Ein typisches Beispiel dafür waren die Einstellungen zu Juden und anderen Außenseitern in Deutschland während der Nazidiktatur.

Einstellungen erfüllen vier Hauptfunktionen in unserem Leben. Wie alle Generalisierungen und Kategorien helfen sie uns zunächst einmal, die für den einzelnen Menschen unüberschaubar gewordene, komplizierte Welt zu vereinfachen und oberflächlich in den Griff zu bekommen. Gleichzeitig werden sie dadurch auch zur Anleitung für angemessenes Verhalten in neuen Lebenssituationen, für die noch keine Reaktionsmuster eingeprägt wurden.

Die vier Hauptfunktionen von Einstellungen

Eine ganze Reihe von Einstellungen hat vor allem die Aufgabe, uns selbst zu bestätigen und das ganze Verhalten zu festigen oder vor den anderen zu rechtfertigen. Mit Hilfe einiger Einstellungen gelingt es vielen Menschen auch, mit inneren Konflikten zu leben. Sie wehren damit zum Beispiel Angriffe aus unterdrückten, verdrängten Teilen ihrer Persönlichkeit ab, schaffen gewissermaßen ein Gegengewicht zu ihnen.

Schließlich gibt es noch viele Einstellungen, die uns helfen, bestimmte Ziele zu erreichen, die für uns von Wert sind. Wir übernehmen zum Beispiel die Einstellungen von Gruppen, zu denen wir gehören möchten, ziemlich kritiklos, weil wir uns davon die Anerkennung der anderen Mitglieder dieser Gruppen erhoffen. Sprichwörtliches Beispiel dafür ist der »Novizeneifer«, mit dem sich neue Mitglieder einer Gruppe um Anpassung bemühen. Dabei schießen sie allerdings – oft unter Selbstaufgabe von Teilen ihrer Persönlichkeit – meist über das Ziel hinaus und erreichen nur, daß sie sich bei den anderen lächerlich machen.

Da unsere Einstellungen eine derart große Rolle im Leben spielen, wirken sich falsche Einstellungen entsprechend negativ aus. Deshalb wäre es eigentlich sinnvoll, sie von Zeit zu Zeit kritisch zu überprüfen, sich insbesondere auch zu fragen, ob sie sich mit den Lebenszielen und der dahinter stehenden Selbstverwirklichung überhaupt noch vereinbaren lassen. Aber so einfach gelingt das nicht. Die Neigung der Einstellungen, sich beharrlich jeder Veränderung zu widersetzen, bildet ein großes Hindernis. Beobachtungen ergaben sogar, daß es oft einfacher ist, zunächst eine Änderung des Verhaltens herbeizuführen, dem dann allmählich eine Veränderung der Einstellung folgt. Außerdem müssen wir davon ausgehen, daß viele falsche Einstellungen lange Zeit überhaupt nicht bewußt als solche erkannt werden. Selbst wenn sie bereits eindeutig zu negativen Auswirkungen führten, werden die Ursachen dafür noch lange in allen möglichen anderen Bereichen gesucht, nur nicht in den Einstellungen.

Es gehört zu den dankbarsten und wichtigsten Aufgaben der Traumanalyse, an Einstellungsänderungen mitzuwirken. Das beginnt damit, daß unser Unterbewußtsein in Träumen mehr oder weniger verschlüsselt auf falsche, nicht mehr haltbare und schädliche innere Einstellungen hinweist, vielleicht auch gleich deren augenblickliche oder zukünftig zu erwartende Folgen symbolisch vor Augen führt. Damit allein ist allerdings noch nichts gewonnen. Die Einsichten aus der Traumanalyse provozieren gleichzeitig ganz erhebliche Widerstände, die der Umsetzung im Alltag normalerweise im Weg stehen. Ohne weitere Hilfe werden die alten Einstellungen deshalb kaum zu überwinden sein. (Ausnahmen, wie wir sie später noch ansprechen, bestätigen diese Regel.)

Einstellungsänderungen gehören zu den wichtigsten Aufgaben der Traumanalyse

Wichtig für Einstellungs-änderungen: äußerer Druck und innere Motivation

Am leichtesten fallen Einstellungsänderungen dann, wenn der äußere Anpassungsdruck und/oder die innere Motivation ausreichend stark sind. Wer auf Grund seiner Leistungen oder seines Feldes in eine neue soziale Schicht hineinwächst, die eine Erhöhung seines bisherigen sozialen Ansehens mit sich bringt, wird in der Regel stark genug motiviert werden, um die Widerstände gegen die Anpassung an die Einstellungen der neuen Gruppe leichter zu überwinden. Unter Umständen wird er sich sogar zu stark anpassen (Novizeneifer).

Meist handelt es sich aber um Einstellungsänderungen, deren Notwendigkeit und Nutzen nicht so eindeutig auf der Hand liegt, die zumindest unbequem erscheinen und Teile der Persönlichkeit in Frage stellen. Dann können sich die Motive zur Änderung und die Widerstände dagegen die Waage halten, so daß ein innerer Konflikt entsteht.

Zwei Auswege bieten sich in solchen Fällen an. Einmal können wir versuchen, die Einstellungen direkt zu verändern, indem wir die Inhalte des Unbewußten durch Selbstbeeinflussung so verstärken, daß sie mit den Widerständen aus eigener Kraft fertig werden. Wir können aber auch die Tatsache ausnutzen, daß Verhaltensänderungen entsprechende Änderungen der Einstellungen nach sich ziehen, unsere Einstellungen also indirekt beeinflussen. Dabei sind weniger starke Widerstände zu erwarten, weil die Einstellungen nicht unmittelbar angegangen werden, sondern sich erst als Folge gleichsam automatisch ändern. Bei beiden Techniken begünstigt Entspannung, verbunden mit Selbstbeeinflussung, den Erfolg. Am besten eignet sich wieder das autogene Training, unsere Universaltechnik zur Verwirklichung von Traumhinweisen in der Realität.

Zur direkten Änderung von Einstellungen, die das Unterbewußtsein durch Traumbotschaften als veränderungsbedürftig bezeichnet hat, muß zunächst ganz klar herausgearbeitet werden, welche Einstellungen gemeint sind und wie sie positiv verändert werden sollen. Daraus entwickelt man dann eine leicht eingängige Vorstellung zur Selbstbeeinflussung.

Lassen sich die äußeren Umstände nicht ändern, muß die innere Einstellung dazu geändert werden

Nehmen wir als Beispiel eine negative, verständliche und berechtigte Einstellung zu einer monotonen, unbefriedigenden Arbeit. Die äußeren Umstände lassen aber nicht zu, daß diese Arbeit aufgegeben wird. In einem solchen Fall ist eine Veränderung der Einstellung dringend notwendig, ehe sie zu seelisch-nervösen und/oder körperlichen Störungen führt. Das erweist sich allerdings meist schon allein deshalb als sehr schwierig, weil die unbefriedigende Arbeit vielleicht ein Leben lang fortgesetzt werden muß — von dem ohnehin immer vorhandenen Widerstand der Einstellungen gegen jede Art von Veränderung einmal ganz abgesehen.

Gehen wir davon aus, daß der Betroffene durch Traumanalysen erkannt hat, wie wichtig eine Änderung der Einstellung zur Arbeit für ihn geworden ist und wie sie aussehen sollte. Vermutlich brachte das Unterbewußtsein in den Träumen zum Ausdruck, daß die Arbeit im Leben des Betroffenen keine so große Rolle mehr spielen darf, daß er Zufriedenheit und Selbstverwirklichung als Ausgleich in anderen Lebensbereichen suchen soll. (Es gibt natürlich individuell unterschiedliche Antworten des Unbewußten, aber so oder so ähnlich wird es angesichts der beschriebenen Ausweglosigkeit der Arbeitsplatzsituation wohl in den meisten Fällen reagieren.)

Nun gibt es zwei Möglichkeiten, daraus praktische Konsequenzen zu ziehen: Direkte Veränderung der Einstellung durch Selbstbeeinflussung oder Veränderung des äußeren Verhaltens mit der Absicht, daraus indirekt eine Einstellungsänderung zu erreichen.

Zur direkten Veränderung wird die Einsicht aus der Traumdeutung in eine entsprechende Vorstellung zur Selbstbeeinflussung verpackt. Sie kann zum Beispiel lauten:

»Ich bleibe bei der Arbeit gelassen und frei – ich nehme meine Arbeit an – alles gelingt.«

Bei erheblichen Widerständen gegen die Arbeit kann auch folgende Indifferenzformel sinnvoll sein:

»Arbeit ganz gleichgültig – ich arbeite frisch und frei – Freizeit ist wichtig.«

Formeln zur Selbstbeeinflussung

Mit Hilfe solcher Vorstellungen, die man sich in tiefer Entspannung – am besten beim autogenen Training – einprägt, werden die Teile des Unbewußten gestärkt, die für eine neue, neutralere und gelassenere Einstellung zur ungeliebten Arbeit wichtig sind. Durch konsequentes Üben wird es tatsächlich gelingen, die Arbeit anzunehmen, auch wenn sie noch so unbefriedigend, langweilig und belastend ist. Mit dieser Annahme des Unvermeidlichen – also einer neuen Einstellung – verliert die Arbeit dann viel an störendem Einfluß. Das gilt besonders dann, wenn gleichzeitig (wie in der oben genannten zweiten Vorstellung) nach mehr Selbstverwirklichung außerhalb der Arbeit gesucht wird.

Manchem wird es aber leichter fallen, zuerst sein äußeres Verhalten zu verändern, damit sich die Einstellung dann im Lauf der Zeit automatisch mit verändert. Dazu bedarf es nicht unbedingt der Selbstbeeinflussung in Entspannung, obwohl sie natürlich mit zum raschen Erfolg beitragen kann. Zunächst muß man sich fragen, welche Verhaltensmuster geändert werden können und müssen, um die Arbeit besser zu ertragen.

Nehmen wir an, der Betroffene aus unserem Beispiel hat es sich angewöhnt, morgens schon beim Aufstehen an den bevorstehenden Arbeitstag zu denken und die damit aufsteigende schlechte Laune an Frau und Kindern auszulassen (weil er es im Betrieb, dem eigentlichen Verursacher, ja nicht kann). Die Freizeit verbringt er passiv mit viel Alkohol vor allem vor dem Fernsehgerät, wo er seine noch immer schlechte Laune wieder an der Familie abreagiert. Dieses sicher bei vielen Familien so oder ähnlich verbreitete Verhaltensmuster bietet verschiedene Ansatzpunkte für eine Verhaltensänderung, die wahrscheinlich auch mehr oder weniger deutlich in den Träumen zum Ausdruck kommen werden.

Als erstes sollte unser Betroffener versuchen, den Tag mit positiveren Gedanken zu beginnen. Es gibt ja morgens nicht nur die bevorstehende ungeliebte Arbeit, sondern auch manches Angenehme. Man kann sich auf ein gutes Frühstück freuen, das in Ruhe und Harmonie eingenommen wird, wenn man sich genug Zeit dazu nimmt. Oft ist das Frühstück ohnehin die einzige Gelegenheit, bei der sich alle Familienmitglieder noch an einem Tisch versammeln. Oder man kann vor dem Frühstück noch einen kurzen Dauerlauf im Freien absolvieren, der viel Aggressionsenergie verbraucht, sich am schönen Wetter freuen, an ein angenehmes Ereignis nach Feierabend denken – es gibt genügend Möglichkeiten, den Tag ausgeglichener und harmonischer zu beginnen.

Freizeit positiv nutzen

Ebenso wichtig wie der richtige Einstieg in den Tag ist der Feierabend und das Wochenende. Der heutige Mensch hat so viel freie Zeit, daß er sich bestimmt in diesen freien Stunden selbst verwirklichen und einen Ausgleich zur frustrierenden Arbeit finden kann.

Wer freilich schon am Sonntagmorgen wieder nörgelt und streitet, weil er am nächsten Tag zur Arbeit muß und nichts verwirklichen konnte, was er sich für das Wochenende vorgenommen hatte, verfehlt mit Sicherheit die unzähligen Möglichkeiten einer positiven Freizeitgestaltung. Und der passiv vor dem Fernsehgerät verbrachte Feierabend trägt ebenfalls weder zur Selbstverwirklichung noch zur Einstellungsänderung bei. Deshalb sollte man auch in diesen Bereichen neue Verhaltensmuster entwickeln und einüben.

Bewährt hat es sich zum Beispiel, sich für abends oder das Wochenende immer etwas vorzunehmen, worauf man sich den Tag oder die Woche über freut. Das kann ein Hobby sein, das kann auch einmal ein Fernsehbeitrag, ein gemütlich im Bett verbrachtes regnerisches Wochenende oder irgend etwas anderes sein, auf das man sich wirklich freuen kann. Mit etwas Übung und Geduld findet man immer genügend große und kleine Freuden, die den Arbeitsalltag erleichtern.

Das waren einige Anregungen zu unserem Beispiel, im Prinzip gelten solche Überlegungen sinngemäß auch in jeder anderen Situation des Lebens, die Einstellungsveränderungen erforderlich macht. Irgendwann führen die positiv veränderten Verhaltensweisen immer dazu, daß sich auch die Einstellung positiv verändert.

Die befriedigender ausgefüllte Freizeit wird in unserem Beispiel bewirken, daß die Arbeit leichter ertragen werden kann, weil es so viel gibt, was für den täglichen Frust entschädigt. Das wäre eine sehr wichtige Einstellungsveränderung. Vielleicht kommt es aber sogar soweit, daß man nach einiger Zeit der Arbeit einige Reize abgewinnen kann, so daß man sich nicht nur damit abfindet, sondern sie sogar (mit Einschränkungen) annimmt und eine gewisse Befriedigung daraus zieht. Das wäre dann natürlich die optimale Form der Einstellungsänderung.

Manchmal fällt die sinnvolle Veränderung von Einstellungen nicht so schwer. Es gibt Träume, die uns bei der Analyse förmlich überwältigen. Sie brauchen noch nicht einmal ausführlich gedeutet zu werden. Schon die meist spontane Einsicht in die Traumbotschaft ist in solchen Fällen so stark, daß sie eine rasche Verhaltens- und Einstellungsänderung nach sich zieht.

Der Traum als positiver Schock

Der Traum wirkt dann wie eine Art Schock, der uns aufwühlt und erschüttert und durch seinen starken Aufforderungscharakter jeden Widerstand im Sturm überwindet. Vielleicht kommt es ganz spontan zur Veränderung von Einstellungen, häufiger aber zunächst zur Verhaltensänderung, der bald ganz von selbst die Einstellungsveränderung folgt.

Innere Einstellungen, deren Einfluß auf unser Leben oft überhaupt nicht so richtig bewußt wird, weil wir sie als selbstverständlich annehmen, entscheiden mit, ob wir unsere Ziele und Absichten verwirklichen, unseren Lebenssinn finden oder verfehlen. In der Traumanalyse steht uns ein wichtiges Instrument zur Verfügung, mit dessen Hilfe wir gezielt und sinnvoll auf solche Einstellungen einwirken, ihnen eine neue Richtung geben können, um harmonischer mit der Umwelt und mit uns selbst zu leben.

Die gleichen Techniken, die hartnäckige Einstellungen allmählich verändern, helfen uns natürlich auch, wenn wir unsere Erwartungen beeinflussen wollen. Während Einstellungen eine mehr allgemeine Tendenz zur Wahrnehmung und Reaktion bezeichnen, versteht man unter Erwartungen die Bereitschaft zu Reaktionen in ganz bestimmten Situationen. Sie erweisen sich als nicht so widerstandsfähig gegen Veränderungen wie die Einstellungen, werden allerdings durch diese und durch Erfahrungen entscheidend mitbestimmt.

Zwar beziehen sie sich jeweils auf eine konkrete Situation, können aber in einer Art Erwartungskette schließlich doch maßgeblichen Einfluß auf das gesamte Leben nehmen. Die einmal durch eine entsprechende Erfahrung bestätigte Erwartung neigt nämlich dazu, beim nächsten Mal in einer ähnlichen Situation wieder (verstärkt durch die erste Erfahrung) aufzutreten. Das ist nützlich bei positiven Erwartungen, bei negativen dagegen kann diese Erwartungskette sich sehr nachteilig auswirken und zerstört durch die bald auftretende Erwartungsangst oft ein ganzes Leben.

Ein typisches, heute relativ oft zu beobachtendes Beispiel für die Erwartungsangst stellt die seelisch bedingte männliche Impotenz dar. Oft beginnt sie mit der Erfahrung des Versagens beim Geschlechtsverkehr. Eigentlich entbehrt schon die Bezeichnung »Versagen« jeder vernünftigen Grundlage, denn sie setzt voraus, daß eine Leistung nicht erbracht wurde. Nun hat richtig verstandene Sexualität aber mit Leistungsdenken herzlich wenig zu tun. Erst in unserer leistungsorientierten Gesellschaft hat das Leistungsprinzip sogar diesen Bereich menschlichen Miteinanders erfaßt und trotz (oder gerade wegen) der sexuellen Freizügigkeit dazu geführt, daß die Fälle sexueller Störungen in den letzten Jahren erheblich zunahm.

Seelisch bedingte Impotenz durch Erwartungsangst

Nach dem einmaligen Versagen, das sich vielleicht aus großem Streß, Übermüdung oder irgendeinem anderen vorübergehenden Störfaktor erklärte, setzt der Teufelskreis der negativen Erwartungen ein. Beim nächsten Geschlechtsverkehr bewirkt die einmalige negative Erfahrung oft, daß es allein deshalb wieder zum Versagen kommt, selbst wenn die Voraussetzungen wesentlich günstiger sind. Von nun an wird sich der Betroffene ständig selbst beobachten, voller Angst vor der erneuten negativen Erfahrung, die dann auch prompt immer häufiger eintritt. Mit jedem Versagenserlebnis verstärkt sich die Erwartung, beim nächsten Mal wieder einen »Mißerfolg« zu erleben.

Dieser Teufelskreis der sich selbst bestätigenden und verstärkenden negativen Erwartungen muß so früh wie möglich unterbrochen werden. Dazu können wir unsere Träume nutzen, nicht nur bei negativen sexuellen Erwartungen, sondern

**Den Teufels-
kreis durch-
brechen**

auch in jeder anderen vergleichbaren Situation. Am besten beginnt man damit nach dem ersten Mißerfolgserlebnis, damit sich keine negative Erwartung ausbilden kann. Dabei hilft die Tatsache, daß unsere Vorstellungen in den Träumen zum Ausdruck kommen, dadurch verstärkt und ins Unbewußte eingeprägt werden. Mit autogenem Training oder einer anderen Entspannungstechnik gelingt das besser und schneller, unbedingt notwendig ist eine solche Methode aber nicht.

Am Anfang steht die klare Einsicht, daß sich das Versagen aus einer augenblicklichen ungünstigen Situation erklärt, die so wohl nie mehr auftreten wird. Das ist keine Selbsttäuschung, sondern eine Tatsache. Selbst wenn zum Beispiel Streß als Ursache weiter andauert, kann man davon ausgehen, daß er sich beim nächsten Mal in der gleichen Weise auswirkt. Das hängt von vielen Faktoren ab, die sich rasch verändern – unter anderem auch wieder von Erwartungen und Einstellungen. Mit dieser Einsicht ist schon viel gewonnen. Sie vermindert den negativen Einfluß des Mißerfolgs, indem sie ihn auf seine tatsächliche, augenblickliche Bedeutung reduziert. Dadurch wird die Ausbildung einer negativen Erwartungshaltung mit Angst vor neuem Versagen und Zwang zur Selbstbeobachtung, die den natürlichen Ablauf behindert, schon deutlich gebremst.

Verstärkend wirkt die Entwicklung einer positiven, möglichst bildhaften Vorstellung von Ablauf des nächsten (in unserem Beispiel sexuellen) Ereignisses dieser Art.

Es empfiehlt sich, den Verlauf möglichst detailliert in den Vorstellungen auszumalen, am besten jeden Abend vor dem Einschlafen. Die Vorstellung setzt sich dann in den Träumen fort und wird so ins Unterbewußtsein eingeprägt. Besonders intensiv wirkt sie weiter, wenn man gelernt hat, die Träume zu steuern und zu einem positiven Ergebnis zu führen, wie es im Kapitel über positive Träume (siehe Seite 33) beschrieben wird.

**Traumerleb-
nisse, die sich
positiv
auswirken**

Auf unser Beispiel übertragen bedeutet das, die sexuellen Vorstellungen und Phantasien im Traum intensiv zu erleben, vielleicht bis zum Höhepunkt fortzusetzen. Das läßt sich nicht von heute auf morgen erreichen, durch konsequentes Üben wird man aber bald den ersten Erfolg erleben. Das auf diese Weise im Unbewußten verankerte Verhaltensmuster gewinnt allmählich einen starken Einfluß auf das tatsächliche Verhalten und verhindert, daß es zukünftig auf Grund negativer Erwartungen wieder zu Versagenserlebnissen kommt.

Die Beeinflussung von Einstellungen und Erwartungen durch Traumanalyse und das Erlernen positiver, gesteuerter Träume gehört mit zu den wichtigsten praktischen Anwendungsgebieten der Traumtherapie. Wenn sich kein Erfolg zeigt, liegt das oft an mangelnder Konsequenz beim Üben. Unter Umständen bestehen aber auch ernstere seelische Störungen, die sich allein auf diese Weise nicht beseitigen lassen. Dann ist es ratsam, den Fachmann zu konsultieren, damit eine gezielte Behandlung eingeleitet werden kann.

Vorahnungen im Traum

Zu den merkwürdigsten Phänomenen, mit denen sich die Traumforschung zu befassen hat, gehören die prophetischen Träume. Um von vornherein jedes Mißverständnis auszuschließen: Die Traumanalyse gehört zu den wissenschaftlich anerkannten Methoden der Psychotherapie und Psychiatrie und hat nichts mit Okkultismus oder der inzwischen vor allem in Amerika ernsthaft betriebenen Erforschung außersinnlicher Wahrnehmungen zu tun. Auch wir wollen den Boden der Wissenschaftlichkeit nicht verlassen. Trotzdem kommen wir nicht umhin, uns mit den prophetischen Träumen auseinanderzusetzen.

Prophetische Träume

Manche Menschen träumen recht oft in dieser Weise, andere nur selten. Die meisten von uns, die sich an ihre Träume erinnern können, werden wohl irgendwann einmal schon etwas geträumt haben, das dann auch tatsächlich eingetreten ist. Manche dieser Vorahnungen warnen uns vor Krankheiten, lange bevor sich erste klinische Symptome bemerkbar machen. Andere zeigen uns angenehme Ereignisse oder negative, vielleicht sogar gefährliche Erfahrungen auf unserem Lebensweg an, kündigen Erfolge, Mißerfolge, vielleicht gar Katastrophen an. Schließlich gibt es noch Träume, die man als Ahnungen von einem vergangenen Leben (Reinkarnationsträume) verstehen kann.

Es gibt heute schon eine ganze Reihe von prophetischen Träumen, deren Voraussagen tatsächlich in Erfüllung gingen. Und es gibt verschiedene Theorien, die diese Phänomene zu erklären suchen. Auf die meisten Träume lassen sie sich anwenden, immer wieder stoßen die Traumforscher aber einmal auf einen prophetischen Traum, der mit keiner dieser Theorien zufriedenstellend erklärt werden kann. Auch wir werden das Geheimnis solcher Trauminhalte hier nicht endgültig entschleiern können, sondern beschränken uns darauf, die verschiedenen Erklärungsmöglichkeiten darzustellen.

Beginnen wir mit den Traumvorahnungen, denen wohl die größte praktische Bedeutung zukommt, den Warnungen vor Krankheiten. Hier kann man wahrscheinlich zwei Arten von Vorahnungen unterscheiden. Die einen zeigen an, daß bereits eine Erkrankung in einem sehr frühen, noch nicht an Beschwerden erkennbaren Stadium besteht. Den Beweis dafür erhält man häufig schon bald danach, wenn aus dem Vor- oder Frühstadium eine spürbare, medizinisch nachweisbare Krankheit entstanden ist. Die anderen Krankheitswarnungen bewahrheiten sich nicht so rasch. Es kann Jahre oder auch länger dauern, ehe die angekündigte Erkrankung zum Ausbruch kommt.

Wichtigste Traumvorahnung: Warnung vor Krankheit

Für beide Möglichkeiten lassen sich logische, fast immer ausreichende Erklärungen finden, mit übersinnlichen Fähigkeiten und Wahrnehmungen haben sie nichts zu tun. Die Theorie geht von der Tatsache aus, daß unser Nervensystem als dichtes Netz den ganzen Organismus durchzieht und sehr empfindlich auch auf schwächste Reize (Veränderungen normaler Körperfunktionen) reagiert. Sie werden zum Gehirn, dem Zentralorgan des Nervensystems und (wahrscheinlich) auch des Seelenlebens, weitergeleitet. Das Gehirn sortiert die eingehenden Informationen und beurteilt ihre Bedeutung, ein Vorgang, der uns überhaupt nicht bewußt wird.

Aus der Fülle von Informationen gelangen nur die wenigsten ins Bewußtsein, alle anderen gehen zunächst verloren. Dieser Vorgang ist unerläßlich, denn die Fülle von Reizen, die in jeder Sekunde zum Gehirn gelangen, würde uns sonst hoffnungslos überfordern und vermutlich sehr rasch zum völligen geistig-seelischen Zusammenbruch führen. Die nicht bewußt gewordenen Informationen lösen sich aber nicht einfach in Nichts auf. Irgendwo hinterlassen sie ihre Spuren. In der Nacht, wenn das Gehirn nicht mehr so beansprucht wird, können sie wieder auftauchen und in Träumen darauf hinweisen, daß im Körper eine Störung vorliegt. Am Tag war diese Meldung neben den anderen Informationen noch zu unwichtig, um bewußt zu werden, weil es sich ja um noch keine »richtige« Krankheit handelt.

Je nach Art der Störung kann sie in kurzer Zeit zur akuten Krankheit führen, vielleicht aber auch erst nach Monaten bis Jahren ausbrechen. Solche Vorahnungen im Traum lassen sich also nie unmittelbar danach zuverlässig beurteilen. Sie entstehen aus tatsächlich schon vorhandenen organischen Veränderungen und haben überhaupt nichts Geheimnisvolles mehr an sich, wenn man die Zusammenhänge logisch aufdeckt.

Erste Konsequenz: sich gründlich untersuchen lassen

Als Konsequenz aus solchen Träumen empfiehlt es sich, so bald wie möglich eine gründliche Untersuchung zu veranlassen. Wenn sie noch ohne nennenswerten Befund bleibt, spricht das nicht gegen den Traum. Die ersten Veränderungen sind oft noch so diskret, daß nur unser sensibles eigenes Nervensystem sie registriert, die verschiedenen medizinischen Untersuchungsmethoden aber noch nicht darauf ansprechen. Deshalb sollte man weiterhin vorsichtig sein, auf erste mögliche Symptome achten, sich zwischendurch immer wieder einmal gründlich untersuchen lassen und nicht zuletzt versuchen, durch gesündere Lebensweise den Ausbruch einer Krankheit vielleicht noch zu verhindern.

Diese Theorie läßt sich nicht auf alle Träume anwenden, die Krankheiten ankündigen. In diesen Fällen – insbesondere dann, wenn zwischen der Vorahnung und dem Auftreten der ersten Symptome Jahre liegen – hilft uns eine andere logische Erklärung weiter.

Wir hören und lesen heute ständig über gesunde Lebensführung. Eigentlich kann es keinen Menschen mehr geben, der nicht wenigstens in großen Zügen weiß, wie man sich gesund ernährt und welche Gesundheitsrisiken mit verschiedenen Lebensgewohnheiten verbunden sind. Die Erfahrung – man könnte auch sagen die ständig wachsende Zahl der Zivilisationskrankheiten – lehrt uns aber, daß die vielen Informationen wenig nützen. Viele Menschen verdrängen alles, was sich mit ihren bisherigen Lebens- und Ernährungsgewohnheiten nicht vereinbaren läßt.

Vergessen wird es allerdings nicht. Das Unterbewußtsein registriert sehr wohl alle unsere »Sünden« wider die gesunde Lebensführung. Es kann sich zu Wort melden, beispielsweise durch das »schlechte Gewissen«, das wir haben, wenn wir wieder einmal zuviel geraucht und getrunken, zu fett oder süß gegessen oder noch ein Kilo mehr auf die Waage gebracht haben. Vielleicht wählt das Unterbewußtsein auch einen anderen oder zusätzlichen Weg, um uns zu warnen – die Träume. Darin führt es uns unter Umständen recht drastisch vor Augen, wohin die falschen Lebensgewohnheiten im Lauf der Zeit führen werden. Wenn wir einen derartigen Traum dann analysieren, können wir die Risiken erkennen und sehen, welche Erkrankungen wir möglicherweise zu erwarten haben.

Drastische Hinweise auf falsche Lebensgewohnheiten

Ob sie tatsächlich nach Jahren oder noch später als Folge der unvernünftigen Lebensweise auftreten oder verhindert werden können, hängt jetzt ganz allein von uns ab. Entschließen wir uns zu einer Reform der falschen Gewohnheiten, dann muß die Vorahnung aus dem Traum nicht Wirklichkeit werden.

Prophetische Krankheitsträume lassen sich in der Regel fast immer mit einer dieser beiden Theorien erklären. Und wenn sie dann nicht Wirklichkeit werden, hatte die Vorwarnung aus dem Unterbewußtsein einen Sinn. Deshalb sollte man jeden Traum, in dem offen oder verschlüsselt eine Krankheitsahnung zum Ausdruck kommt, sehr sorgfältig analysieren und die praktischen Konsequenzen daraus ziehen.

Andere prophetische Träume geben uns einen Einblick in die Zukunft, lassen uns Ereignisse ahnen, die sich vielleicht erst nach längerer Zeit abspielen. Jetzt wird die Erklärung schon etwas schwieriger. Auf den ersten Blick scheint es sich ja wirklich um hellseherische Träume zu handeln. Als exakte Wissenschaft kann sich die Traumforschung auf eine derartige Annahme aber nicht einlassen. Bei den meisten Vorahnungen im Traum ist das auch nicht nötig, denn sie lassen sich mit etwas Überlegung ebenso logisch wie die Warnungen vor Krankheiten erklären.

Ein Psychotherapeut, der seinen Klienten einige Zeit beobachtet und getestet hat, kennt wichtige Teile und Inhalte seiner Persönlichkeit ziemlich exakt. Er kann deshalb recht zuverlässig voraussagen, wie sich der Betreffende in bestimmten Situationen verhalten wird, was er anstrebt, wie er sein Leben plant. Ähnlich ergeht es Menschen, die miteinander längere Zeit eng zusammenleben, zum Beispiel in einer Ehe.

Gerade in einer gefühlsmäßigen Partnerschaft kann das so weit führen, daß die beiden Partner oft ohne Worte wissen, was der andere denkt und fühlt, daß ihnen gleichzeitig bestimmte Gedanken durch den Kopf gehen, daß sie sich gewissermaßen ohne Worte miteinander unterhalten können. So gut, wie unser Unterbewußtsein uns kennt, wird aber kein Außenstehender jemals in unsere Persönlichkeit vordringen können. Das Unbewußte weiß um unsere geheimsten Absichten und Wünsche, kennt unsere Schwächen und Fehler, unsere Einstellungen, Erwartungen und Ängste. Es weiß mehr von uns als wir selbst, denn unserem bewußten Ich bleibt das Unbewußte verschlossen. Wenn schon andere Menschen uns in vielen Dingen ziemlich zuverlässig berechnen können, wieviel besser gelingt das dann unserem Unterbewußtsein, das über ungleich mehr exaktere Informationen über unsere Persönlichkeit, deren Bestrebungen und unterdrückten Eigenarten verfügt als wir selbst und andere.

Unser Unbewußtes weiß mehr von uns als wir selbst

Daraus lassen sich viele prophetische Träume erklären, die später tatsächlich in Erfüllung gehen. Ähnlich wie ein Computer stellt das Unbewußte eine Art Prognose über unsere weitere Entwicklung auf Grund der vorhandenen »Daten« auf. Und da das Unterbewußtsein vor allem in Bildern spricht, zeigt es uns diese Weiterentwicklung in konkreten Ereignissen. Sie können, müssen aber nicht unbedingt genauso eintreffen, wie wir es im Traum gesehen haben. Oft dürfen wir das Traumgeschehen auch bei solchen Träumen nur als symbolischen Ausdruck der Möglichkeiten verstehen, die in uns angelegt sind.

Das Unbewußte wird jeweils einen augenblicklichen »Zustandsbericht« geben können. Seine Prognosen müssen nicht schicksalhaft genau so in Erfüllung gehen, wie wir es im Traum erlebten. Da sie oft weit in die Zukunft hineinreichen, können in der Zwischenzeit noch zahlreiche Einflüsse auf uns einwirken, die unsere im Augenblick des Traums vorhandenen Möglichkeiten verändern.

Traum-vorahnungen müssen sich nicht unbedingt verwirklichen
Diese Einflüsse kann das Unterbewußtsein natürlich kaum mit berücksichtigen, das wäre dann wirklich Hellseherei. Deshalb müssen sich die Vorahnungen eines Traums nicht unbedingt verwirklichen. Wir können sie sogar aufgreifen und zum Anlaß nehmen, um gezielt an unserer weiteren Persönlichkeitsentwicklung zu arbeiten, damit negative Folgen unserer augenblicklichen Absichten, Einstellungen, Erwartungen und anderer unbewußter Inhalte vermieden werden. Dann wird der prophetische zum Wunschtraum, der uns zu praktischen Konsequenzen auffordert, um Schaden von uns fernzuhalten.

Es gibt noch eine andere Erklärung für Träume, die im späteren Leben in Erfüllung gehen. Sie beruht auf der bereits erklärten Fähigkeit, Erwartungshaltungen zu entwickeln, die unser Verhalten stark beeinflussen. Das trifft auch für manche prophetischen Träume zu. Die Vorahnung im Traum führt zu einer bestimmten inneren Erwartung, unter Umständen zur Erwartungsangst, die sich verselbständigt und eine Art Eigendynamik entwickelt. Auf Grund der Erwartung, die nicht bewußt werden muß, verhalten wir uns automatisch so, daß sie sich tatsächlich erfüllt. Dazu ein konkretes Beispiel:

Der Betroffene, ein sensibler Mensch, der zu einer gewissen Ängstlichkeit und Überbesorgtheit neigt, wird Zeuge eines Verkehrsunfalls. Da er selbst viel mit dem Auto unterwegs ist, geht ihm dieses Erlebnis noch lange nach. Es hat ihn so stark beeindruckt, daß es auch in seine Träume Eingang findet. Im Traum erlebt er aber nicht nur den Unfall mit, so wie er sich tatsächlich abspielte, sondern er ist selbst unmittelbar daran beteiligt. Obwohl es sich nur um die Verarbeitung von Tagesresten bei diesem Thema handelt, faßt er ihn als Vorahnung auf. Die anfängliche Besorgnis wird allmählich zur festen Erwartung. Schließlich ist er überzeugt davon, daß ihm ein Unfall zustoßen wird. Und da er sich im Wachzustand immer häufiger mit diesem Gedanken quält, der mit Gefühlen besetzt und dadurch noch wirksamer ist, produziert sein Unterbewußtsein natürlich auch immer häufiger Unfallträume. Diese scheinen wiederum die Erwartung zu bestätigen. Ein typischer Teufelskreis kommt in Gang und führt schließlich fast zwangsläufig dazu, daß sich das Verkehrsverhalten verändert und er wirklich einen Unfall verschuldet.

Dieses Beispiel veranschaulicht sehr gut, wie Träume mit Vorahnungen sich selbst schicksalhaft verwirklichen können. Allerdings war das im vorstehenden Beispiel nur möglich, weil der Betroffene ohnehin zur Überbesorgtheit neigte, also eine Tendenz zu negativen Erwartungen schon in sich trug.

Die sich selbst erfüllende Prophezeiung

Bei einer anderen Persönlichkeitsstruktur wäre der Unfall in einer Nacht im Traum verarbeitet gewesen. Aber auch das Auftreten der negativen Erwartungen allein war noch keine Ursache für den später wirklich stattgefundenen Unfall. Ein Mensch mit Erfahrung in der Traumanalyse wäre imstande gewesen, die Zusammenhänge zu erkennen und den Teufelskreis der negativen Erwartungen noch rechtzeitig zu unterbrechen, wie wir es im Kapitel über die Korrektur falscher Einstellungen (siehe Seite 88) beschrieben haben.

Viele Menschen erlebten wohl zwischendurch schon einmal, wie Träume sie bis in den Alltag hinein verfolgten, bedrückten und belasteten, ihre Stimmungen und Verhaltensweisen deutlich beeinflußten. Nicht selten wird ihnen überhaupt nicht so richtig bewußt, daß es sich dabei um die Nachwirkungen von Träumen handelt, weil sie sich nicht darin geübt haben, die Traumerinnerung am Morgen nach dem Erwachen im Bewußtsein zu behalten. Deshalb können sie die Zusammenhänge auch nicht erkennen, sich nicht wirksam gegen solche Belastungen aus den Träumen wehren.

Welche Konsequenzen sich schlimmstenfalls daraus ergeben, zeigte unser Beispiel. Natürlich wird das die Ausnahme bleiben, aber manche unserer Verhaltensweisen und Stimmungen stehen doch oft in einem gewissen Zusammenhang mit unseren Traumerlebnissen. Wie stark sich die Träume im Alltag auswirken, ist individuell verschieden. Im Einzelfall können sie als negative Traumunruhe (siehe Seite 33 ff.) sogar bestehende körperliche und seelische Krankheiten verschlimmern.

Als nützlich erweist sich die Eigendynamik mancher Träume dann, wenn es um positive Trauminhalte geht. Sie versetzen uns in entsprechende Erwartungen, die sinnvoll unsere Absichten unterstützen und unser Verhalten so günstig beeinflussen, daß wir unsere Ziele leichter und sicherer erreichen. Untersuchungen beweisen aber leider, daß positive Trauminhalte heute schon bei jüngeren Menschen seltener werden. Viele Menschen erleben in ihren Träumen sehr oft Vorahnungen von Katastrophen, die mit zum bereits beschriebenen Phänomen der negativen Traumunruhe beitragen.

Die Eigendynamik von Träumen kann auch nützlich sein

In den meisten Fällen haben solche scheinbar prophetischen Träume nichts mit wirklichen Vorahnungen zu tun. Wenn sie in Erfüllung gehen, spielt wohl eher der Zufall eine Rolle dabei, wenn nicht sogar ein Traum willkürlich so lange gedeutet wird, bis er mit der später eingetretenen Katastrophe tatsächlich in Einklang zu bringen ist.

Im allgemeinen kommen in diesen Träumen symbolisch die Ängste und negativen Erwartungen zum Ausdruck, unter denen heute immer mehr Menschen leiden. Sie erklären sich aus verschiedenen Faktoren. Unter anderem spielt dabei eine Rolle, daß wir über die Massenmedien gewissermaßen »frei Haus« Katastrophen aus aller Welt miterleben können, von denen die Menschen früher niemals etwas erfahren hätten. So kann natürlich leicht der Eindruck entstehen, als lebten wir in einer zunehmend gefährlicheren Welt. Das kommt dann auch in unseren Träumen symbolhaft zum Ausdruck und verstärkt dadurch noch die Bereitschaft zu Angst und Pessimismus. Eine echte Vorahnung liegt freilich nicht vor. Allerdings können solche Träume die ganze Lebensfreude zerstören, manchen besonders empfindsamen Menschen vielleicht sogar in den Selbstmord treiben.

Pseudovorahnungen können sehr schädliche Einflüsse ausüben

Wie man dem schädlichen Einfluß der Pseudovorahnungen begegnen und auch aus scheinbar nur negativen Träumen doch noch einen Nutzen ziehen kann, wurde schon im Kapitel über das Erleben positiver Träume bereits ausführlich erklärt. Die meisten prophetischen Träume und tatsächlich im Traum vorausahnenden Ereignisse lassen sich mit Hilfe der hier diskutierten Theorien ohne weiteres als ganz natürliche Folgen logisch erklären, auch wenn sie auf den ersten Blick unverständlich und geheimnisvoll erscheinen.

Es soll aber nicht verschwiegen werden, daß wir tatsächlich auch einige Beispiele prophetischer Träume kennen, auf die sich keine dieser Erklärungsmöglichkeiten anwenden läßt. Obwohl sie sorgfältig dokumentiert und analysiert wurden, konnten die Traumforscher zu keinem zufriedenstellenden Ergebnis gelangen. Wohlgemerkt, das bleiben aber wirklich die Ausnahmen. Wer also im Traum eine Vorahnung erlebt, sollte mit Hilfe der Informationen aus diesem Kapitel unbedingt alles versuchen, um sie zunächst einmal auf logische Weise zu erklären. Wenn er nicht mehr weiterweiß, kann die Konsultation des Fachmanns angezeigt sein.

Das empfiehlt sich vor allem dann, wenn eine Vorahnung praktische, vielleicht tiefgreifende Konsequenzen für den Alltag nahelegt oder bestimmte Erwartungen weckt.

Vorahnungen kritisch betrachten

Kritiklos darf man den Vorahnungen im Traum nicht folgen – höchstens dann, wenn sie ein konkretes negatives oder gefährliches Ereignis in unmittelbarer Zukunft ankündigen, so daß nicht mehr genug Zeit bleibt, um sie gründlicher zu erforschen. Das gilt zum Beispiel für die Vorahnung eines Unfalls am nächsten Tag.

In einem solchen Fall kann es durchaus sinnvoll sein, beispielsweise das eigene Auto, mit dem man im Traum in einen Unfall verwickelt war, in der Garage zu lassen, ein bestimmtes Flugzeug oder anderes Verkehrsmittel, das man im Traumunfall sah, nicht zu benutzen. Es gibt verschiedene Beweise dafür, daß Menschen einen Flugzeugabsturz oder ein Eisenbahnunglück im Traum vorausfahen und ihr Leben nur den Konsequenzen zu verdanken haben, die sie daraus zogen. Erklären kann man das freilich nicht. Bei einem Unfalltraum, in den man mit dem eigenen Wagen verwickelt war, spielt es zunächst keine Rolle, ob der Unfall schicksalhaft vorbestimmt war (wenn es so etwas gibt) oder ob der Trauminhalt nur eine Erwartungshaltung erzeugt, die einen Unfall gleichsam vorprogrammiert. Darüber kann man sich später, wenn man den Unfalltag dank der getroffenen Vorsichtsmaßnahmen gut überstanden hat, immer noch den Kopf zerbrechen.

Wir müßten uns in den Bereich der Grenzwissenschaften (wie Parapsychologie) oder der reinen Spekulationen begeben, um eine Erklärung für die echten prophetischen Träume zu finden. Das kann nicht die Aufgabe dieses Buchs sein. Keine Antwort erscheint uns besser als unverantwortliche Spekulationen, die nur Verwirrung und Unsicherheit hervorrufen.

Ein Fall für die Parapsychologen

Vorläufig müssen wir uns damit abfinden, daß die Traumforschung bisher noch keine wissenschaftlich diskutablen Erklärungen zu diesen nicht bestreitbaren Phänomenen anbieten kann. Allenfalls könnte man einen Zusammenhang zum kollektiven Unbewußten nach *C. G. Jung* (siehe Seite 12) annehmen, ohne gleich in den Verdacht des Okkultismus zu geraten. Diese Vermutung ist fragwürdig im besten Sinn dieses Wortes, eine abschließende Stellungnahme dazu aber heute noch nicht möglich. Vielleicht bringen uns erst die Forschungsarbeiten amerikanischer Universitäten und Institute über Parapsychologie und andere Grenzwissenschaften einmal der Antwort näher. Dort geht man viel unbefangener und vorurteilsfreier an solche Themen heran, als es in Europa zumindest bislang möglich ist.

In der Bundesrepublik zum Beispiel gibt es bisher nur an der Universität Freiburg einen Lehrstuhl, der sich mit der Erforschung aller mit unserem heutigen Wissen noch nicht oder nur ungenügend zu erklärenden Phänomenen befaßt.

Auf die gleiche Unsicherheit stoßen wir in der Traumforschung bei den Traumahnungen von einer früheren Existenz, den sogenannten Reinkarnations- (aus dem Lateinischen = Wiederverkörperung)träumen. In solchen Träumen tauchen Erinnerungen an ein früheres Leben auf, dessen Umstände zum Teil sehr genau angegeben werden. Da sie aber häufig weit in die Vergangenheit zurückführen, stößt eine Nachprüfung anhand alter Dokumente (etwa Geburtsurkunden) meist auf erhebliche Schwierigkeiten.

Seelen-wanderungs-träume

Trotzdem fanden sich schon manche Hinweise, die den Gedanken an einen Seelenwechsel (griechisch = Metempsychose) nahelegen, weil sich mit heutigem Wissen keine andere Erklärung abgeben läßt. Auch hier tut sich die offizielle Forschung in Europa schwer, die Vorurteile zu überwinden, während man in USA sogar an renommierten Universitäten versucht, den Rätseln auf die Spur zu kommen.

Der Gedanke der Seelenwanderung und Wiederverkörperung ist uralt. Er wird vor allem in Indien gepflegt, findet sich aber auch bei einigen anderen Völkern (Eskimos) und wird in manchen europäischen Geistesrichtungen (vor allem in der Anthroposophie *Rudolf Steiners*) vertreten. Vor einiger Zeit entstand daraus sogar eine psychotherapeutische Behandlungsmethode, die als »Rebirthing« bezeichnet wird und immer mehr Anhänger unter den Patienten und Therapeuten findet.

Was versteht man unter Rebirthing?

Vereinfacht ausgedrückt geht Rebirthing davon aus, daß seelische Störungen nicht nur durch entsprechende ungünstige, ins Unbewußte verdrängte Einflüsse im jetzigen Leben hervorgerufen werden können, sondern auch durch Erlebnisse in einer früheren Existenz. Deshalb führt man die Patienten (zum Teil in

Hypnose) entlang der »Zeitachse« über den Augenblick der Geburt oder Zeugung zurück in die Vergangenheit, bis Erinnerungen an ein früheres Leben auftauchen. Indem man diese wieder ins Bewußtsein hebt und verarbeiten läßt, nimmt man ihnen ihren krankmachenden Einfluß. Ähnlich arbeitet auch die Psychotherapie herkömmlicher Art durch Bewußtmachung verdrängter Konflikte und ähnlicher Störfaktoren des jetzigen Lebens. Naturgemäß ist die Therapieform – wie überhaupt der in unserem Kulturkreis fremde Gedanke der Reinkarnation – noch heftig umstritten. Andererseits läßt sich aber auch nicht mehr bestreiten, daß die Rebirthing-Therapie selbst dann noch zu Heilungen führt, wenn andere Behandlungsmethoden versagten.

Manche Phänomene entziehen sich allen Erklärungsversuchen

Und es gibt ohne Zweifel eine Reihe von Phänomenen, die sich nicht anders als durch Reinkarnation erklären lassen – zumindest bis heute. Damit wird zwar noch kein stichhaltiger Beweis erbracht, aber auch ein überzeugender Gegenbeweis ist nicht möglich. Deshalb können wir im folgenden nicht eindeutig Stellung zu dieser Frage beziehen. Wie bei den prophetischen Träumen müssen wir uns darauf beschränken, Theorien zu diskutieren und das Feld dort, wo diese nicht ausreichen, den Spekulanten überlassen.

Die meisten Reinkarnationsträume lassen sich durch sorgfältige Nachforschungen aus bekannten seelischen Vorgängen auf ganz natürliche Weise erklären. Das Unterbewußtsein schöpft das Material für Traumerinnerungen aus einer Fülle von Fakten, die wir meist schon lange vergessen haben. Zu diesem Material gehören auch Sagen, Märchen und Erzählungen, deren Inhalt in die Vergangenheit zurückreicht. Wenn dieses Material in unseren Träumen (meist als »Beiwerk«) auftaucht, kann es zu Schein-Erinnerungen kommen.

Ob sie als solche klar erkannt oder als Erinnerungen an ein früheres Leben gedeutet werden, hängt maßgeblich vom Träumer selbst ab. Wenn er noch nie etwas von der Reinkarnation gehört hat, wird er nie auf den Gedanken kommen, bei der Traumanalyse eigene Erlebnisse in einem anderen Leben zu entdecken. Wer sich dagegen schon einmal mit Rebirthing beschäftigte, vielleicht fest an die Reinkarnation glaubt, sieht in solchen Trauminhalten naturgemäß viel eher Erinnerungen an ein früheres Leben. Die Einstellungen und Erwartungen bestimmen also, wie wir mit solchen Erinnerungen umgehen, eine psychologisch ganz einleuchtende Erklärung.

Gerade heute neigen immer mehr Menschen dazu, an Reinkarnation zu glauben, ganz besonders in den Kulturkreisen, denen dieser Gedanke historisch eigentlich fremd ist. Eine Ursache dafür erkennen wir in unserer einseitig auf den Verstand orientierten Industriezivilisation. Sie kann den »Hunger« der Seele nach Mythen nicht mehr befriedigen. Deshalb neigen ihre Mitglieder dazu, ihn auf andere Weise zu stillen. Daraus erklärt sich auch, weshalb fernöstliche Meditations- und Erlösungslehren ganz allgemein immer mehr Anhänger finden und die Sekten besonders bei jungen Menschen leichtes Spiel haben. Die unbestreitbaren Erfolge der Rebirthing-Therapie lassen sich ebenfalls auf ganz natürliche Weise erklären. In der modernen Psychotherapie überwiegt ebenfalls der Verstand.

Da wird die Vergangenheit des seelisch Kranken analysiert und verstandesmäßig gedeutet, aber völlig übersehen, daß Verstand und Willen im Seelenleben eigentlich nur eine untergeordnete Rolle spielen. Rebirthing kommt dem Verlangen nach Irrationalem und Mystischem in der Psychotherapie viel mehr entgegen als die logische Psychotherapie. Das aktiviert den Glauben an die Wirkung, der besonders (aber nicht nur) bei seelischen Erkrankungen für die Heilung ausschlaggebend werden kann.

Namhafte Psychotherapeuten vertreten schon seit einiger Zeit die Auffassung, daß es in der Therapie seelischer Krankheiten kaum darauf ankommt, welche Behandlungsverfahren man anwendet, sondern in erster Linie auf emotionale Geborgenheit und Wärme, in der sich ein Patient dann mit Teilen seiner Persönlichkeit in Frage stellen und neues Verhalten einüben kann. Nichts spricht dagegen, daß sich auch die Erfolge der Rebirthing-Therapie in der Regel daraus erklären lassen. Darüber hinaus dürfen wir aber gerade bei Reinkarnationsträumen *C. G. Jungs* kollektives Unbewußte nicht außer acht lassen. Rufen wir uns noch einmal kurz in Erinnerung, was darunter zu verstehen ist.

Nach *Jung* besteht das Unterbewußtsein nur an der Oberfläche aus individuellen Inhalten. In der Tiefe stoßen wir auf die menschlichen Urerfahrungen, die er als das kollektive Unbewußte bezeichnet. Sie bilden die überpersönliche Grundlage der menschlichen Seele. Mit ihr überwinden wir Raum und Zeit, stehen in Verbindung mit den Menschen, die lange vor uns lebten, aber auch mit denen, die in Zukunft leben werden. Aus dieser Auffassung lassen sich Reinkarnationsträume ganz zwanglos ableiten. Sie steigen als Erinnerungen an die Vergangenheit aus dem kollektiven Unbewußten, werden von uns aber als individuelle Erinnerungen an eine eigene frühere Existenz mißverstanden.

Das kollektive Unbewußte

Diese beiden logischen Erklärungen reichen bei den meisten Reinkarnationsträumen zur Analyse aus. Wie bei prophetischen Träumen darf man aber auch hier nicht verschweigen, daß sie sich nicht auf jeden einzelnen Reinkarnationstraum anwenden lassen. Manchmal bleibt uns nichts weiter übrig, als das heute noch Unerklärliche zu akzeptieren und zu versuchen, auf neuen Wegen des Denkens zur Erkenntnis der Ursachen zu gelangen. Vielleicht gibt es die Reinkarnation tatsächlich, vielleicht finden wir irgendwann einmal andere Erklärungen für solche Träume. Wir müssen vor allem lernen, Vorurteile zu überwinden, unser Denken aus den gewohnten Gleisen herauszuführen, um uns selbst und die Welt, in der wir leben, immer besser und vollkommener zu verstehen.

Bei objektiver Betrachtung müssen wir dann zugeben, daß Denkmodelle wie die Reinkarnation, mit gewissen Einschränkungen auch das kollektive Unbewußte, im Grunde nicht unwahrscheinlicher oder wahrscheinlicher klingen als manche Hypothesen, die in der modernen Physik vertreten werden. Als anerkannte Naturwissenschaft hat die Physik aber kaum Vorurteile zu überwinden, wie sie zum Beispiel der ernsthaften Erforschung außersinnlicher Phänomene oder der Reinkarnation im Wege stehen.

Kreative Träume lösen
manche Probleme

Mit unserer Aufforderung, bei der Erforschung von prophetischen und Reinkarnationsträumen die eingefahrenen Gleise des Denkens zu verlassen, finden wir nahtlos den Übergang zu den kreativen Träumen. Kreativität hat nämlich sehr viel mit dem Ausbrechen aus gewohnten Denkschemata zu tun. Am besten übersetzt man das Wort als »schöpferisches Denken«. Leider ist Kreativität in unserer Zeit zu einem Modewort geworden. Viele Menschen reden gerne und ohne viel Überlegung davon, weil es gerade »in« ist. Deshalb wollen wir zunächst aus der Sicht der Psychologie den Begriff Kreativität genauer definieren. Sie zeichnen sich durch folgende Hauptmerkmale aus:

Die fünf Hauptmerkmale der Kreativität

- *Liquidität (Flüssigkeit)*, eine Grundeinstellung, die nichts als absolut sicher akzeptiert und deshalb Abweichungen vom gewohnten Denken zuläßt.
- *Nonkonformismus (Nichtanpassung)*, eine sehr wichtige Eigenschaft, wenn es darum geht, neue Denkansätze ohne Rücksicht auf den Widerspruch der Umwelt konsequent zu Ende zu führen und durchzusetzen, auch wenn das zunächst mit persönlichen Nachteilen verbunden ist.
- *Originalität und Neukombination*, also die Fähigkeit, Objekte und Sachverhalte in neuen Beziehungen und auf nie dagewesene (eben originelle) Art zu erkennen.
- *Flexibilität (Beweglichkeit)*, der Einsatz von Dingen auf ungewöhnliche, aber sinnvolle Art und Weise.
- *Sensitivität (Empfänglichkeit)*, das bedeutet neue Probleme zu erkennen, wo bisher keine zu bestehen schienen, und Fragen aufwerfen, wo sonst niemand fragt, also nicht nur zu denken, sondern auch selbständig neue Denkaufgaben zu stellen.

Diese fünf Merkmale kennzeichnen in unterschiedlicher Ausprägung Kreativität. Sie sind unverzichtbare Voraussetzungen des schöpferischen Denkens, dem die Menschheit jeden Fortschritt, jede Weiterentwicklung des Bestehenden verdankt. Was hat Kreativität aber mit Traumanalyse zu tun?

Zwei Zusammenhänge, mit denen wir uns näher beschäftigen wollen, liegen auf der Hand. Zunächst einmal erleichtert die Fähigkeit zum kreativen Denken zweifellos die Deutung von Träumen, wobei die Beschäftigung mit der Traumwelt umgekehrt eine Art Kreativitätstraining darstellt. Außerdem weisen unsere Träume mehr oder minder deutlich die Merkmale der Kreativität auf. Das ist nicht weiter verwunderlich, weil kreatives Denken zum Teil aus unserem Unterbewußtsein stammt. Wer beginnt, sich mit seinen Träumen zu befassen, erreicht wohl bald einen Punkt, an dem er mit seiner gewohnten Denkweise nicht mehr weiterkommt. Logik und Vernunft, die gewöhnlich unser Denken bestimmen, scheinen in der Traumdeutung oft außer Kraft gesetzt.

Das Unbewußte folgt seiner eigenen Logik, die dem Alltagsverstand nicht ohne weiteres verständlich ist. In den Träumen wird nichts als absolut sicher hingenommen. Scheinbar spielerisch jongliert das Unbewußte mit Sachverhalten und Objekten, setzt sie in teilweise verblüffende neue Beziehungen zueinander und stellt uns vor Fragen und Probleme, die uns im Alltagsdenken wohl nie bewußt geworden wären. Dabei kümmert es sich auch nicht um die Meinungen und Ansichten der Umwelt.

Alles das sind Merkmale der Kreativität. Deshalb läßt sich der »Code« der Träume auch viel leichter »knacken«, wenn man ihn kreativ angeht, sich also der gleichen Mittel bedient, die das Unbewußte zur Verschlüsselung der Traumaussagen anwendet. Und die gleiche Kreativität wird oft erforderlich werden, um praktische Konsequenzen aus der Traumanalyse zu ziehen. Das klingt alles höchst kompliziert, sollte aber niemanden davon abhalten, sich auf das Abenteuer Traumdeutung einzulassen. Kreatives Denken, wie es dazu wünschenswert, ja notwendig ist, erfordert keine außergewöhnlichen Fähigkeiten. Man muß auch keine »Intelligenzbestie« sein, um Träume kreativ zu analysieren. Kreatives Denken ist vielmehr eine Fähigkeit, die jeder Mensch als Instrument für den Lebenskampf von Natur aus besitzt, die er durch Training verbessern oder durch mangelnden Gebrauch verkümmern lassen kann.

Traumdeutung wird durch Kreativität erleichtert

Die Erklärung für diese Beobachtungen ist einfach und einleuchtend. Kinder und »primitive« Kulturvölker verfügen über noch kein starres Weltbild. Sie glauben noch nicht, die Rätsel der Welt vernünftig erklären zu können. Sie wundern sich noch, haben Staunen nicht verlernt. Aus dem Wundern und Staunen entsteht der Drang, die Geheimnisse zu erforschen. Unbelastet von festen Einstellungen, Vorstellungen, Überzeugungen und Gewohnheiten können neue, originelle – eben kreative – Wege beschritten werden.

Max Planck erklärte das mit Blick auf die Kreativität der Kinder einmal sinngemäß wie folgt: Das Kind wundert sich und versucht, die Wunder durch immer neue Versuche zu enträtseln. Der Erwachsene staunt nicht mehr, nicht weil er alle Wunder erklären könnte, sondern weil er sich an sie gewöhnt, mit ihnen abgefunden hat und keine Fragen mehr stellt.

Die großen Probleme unserer Zeit erfordern dringender als je zuvor kreatives Denken, die Abkehr von eingefahrenen Einstellungen und Vorstellungen, die Suche nach sinnvollen, originellen Lösungen. Vielleicht hängt das Überleben der Menschheit mit davon ab, ob wir die Schwierigkeiten, die zum Teil durch unser eigenes Denken und Handeln entstanden sind, kreativ zu lösen vermögen. Das gelingt nicht, wenn wir uns in die Welt der Träume zurückziehen, vor einer zunehmend unerträglicher erscheinenden Realität fliehen. Die Traumanalyse zwingt uns aber, unsere Kreativität wieder zu wecken, aus dem Gefängnis der alten Denkschemata auszubrechen. So verstanden wird die Beschäftigung mit unseren Träumen zu einer Chance, die weit über das Einzelschicksal hinausweist. Das gilt für alle Träume, ganz unabhängig von ihrer Aussage.

Kreative Lösungen – heute wichtiger denn je

Manche Träume enthalten ganz konkrete Lösungsvorschläge für Probleme und Schwierigkeiten, die uns augenblicklich belasten oder die auf Grund unserer

Einstellungen, Erwartungen, Verhaltensweisen oder Gewohnheiten später auftreten können. Darunter finden wir zum Teil sehr originelle Möglichkeiten, die den Ursprung der Kreativität im Unbewußten beweisen. Manche leuchten auf Anhieb ein, lassen sich auch ohne weiteres im Alltag verwirklichen. Andere werden zunächst ziemlich kompliziert, anspruchsvoll, vielleicht auch unsinnig erscheinen, weil sie zu stark von unseren Denkgewohnheiten abweichen. Bei gründlicherer Überlegung zeigt sich dann aber, daß sie doch sinnvoll und praktikabel sind.

Im Traum vorgegebene Lösungen nicht kritiklos verwirklichen

Schließlich gibt es auch noch Traumvorschläge, die zwar durch ihre Originalität beeindrucken, aber tatsächlich völlig undurchführbar sind. Das Unbewußte erfüllt in solchen Fällen nur einen Teil der Forderung nach Flexibilität als Merkmal der Kreativität, indem es mit den Objekten und Sachverhalten zwar auf eine originelle, ungewöhnliche Weise, aber nicht sinnvoll und realitätsorientiert genug umgeht. Deshalb dürfen wir Lösungen, die in unseren Träumen auftauchen, auch nicht kritiklos verwirklichen, selbst wenn sie noch so überzeugend oder gar genial erscheinen. Der geniale Einfall im Traum ist eine Seltenheit und wird immer nur wenigen Menschen beschieden sein, bei denen in der Regel auch außerhalb des Traumdenkens Kreativität und eine gewisse Genialität vorhanden sind.

Zwei Beispiele, die sicher belegt sind, sollen das verdeutlichen.

- Der Chemiker *A. F. Kekulé* (1829–1896) entdeckte die Ringstruktur des Benzols, das in der chemischen Industrie als Lösungsmittel für Farben, Lacke und Gummi und als Ausgangsstoff chemischer Produkte vielfältige Verwendung findet. Der entscheidende Einfall dazu kam ihm im Schlaf, nachdem er sich vorher lange Zeit vergeblich um eine Lösung des Problems bemüht hatte. Er träumte von Affen, die sich an den Schwänzen hielten und einen Ring bildeten. Am Morgen, als er sich an diesen Traum erinnerte, fiel es ihm wie Schuppen von den Augen. Er übertrug das Traumbild auf das Benzol und hatte damit sein wissenschaftliches Problem gelöst.

- Ähnlich erging es dem dänischen Physiker und Nobelpreisträger (1922) *Niels Bohr* (1885–1962), der mit seinem »Atom-Modell« die Struktur des Atoms erklärte und damit die Grundlagen der modernen Atomforschung schuf. Auch er beschäftigte sich schon lange Zeit mit dieser Frage, ohne eine befriedigende Antwort zu finden. Eines Nachts tauchte in einem seiner Träume eine Sonne auf, um die sich an dünnen Bändern die Planeten drehten. Die Sonne war umgeben von einem brennenden Gas, das sich plötzlich verfestigte. Nach diesem Traum erwachte *Bohr*, zog die richtigen Konsequenzen daraus und hatte damit die Struktur des Atoms aufgeklärt. Die Sonne im Traum war der Atomkern, die Planeten stellten die Elektronen dar, eine Modellvorstellung, die in der Physik bis heute unumstrittene Gültigkeit besitzt.

Über ähnliche Inspirationen in kreativen Träumen berichten auch andere Wissenschaftler, Forscher und Erfinder. Der Mathematiker *Gauß* zum Beispiel sah die Lösung mathematischer Probleme oft symbolhaft in seinen Träumen. Für *James Watt* wurde ein kreativer Traum zum entscheidenden Denkanstoß für die Entwicklung der Dampfmaschine. Die Atomspaltung durch den Engländer *Rutherford* geht auf einen genialen Traum des Wissenschaftlers zurück. Der bekannte Chirurg *Professor Sauerbruch* verdankte die Entwicklung der Unterdruckkammer, in der man erstmals am offenen Brustkorb operieren konnte, ohne daß ein Atemstillstand eintrat, einem Traum.

Trauminspirationen großer Wissenschaftler

In allen diesen Fällen, die man noch seitenlang fortführen könnte, kam die Erleuchtung (Inspiration) im Traum aber nur, weil der Träumer auf Grund seines Fachwissens und langer Beschäftigung mit dem anstehenden Problem die richtigen Rückschlüsse ziehen konnte. Ein Laie, der von Chemie und Physik nichts versteht, oder ein Chemiker oder Physiker, der sich nicht gerade mit der Struktur des Benzols oder des Atoms befaßte, hätte mit diesen Träumen keine geniale Lösung finden können, sondern sie völlig zu Recht ganz anders gedeutet. Daran erkennen wir, wie individuell gleiche Traumsymbole verstanden werden müssen, so daß man nie schematisch einem Symbol eine in jedem Fall zutreffende Bedeutung beimessen kann.

Kreative Träume setzen mehrere Bedingungen voraus, um zu nützlichen praktischen Konsequenzen zu führen. Sie betreffen immer eine Frage oder ein Problem, mit dem sich der Träumer ernsthaft beschäftigt, oft vielleicht schon lange Zeit, ohne zu einem klaren Ergebnis zu kommen. Das gilt für Träume, die sich mit der Lösung wissenschaftlicher, technischer und ähnlicher Probleme beschäftigen ebenso wie für jene, in denen es um Schwierigkeiten und Konflikte des Lebens geht. Nur unter dieser Voraussetzung kann das Unbewußte im Traum Lösungen vorschlagen, die dann auch richtig verstanden werden.

Voraussetzungen für praktische Konsequenzen

Als zweite Voraussetzung muß der Träumer die Materie kennen, um die es im Traum geht. Das heißt, er sollte über möglichst viele Fakten und Theorien verfügen, die mit dem Problem in Zusammenhang stehen, vielleicht auch schon verschiedene Lösungsmodelle ausgearbeitet haben, die aber alle erfolglos geblieben sind.

Unter Umständen erkennt das Unterbewußtsein auf Anhieb, wo der Fehler bei solchen Lösungsversuchen liegt. Oft ist man ja dem Ziel schon ganz nahe gekommen, und es hapert nur noch mit einer Kleinigkeit, die man immer wieder übersieht. Zumindest kann das Unbewußte aber mit den Fakten und Theorien kreativ »spielen«, sie in origineller Weise in neue, bisher nicht wahrgenommenen Beziehungen zueinander setzen, mit alten Erfahrungen und Einsichten vergleichen, die schon lange aus dem Gedächtnis verschwunden waren.

Am Ende dieses unbewußten Verarbeitungsprozesses kann dann eine verschlüsselte fertige Lösung stehen, vielleicht aber auch nur ein neuer Denkanstoß, von dem aus man weiter suchen und forschen kann. Manchmal narrt uns das Unterbewußtsein aber auch und produziert Lösungen, die kritischer Betrachtung nicht standhalten. Weshalb es in solchen Fällen nicht mitarbeitet, ist schwer zu sagen. Denkbar wäre, daß es einem Problem nicht so viel Bedeutung beimißt wie das Bewußtsein oder daß es in weiser Voraussicht eine Lösung verweigert, die uns später einmal schaden könnte. Möglicherweise wird es aber auch tatsächlich überfragt, findet mangels ausreichender Informationen keine Antwort und produziert Scheinlösungen, aus denen wir erkennen sollen, daß die Zeit für eine Lösung noch nicht reif ist.

Die Motivation muß stark genug sein

Als dritte, vielleicht wichtigste Voraussetzung kommt es schließlich auf die richtige Einstellung, positive Erwartung und ausreichende Motivation an. Das bedeutet zunächst, daß wir auf die Fähigkeiten des Unbewußten vertrauen, für seine originellen Antworten offen sind und sie unvoreingenommen überprüfen wollen. Hinzu kommt, daß wir ganz fest eine Antwort aus dem Unterbewußtsein erwarten. Wer zaghaft, halbherzig und voller Mißtrauen versucht, sein Unbewußtes einmal auf die Probe zu stellen, aber nicht ernsthaft daran denkt, aus den Antworten praktische Konsequenzen zu ziehen, wird mit großer Wahrscheinlichkeit enttäuscht werden oder erlebt, daß ihn das Unterbewußtsein mit Scheinlösungen narrt. Nicht zuletzt spielt es auch eine große Rolle, wie ernsthaft wir ein Problem lösen wollen und was wir uns von der Lösung versprechen.

Ein Wissenschaftler, der jahrelang an einem ehrgeizigen Projekt arbeitet und es mit Hilfe von kreativen Träumen nun zu Ende führen will, ein Schriftsteller, der bei seiner Arbeit nicht weiterkommt, ein seelisch kranker Mensch, der unter einem Konflikt leidet, der ihm unlösbar erscheint, sie alle sind stark genug motiviert und können deshalb viel eher auf sinnvolle Antworten hoffen als derjenige, der lustlos und ohne inneres Engagement an Fragen arbeitet und nun versucht, diese Mühe auf sein Unterbewußtsein abzuwälzen.

Ausnahmsweise fallen uns Antworten und Lösungen in Träumen auch einmal ganz spontan ein, ohne daß alle drei Grundvoraussetzungen erfüllt sind. Solche Eingebungen sind zum Beispiel dann denkbar, wenn das Unbewußte dem Bewußtsein schon weit vorausgeeilt ist, zukünftige Probleme erkannt und gleich gelöst hat.

Aber auch das Gegenteil kann der Fall sein. Wir haben eine ausreichend unlösbare Frage beiseite geschoben und scheinbar vergessen. Das Unterbewußtsein arbeitete aber weiter daran und weist uns plötzlich auf eine Lösung hin, mit der wir zunächst überhaupt nichts anfangen können. Erst allmählich wird uns vielleicht wieder einfallen, zu welcher vergessenen Frage diese Lösung paßt.

Kreative Träume können uns in vielen Lebensbereichen nützen, bei der Arbeit wie im Privatleben. Immer wenn Probleme auftauchen, Fragen unlösbar erscheinen oder sich kein Ausweg aus Konflikten zu bieten scheint, lohnt es sich, das Unterbewußtsein zur Mitarbeit zu gewinnen. Dazu ist es nicht notwendig, geduldig zu warten, ob und wann Antworten und Lösungsvorschläge im Traum auftauchen. Wir können das Unbewußte ganz gezielt »anzapfen«, sobald wir seine Hilfe benötigen. Das geht viel einfacher, als es zunächst klingt.

Zu Anfang machen wir uns nochmals klar, wie unser Problem aussieht, damit der »unbewußte Computer« auch weiß, womit er sich beschäftigen soll. Dann rekapitulieren wir, was wir alles darüber wissen und welche Lösungen bisher gefunden, als unbrauchbar aber wieder verworfen wurden. »Gefüttert« mit diesem Material, das wir uns am besten abends vor dem Einschlafen vorstellen (autogenes Training oder eine andere Entspannungstechnik hilft dabei), kann das Unbewußte nun mit seiner Arbeit beginnen.

Im Tagesbewußtsein sollte man das Problem jetzt möglichst nicht mehr weiter verfolgen. Es wird so lange beiseite geschoben, bis das Unterbewußtsein in Träumen geantwortet hat. Oft wird schon ein Traum Klarheit schaffen, manchmal besteht die Antwort in einer Serie von Träumen. Die Lösung kann eindeutig ausfallen, vielleicht stellt das Unbewußte aber auch mehrere Möglichkeiten zur Wahl.

Sobald der Traum zufriedenstellend analysiert, die verschlüsselte Antwort also gefunden ist, beginnt die Phase der kritischen Realitätsprüfung. Dazu benötigt man wieder eine klare Vorstellung des Problems und muß das gesamte Wissen dazu (einschließlich der als falsch verworfenen bisherigen Antworten) parat haben. Erweisen sich die Traumvorschläge als realistisch und praktikabel, sollte man nicht zögern, praktische Konsequenzen daraus zu ziehen. Ergibt die Überprüfung aber, daß uns das Unterbewußtsein noch nicht helfen will oder kann, sollte man versuchen, die Ursache zu analysieren. Mangelt es an Wissen? Fehlt die richtige Motivation und Einstellung? Oder hat man am Ende überhaupt nicht ernsthaft nach einer Lösung gesucht, sie nicht erwartet? Vielleicht ist das angestrebte Ziel aber auch persönlichkeitsfremd, eine Täuschung, die uns schaden kann und vor der uns die Träume warnen wollen. Es ist immer von Nutzen, wenn man gründlich untersucht, weshalb das Unbewußte seine Mitarbeit verweigert.

Die kritische Realitätsprüfung darf nicht ausbleiben

Nach allem, was wir heute über die praktischen Anwendungsmöglichkeiten der Träume wissen, können wir die Traumdeutung als universelles Hilfsmittel des täglichen Lebens verstehen. Wer mit seinen Träumen richtig umzugehen versteht, lebt ausgeglichener, zufriedener und gesünder. Zeit und Mühe, die mit der Traumanalyse verbunden sind, zahlen sich also immer aus.

Es gibt unzählige Traumsymbole, denen nicht selten eine ganz individuelle Bedeutung zukommt. Ein Traumlexikon kann sie unmöglich auch nur annähernd vollständig erfassen. Es muß sich auf die häufigsten und wichtigsten Trauminhalte beschränken. Das schmälert den praktischen Nutzen des Lexikons jedoch nicht. Meist taucht das eine oder andere dieser wichtigen Symbole auch in einem nur individuell verständlichen Traum auf und gibt dem Träumer dann Anhaltspunkte, mit deren Hilfe er den Trauminhalt verstehen kann.

Lexikon der Traum-

Das vorliegende Lexikon ist alphabetisch nach Stichworten gegliedert. Die verschiedenen Stichworte geben jeweils einen Trauminhalt und dessen mögliche Bedeutungen an. Ähnliche Symbole können oft auch ähnlich gedeutet werden, manchmal kommt ihnen aber unterschiedliche Bedeutung zu. Wenn man ein Traumsymbol wegen seiner Ähnlichkeiten mit anderen nicht genau beschreiben kann (zum Beispiel Kreis, Ring, Buchstabe O oder die Zahl 0), dann empfiehlt es sich, die Bedeutungen aller ähnlichen Symbole unter den entsprechenden Stichworten nachzulesen und dann darüber nachzudenken. Das Unterbewußtsein wird auf seine Weise verdeutlichen, welche Bedeutung dem Trauminhalt tatsächlich zukommt, zum Beispiel durch intuitive Einsicht, die vom Gefühl der Sicherheit begleitet wird.

Oft müssen zur Deutung eines Traums mehrere Symbole herangezogen werden. Wenn man zum Beispiel von einer Kutsche träumt, dann genügt es meist nicht, nur dieses Symbol zu deuten. Es kommt auch darauf an, ob sie in Bewegung war oder stillstand, ob und welche Tiere die Kutsche zogen, ob sie sich über eine gute Straße oder einen schlechten Weg, bergauf oder bergab oder in der Ebene bewegte. Meist kann der Sinn eines Traums erst aus diesen Begleitumständen voll erfaßt werden.

Im Lexikon wird bei Symbolen, bei denen das fast regelmäßig zutrifft, ausdrücklich darauf hingewiesen und oft noch auf andere Stichworte verwiesen, deren Bedeutung – vielleicht als Oberbegriff, wie Licht, Luft, Wasser – man berück-

symbole

sichtigen sollte. Aber auch dann, wenn dieser Hinweis fehlt, sollte man überlegen, ob sich aus den Begleitumständen des Traums zusätzliche Deutungen ableiten lassen. Das gilt vor allem dann, wenn man sonst zu keinem befriedigenden Ergebnis gelangt.

Von großer Bedeutung für das Traumverständnis sind die individuellen Lebensumstände des Träumers. Darauf wird bei vielen Stichworten des Lexikons besonders hingewiesen, es gilt aber generell für jeden Traum. Nur auf diese Weise kann man Trauminhalte, die sich unverschlüsselt mit realen Lebenssituationen beschäftigen, von den eigentlichen Symbolen unterscheiden, die einer Deutung bedürfen.

Viele Träume fordern uns auf, praktische Konsequenzen zu ziehen, zum Beispiel innere Einstellungen und Erwartungen zu verändern, Entscheidungen zu treffen, Gewohnheiten und Verhaltensweisen kritisch zu überprüfen. Auch darauf wird bei vielen Stichworten, hinter denen eine solche symbolische Aufforderung fast regelmäßig steht, ausdrücklich hingewiesen. Grundsätzlich können aber so gut wie alle Traumsymbole solche Konsequenzen für den Alltag nahelegen. Wenn der Träumer das im Einzelfall nicht aus eigener Kraft schafft, sollte er einen erfahrenen Psychotherapeuten zu Rate ziehen. Alle Traumsymbole, in denen das Unterbewußtsein möglicherweise (keineswegs immer) auf organische Störungen oder Erkrankungen hinweist, erfordern grundsätzlich baldige fachmännische Untersuchung. Erst wenn sie keinen Befund ergibt, muß das

Symbol auf andere Weise gedeutet werden. Manche Krankheit könnte mit Hilfe der Botschaften aus dem Unbewußten frühzeitig diagnostiziert und behandelt werden, wenn man mehr auf den Inhalt solcher Warnträume achtete.

Trauminhalte, die im Lexikon nicht unter einem Stichwort behandelt werden, müssen individuell durch Meditation über das Traumgeschehen gedeutet werden. Dabei wirkt das Unterbewußtsein meist durch verschlüsselte Hinweise mit. Manchmal kann es von Nutzen sein, den Sinn eines ähnlichen, im Lexikon angegebenen Symbols zu überdenken, um die Bedeutung des Trauminhalts zu erkennen.

Die wahre Bedeutung der Symbole erkennen

Alle Trauminhalte lassen sich letztlich nur individuell deuten. Es gibt nur einen Spezialisten für Träume – den Träumer selbst. Jede pauschale Erklärung von Trauminhalten nach den allgemeinen Angaben eines Lexikons birgt die Gefahr einer Verfälschung oder des völligen Irrtums in sich. Das wirft natürlich die Frage nach dem praktischen Nutzen eines solchen Lexikons auf.

Wie arbeitet ein Psychologe? Betrachten wir dazu kurz die Arbeit eines professionellen Traumdeuters, also eines Psychologen. Er kennt seinen Klienten aus Gesprächen, weiß um seine Probleme und Schwächen, hat Einblick in sein Denken, seine Erwartungen, Ängste und Hoffnungen. Auf Grund dieser Einsichten in die Persönlichkeit, die er mit seiner Fachausbildung gezielt gewinnt und richtig interpretiert, kann er dem Ratsuchenden Vorschläge zu Deutung seiner Träume anbieten. Sie kommen dem wahren Inhalt oft sehr nahe, manchmal stimmen sie aber überhaupt nicht damit überein. Dann meldet sich meist das Unterbewußtsein des Klienten und lehnt in irgendeiner Weise die Deutung ab. Diesen Widerstand erkennt der Therapeut und arbeitet mit seinem Patienten so lange weiter an einem Traum, bis sie den wahren Inhalt gemeinsam ergründet haben.

Der Laie, der seine Träume selbst deuten möchte, verfügt zwar über kein spezielles psychologisches Fachwissen, aber er weiß um seine aktuellen Ängste, Erwartungen, Probleme, Konflikte und Schwierigkeiten anderer Art. Das hat er also mit dem Therapeuten gemeinsam.

Während jener auf sein Fachwissen zurückgreift, findet der Laie im Traumlexikon Vorschläge zur Deutung. Sie beruhen auf der Erfahrung, wonach bestimmte Trauminhalte – also die Stichworte des Lexikons – häufig in ähnlicher Bedeutung auftauchen. Aber wie bei der fachmännischen Traumdeutung kann es auch hier zu Irrtümern kommen, weil die häufigen Bedeutungen im Einzelfall nicht unbedingt zutreffen müssen.

Das Unterbewußtsein meldet sich auch bei der Selbstanalyse von Trauminhalten in geeigneter Form, wenn eine Deutung nicht stimmt. Dann muß weiter an dem Trauminhalt gearbeitet werden, bis er individuell richtig gedeutet wurde. Oft wird es so sein, daß die Erklärungen zu den verschiedenen Traumsymbolen zumindest ein Körnchen Wahrheit enthalten. Damit bekommt der Leser einen Hinweis, den er zur Grundlage seiner folgenden individuellen Traumdeutung machen sollte.

Es ist aber auch möglich (und nicht selten der Fall), daß die im Lexikon zu einem Symbol angegebenen Bedeutungen voll und ganz mit der individuellen Deutung übereinstimmen. Nur blindlings verlassen kann und darf man sich darauf niemals. Kein Traumlexikon kann jemals die Vielfalt individueller Bedeutungen eines Traumsymbols auch nur annähernd vollständig aufzählen. Wer dies nicht berücksichtigt, verwendet das Traumlexikon wie eine Art »Kochbuch«, das »Rezepte« zu Traumdeutung angibt, und wird aus seinen untauglichen Deutungsversuchen kaum praktischen Nutzen ziehen können.

Traumdeutung bedeutet immer individuelle, manchmal langwierige und vielleicht sogar unangenehme Arbeit. Wer bereit ist, sie auf sich zu nehmen, wird aus den Einsichten und Denkanstößen eine wichtige Hilfe für sein zukünftiges Leben erfahren.

Traumdeutung bedeutet Arbeit!

Abc der Traumsymbole
und ihre Grundbedeutung

A

A

Der Buchstabe A kommt in Träumen geschrieben oder plastisch vor. Seine Bedeutung leitet sich von seiner Stellung im Alphabet ab – als erster Buchstabe steht er symbolisch für den guten Anfang eines Vorhabens. Manchmal kennzeichnet er aber auch etwas Einmaliges.

Aal

Er kann symbolisch für das männliche Geschlechtsorgan stehen (→ Fisch, → Schlange). Wenn man im Traum Aale fängt, deutet das auf eine neidische Grundeinstellung hin. Schlüpfen sie einem aus den Händen, mißlingt eine Absicht. Wenn sie sich winden, muß man mit einer unangenehmen Entwicklung im weiteren Leben rechnen. Der Verzehr von Aalen – für Feinschmecker sicher ein Genuß – deutet im Traum auf bevorstehenden Ärger und leidvolle Lebenserfahrungen hin.

abbrennen

Manchmal steht dahinter eine Warnung vor bevorstehenden Sorgen und ähnlichen unangenehmen Erlebnissen. Das gilt vor allem dann, wenn der Dachstuhl eines Hauses brennt. Genau umgekehrt ist es, wenn man Rauch sieht, ein Symbol mit allgemein guter Bedeutung. Erkennt man gar die hellen Flammen, dann steht ein freudiges Erlebnis bevor.

Abbruch eines Hauses

Wenn man im Volksmund davon spricht, daß jemand seine Zelte abbricht, bedeutet das eine Veränderung seiner Lebensverhältnisse. Der Abbruch eines Hauses hat im Traum die gleiche Bedeutung. Symbolisch wird dadurch angekündigt, daß im Leben eine günstige Veränderung eintreten wird, oft eine bessere berufliche Stellung.

Abend

Der Abend kommt im Traum in verschiedenen Zusammenhängen vor, welche die Bedeutung dieses Symbols mitbestimmen. Seine Grundbedeutung ergibt sich daraus, daß der Abend umgangssprachlich für eine letzte Phase steht, man denke an Lebensabend. Konkret kann der Abend im Traum auch vor der Verminderung unserer Kräfte warnen, lange ehe wir selbst das wahrnehmen.

Abendbrot

Ein günstiges Traumsymbol, das uns eine besonders glückliche Hand für alle unsere Unternehmungen am nächsten Tag ankündigt.

Abfall

Abfälle können in Träumen zweierlei Bedeutung haben. Einmal signalisieren sie, daß wir falsche Vorstellungen und innere Einstellungen abgelegt haben. Und so, wie man in der Industrie heute immer mehr dazu übergeht, Abfälle zu verwerten, so sollten wir uns um ein Recycling unserer »seelischen Abfälle« bemühen, also etwas Neues daraus schaffen. Manchmal bedeuten Abfälle im Traum aber auch, daß wir unseren materiellen Besitz vermehren können.

Abgrund

Der Abgrund hat in Träumen unterschiedliche Bedeutung, das läßt sich nur aus dem Zusammenhang verstehen. Einige Beispiele sollen das veranschaulichen. Wer in einen Abgrund schaut oder nahe bei seinem Rand steht, fürchtet sich vor persönlichem Versagen oder vor den Schwierigkeiten, die bei der Verwirklichung einer Absicht auftreten können. Gleitet man langsam in einen Abgrund hinein, sind in nächster Zukunft unangenehme Ereignisse zu erwarten. Ganz anders dagegen, wenn man statt dessen in einen Abgrund hineinstürzt, das kündigt ein unerwartetes freudiges Ereignis an.

Abmagerung

Wer sich im Traum selbst abmagern sieht, wird bald Streit und Kummer oder den Neid falscher Freunde erfahren. Magern dagegen andere Menschen ab, kann man vielleicht bald mit Wohlstand rechnen. (So »boshaft denkt« zuweilen unser Unterbewußtsein.)

Abort

Wenn sich im Abort menschliche Ausscheidungen befinden, hat das eine günstige Bedeutung für das weitere Leben. Ein leeres modernes WC-Becken dagegen warnt vor bevorstehendem Unheil, eine simple Latrine vor falschen Freunden.

Abreise

Ein mehrdeutiges Symbol, das Hoffnung geben oder Ermahnung sein kann. Ganz allgemein signalisiert eine Abreise, daß man bald vor einer Entscheidung stehen wird. Reist man selbst ab, gibt das Unterbewußtsein damit zu verstehen, daß man sich vor einer Verantwortung zu drücken versucht. Genau kann man die Bedeutung einer Abreise erst aus dem Zusammenhang mit anderen Erlebnissen im Traum und den tatsächlichen Lebensumständen erklären.

Abschirren eines Pferdes

Damit gibt uns das Unterbewußtsein zu verstehen, daß wir falsche moralische Bedenken und Hemmungen ablegen sollen.

Abstinenzler

Wer Alkohol und andere Genußmittel ablehnt, lebt sicher sehr gesund. Nur kann sich das derart steigern, daß jede Lebensfreude verlorengeht. Symbolisch will das Unterbewußtsein uns also vor zuviel Moral, zu buchstabengetreu befolgten Nor-

men, zu starren Einstellungen und Haltungen warnen, wenn es im Traum einen Abstinenzler erscheinen läßt. Manchmal will es uns damit aber auch die Angst deutlich machen, die viele bei der Vorstellung überkommt, daß sie einmal so richtig die Zügel der Moral und des Anstands schleifen lassen.

Abszeß

Im Traum warnt er uns vor negativen, zersetzenden Gedanken und Gefühlen, die am meisten demjenigen schaden, der sich mit ihnen herumquält.

Acker

Seine Bedeutung hängt vor allem vom Zustand ab, in dem er sich befindet. Ein brachliegender Acker steht für Mißerfolg im Leben oder ein bevorstehendes Unglück, ein verwilderter Acker kündigt eine Enttäuschung an. Der bebaute Acker dagegen verspricht Erfolg und Lebensglück, vor allem wenn er gleichmäßig bewachsen ist. Erscheint er mit Jauche übergossen, dann bestehen gute Aussichten, daß ein Plan gut gelingt.

Adam

Der Urvater der Menschheit, dem wir die Vertreibung aus dem Paradies zu verdanken haben, weil er sich nicht beherrschen konnte, erscheint im Traum als Symbol unserer ungezügelten Sinnlichkeit. Die genauere Bedeutung ergibt sich dann aus den anderen Vorgängen im Traum.

Aderlassen

Diese alte medizinische Behandlungsmethode kann vor einem bevorstehenden Streit warnen oder den Tod eines nahen Verwandten ankündigen. Dabei steht dann allerdings oft der eigene massive Wunsch dahinter, den man sich selbst bewußt nicht eingesteht.

Adern

Wenn Adern in unseren Träumen auftauchen, steht manchmal dahinter eine funktionelle oder organische Herzkrankheit. Vorsorglich sollte man sich bei nächster Gelegenheit einmal gründlich untersuchen lassen.

Adler

Er symbolisiert unsere Fähigkeit, uns über die Dinge dieser Welt zu erheben, kühne Gedankengebäude zu errichten, sie vielleicht gar mutig zu verwirklichen. Damit stehen Eigenschaften wie Mut, Tollkühnheit, Freiheit, Weitblick und Würde in Zusammenhang. Der Adler kann also für unseren Drang nach Höherem stehen oder uns vor den Folgen von Übertreibungen auf diesem Gebiet warnen. In großer Höhe kreisend bedeutet er oft eine freudige Überraschung, die uns bevorsteht, auf unserem Kopf sitzend kündigt er dagegen Unglück und Not an. Besitzt man einen Adler, winken Ehre und geschäftliche Chancen, erschießt oder fängt man ihn, tritt das Gegenteil ein. Ein weißer Adler soll auf eine mögliche Erbschaft, ein schwarzer auf den Tod eines nahestehenden Menschen hinweisen.

Affe

Als unser nächster Verwandter im Tierreich symbolisiert der Affe den unzivilisierten, instinktiven, rein auf das Körperliche ausgerichteten – kurz primitiven Menschen in uns. Erscheint er uns im Traum, deutet das oft auf mangelnde Persönlichkeitsreife hin. Manchmal will er auch vor falschen Freunden warnen, die uns schmeicheln und denen wir deshalb gerne zuhören.

Ähre

Die einzelne Ähre deutet auf innere Zufriedenheit hin oder will uns signalisieren, daß wir zufrieden sein können. Das Ährenfeld verkündet Wohlstand, das wogende Ährenfeld kann nicht nur auf materielle Erfolge, sondern oft auch auf ein erfülltes Leben hinweisen.

Aktien

Wer im Traum Aktien kauft oder besitzt, muß unter Umständen mit finanziellen Problemen rechnen. (Das kann auch in der Realität eintreten, wenn die Aktien fallen.) Verkauf von Aktien hingegen bedeutet eine Verbesserung der finanziellen Verhältnisse. Wenn Aktien im Traum unter schwarzer Rauchentwicklung verbrennen, ist das oft ein Hinweis auf bevorstehende finanzielle Verluste. Sieht man aber die hellen Flammen, kündigt sich ein beruflicher Erfolg an. Wer im Geschäftsleben vor wichtigen Entscheidungen steht, sollte besonders auf solche Symbole achten, er kann sich dann instinktiv vor manchen Verlusten schützen.

Alkohol

Im Traum symbolisiert er die geistige Kraft, die auf uns einwirkt, unser Handeln bestimmt. Darüber hinaus kann er aber Anregung oder Entspannung versprechen. Wer im Traum Alkohol trinkt, sollte sich einmal ganz aufrichtig nach seinen geheimsten Wünschen fragen, die darin symbolisch zum Ausdruck kommen können.

Almosen

Wer als Wohlhabender im Traum Almosen gibt, muß mit negativen Veränderungen seiner augenblicklichen Lebenssituation rechnen. Der Arme dagegen, der Almosen verteilt, wird sich bald in einer glücklicheren Lage befinden, die das Unterbewußtsein schon jetzt voraussieht. Empfängt man selbst im Traum Almosen, liegt die Bedeutung auf der Hand: Man wird sie vielleicht bald nötig brauchen.

Altar

Er symbolisiert eine ehrfürchtige Grundeinstellung und zugleich die Bereitschaft, eigene Wünsche auf dem Altar von Idealen zu opfern. Wenn man vor einem Altar betet, kann das die Erfüllung von Wünschen und Hoffnungen ankündigen.

alter Mann, alte Frau

Beide Traumsymbole können Weisheit oder Bösartigkeit beinhalten, ermahnen oder vor schlechten Eigenschaften warnen.

Ameisen

Die nützlichen Insekten haben auch im Traum meist eine positive Bedeutung. Wenn sie sich am eigenen Körper befinden, kann man mit Glück und Erfolgen in der nächsten Zeit rechnen, beißen sie einen gar, sollte man berufliche Chancen rasch beim Schopf fassen, denn sie werden Anerkennung und Erfolg bringen. Wenn man die Ameisen nur sieht, deutet das darauf hin, daß man von geduldiger, zäher Arbeit einen Erfolg erwarten darf. Wer den Ameisenhaufen allerdings zerstört, muß mit Sorgen und Not rechnen. Ganz allgemein können Ameisen im Traum auch auf Fehlfunktionen des vegetativen Nervensystems hinweisen. Tauchen sie öfters auf, sollte man sich bald einmal gründlich untersuchen lassen.

Amputation

Die Bedeutung hängt entscheidend davon ab, welches Glied betroffen wird. (→ Arm, → Bein, → Kastration)

Ananas

Sie steht für ein reiches Seelenleben und Selbstvertrauen. Wenn man eine Ananas kauft oder erblickt, kündigt sich damit oft eine positive Veränderung der Stimmungslage an.

angeln

Eine in der Realität sehr beruhigende Beschäftigung (behaupten zumindest passionierte Angler). In gewisser Weise gilt das auch, wenn man sich im Traum selbst angeln sieht. Das seelische Gleichgewicht wird sich wieder einstellen. Schaut man im Traum anderen beim Angeln zu, wird sich bald die Gelegenheit zu einer Bekanntschaft bieten. Wer aus klarem Wasser große Fische an Land zieht, darf mit Erfolg und Glück rechnen.

Anker

Der Anker reicht bis in die Tiefen unseres Seelenlebens und weist oft auf eine daraus stammende, unerschütterliche Entschlußkraft hin. Manchmal signalisiert er aber auch, daß man sich festgehal-ten fühlt. Hält man sich im Traum an einem Anker fest, kann man damit rechnen, daß man in einer ungünstigen Situation Hilfe erhält.

anstreichen

Die Bedeutung hängt von der Farbe des Anstrichs und vom gestrichenen Gegenstand ab. Hier wollen wir uns nur mit der Bedeutung der Farben beschäftigen, zur weiteren Klärung wird auf das entsprechende Stichwort des Objekts verwiesen. Ein weißer Anstrich bedeutet, daß man sich aus irgendwelchen Gründen verfolgt fühlt. Der grelle (vor allem rote) Anstrich signalisiert, daß es bald Grund zur Freude geben wird. Ein schwarzer Anstrich kann manchmal als Warnung vor einer beginnenden Krankheit verstanden werden.

Apfel

Getreu dem symbolischen Text der Bibel bedeutet der Apfel die Versuchung durch weltliche Dinge. Ein goldener Apfel kann aber auch für Selbsterkenntnis stehen. Außerdem ist der Apfel ein Liebeszeichen und kann eine glückliche Heirat oder Freundschaft ankündigen. Wenn man im Traum dagegen wurmstichige Äpfel verzehrt, bahnt sich oft die Störung einer Liebesbeziehung an. Ein blühender Apfelbaum steht für den zu erwartenden Erfolg in einer Angelegenheit, die das weitere Leben beeinflussen wird, während ein Apfelbaum vor der Ernte gute geschäftliche Erfolge verheißt.

Aquarium

Ein Aquarium mit Fischen oder Reptilien verheißt Erfolg. Erkennt man keine Tiere darin, muß man mit Problemen und Sorgen rechnen. Wer selbst in einem Aquarium schwimmt, sollte sich auf einen bevorstehenden Verlust vorbereiten.

Arm

Der Arm symbolisiert unsere Fähigkeit, Gefühle, Gedanken und Wünsche auszudrücken, zu verwirklichen oder zu zerstören. Die Bedeutung hängt mit davon ab, ob man den rechten oder linken Arm sieht. (Dazu mehr bei den Stichworten

→ rechts und → links.) Ein gebrochener Arm kündigt Streit an, wer nur einen Arm besitzt, leidet vermutlich unter Hemmungen. Auch die Amputation eines Arms im Traum bedeutet eine Beschneidung unserer freien persönlichen Entfaltung.

Armut

Das Traumsymbol warnt vor Enttäuschungen oder Fehleinschätzungen, manchmal auch vor bedeutungslosen Gedanken. Nicht selten signalisiert es dem Träumer Unsicherheit oder menschliche und geistige Armut bei sich oder anderen Menschen.

Arzneimittel

Sie haben in der Realität die Aufgabe, Krankheiten zu heilen oder zu verhindern. Im Traum bezieht sich diese Wirkung auf das Leben ganz allgemein. Wer Arznei einnimmt, muß zwar mit Sorgen und Schwierigkeiten rechnen, hat aber zugleich die Gewißheit, daß sie überwunden werden. Sieht man Arzneipflanzen oder nimmt sie ein, werden bestehende materielle Probleme bald vorüber sein. Bereitet man im Traum ein Arzneimittel zu, signalisiert das Unterbewußtsein damit oft eine bevorstehende Krankheit. Es empfiehlt sich, bald eine gründliche Untersuchung zu veranlassen, vielleicht kann die Krankheit dann noch im Frühstadium rasch beseitigt werden.

Arzt

Entsprechend seiner sozialen Stellung in der Realität steht der Arzt auch im Traum nicht nur für die Selbstheilungskraft, sondern kann die Rolle eines »allmächtigen« Ratgebers einnehmen, von dem man Trost und Hilfe erwartet. Er ist oft auch eine Art Vater- oder Lehrerfigur (→ Guru). Spricht man im Traum mit ihm, werden sich Wünsche und Hoffnungen erfüllen und Probleme gelöst. Wenn man sich selbst als Arzt sieht, deutet das auf vertiefte Selbsterkenntnis und Weisheit hin. Wer den Arzt nur sieht, leidet meist unter übersteigerter Angst vor Krankheit und Tod. Manchmal kündigt sich damit aber auch eine Gesundheitsstörung an.

Asche

Wie der Phönix aus der Asche, so geht auch das im Traum mit der Asche verbundene andere Symbol geläutert aus allen Anfechtungen und Schwierigkeiten hervor. Manchmal zeigt die Asche aber auch eine bevorstehende Enttäuschung oder Kränkung an. Wer im Traum Asche sammelt, wird in nächster Zeit vermutlich finanziell besonders erfolgreich sein.

Aschenkasten

Er steht für die negative Grundeinstellung des Träumers für den das ganze Leben sinnlos geworden ist.

Asket

Seine Bedeutung ähnelt zum Teil der des Abstinenzlers – eine Warnung vor übertriebener Unterdrückung körperlicher Bedürfnisse. Askese kann aber auch Verwirklichung geistig-seelischer Werte durch Verzicht auf das ungehemmte Ausleben sinnlicher Bedürfnisse bedeuten. Zuweilen steht der Asket für Weisheit oder nimmt die Rolle eines klugen Ratgebers und Lehrers ein. Die genaue Bedeutung ist im Einzelfall nur aus dem Traum als Ganzem zu erkennen.

Ast

Dürre Baumäste symbolisieren bevorstehende oder bereits eingetretene Enttäuschungen. Ein abgebrochener Ast warnt vor beruflichem Mißerfolg. Der belaubte Ast dagegen zeigt uns, daß Sorgen unbegründet sind.

Asthma

In der Realität bedeutet das anfallsweise Atemnot durch Überempfindlichkeit (Allergie). Im Traum symbolisiert Asthma das Gefühl, unter einer persönlichen Beziehung, der Umwelt oder Arbeit zu ersticken. Als Warnzeichen sollte man Asthmaträume in jedem Fall ernst nehmen und nachforschen, auf welche Weise man seine Lebensgestaltung und seine sozialen Beziehungen günstig verändern kann.

Astrologe

Ähnlich wie der Arzt hat er die Bedeutung eines Ratgebers und weisen Führers, der die Richtung weist. Manchmal kündigt er auch mehr Erfolg als bisher an. Wer astrologische Zeichen im Traum sieht, wird bald zu Erkenntnissen gelangen, die sein weiteres Leben positiv beeinflussen und ihm bisher nicht bewußt waren.

Aufstand

Erlebt man im Traum einen Aufstand (→ Revolution) aktiv mit, dann wird sich im eigenen Leben in absehbarer Zeit eine tiefgreifende innere Veränderung bemerkbar machen. Schaut man dem Aufstand nur zu, wird die eigene Lage unsicher. Wenn Blut dabei fließt, muß man mit unvorhergesehenen Ausgaben rechnen.

aufwachen

Das Aufwachen im Traum symbolisiert, daß man sich eines bisher verborgenen Zusammenhangs intuitiv bewußt geworden ist oder werden wird.

Auge(n)

Das Auge symbolisiert Intelligenz, geistige Wachheit, Neugierde und Wissen, aber auch innere Unrast. Wenn mehrere Augen gleichzeitig im Traum erscheinen, verstärkt sich diese Bedeutung.

Augenarzt

Wenn er im Traum auftaucht, dürfen wir erwarten, daß wir bald manche Dinge richtig sehen und unseren verzerrten Blickwinkel korrigieren werden. Worauf sich das konkret bezieht, kann der Träumer nur selbst entsprechend seiner Lebenssituation erkennen.

ausgraben

Wenn man im Traum etwas ausgräbt, dann steht eine Einsicht in die eigene Persönlichkeit bevor. Man wird einen Wesenszug erkennen, der bisher verborgen blieb, oder sich an etwas erinnern, was längst vergessen oder verdrängt schien und vielleicht sogar seelische Störungen verursachte.

Ausland

Manchmal stehen dahinter nur tatsächliche Eindrücke, die man auf Reisen empfangen hat. Symbolisch steht das Ausland für das Gefühl, mit einer Situation noch nicht richtig vertraut zu sein, oder für die Erforschung von bisher unbekannten Teilen der Persönlichkeit. Es kann sich aber auch der Wunsch nach mehr innerer Sicherheit und/oder mehr äußerer Sicherheit dahinter verbergen.

Aussatz

Früher waren Aussätzige aus der Gemeinschaft ausgeschlossen. Deshalb steht im Traum hinter diesem Symbol das Gefühl, ausgeschlossen oder ungeliebt zu sein, nicht angenommen zu werden. Allgemeiner ausgedrückt: Die Harmonie mit dem Leben als Ganzem und der eigenen Person ist verlorengegangen.

Austern

In diesem Traumsymbol treffen wir auf die Volksweisheit von der »harten Schale mit dem weichen Kern«. Die Auster steht für Verschlossenheit, Verschwiegenheit und Schweigsamkeit, manchmal auch Härte nach außen, was aber nicht dem reichen, empfindsamen Innenleben des Träumers entspricht. Austern sollten also vor allem der Selbsterkenntnis dienen. Da die Auster aber auch sexuell anregend wirkt, verbergen sich dahinter manchmal erotische Wünsche, deren Erfüllung jedoch auf Schwierigkeiten stoßen wird.

Australien

Der fünfte Kontinent gilt als Land, in dem man es mit etwas Glück, Nüchternheit, Tüchtigkeit und harter Arbeit weit bringen kann. Als Traumsymbol deutet er auf eine nüchtern-praktische, kritische Haltung hin. Wer im Traum nach Australien (oder in ein anderes Land) auswandert, trägt sich mit dem Gedanken an tiefgreifende Veränderungen.

Auto

Ein vieldeutiges Traumsymbol, das grundsätzlich für alles steht, was uns im Leben weiterbringt –

Begierden, Ehrgeiz, Ideale und Wünsche. Die weitere Bedeutung ergibt sich aus den Begleitumständen. Kauft man ein Auto, spiegelt das die Überzeugung wider, daß ein begonnenes Unternehmen zum Erfolg führen wird. Wenn man das Auto selbst lenkt, sucht man nach neuen Möglichkeiten, um im Leben aus eigener Kraft weiterzukommen. Der Beifahrer dagegen darf günstige Veränderungen seines Lebens durch den Einfluß anderer erwarten. Beobachtet man einen Autounfall, muß man bei einem Unternehmen mit starker Konkurrenz rechnen, die bisher vielleicht überhaupt noch nicht bemerkt wurde. Das in hellen Flammen stehende Auto ist im allgemeinen ein günstiges Vorzeichen, Vorsicht ist angebracht, wenn man nur den schwarzen Rauch sieht.

Axt

Sie kann als Waffe (→ Waffen) oder Werkzeug im Traum auftauchen. Oft will das Symbol dem Träumer signalisieren, daß seine Macht und sein Einfluß nur äußerlich sind, aber nicht in seiner Persönlichkeit beruhen. Arbeitet man im Traum mit der Axt, läßt das raschen Erfolg erwarten, der allerdings ohne Rücksicht auf die Mitmenschen erzwungen wird.

B

B

Der zweite Buchstabe des Alphabets kann wie das A geschrieben, plastisch oder in ähnlicher Form im Traum erscheinen. Er steht für etwas in unserem Innern Verborgenes, das dort seine Zuflucht gefunden hat. Wer häufiger das B im Traum erkennt, neigt oft dazu, sich von der Welt zurückzuziehen. Der Trauminhalt kann dann als Warnung vor der zunehmenden Selbstisolierung verstanden werden.

Bacchus

Der Gott des Weins steht als Symbol für Natur und Sinnesfreuden.

Bach

Er kennzeichnet den Lauf des Lebens und kann Gesundheit, Erfolg und Glück, aber auch Mißerfolg und Verluste ankündigen. (→ Fluß)

backen, Bäcker, Backofen

Backen bedeutet eine Umwandlung von etwas Ungenießbarem in eine verträgliche, schmackhafte Form. Im Traum symbolisiert backen oder der Bäcker also eine Wandlung zum Besseren. Wenn man den Backofen, in dem diese Umwandlung stattfindet, von außen sieht, bessern sich vor allem die finanziellen Verhältnisse. Erkennt man die Glut im Backofen, zeichnen sich auch andere Erfolge ab.

Bad

In der Realität dient das Bad der Reinigung oder Erfrischung. Auch im Traum hat es eine ähnliche Bedeutung. Das Bad im klaren Wasser deutet an, daß sich die augenblickliche Lebenssituation positiv verändern wird. Man wäscht das Belastende, Schmutzige von sich ab und geht geläutert aus dem Bad hervor. Das Bad im trüben, schlammigen Wasser dagegen deutet auf negative Einflüsse hin, die unsere Gefühle verändern und überwunden werden müssen. (→ Bach, → Taufe, → Wasser) Wenn das Badewasser gefärbt ist, ergibt sich daraus eine zusätzliche Bedeutung (s. entsprechendes Stichwort).

Bahnhof

Vom Bahnhof aus beginnt man gewöhnlich eine Reise oder verabschiedet sich von Menschen, die man zum Zug begleitet hat. Als Traumsymbol kündigt der Bahnhof eine bevorstehende Veränderung im Leben oder in den zwischenmenschlichen Beziehungen an. Ein neuer Lebensabschnitt wird beginnen. Kommt man im Traum aus einem Bahnhof heraus, sollte man sich kritisch prüfen, ob man dringende Entscheidungen nicht schon zu lange vor sich hergeschoben hat. Das Traumsymbol weist nämlich darauf hin, daß man eine Angelegenheit endlich zu Ende führen soll.

Bahre

Sie kündigt eine Veränderung im Leben an. Manchmal handelt es sich dabei um eine Krankheit oder einen Todesfall. Wer selbst auf der Bahre liegt, darf eine günstige Lebensphase erwarten.

Balkon

Wer auf einem Balkon steht, kann auf neue Freundschaften hoffen. Stürzt der Balkon herab, muß man dagegen viele Wünsche und Hoffnungen begraben. Manchmal ist der Balkon auch als erotisches Symbol für die weibliche Brust zu verstehen.

Ball, Kugel

Der Ball oder die Kugel symbolisieren unser ganzes Wesen und gleichzeitig das Schicksal, das mit uns Ball spielen kann. Die genaue Bedeutung ergibt sich aus den Umständen, unter denen wir den Ball oder die Kugel im Traum sehen.

Ballon

Der Ballon kann uns vor einer bevorstehenden Enttäuschung warnen oder (als fliegender Ballon) anzeigen, daß wir uns von unseren Zielen entfernen. Platzt der Ballon, dann gibt uns das Unterbewußtsein damit zu verstehen, daß wir jemandem Grund zum Zorn auf uns gaben.

Banane

In ihrer phallusähnlichen Form verkörpert sie die männliche Sexualität. Sexuelle Enttäuschungen können sich dahinter verbergen. Wer im Traum eine Banane verzehrt, wird in der Folgezeit vermutlich stärkere sexuelle Bedürfnisse verspüren.

Band

Ein vieldeutiges Symbol, das erkennt man schon an umgangssprachlichen Redensarten wie »anbändeln«, »Bindungen eingehen« oder »mir sind die Hände gebunden«. Erst aus den näheren Umständen, unter denen wir im Traum ein Band sehen, ergibt sich dann die genaue Bedeutung, zum Beispiel:

Bänder sehen oder halten – man pflegt gute Freundschaft oder wünscht sich gute Freunde;
endlose Bänder – Warnung vor finanziellen Verpflichtungen;
im Wind flatternde Bänder – Erfolge stehen bevor;
weißes oder blaues Band – Sehnsucht nach Liebe und Treue;
grünes Band – man darf sich Hoffnungen machen;
rotes Band – ein Vergnügen wird angekündigt;
schwarzes Band – Zeit der Trauer steht bevor.

Bandit

Ein Symbol männlicher, ungezügelt-unreifer Sexualität; kann unter Umständen sexuelle Wünsche andeuten, die man sich bewußt nicht eingesteht.

Bank, Bankier

Das Geldinstitut symbolisiert Kraft und Macht auf körperlichem Gebiet, nicht zuletzt auch sexuelle Potenz von Mann und Frau. Der Bankier ist der Vertreter dieser Macht. Die weitere Bedeutung des Traumsymbols ergibt sich aus den näheren Umständen. Wer in eine Bank geht, um Geld einzuzahlen, leidet vielleicht unter der unterschwelligen Angst vor dem Verlust seiner Macht, Kraft und Potenz und hortet sie deshalb. Oder er geht nur sehr vernünftig damit um. Hebt man dagegen Geld in der Bank ab, kann dahinter eine Warnung vor dem zu verschwenderischen Umgang mit der Energie stehen. Manchmal weist das Unterbewußtsein auch darauf hin, daß sich der Träumer seiner Kraft und Energie bewußt werden soll. Der Bankier hat – beschränkt auf körperliche und/oder sexuelle Energie – die Funktion eines Ratgebers oder Gurus im Traum.

Bankrott

In der Realität ein negatives Ereignis, obwohl es Menschen gibt, die auch aus einem Bankrott noch Kapital schlagen. Als Traumsymbol eher positiv: Man wird eine Problemlösung finden.

Bar

Im Traum kann die Bar den unterschwelligen Wunsch nach mehr Geselligkeit, Abwechslung und Unterhaltung symbolisieren. Wenn man dort Alkohol trinkt, muß dessen symbolische Bedeutung berücksichtigt werden. (→ Alkohol)

Bär

Der Bär kann als Symbol für die besitzergreifende, erdrückende Mutter stehen. Manchmal signalisiert er aber auch Unsicherheit in den zwischenmenschlichen Beziehungen oder kündigt Lebensveränderungen an, die nur mit viel Energie bewältigt werden können.

Barometer

Es zeigt in der Realität den Luftdruck an. Umgangssprachlich redet man aber auch davon, daß jemand ständig unter Druck steht. Als Traumsymbol zeigt das Barometer den inneren Druck oder die Gefühle eines Menschen an. Geht das Barometer im Traum zu Bruch, ist mit einer plötzlichen Veränderung im Leben zu rechnen.

Barriere, Barrikade

Sie steht für Hindernisse und Hemmungen in uns selbst oder deutet an, daß wir uns vor anderen Menschen oder gegen bevorstehende Lebensveränderungen zu schützen versuchen. Wenn die Barriere im Traum überstiegen wird, signalisiert uns das Unterbewußtsein damit, daß wir mit den Hindernissen fertig werden. Eine unüberwindliche hohe Barrikade dagegen deutet an, daß man sich selbst überschätzt hat.

Bart

Er steht für Männlichkeit und sexuelle Potenz, manchmal auch für Autorität und Weisheit (vor allem der weiße Bart). Bei Frauen kann sich dahinter der unterschwellige Wunsch nach einer Vaterfigur verbergen, die Schutz und Geborgenheit gibt. In einer Partnerschaft kann das sehr problematisch werden, weil der Mann dann vor allem den Vater ersetzt. (→ Haare)

Bauch

Er steht auch für sexuelle Leidenschaft und Sinnlichkeit, ganz allgemein aber für die Körperlichkeit. Je größer der Bauch, desto stärker stehen für den Träumer sinnliche/körperliche Bedürfnisse im Vordergrund. Im Bauch findet aber auch die Verdauung statt, im übertragenen Sinn also die Verarbeitung von Erfahrungen und Gefühlen. Deshalb deutet das Symbol manchmal darauf hin, daß man verdrängte Erlebnisse verarbeiten (»verdauen«) soll. Unter Umständen handelt es sich auch einmal um einen Körpertraum, der vor falscher Ernährung warnt, die zu Übergewicht führt.

Bauchschmerz

Leidet man im Traum darunter, dann will das Unterbewußtsein damit vor ungezügelter Körperlichkeit oder Sexualität warnen.

bauen

Es verkörpert symbolisch den Auf- und Ausbau des Lebens. Die individuelle Bedeutung richtet sich danach, wie der Bau im Traum gelingt.

Bauer

Der Landmann symbolisiert Erdverbundenheit, Gedeihen und Vergehen im natürlichen Kreislauf des Lebens. Als Trauminhalt zeigt er an, daß unsere Absichten und Pläne auf einer gesunden Grundlage stehen, im Einklang mit uns selbst verwirklicht werden und deshalb auch gute Aussichten auf Gelingen haben.

Baum

Der Baum gibt uns sehr viel Aufschluß über unsere Persönlichkeit. Er spielt deshalb auch außerhalb der Traumdeutung in der Psychologie eine Rolle (Baumzeichentest nach Karl Koch). Als Traumsymbol verkörpert er Energie und Kraft des Körpers einschließlich sexueller Potenz, aber auch innere Einstellungen, Ideen und Wertbegriffe, die unser Verhalten beeinflussen. Der blühende, belaubte oder Früchte tragende Baum zeigt uns, daß unsere körperliche Energie und unsere seelisch-geistigen Einstellungen eine positive Entwicklung nehmen werden. Im kahlen oder verdorrten Baum kommt die Warnung vor falschen Haltungen und Ideen zum Ausdruck, die unseren Lebensweg behindern. Wenn ein Baum aus den Lenden eines Mannes wächst – ein Symbol, das wir auch in alten Bildern finden –, verkörpert er sexuelle Energie, die sich auch auf die zwischenmenschlichen Beziehungen auswirkt.

Becher, Pokal

Er steht als »Gefäß des Lebens« für die Persönlichkeit des Träumers. Vom Zustand des Bechers (zerbrochen, golden, silbern und ähnliche Merkmale) lassen sich ebenso Rückschlüsse auf die eigene Lebenssituation ableiten wie daraus, was man mit dem Becher im Traum tut. Hier ist nur eine individuelle Deutung möglich, die sich an den jeweiligen Lebensumständen orientiert.

Begräbnis

Ein vieldeutiges Symbol, das immer etwas mit Absterben und Vergehen zu tun hat. Dahinter stehen Gefühle und Hoffnungen, Wünsche und Bedürfnisse, die man »begraben« hat, tiefgreifende Veränderungen der eigenen Persönlichkeit (das alte Ich wird »zu Grabe getragen«), manchmal auch Angst vor dem eigenen Tod oder dem eines nahestehenden Menschen. Unter Umständen kommt darin aber auch der Wunsch zum Ausdruck, einen anderen Menschen tot zu wissen (was man sich gewöhnlich bewußt nicht eingesteht). Manche Menschen träumen von einem Begräbnis, wenn sie sich sozial isoliert oder von Ereignissen, Aufgaben und Pflichten »begraben« fühlen oder einen dicken Schlußstrich unter ihr bisheriges Leben ziehen wollen, es also gewissermaßen begraben. Schließlich kann hinter dem Symbol auch ein schweres Schuldgefühl aus der Vergangenheit stehen, das den Träumer wieder eingeholt hat. Bei manchen Menschen deutet das Symbol auf eine gestörte Beziehung zur beherrschenden, allzu dominierenden Mutter hin, deren übermächtiger Einfluß symbolisch begraben wird.

Beichte

Einerseits bedeutet die Beichte das Eingeständnis, daß wir im Leben Fehler gemacht haben und schuldig geworden sind. Andererseits ist damit auch Verzeihung und Ablaß verbunden. Aus der Beichte geht man – ähnlich wie aus einem Bad – geläutert hervor. Als Traumsymbol erinnert die Beichte oft an Fehler und ermahnt zu deren Korrektur.

Beil

→ Axt.

Bein

Das Bein ist ein mehrdeutiges Traumsymbol. Unsere Beine geben uns einen festen Stand im Leben, mit ihnen bewegen wir uns aber auch fort. Deshalb läßt das Bein im Traum Rückschlüsse darauf zu, wie wir unsere augenblickliche Situation beurteilen und wie unser Leben weiter verlaufen soll. Die genaue Deutung hängt davon ab, in welchem Zusammenhang das Bein im Traumgeschehen auftaucht. Wird ein Bein amputiert, gebrochen oder ist es in anderer Weise behindert, deutet das auf Unsicherheit und Hemmungen hin, die sich auf die augenblickliche Lebenssituation ebenso wie auf die zukünftige Entwicklung auswirken. Gesunde Beine signalisieren einen gesunden Standpunkt und eine befriedigende Weiterentwicklung. Wenn wir im Traum rennen, wird unser Ehrgeiz uns schnell unseren Zielen näher bringen. Schließlich kann das Bein auch als Sexualsymbol für die erotischen Bedürfnisse von Mann und Frau gelten. Eine Rolle spielt dabei auch, ob man im Traum das rechte oder linke Bein sieht. (→ rechts, links)

Beischlaf

Er kann sexuelle Wünsche verkörpern, die wir in der Realität nicht verwirklichen, uns vielleicht noch nicht einmal eingestehen. Manchmal steht der Zeugungsakt aber auch symbolisch für einen neuen Anfang im Leben und hat dann keine sexuelle Bedeutung.

Bekenntnis

Dadurch gesteht man sich ein, daß im eigenen Leben oder mit der eigenen Persönlichkeit etwas nicht in Ordnung ist. Dieses Bekenntnis kann dann zu ähnlichen Auswirkungen wie die → Beichte führen.

bellen

Wie in der Realität kann auch das Gebell im Traum auf Gefahren aufmerksam machen. Es warnt vor falschen Freunden, Risiken und Hindernissen, die man selbst bewußt überhaupt noch nicht erkannt hat.

Benzin

Es symbolisiert unsere Gefühlsenergie, vor allem unsere Leidenschaften, die – ähnlich wie in der Realität – leicht zu entflammen sind und sich explosiv entladen können, aber nicht andauern, sondern rasch in sich zusammenfallen.

Berg

Er kann sich uns als Hindernis in den Lebensweg stellen, das überwunden werden muß. Sobald man oben angelangt ist, gewinnt man neue Einsichten und Erkenntnisse, die für das weitere Leben sehr wichtig sind und für die Anstrengung belohnen. Im Gegensatz zum Fliegen zeigt uns der Berg im Traum an, daß wir bei all unseren hohen Zielen doch nicht den festen Boden unter den Füßen verloren haben, sondern mit der Wirklichkeit in Einklang geblieben sind. Wenn wir den Berg hinabsteigen, bedeutet das die Überwindung von Schwierigkeiten, die den neuen Einsichten vorangic. Wir haben uns also eine Atempause verdient und sollen uns am Erreichten erfreuen. Ein feuerspeiender Vulkan, den wir im Traum erkennen, symbolisiert alles, was wir aus unserem Leben entfernen möchten. Wenn man erkennt, was alles aus dem Krater herausgeschleudert wird, trägt das durch zusätzliche Bedeutung oft sehr viel zur Selbsterkenntnis bei. Der Berg spielt auch in Religionen und Mythen der Völker, der Vulkan in der Psychotherapie eine symbolische Rolle.

Bergwerk

Es verkörpert unsere unbewußten körperlichen Aktivitäten, die wir durch den Geist umwandeln können in geistige Energie. Wie der Bergmann Schätze aus dem Bergwerk fördert, so können auch wir daraus Gewinn für unsere geistige Entwicklung schöpfen.

Beruhigungs-, Schlafmittel

Im Traum stehen solche Arzneimittel für den Versuch, Ängste und Enttäuschungen, Sorgen und Konflikte zu verdecken, ins Unterbewußte zu verdrängen. Da dies aber keine Lösung bedeutet, muß das Traumsymbol im allgemeinen als Warnung vor diesem unbewußten Versuch verstanden werden.

Besen

Er steht oft als Symbol für das männliche Geschlechtsteil. Außerdem kann er aber auch darauf hinweisen, daß man sich von schädlichen Einstellungen, Gefühlen und anderen negativen Inhalten befreit.

Besessenheit

Als Traumsymbol signalisiert sie uns, daß wir zu stark den gesellschaftlichen Normen, Ge- und Verboten angepaßt sind, die unsere persönliche Freiheit und Selbstverwirklichung zu stark beschneiden. Nach einem solchen Traum sollte man also ernsthaft die eigene Lebenssituation überdenken und sich fragen, was veränderungsbedürftig daran ist.

beten

Im Gebet wenden wir uns an eine höhere Macht. Dabei spielt es für das Unterbewußtsein keine Rolle, ob wir tatsächlich gläubig sind. Es bringt im Beten das Verlangen nach Rat oder eine Befürchtung zum Ausdruck, die uns quält. Zuweilen signalisiert das Gebet im Traum auch eine innere Hinwendung zur Religion. Beten vor einem Opferstock, Kreuz oder Heiligenbild im Freien weist auf Existenzangst hin.

Betrug

Damit warnt das Unterbewußtsein vor Unehrlichkeit des Träumers gegen sich selbst, vor falschen Gefühlen, Wünschen, Hoffnungen und Erwartungen. Manchmal steht dahinter aber auch die Warnung vor zu viel Gutgläubigkeit und Vertrauensseligkeit im Alltag.

Betrunkenheit

Wenn man selbst betrunken ist, kann das auf eine organische Krankheit der Ohren oder des Gehirns hinweisen, vor allem dann, wenn solche Träume häufiger auftreten. Es empfiehlt sich eine baldige fachmännische Untersuchung. Sieht man im Traum Betrunkene, muß man in absehbarer Zeit mit einer Enttäuschung rechnen.

Bett

Es symbolisiert eine Reihe von Bedürfnissen, vor allem das nach Ruhe, Flucht vor der Realität, Schlaf, Vergessen oder sexueller Betätigung. Die Bedeutung richtet sich immer nach den Begleitumständen.

Bettler

Er kann uns symbolisch klarmachen, daß wir Teile unserer Persönlichkeit ablehnen und verstecken, ihre Befriedigung nicht oder nur heimlich zulassen. Vielleicht verbirgt sich im Einzelfall hinter dem Bettler aber auch das Gefühl eigener Unzulänglichkeit oder sozialer Isolierung. Manchmal verkörpert der Bettler die Weisheit und kann zum wichtigen Ratgeber werden.

Bettwäsche

Wer im Traum Bettwäsche wäscht, wird damit symbolisch aufgefordert, in einer Angelegenheit eine Entscheidung zu treffen. Sieht man sich in schmutziger Bettwäsche schlafen, kann das auf Minderwertigkeitsgefühle hinweisen.

Beute

Man sieht sich selbst als Beute oder macht Beute. Im ersten Fall zeigt dieses Traumsymbol Angst vor der Ausbeutung oder Schädigung durch andere an, im zweiten Fall macht man andere zum Opfer der eigenen Ziele.

Beutel

Er symbolisiert das Besitzdenken. Im Traum kann er darauf hinweisen, daß man sich zu stark davon beeinflussen läßt, zu sehr nach materiellen Werten strebt.

bezaubern

Mit diesem Symbol zeigt uns das Unterbewußtsein, daß wir unter einem fremden Einfluß stehen, der gerade deshalb, weil er unserem Wesen nicht entspricht, eine bedeutende Macht auf uns ausüben kann.

Bibel

Sie steht für die Überzeugung, sich auf dem rechten Weg zu befinden, in Einklang mit sich selbst (vor allem mit dem Gewissen) zu leben und entsprechend zu handeln. Manchmal will das Symbol aber auch vor zu starrer Befolgung von Normen und daraus resultierender Selbstgerechtigkeit warnen. Wenn man im Traum eine Bibel kauft, zeichnet sich ein Ausweg aus innerfamiliären Problemen ab.

Bibliothek

Sie symbolisiert Lebenserfahrung und Weisheit, die nicht nur im gegenwärtigen Leben erworben wurden, sondern auch aus dem »kollektiven Unterbewußten« (nach *C. G. Jung*) stammen. Der Bibliothekar steht für ein gutes Gedächtnis und die Fähigkeit, mit dem kollektiven Unterbewußtsein in Kontakt zu treten.

Bienen, Bienenstock

Die emsigen Insekten deuten im Traum an, daß man durch Fleiß und Ausdauer zum Erfolg gelangen wird. Zugleich signalisieren sie Ordnungsliebe, soziales Engagement und Anpassung an die Masse, die Kraft und Macht über das Individuum ausübt.

Bier

Als Symbol der Ruhe und Gelassenheit deutet das Bier auf ein ausgeglichenes Wesen hin. (Zur weiteren Bedeutung → Alkohol.)

Bild, Gemälde, Foto

Darin kommt unser Selbstbildnis zum Ausdruck, das unser Denken und Handeln im Lauf der Zeit geprägt hat.

Bildhauer

Er formt Materie um, eine geistig-kreative Leistung. Als Traumsymbol deutet er darauf hin, daß wir unser Leben neu gestalten werden.

Billard

Das Spiel steht für das Auf und Ab in unserem Leben. Im Einzelfall kann die Bedeutung nur aus den Begleitumständen geklärt werden. Manchmal symbolisiert Billard auch den sexuellen Verkehr.

Binde

Ein günstiges Symbol, das uns ankündigt, daß wir eine Aufgabe gleichsam mit verbundenen Augen bewältigen werden.

Birne

Sie entspricht in ihrer Bedeutung weitgehend dem Apfel, die gefühlsbetonten zwischenmenschlichen Beziehungen stehen aber im Vordergrund.

Biß eines Tieres

Dahinter steht die Eifersucht, die einen entweder selbst quält oder mit der man andere belastet.

Bitte

Als Traumsymbol verkörpert sie unsere geheimen Sorgen, Probleme und Ängste. Die genaue Bedeutung hängt vom Inhalt unserer Bitte und der Person ab, an die wir sie richten.

Blasphemie

Die Gotteslästerung im Traum wendet sich gegen das eigene Ich und dessen Möglichkeiten. Der Träumer folgt ganz bewußt nicht seiner inneren Stimme, verleugnet oder verflucht sie sogar.

Blatt

Es steht symbolisch für einen lebenden, wachsenden oder bereits vergangenen (welkes, abgefallenes Blatt) Teil unserer Gefühle und Gedanken. Manchmal fühlt man sich im Traum auch selbst als Blatt, das in der Luft herumwirbelt. Damit deutet das Unterbewußtsein an, daß man von den Wurzeln seiner Existenz getrennt wurde und innerlich haltlos ist. Das Blatt Papier symbolisiert den Lebensraum und die eigene oder eine andere Persönlichkeit. Im weißen, leeren Blatt kommen neue Möglichkeiten zum Ausdruck, das beschriebene Blatt weist uns zukünftige Entwicklungsrichtungen. Nimmt man von einem anderen Menschen ein beschriebenes Blatt Papier an, steht man unter dem Einfluß seines Vorbilds. Viele Blätter (Laub) symbolisieren unsere Ideen und Gedanken.

blau

Die Farbe steht für den geistigen Bereich, religiöse Gefühle und Ideale. Gleichzeitig symbolisiert sie auch Ruhe. Das trübe, dunkle Blau deutet dagegen auf Depressionen und auf Launenhaftigkeit hin.

Blech

Hinter diesem Symbol steht die Warnung vor der Beschäftigung mit wertlosen Dingen.

Blei

Es symbolisiert alles an materiellen Werten, was Geist und Seele belastet und hinab in die Niederungen des Alltags zieht.

Bleistift

In der Realität kann man damit schreiben oder zeichnen. Wer davon träumt, will sich mitteilen oder wartet auf eine Mitteilung anderer. Manchmal weist der Bleistift auch auf die verborgene künstlerische Begabung hin.

Blindheit

Dieser Traum ist eine Warnung davor, blind durch das Leben zu gehen, Gefahren und Chancen nicht zu erkennen. Manchmal steht dahinter auch mangelnde Bereitschaft oder Fähigkeit, etwas zu verstehen.

Blitz

Er kann eine plötzliche Entladung innerer Spannungen oder eine spontane Einsicht in Zusammenhänge ankündigen. Unter Umständen steht dahinter auch die Angst vor Bestrafung oder Rache, die blitzartig über einen kommen kann.

Blume

Sie symbolisiert den Gefühlsbereich, Liebe und Schönheit, das Aufblühen und Gedeihen von Fähigkeiten und Gefühlen. Die Bedeutung im Einzelfall hängt vor allem davon ab, in welchem Zustand sich die Blüte befindet. Manchmal stehen hinter der Blüte auch sexuelle Wünsche. (Die Zusammenhänge mit der Sexualität erkennt man zum Beispiel auch daran, daß Flora, die Blüte, Bestandteil des Wortes Defloration ist, das Entjungferung bedeutet.)

Blut

Der »besondere Saft« hat im Traum verschiedene Bedeutungen. Im allgemeinen steht er für Lebenskraft (auch sexuelle Fähigkeit) und Bewußtsein. Unter Umständen symbolisiert Blut aber auch Veranlagungen (»das liegt einem im Blut«), verwandtschaftliche Beziehungen (»Blutsbande«) oder gestörte soziale Beziehungen (»böses Blut«) oder es steht die Angst vor Befleckung (auch bei sexuellen Hemmungen), Unsauberkeit oder Schmerzen dahinter.

Blüten

In der Blüte kommt die Entfaltung unserer Persönlichkeit zum Ausdruck. Welke, verkümmerte Blüten deuten auf gehemmte Selbstverwirklichung, die prachtvolle Blüte signalisiert das Gegenteil.

Blutschande, Inzest

Dahinter steht in der Regel keine echte abartige Neigung, sondern ein Rückfall in eine kindliche Stufe der sexuellen Entwicklung, auf der Inzestwünsche völlig normal waren. Die Einsicht, daß Schuldgefühle nicht angebracht sind, also die Annahme der kindlichen Inzestträume, trägt zur sexuellen Reifung bei. Da neurotische Störungen häufig eine ihrer Wurzeln in dieser kindlichen Entwicklungsphase haben, können Inzestträume manchmal auch signalisieren, daß eine psychotherapeutische Behandlung erforderlich ist.

Bombe

Sie steht symbolisch für Gefahren, die uns durch eigene Gefühle und Ängste drohen, wenn diese nicht mehr gezügelt werden können, sondern zu explodieren drohen. Demnach sollte man dieses Traumsymbol immer ernst nehmen und prüfen, worauf es sich bezieht und wie man eine »Explosion« verhindern kann.

Boot, Schiff

Es symbolisiert unsere Persönlichkeit, mit der wir uns auf dem »Meer des Lebens« bewegen und mit seinen Gefahren fertig werden. Die Deutung hängt also von den Erlebnissen ab, die wir mit unserem Boot zu bestehen haben. Eine Rolle für das Verständnis spielt darüber hinaus, ob wir uns durch klares, trübes, ruhiges oder stürmisches Wasser bewegen (→ Wasser). In der Mythologie dient das Boot auch der Überfahrt ins Totenreich. Deshalb kann uns das Symbol auch anzeigen, daß wir uns auf dem Weg in geistige Regionen befinden. In Ausnahmefällen versinnbildlicht ein Boot auch einmal den Drang nach sexuellen Abenteuern.

Brand

Er signalisiert meist innere Unsicherheit und Hilfsbedürftigkeit. Wenn man den Brand selbst entfacht hat, drückt sich darin der Wunsch nach einer Veränderung aus. Da der Brand aber zerstört, will das Unterbewußtsein zugleich deutlich machen, daß man den falschen Weg geht.

Brandung

Sie symbolisiert das ewige Auf und Ab im Leben, manchmal auch Gefühlsaufwallungen.

braun

Die Farbe kann Erdverbundenheit und Sinnlichkeit versinnbildlichen. Unter Umständen deutet sie aber auch darauf hin, daß man sich an einem Wendepunkt des Lebens befindet, wobei ein Übergang zum Negativen droht, wenn man nicht noch im letzten Augenblick etwas dagegen unternimmt.

Braut, Bräutigam

Beide Symbole können den Wunsch nach einer Liebesbeziehung ausdrücken. Neben dieser Trivialdeutung gibt es aber auch noch eine Reihe anderer Bedeutungen auf geistiger Ebene. Der Bräutigam repräsentiert das Bewußtsein und den Intellekt, der sich mit dem Unbewußten, der Welt der Gefühle und Intuitionen als Braut vermählt. Oft steht der Bräutigam auch für Christus oder Gott, die Braut für die Jungfrau Maria. Darin kann die Sehnsucht nach einer geistigen Beziehung zum Ausdruck kommen. Braut oder Bräutigam können schließlich auch andeuten, daß Gegensätze im Wesen des Träumers miteinander versöhnt werden und sich zu etwas Neuem, Harmonischem vermischen. Hinter dem Symbol der Braut kann der Wunsch nach Familie und Kindern stehen.

Bretter

Mit Brettern kann man etwas gestalten, etwas Neues aufbauen. Symbolisch kündigen sie im Traum eine Beziehung zu einem anderen Menschen oder neue geschäftliche Möglichkeiten an. Wer auf Brettern übers Wasser geht (heute handelt es sich dabei oft um Surfbretter oder Wasserskier), wird eine bevorstehende Gefahr gut überstehen.

Brief

Er deutet auf eine Einsicht, Erkenntnis oder Wahrnehmung hin, die man meist in bezug auf eine andere Person macht. Manchmal steht dahinter aber auch eine Selbsterkenntnis.

Brieftasche

Sie symbolisiert unsere eigene Existenz, unsere Persönlichkeit mit all ihren Licht- und Schattenseiten. Verliert man die Brieftasche, droht die Aufdeckung eines bisher wohlgehüteten Geheimnisses. Findet man dagegen eine Brieftasche, wird man hinter die Geheimnisse eines anderen Menschen kommen. Wer eine Brieftasche mit Geld findet, sollte seine Einstellung zur Arbeit überprüfen. Dieser Fund will ihm nämlich sagen, daß er ohne Arbeit seine Wünsche nicht verwirklichen, insbesondere nicht zu Wohlstand kommen kann. Stiehlt einem jemand die Brieftasche, sollte man sich vor falschen Freunden hüten.

Brieftaube

Sie symbolisiert unsere Gedanken, Hoffnungen und Wünsche. (→ Taube, → Vogel)

Briefträger

Er erscheint als Symbol eines Teils unserer Persönlichkeit oder einer Einsicht in unser Wesen, die uns Hoffnung geben soll.

Briefumschlag, Kuvert

Er (es) steht für den Körper, das »Gefäß« unserer Seele, das uns gegen die Umwelt abgrenzt und schützt.

Brillant

Dahinter verbergen sich oft Minderwertigkeitsgefühle, die nach außen durch Angeberei überkompensiert werden. Unter Umständen warnt das Unterbewußtsein dadurch aber auch vor einer Überbewertung der eigenen Person.

Brille

Sie symbolisiert den Versuch, das Leben und vor allem die eigene Situation besser zu verstehen, zu durchschauen. (In der Realität schärft die Brille ja auch das Sehvermögen.) Manchmal warnt das Traumsymbol aber auch vor einer zu idealistischen Lebenseinstellung (rosa Brille), die zu Enttäuschungen führt.

Bronze

Sie deutet auf Energie und Aggressivität hin, die durch Egoismus, Habgier und Herrschsucht in eine bestimmte Richtung gelenkt werden.

Brot

Es symbolisiert vor allem die Bedürfnisse unseres Körpers, aber auch den Wunsch nach Freundschaft und harmonischen sozialen Beziehungen. (Brot und Salz reichen viele primitive Völker ihren Gästen zur Begrüßung und diese können sich danach vollkommen sicher fühlen.) Ferner kann das Brot für Lebenserfahrung stehen, religiöse (Leib Christi) oder sexuelle Bedeutung haben.

Brücke

Sie verbindet zwei Ufer, also Gegensätze im Fühlen, Denken und Handeln. Symbolisch kündigt sie im Traum oft an, daß man auf dem Weg ist, Probleme zu lösen oder widerstreitende innere Haltungen überbrücken soll, um Schwierigkeiten zu überwinden. Eine unsichere, alte, morsche Brücke deutet darauf hin, daß man einem negativen Erlebnis gerade noch glücklich entgehen wird. Die zerstörte Brücke kann vor einer allzu starren Haltung warnen, die Kompromissen im Weg steht, oder anzeigen, daß man eine Brücke hinter sich abgerissen hat und nun an neuen Ufern lebt, ohne daß es je wieder einen Weg zurück gäbe.

Bruder

Dahinter steht manchmal wirklich die Beziehung zum eigenen Bruder. Unter Umständen verkörpert das Traumsymbol aber auch die beiden Seelen, die in unserer Brust wohnen, vermittelt also ein Stück Selbsterkenntnis. Ein älterer Bruder kann den Wunsch nach Rat, Hilfe und Schutz oder einer tiefen zwischenmenschlichen Beziehung repräsentieren, ein jüngerer dagegen das Bedürfnis, anderen Rat, Schutz und Hilfe zu geben.

Brunnen

Die Summe unserer Lebenserfahrungen, die Verhalten, Gefühle, Neigungen und Absichten beeinflußt, kann man mit einem Brunnen vergleichen, aus dem man bei Bedarf immer wieder schöpft. Der überlaufende Brunnen bedeutet ebenso wie ein leerer Gefahren und Verluste. Schöpft man trübes Wasser aus dem Brunnen, warnt das vor falschen Freundschaften, klares Wasser deutet auf eine positive zwischenmenschliche Beziehung oder einen Erfolg hin.

Brust, Brüste, Brustwarzen

Diese Symbole können sexuelle Wünsche ausdrücken. Außerdem versinnbildlichen sie aber auch Liebe, Geborgenheit und Schutz. Wer sich im Traum an der Brust einer Frau ausruht, bringt damit oftmals kindliche Sehnsüchte zum Ausdruck, wie sie einer unreifen Persönlichkeit eigen sind. Manchmal steht die Brust im Traum aber auch für das eigene Gefühl von Sicherheit.

Buch

Es repräsentiert unsere eigene Persönlichkeit oder die eines anderen Menschen, manchmal auch unsere Erinnerungen (»Buch des Lebens«), Erfahrungen und Einsichten. Der Titel – sofern man ihn im Traum erkennt – kann im Einzelfall viel über die genauere Bedeutung aussagen.

Buchstaben

Sie repräsentieren die Ordnung im Leben, die zum persönlichen Glück führen kann. Marschieren die Buchstaben in alphabetischer Reihenfolge auf, sollte man sich bemühen, seine Angelegenheiten zu ordnen.

Buckliger

Das Traumsymbol verspricht Glück und Erfolg. Bei Frauen steht es für sexuelle Bedürfnisse.

Buddha

Er symbolisiert die menschliche Natur in den Dimensionen, die uns allen ewig gemeinsam sind. Manchmal bringt die Statue des Buddha auch unsere Angst vor dem Einfluß eines anderen Menschen zum Ausdruck.

Bühne

Ein je nach Begleitumständen mehrdeutiges Symbol. Sie kann uns zum Beispiel unseren Wunsch nach mehr Beachtung (im Rampenlicht stehen) verdeutlichen, oder unsere Lebenssituation spielt sich auf der »Bühne des Lebens« wie in einem Drama ab. Unter Umständen erkennen wir auf der Bühne auch unsere Interessen, Wünsche, Hoffnungen und bewußten Aktivitäten. (→ Schauspieler)

Burg

Einerseits bietet sie Schutz für diejenigen, die sich darin befinden. Für alle anderen kann sie aber eine ständige Bedrohung bilden. Im Traum symbolisiert sie denn auch eine Gefahr, die man jedoch erst aus der individuellen Lebenssituation heraus deuten kann.

Butter

Manchmal stehen dahinter echte Sorgen um die tägliche Ernährung oder verschlüsselte sexuelle Bedürfnisse. Wer die Butter selbst herstellt, sehnt sich nach Liebe und Zärtlichkeit. Unter Umständen entlarvt das Unterbewußtsein durch dieses Symbol aber auch unser eigenes Verhalten oder das anderer uns gegenüber als Schmeichelei, hinter der eigennützige Interessen stehen.

C

C

Der dritte Buchstabe des Alphabets symbolisiert die Materie, welche den Geist umgibt, und die Kehle, die den Gedanken in der Sprache ihre Form verleiht. Im Traum kann der Buchstabe in verschiedenen Formen auftauchen und muß jeweils nach den Begleitumständen genauer gedeutet werden.

Café

Hier treffen sich verschiedene Teile unserer Persönlichkeit. Das Symbol kann also Hilfe zur Selbsterkenntnis werden oder das Ausruhen vor einem Neubeginn symbolisieren, der aus dem Zusammenwirken der vielfältigen Aspekte einer Persönlichkeit entsteht.

Cello

Das Musikinstrument symbolisiert Ausgeglichenheit und Harmonie, die genaue Bedeutung ergibt sich aus den Begleitumständen im Traum.

Chamäleon

Wie das Tier in der Realität kann auch das Traumsymbol auf ausgeprägte Anpassungsfähigkeit und -bereitschaft, aber auch auf Wankelmut und Unzuverlässigkeit hindeuten.

Champagner

Dahinter können sexuelle Bedürfnisse stehen, oft aber auch der Versuch, aus dem Alltag auszubrechen, etwas Neues zu erleben. (→ Alkohol)

Chef

Er signalisiert berufliche Gefahren und Probleme, die unsere Existenz verunsichern. Manchmal steht er aber auch für die uns beherrschenden Triebkräfte wie Liebe, Ehrgeiz, Macht- oder Geldgier.

China, Chinese

Das Land steht für das Irrationale in uns selbst oder für unsere Angst vor dem Irrationalen und Mystischen, das auf uns einwirkt, ohne richtig verstanden und erklärt werden zu können. Unter Umständen symbolisiert China aber auch tiefe Weisheit. Der Chinese kann als weiser Lehrer (Guru) im Traum auftreten, manchmal warnt er aber auch vor Verschlagenheit und Falschheit anderer oder in uns selbst.

Cholera

Wer im Traum mit dieser Krankheit in irgendeiner Weise konfrontiert wird, sollte sich auf bevorstehende unangenehme Erfahrungen und Risiken einstellen. Manchmal kündigt das Unterbewußtsein damit auch eine tatsächliche Erkrankung an. Zuweilen steht hinter dem Symbol der Wunsch nach Selbstreinigung von früheren Einstellungen, Gefühlen, Haltungen oder Erfahrungen, die in Form des drastischen Durchfalls möglichst rasch erfolgen soll. Da Cholera aber auch eine ernste Krankheit ist, warnt das Unterbewußtsein zugleich davor, die Selbstreinigung zu übertreiben, das Kind also mit dem Bade auszuschütten.

Christus

Er symbolisiert die in uns schlummernden Möglichkeiten, insbesondere jene auf der geistigen und Gefühlsebene (göttliche Weisheit und Liebe), die Harmonie mit der Umwelt und dem Schicksal, das vertrauensvoll in die Hände einer höheren Macht (göttlicher Ratschluß) gelegt wird. Gewissermaßen verkörpert Christus im Traum unsere eigene Persönlichkeit in der Vollkommenheit, nach der wir oft streben, ohne sie jedoch zu erreichen. Deshalb kann uns dieses Traumsymbol zu einer vertieften Selbsterkenntnis verhelfen und neue Bestrebungen und Ziele aufzeigen, die unserer Persönlichkeitsentwicklung dienen. Indirekt wird das Traumsymbol auch zu einer Art Guru, der uns den rechten Weg zu uns selbst und zur Harmonie mit allem Sein zeigt. Gelegentlich kommt in Christus auch unser Verhältnis zur Religion und zu Gott zum Ausdruck.

Clown

Manche Menschen träumen sich selbst als Clown, weil sie sich zum Narren machen lassen oder selbst dazu machen, um mit anderen gut auszukommen, von ihnen angenommen zu werden, nicht isoliert zu bleiben. Sie glauben nicht an sich selbst und ihren Wert für andere Menschen. Dahinter steht also oft ein ausgeprägter Minderwertigkeitskomplex, der unter Umständen psychotherapeutisch behandelt werden muß. Man kann aber auch aus Überzeugungstreue zum Clown oder Narren werden, wenn man kein Verständnis und keine Toleranz für abweichende Ideen findet. Der Clown signalisiert also immer Probleme mit den Mitmenschen, die man um seiner seelischen Gesundheit willen genau analysieren und beseitigen sollte.

Cocktail

Er zeigt uns meist an, daß unser Leben zu eintönig verläuft, daß wir mehr Abwechslung brauchen. Gelegentlich steht er auch für Mißverständnisse mit anderen Menschen.

D

D

Der vierte Buchstabe unseres Alphabets symbolisiert Nahrung und Wachstum.

Dach

Das Dach eines Hauses steht oft symbolisch für den Intellekt oder die Zukunft. Je nach den weiteren Umständen im Traum sind verschiedene Deutungen möglich. Wer ein Dach deckt, schafft damit mehr Sicherheit in seinem Leben. Schaut man von einem Dach in die Gegend (oder aus einem Dachfenster), versinnbildlicht das einen besseren Überblick über die eigene augenblickliche Situation und/oder zukünftige Entwicklungen. Schadhafte Dachziegel warnen ebenso wie ein Dachbrand vor Gefahren und Risiken. Der brennende Dachstuhl kann auch für Wünsche und Phantasien stehen, die man vor sich selbst nicht eingesteht. Wer vom Dach fällt, dessen geistige »Höhenflüge« waren wohl zu verwegen. Dabei spielt es auch eine Rolle, ob man sich beim Absturz verletzt oder nicht. Im letzteren Fall kommt man gerade noch einmal mit einem blauen Auge davon. (→ Haus)

Dachrinne

Sie symbolisiert einen ungewöhnlichen, gefährlichen oder verbotenen Weg, den man zu einem Ziel eingeschlagen hat. Wenn das Hinaufklettern an der Dachrinne gelingt, ist es der richtige Weg, der zum Erfolg führt. Fällt man dabei aber hinunter, dann wird man keinen Erfolg erzielen. Wenn der Träumer an der Dachrinne hinabrutscht, wird er sich auf ungewöhnliche Weise aus einer schwierigen Situation heraushelfen können.

Dachstube

Mehr noch als das Dach insgesamt steht sie für Ideale und Intellekt, Vernunft, manchmal auch Stolz und Hochmut. Der Träumer, der in einer Dachkammer lebt, betont die idealistische und intellektuelle Seite seiner Persönlichkeit zu stark und sollte sich überlegen, wie er auch andere Aspekte seines Selbsts mehr zur Geltung bringen kann. Eine Dachstube mit alten Gegenständen steht häufig für Erinnerungen und für ein gutes Gedächtnis.

Damm

Er symbolisiert den Hinweis des Unterbewußtseins auf gestaute Gefühlsregungen und warnt vor einem »Dammbruch«, der diese unterdrückten Regungen gewaltsam befreit.

Dämon

Er symbolisiert die Bedürfnisse, die wir ablehnen, die andererseits aber (meist gerade weil wir sie unterdrücken) von uns Besitz zu ergreifen drohen. Damit verbunden sind Ekel, Aggressivität, Haß und Schuldgefühle, die ein Leben zerstören können. Wenn Dämonen in unseren Träumen öfters auftreten, empfiehlt sich dringend das Gespräch mit einem Psychotherapeuten, ehe die innere Zerrissenheit zur ernsten geistig-seelischen Krankheit führt.

Dampf

Er weist auf viel Energie hin, mit der wir Pläne zu verwirklichen suchen, kann aber auch Gefühle (wie Zorn) ausdrücken, die gestaut wurden und sich unter hohem Druck explosionsartig entladen können. Manchmal weist der Dampf auch darauf hin, daß wir zuviel Druck hinter eine Angelegenheit gemacht haben, also mehr Energie darauf verschwenden, als notwendig wäre.

Darm

Als Traumsymbol steht er für alles, was wir im Leben hinter uns lassen, weil es unbrauchbar geworden ist.

Dattel

Ein erotisches Symbol für das weibliche Genital, das uns sexuelle Bedürfnisse oder (allgemeiner) Sehnsucht nach Liebe anzeigt.

Decke

Das Symbol deutet darauf hin, daß wir etwas vor uns selbst und/oder vor den anderen verbergen wollen, weil wir uns dessen schämen. (Daraus geht allerdings nicht hervor, ob diese Scham auch angebracht ist.)

Degen

Er kann die aggressive Form männlicher Sexualität verkörpern. Von Frauen wird er oft als Bedrohung empfunden, wenn sie diese Form der Sexualität (oder Sexualität insgesamt) ablehnen. Unter Umständen steht der Degen aber auch einmal für das persönliche Ehrgefühl. (→ Waffen)

Deichsel

Sie verbindet den Wagen, mit dem wir uns auf der Straße des Lebens bewegen, mit dem Pferd, also den Antriebskräften. Als Traumsymbol deutet die Deichsel deshalb auf gutes Vorwärtskommen hin, wenn sie nicht zerbrochen ist. Dann wird eine unserer Absichten scheitern.

Denkmal

In der Realität zeichnet es Menschen mit besonderen Verdiensten aus oder erinnert an wichtige Ereignisse. Als Traumsymbol kommt dem Denkmal eine ähnliche Bedeutung zu. Wer ein Denkmal zu bauen beginnt, wird in der nächsten Zeit gute Fortschritte erzielen, das vollendete Denkmal zeigt den gelungenen Abschluß einer Arbeit an. Erblickt man das Denkmal eines bekannten Menschen, wird man von den Erfolgen anderer in Kürze profitieren. Das eigene Denkmal dagegen will vor Selbstüberheblichkeit, übersteigerten Hoffnungen und Plänen warnen.

Detektiv

Er deutet darauf hin, daß man ein schlechtes Gewissen hat und fürchtet, jemand könnte einem auf die Schliche kommen. Gleichzeitig drücken sich damit aber auch Schuldgefühle aus.

Desinfektion

Sie kann symbolisch als Vorgang oder als Desinfektionsmittel im Traum auftauchen. Dahinter steht dann die Einsicht, daß schmerzhafte Lebenserfahrungen (Wunden) uns weiterhelfen, weil wir dadurch zur Reform falscher Einstellungen, Gewohnheiten und Wünsche gezwungen werden, die uns zunächst sehr am Herzen lagen.

deutsch (fühlen, handeln, sein)

Dahinter steht meist eine intellektuelle, der Welt zugewandte innere Einstellung, manchmal aber auch Weisheit.

Diadem

Es symbolisiert das Bewußtsein des Geistigen, manchmal auch die Sucht nach Ruhm und Auszeichnungen.

Diamant

→ Brillant, → Juwelen, → Schmuck.

Dichter, Poet

Er stellt die Kraft unserer Phantasie dar, mit der wir unsere Gefühle zum Ausdruck bringen, die gewöhnlich nicht den Weg ins Bewußtsein finden, sondern tief in uns verborgen schlummern.

Dieb, Diebin, Diebstahl

Hinter diesen Symbolen stehen oft Wünsche, die man sogar vor sich selbst verheimlicht und verdrängt. Dabei kann es sich auch um sexuelle Abenteuer handeln. Wenn uns im Traum ein Dieb erwischt, werden wir allerdings von der Befriedigung solcher geheimen Bedürfnisse keinen wirklichen Genuß haben, sondern eine Enttäuschung erleben. Die Diebin kann im Traum symbolisch vor Leichtsinn warnen.

Diener, Butler

Er warnt vor falschen Freunden, die uns ausnützen wollen, oder zeigt uns an, daß wir uns bereits ausgenutzt vorkommen. Manchmal verbirgt sich dahinter aber auch zu viel Demut oder ein tiefes Gefühl der Unsicherheit und Minderwertigkeit. Läßt man sich von einem Butler bedienen, dann kann darin eine geistig-nervöse Übermüdung zum Ausdruck kommen, ein Warnzeichen, das man unbedingt beachten muß, indem man sich so bald wie möglich ausreichend erholt.

Dirne

→ Prostituierte.

Distel

Sie warnt vor Enttäuschungen, Mißerfolgen und anderen Unannehmlichkeiten, die man sich durch eigenes Verschulden zuzieht. Wenn man im Traum eine Distel gießt, dann hat man von anderen Menschen Undank zu erwarten.

Doktor

→ Arzt.

Dokument

Dahinter kann ein wichtiger Gedanke oder eine wichtige Selbsterkenntnis stehen. Gelegentlich soll das Symbol auch schon einmal auf eine bevorstehende Erbschaft hingewiesen haben.

Dolch

Er kann das männliche Geschlechtsorgan verkörpern und hat dann oft eine ähnliche Bedeutung wie der → Degen. Häufiger steht er aber symbolisch für Aggressivität, die in der Anwendung körperlicher oder geistig-seelischer Gewalt ihren Ausdruck findet. Unter Umständen steht auch einmal der Wunsch nach Hilfe dahinter, die durch den Dolch versinnbildlicht wird.

Dolmetscher

In diesem Traumsymbol kommt der Wunsch nach einem besserem Verständnis der eigenen Persönlichkeit oder auch unserer Mitmenschen zum Ausdruck.

Don Juan

Ein Traumsymbol, das oft für Betrug, Lüge und Untreue nicht nur in der Liebe und Sexualität, sondern ganz allgemein im täglichen Leben steht. Entweder wird man selbst jemanden betrügen oder hintergehen, oder das Unterbewußtsein warnt davor, daß jemand anderes das tun könnte. Manchmal kann der Don Juan allerdings auch den Wunsch nach sexuellen Beziehungen mit mehr als einem Partner/einer Partnerin symbolisch zum Ausdruck bringen.

Donner

Er zeigt in der Regel bevorstehende Gefühlsausbrüche an. Befindet man sich während des Donners in einem Theater, warnt unser Unterbewußtsein uns davor, viel Lärm um nichts zu machen (umgangssprachlich redet man ja auch vom »Theaterdonner«).

Dorf

Dahinter steht meist ein Teil unserer Persönlichkeit. Die tiefere Bedeutung des Symbols ergibt sich erst aus den Umständen, unter denen man das Dorf im Traum sieht. Gelegentlich drückt sich darin aber auch symbolisch die Sehnsucht nach einem ruhigeren, beschaulicheren, naturnäheren Leben aus.

Dorn

Er kann als Sexualsymbol gelten, vor allem wenn junge Mädchen vor dem ersten Geschlechtsverkehr davon träumen, daß sie sich in den Finger gestochen haben (symbolisch für die Defloration und zum Beispiel sinngemäß auch im Märchen vom Dornröschen enthalten). Manchmal kündigt der Dorn aber auch schmerzliche Lebenserfahrungen an.

Drachen

Das Fabelwesen symbolisiert kraß materialistische Einstellungen des Träumers, die mit viel Energie und einer »dicken Haut« ziemlich rücksichtslos verwirklicht werden. Wer den Drachen im Traum tötet, sollte sich unbedingt fragen, ob und wie er sich von seinen allzu einseitigen Einstellungen befreien kann. Der Papierdrachen warnt vor Scheinerfolgen und falschem Glück, das vielleicht schon bald in bittere Not umschlagen kann.

Draht

Dahinter steht die Warnung vor Hindernissen, Fallen und »Stolperdrähten«, die sich in der nächsten Zeit den Absichten, Hoffnungen und Plänen in den Weg stellen werden.

Dreieck

Es kann symbolisch für die weibliche Scham stehen, also sexuell gedeutet werden. Manchmal steht es aber auch – ähnlich wie die Zahl 3 (→ Zahlen) – für die Schaffung von etwas Neuem aus zwei vorhandenen, gegensätzlichen Elementen, die im Dreieck harmonisch miteinander vereint werden.

Drohung

Im Traum weist die Drohung meist symbolisch auf innere Unsicherheit, mangelndes Durchsetzungsvermögen und Angst vor einer ungewissen Zukunft hin.

Drüsen

Dahinter verbirgt sich meist ein bestimmter geistig-seelischer Zustand, zum Beispiel Entspanntheit, Energie oder Nervosität. Zuweilen deuten diese Symbole aber auch auf neue Fähigkeiten und Möglichkeiten hin, die in unserer Persönlichkeit zwar angelegt sind, aber erst noch erschlossen werden müssen.

Dung, Dünger

Symbolisch zeigt er uns, wie aus dem, was wir als Abfall hinter uns lassen, etwas Neues gedeihen kann. Praktisch bedeutet das vor allem, daß man Lebenserfahrungen der Vergangenheit als Grundlagen einer neuen, günstigeren Weiterentwicklung der Persönlichkeit annehmen, also Gewinn daraus ziehen soll.

dunkel

Es deutet meist darauf hin, daß wir etwas für undurchsichtig halten, es nicht verstehen können. Das kann sich auf bestimmte Ereignisse und/oder auf andere Menschen beziehen, es kann aber auch Teile der eigenen Persönlichkeit betreffen. (→ schwarz)

Dunst, Nebel

Dahinter kann der Wunsch stehen, etwas vor den anderen oder sogar vor sich selbst zu verbergen. Außerdem deutet das Symbol unter Umständen auf innere Unsicherheit, Verwirrtheit und tiefe Selbstzweifel hin. Wenn der Dunst oder Nebel sich im Traum lichtet, wird man jedoch in absehbarer Zeit wieder den »rechten Durchblick« haben. Gelegentlich befindet man sich aber auch im Dunstkreis einer Person oder bestimmter Vorgänge und Ereignisse. Ob dies im Einzelfall als Deutung in Frage kommt, hängt von den weiteren Vorgängen im Traum ab.

Durchfall

Er hat ähnliche Bedeutung wie die Cholera, ist also vor allem ein Ausdruck der Selbstreinigung. (→ Darm)

Durst

→ trinken.

Dutzend

→ Zahlen, 12.

Dynamit

Vor allem ein Ausdruck der rücksichtslosen Anwendung von körperlicher und/oder geistig-seelischer Gewalt, wenn es darum geht, seine Ziele zu erreichen. (→ Bombe)

E

E

Der Buchstabe, im Traum geschrieben, gemalt, gedruckt oder auch plastisch vorkommend, steht symbolisch als Vermittler zwischen Körper und Geist. Er kann darauf hinweisen, daß einer der beiden Bereiche überbetont oder unterdrückt wird. Daraus sollte man im Alltag dann praktische Konsequenzen ziehen.

Ebbe und Flut

Sie symbolisieren das Auf und Ab im Leben, wollen also im Glück wie im Pech darauf hinweisen, daß nichts ewig dauert. Manchmal kommt durch Ebbe und Flut auch die Unzufriedenheit oder Resignation angesichts eines ereignislosen, langweiligen Lebens zum Ausdruck, in dem sich alles ständig wiederholt, zum starren »Ritual« gefroren ist.

Ebenbild, Spiegelbild

Der Träumer, der seinem Ebenbild begegnet oder sein Spiegelbild betrachtet, bringt damit zum Ausdruck, daß er auf der Suche nach Selbsterkenntnis ist.

Ebene

Man ist unzufrieden mit seinem Leben, das keine Höhen und Tiefen mehr kennt. Unter Umständen gewährt die Ebene aber auch ungehinderten Ausblick in eine recht sorgenfreie Zukunft. Man sollte aber prüfen, ob man nicht »blind« für Hindernisse auf dem weiteren Lebensweg geworden ist und dann plötzlich von ihnen überrascht wird.

Eber

Er steht als Sexualsymbol für die erotischen Bedürfnisse von Mann und Frau. (→ Stier)

Echo

Darin kommt die innere Reaktion auf einen Vorgang zum Ausdruck. Die genaue Bedeutung ergibt sich aus den Begleitumständen im Traum und der tatsächlichen Lebenssituation des Träumenden.

Manchmal steht dahinter aber auch nur ein banales Geräusch in der Umgebung des Schläfers, das zwar seinen Schlaf nicht unterbricht, aber doch ins Unterbewußtsein gelangt.

Ecke

Sie zeigt an, daß wir die einmal eingeschlagene Richtung ändern wollen oder müssen, zum Beispiel von einer inneren Einstellung abweichen oder einen Plan aufgeben bzw. auf andere Weise zu verwirklichen suchen.

Edelstein

→ Brillant, → Juwelen, → Schmuck.

Eden

Der Garten Eden symbolisiert Reinheit und Unschuld, ein einfaches, schlichtes Paradies, in dem der Träumer zufrieden und im Einklang mit sich selbst und seiner Umwelt lebt.

Efeu

Es kann den Wunsch nach einer festen, guten, dauerhaften (immergrünen) Freundschaft oder Liebesbeziehung symbolisieren. Wenn er sich am Baum emporrankt, bedeutet das allerdings oft eine Warnung vor falschen Freunden.

Egge

Wer davon träumt, möchte seine Schuldgefühle zudecken oder wird bei der Verwirklichung seiner Lebensziele in absehbarer Zeit auf unerwartete Schwierigkeiten stoßen.

Ehe

Ein mehrdeutiges Symbol, das nur vordergründig den Wunsch nach einer ehelichen Gemeinschaft oder die Auseinandersetzung mit Gefühlen und Problemen in der tatsächlich bestehenden Ehe symbolisiert. Die Ehe versinnbildlicht auch die harmonische Vereinigung von Bewußtsein (Ich, Geist) mit dem Unbewußten, von verschiedenen Teilen unserer Persönlichkeit, die sich unter Umständen nicht ohne weiteres vertragen. Wer sich also innerlich zerrissen und uneins mit sich selbst fühlt, kann nach einem Ehetraum damit rechnen, daß die Gegensätze zumindest teilweise ausgeglichen werden und eine ausgewogenere, harmonischere seelisch-geistige Verfassung entsteht.

Ehebruch

Hier muß man unterscheiden, ob der Träumer tatsächlich einen Ehebruch begehen möchte oder begangen hat (dann oft Schuldträume). Ist das nicht der Fall, deutet das Symbol darauf hin, daß die innere Einheit der Persönlichkeit bedroht ist – nicht selten deshalb, weil man miteinander unvereinbare Wesenszüge zu »vermählen« suchte oder sich vorwiegend von Begierden, Trieben und körperlichen Bedürfnissen leiten läßt.

Ehescheidung

Wenn dahinter keine tatsächlichen Eheprobleme stehen, die an Scheidung denken lassen, deutet sie symbolisch das Gegenteil der Ehe an: Die eigene Persönlichkeit verliert ihre Einheit.

Ehrgeiz

Im Traum warnt das Unterbewußtsein dadurch vor Strebertum, das sich nicht auszahlen wird.

Ei

Das Ei hat zahlreiche Bedeutungen. Unter anderem steht es für das Leben, die Auferstehung (man denke an Ostereier) oder die Schöpfung. Außerdem kann es unsere menschliche Natur und deren noch unter der Schale verborgenen guten und schlechten Eigenschaften, Fähigkeiten und Neigungen symbolisieren, die sich je nach den weiteren Lebensumständen entwickeln oder verkümmern werden. Wer im Traum mit Eiern beworfen wird, sieht sich bald Anfechtungen seiner Umwelt ausgesetzt. Wirft man dagegen selbst mit faulen Eiern nach anderen, hat man ein Unrecht begangen, das bald auf einen selbst zurückwirkt. Ein einzelnes faules Ei zeigt an, daß man um seinen Ruf besorgt sein muß, eine verdorbene Eierspeise kann auf familiäre Streitigkeiten hinweisen.

Eiche

Der »König der Bäume« symbolisiert Gesundheit, Kraft, Macht und feste Verwurzelung mit dem geistig-seelischen Urgrund unseres Seins. In manchen Träumen kann die Eiche aber auch den Wunsch nach einem mächtigen Schutz zum Ausdruck bringen.

Eichel

Sie steht als Symbol für eine geistige Erfahrung, die im weiteren Leben wie ein Samenkorn aufgehen und großen Einfluß nehmen kann.

Eichhörnchen

Es kann eine Heirat oder Schwangerschaft ankündigen und das glückliche, harmonische Familienleben versinnbildlichen. Manchmal kann es aber auch darauf hinweisen, daß man sich rechtzeitig auf die Zukunft (schlechtere Zeiten) vorbereiten sollte.

Eid

Er deutet meist darauf hin, daß man in Schwierigkeiten steckt, die am besten durch völlige Offenheit bereinigt werden können. Legt man im Traum einen Meineid ab, trägt man sich mit dem Gedanken, die Probleme auf nicht ganz legale Weise zu lösen. Wenn dagegen ein anderer für den Träumer einen Meineid ablegt, kommt darin die Hoffnung nach Hilfe von außen zum Ausdruck.

Eidechse

Sie symbolisiert Mißverständnisse, enttäuschtes Vertrauen, Streit oder heimliche Feindschaft, wobei nur im Einzelfall zu erkennen ist, ob man das von der Umwelt befürchtet oder selbst andere fürchten läßt.

Eile

Als Traumsymbol deutet sie auf innere Unruhe hin. Zuweilen warnt das Unterbewußtsein dadurch auch davor, übereilt den zweiten Schritt vor dem ersten zu tun oder etwas Unmögliches anzustreben.

Eimer

Er symbolisiert das Gefäß des Lebens. Die weitere Bedeutung ergibt sich vor allem aus dem Inhalt des Eimers. Ein mit klarem Wasser gefüllter Eimer zum Beispiel deutet auf eine günstige Lebensphase hin, der mit trübem Wasser gefüllte, leere, rostige oder gar durchlöcherte Eimer hingegen warnt vor Sorgen, Enttäuschungen und Risiken. Manchmal deutet der durchlöcherte Eimer auch darauf hin, daß man sein Leben zu sehr verzettelt, sich an zu viele Kleinigkeiten hängt.

einatmen

Man nimmt eine Erfahrung, einen Gedanken oder eine Idee in sich auf, macht sie sich also zu eigen.

einäugig

(man selbst, andere, Tier): Das Symbol warnt immer davor, die Dinge nur aus einer Perspektive zu betrachten. Manchmal will uns das Unterbewußtsein damit aber auch ankündigen, daß uns jemand hintergehen will.

einbalsamieren

Dahinter steht oft der vergebliche Versuch, die Zeit aufzuhalten und Gefühle, Einstellungen oder Gedanken in ihrer augenblicklichen Form zu erhalten. Außerdem kann darin Angst vor dem Tod und der Wunsch (oder Glaube) nach Unsterblichkeit (körperlich, in der Erinnerung anderer, in den Werken) zum Ausdruck kommen.

Einbrecher, Einbruch

Manchmal symbolisiert der Einbrecher ein schlechtes Gewissen oder Schuldgefühle, weil man einem anderen tatsächlich etwas entwendet hat. Dabei muß es sich nicht um materielle Werte handeln, man kann auch Ideen oder Gefühle »stehlen«. Oft weist der Einbrecher aber als Sexualsymbol auf die Angst der Frau vor Geschlechtsverkehr gegen ihren Willen (oder überhaupt) hin. Bei beiden Geschlechtern kann er auch andeuten, daß der Sexualtrieb von nun an in der Persönlichkeitsstruktur eine größere Bedeutung erlangen wird. Entdeckt man im Traum einen Einbruch, bei dem nichts gestohlen wurde, kündigt das Unterbewußtsein damit eine Gefahr an, vor der man auf der Hut sein muß. Manchmal bringt der Einbruch auch den Wunsch nach sexuellen Abenteuern zum Ausdruck.

Eingeborene(r)

Sie (er) symbolisiert den Teil unserer Persönlichkeit, der noch weitgehend unverbildet von der Kultur und Zivilisation geblieben ist, in erster Linie also unsere Instinkte und Gefühle. Nicht selten verbergen sich dahinter auch unterdrückte sexuelle Bedürfnisse, die in der Realität dem Diktat der kulturellen Normen geopfert wurden, dadurch aber keineswegs an Einfluß verloren haben. Schließlich kann der Eingeborene ganz allgemein für die dunklen, auch uns selbst weitgehend unbekannten Seiten der Persönlichkeit stehen, die im Unterbewußtsein ruhen und die wir ebenso wie unsere »edleren« Züge annehmen müssen, um die Einheit der Persönlichkeit zu erhalten.

Eingeweide

→ Darm.

Einladung

Der Träumer leidet unter Vereinsamung und will aus der Isolation herausfinden.

einseifen

Wenn man es selbst tut, will man jemanden in der Realität übers Ohr hauen, seift uns dagegen jemand ein, sollte man besonders auf der Hut vor Betrügern sein.

Einsiedler, Eremit

Oft nimmt er im Traum die Bedeutung eines weisen Ratgebers an. Manchmal verkörpert aber der Einsiedler auch unsere eigenen Gefühle oder den Wunsch, sich von der Welt zurückzuziehen. Dann kann er gleichzeitig darauf hinweisen, daß man den Glauben an die Menschen verloren hat. Wer sich mit seinem Lebenspartner zusammen in ei-

ner Eremitage sieht, langweilt sich allmählich in dieser Beziehung und sollte darüber nachdenken, wie er wieder mehr Leben hineinbringen kann, wenn es nicht besser erscheint, sich zu trennen.

Eis

Meist drückt das Unterbewußtsein darin die Abkühlung von Gefühlen aus. Manchmal symbolisiert das Eis aber auch eine allgemeine Gefühlskälte des Träumers, die unabhängig von Gefühlsbeziehungen einen Persönlichkeitszug darstellen kann.

Eisberg

Er steht für unsere gesamte Persönlichkeit, von der auch – wie beim Eisberg – nur ein kleiner Teil sichtbar ist, also für das Bewußtsein zugänglich bleibt. Der unterhalb der Wasserlinie befindliche Teil entspricht unserem Unterbewußtsein.

Eisen

In diesem Symbol kommen meist eiserner Wille, Gefühlskälte, Härte und Brutalität gegen sich selbst und/oder andere zum Ausdruck. Eisenblech hingegen kann auf einen gefestigten, also positiven Charakter hinweisen.

Eisenbahn

Das mehrdeutige Traumsymbol kann uns viel Aufschluß über unsere Persönlichkeit und den Lebensweg geben. die Lokomotive verkörpert die Lebensenergie und Antriebskräfte. In den Waggons kommen die Erfahrungen, Erlebnisse und Leistungen unseres Lebens zum Ausdruck, die Gleise stehen für die Werte, an denen wir uns im Leben orientieren und die unsere freie Selbstbestimmung einschränken. Die Reise selbst veranschaulicht meist die zukünftige Lebensentwicklung. Wenn wir im Traum den Zug verpassen, zeigt uns das Unterbewußtsein damit, daß wir günstige Gelegenheiten verspielt haben. Will man uns davon abhalten, einen Zug zu besteigen, kommen darin Ängste, Einstellungen und Verhaltensformen zum Ausdruck, die uns auf unserem Lebensweg hemmen. Wenn wir unter den Zug geraten, fühlen wir uns bedroht durch unsere eigenen Verhaltensformen oder Antriebe oder auch durch das Verhalten der anderen Menschen. Manchmal kommt darin auch die Furcht vor den Folgen unserer Absichten und Pläne zum Ausdruck, oder wir fühlen uns zu stark eingeengt durch die sozialen Normen. Insgesamt symbolisiert die Eisenbahn also unsere Lebenseinstellungen und Ziele, unsere Erfolge und Mißerfolge. Es lohnt sich, Träume mit Eisenbahnen zu analysieren und aus dem Ergebnis Konsequenzen zu ziehen. (→ Bahnhof)

Eiszapfen

Er verkörpert den aus unterschiedlichen Gründen erkalteten oder unterdrückten Sexualtrieb von Mann und Frau.

Eiter

Er bringt manchmal Ekelgefühle zum Ausdruck. Häufig weist der Eiter aber auf bestimmte Persönlichkeitsmerkmale hin, die nicht mehr ausreichend in das Leben einfließen. Für die genaue Deutung kommt es vor allem darauf an, wo sich die Eiterung befindet.

Ekel

Dieses Gefühl kann als körperliche Reaktion auf bestimmte unbewußte Gedanken, Gefühle, Neigungen, Wünsche oder Erlebnisse auftreten. Manchmal deutet der Ekel auf eine tatsächlich bestehende Magenverstimmung hin.

Ekstase

Dahinter können sich Begeisterung für eine bestimmte Absicht, Idee oder Person oder Gefühle der völligen Harmonie mit sich selbst und der Umwelt verbergen, also immer ein positives Traumsymbol.

elastisch

Wenn wir im Traum elastische Gegenstände (etwa ein Gummiband) sehen, deutet das auf eine ausreichende Anpassungsfähigkeit hin.

Elefant

Er symbolisiert vor allem die sexuelle Energie, die vom Geist gelenkt und beherrscht wird. Manchmal kommt darin (vor allem bei Frauen) ein starkes Bedürfnis nach Geschlechtsverkehr zum Ausdruck. Zuweilen kann der Elefant aber auch unsere Fähigkeit darstellen, mit Hindernissen fertig zu werden. Das gilt besonders dann, wenn er von einem Treiber (er stellt den Geist oder Intellekt dar) gelenkt wird. Träumt man von einem Elefanten im Zirkus, bedeutet das oft, daß man sich durch Gefall- und Geltungssucht lächerlich zu machen droht. Eine Elefantenkuh mit ihrem Jungen steht für den Wunsch nach einem friedlichen, harmonischen, gesicherten »kleinen Glück« in der Familie.

Elektrizität

Im allgemeinen steht dahinter unsere geistige Energie und Kraft. Wenn man sich wie elektrisiert fühlt, kann sich dadurch ein sexuelles Abenteuer ankündigen, auch wenn man die Gelegenheit dazu überhaupt noch nicht wahrgenommen hat. Sprühende elektrische Funken dagegen symbolisieren die Ernüchterung nach einem solchen Abenteuer.

Elend

Wenn man im Traum das Elend anderer Menschen sieht, kommt darin zum Ausdruck, daß man mit seiner eigenen Situation durchaus zufrieden sein kann, um die andere einen sogar beneiden.

Elfen

Sie repräsentieren die Naturkräfte im Unterbewußtsein, die uns erhalten, indem sie aus dem Stofflichen Energie, Bewußtsein und Gefühl schaffen. In den Elfen kann unter Umständen auch der Wunsch nach einem Liebeserlebnis zum Ausdruck kommen. Kobolde und Zwerge (→ Zwerg) weisen manchmal auf Minderwertigkeitsgefühle und Hemmungen durch Ängste und Schuldgefühle hin.

Elfenbein

Es verkörpert die Seele, wobei das schwarze Elfenbein für unser Unterbewußtsein steht.

Ellbogen

Er ist innerhalb gewisser Grenzen beweglich, also anpassungsfähig, kann uns aber auch festen Halt und Stütze geben. Deshalb steht er für Gedanken, Ideen und Pläne, die uns Hoffnung und Sicherheit geben und – soweit erforderlich – den Bedürfnissen angepaßt werden können.

Elster

Der als diebisch verschriene, aber sehr kluge Vogel kann uns vor Verleumdungen und Mißverständnissen warnen oder anzeigen, daß wir unsere Gegner mit viel List und Geschick ausschalten werden. Nicht selten steht dahinter aber auch die materielle Besitzgier eines Menschen oder seine Sucht nach äußerem Glanz (die Elster liebt glitzernde, glänzende Dinge).

Eltern

Sie symbolisieren meist den Wunsch nach einem inneren Halt, nach Geborgenheit und Gefühlswärme. Allerdings können sie auch eine negative Bedeutung annehmen, das hängt vor allem davon ab, wie die Beziehungen des Träumers zu seinen Eltern tatsächlich sind oder waren.

Embryo

Dahinter steht häufig ein Gedanke, Gefühl oder Plan, der im Unterbewußten heranreift, von dem wir aber noch nichts ahnen. Manchmal signalisiert das Symbol aber auch persönliche Unreife mit Rückfall in frühere Verhaltensweisen oder den Wunsch, sich wieder in den Mutterschoß verkriechen zu dürfen, Wärme und Geborgenheit zu spüren, keine Eigenverantwortung mehr tragen zu müssen.

Emigration

Sie kündigt an, daß man sich verändert, auf der Suche nach einem neuen Selbst befindet, alte Zwänge von sich abschüttelt und ein neues Leben beginnt.

Enge

Entweder kommt darin ein beengter eigener Horizont oder die eingeschränkte Entscheidungs- und Bewegungsfreiheit im eigenen Leben zum Ausdruck.

Engel

Er kann uns als Bote aus dem Unterbewußtsein zu neuen Erkenntnissen führen oder zu Einsichten verhelfen und den richtigen Weg weisen. Manchmal zeigen uns zwei Engel – davon einer der »gefallene Engel« oder »Engel des Todes« – an, daß wir uns zwischen Gut und Böse, Positivem und Negativem entscheiden müssen.

England

Es steht für Nüchternheit, Sachlichkeit und Gefühlsarmut, dabei Sinn für das Praktische, Eigensinnigkeit und schöpferische Tüchtigkeit in den alltäglichen Angelegenheiten. Manchmal symbolisiert es auch die Gleichgültigkeit der Umwelt gegenüber unseren Gefühlen und Bedürfnissen.

Ente

Sie steht für Intelligenz und Weisheit, die zum Teil aus dem »Wissen« des Unterbewußtseins entspringt und unseren Absichten und Plänen zum Durchbruch verhilft.

entkleiden, entblößen

(Selbst entkleidet, entblößt sein, anderen dabei zuschauen.) Nur selten stehen dahinter sexuelle Phantasien. Häufiger symbolisiert das den Wunsch, so sein zu dürfen, sich so geben zu können, wie man wirklich ist. Dazu gehört auch, daß man Gefühle zeigt, falsche Hemmungen und Moralvorstellungen überwindet und sich selbst genauer kennt. Unter Umständen kommt darin die Angst vor dem Bloßgestelltwerden zum Ausdruck, wenn man glaubt, etwas Falsches oder Schlechtes getan zu haben.

Entlassung

Heute kann dahinter oft die durchaus berechtigte Angst vor dem Verlust des Arbeitsplatzes stehen. Wenn das nicht zutreffen kann, symbolisiert sie Trennung, Sorgen, Probleme und materielle Not.

entthronen

Damit fordert uns das Unterbewußtsein auf, Hemmungen und Zwänge abzulegen, die das Leben unnötig belasten. Wir sollen sie gewissermaßen von ihrem Thron stoßen, von dem aus sie das Zepter über uns schwingen.

entwaffnen

Wenn man es selbst bei einem Gegner tut, steht ein Erfolg (Sieg) in einer bestimmten Angelegenheit bevor. Wer sich dagegen entwaffnen läßt, leidet oft (berechtigt oder ohne Grund) unter dem Gefühl, seine Ehre verloren zu haben.

entweihen

Damit wenden wir uns selbst gegen Bedürfnisse und Gefühle in den Tiefen der Seele, die wir uns nicht eingestehen können und wollen – nicht selten deshalb, weil sie nicht zu unserem bewußten Selbstbild und den Rollen passen. Dazu gehört zum Beispiel das Unterdrücken von Gefühlsregungen (wie Weinen) durch den »harten Mann«, der sich nicht damit abfinden kann, daß es auch in seiner Seele empfindsame Stellen gibt.

entwirren

Ein positives Symbol, weil es uns ankündigt, daß wir das Netz von Befürchtungen, Ängsten oder Mißverständnissen um uns herum beseitigen werden. Das Traumsymbol gibt uns also Hoffnung auf ein erfüllteres Leben im Einklang mit unserer Umwelt und uns selbst.

Enzyklopädie, Lexikon

Diese Symbole können für ein gutes Gedächtnis stehen, oft verkörpern sie aber das unbewußte »Wissen« eines Menschen, das auf der Lebenserfahrung beruht.

Epilepsie

Im Traum durchlebte epileptische Anfälle bedeuten oft eine sexuelle Scheinbefriedigung durch rhythmische Körperbewegungen, da die tatsächliche Befriedigung der Sexualität in der Wirklichkeit unterdrückt wird. Manchmal kommen dahinter auch allgemein innere Spannungen zum Ausdruck.

Erben, Erbschaft

In diesem Symbol kündigen sich bevorstehende Veränderungen im Leben an. Sie können positiv ausfallen, zuweilen aber auch unangenehm sein, wie man das ja auch in der Wirklichkeit bei einer Erbschaft erleben kann. Manchmal deutet erben darauf hin, daß man von einem anderen Menschen geistige oder seelische Werte übernommen hat, zum Beispiel eine Verantwortung.

Erbrechen

Es kann eine ähnliche Bedeutung wie Durchfall haben, also das Bedürfnis nach Selbstreinigung. Vielleicht will der Träumer aber auch anderen Menschen oder der Welt insgesamt seinen Ekel und Abscheu zeigen (alles »kotzt ihn an«).

Erdball, Globus

Er symbolisiert unser Sein insgesamt und hat oft ähnliche Bedeutung wie der → Ball. Zuweilen drückt sich darin auch der Wunsch nach besserem Überblick und Selbsterkenntnis aus, gelegentlich kommt tatsächlich Reiselust dahinter zum Vorschein.

Erdbeben

Es versinnbildlicht die Urkräfte der Natur und warnt vor bevorstehenden Erschütterungen im Leben. Gleichzeitig gibt es Hoffnung: Wenn wir standhalten, dann werden auch die wirklichen Erschütterungen in der Realität gut überstanden.

Erdbeeren

Sie symbolisieren das Bedürfnis nach Freundschaft, oft auch nach einer erotischen Beziehung.

Erde

In ihr wird Werden und Vergehen, Vergangenheit und Zukunft symbolisiert. Gleichzeitig steht sie auch für Trägheit, Beständigkeit, Bescheidenheit, Naturverbundenheit und Menschlichkeit. Wenn wir im Traum in der Erde graben, suchen wir nach den Wurzeln unseres Seins in der Vergangenheit. Steigen wir aus der Erde auf (zum Beispiel aus einem Grab), dann deutet das auf eine geistige Höherentwicklung hin.

erdrosseln

Dahinter stehen negative Einstellungen, Erfahrungen und Befürchtungen, die unsere Energie und Tatkraft »drosseln«.

erfinden, Erfinder, Erfindung

Diese Symbole stehen für den unermüdlich fragenden und forschenden menschlichen Geist, der sich selbst und die Welt, in der wir leben, verstehen, ihre Rätsel lösen, sie beherrschen will. Er erfindet immer neue Modelle und Theorien, ist stets neugierig und nie ganz zufrieden mit dem Bestehenden. Wie aber der Erfinder in der Realität manchmal weltfremd ist, so kann auch das Traumsymbol darauf hinweisen, daß man zu theoretisch oder idealistisch denkt und handelt. Manchmal übernimmt der Erfinder auch die Rolle eines Lehrers (Guru), und die Erfindung kann eine tiefgreifende Veränderung von Einstellungen oder Lebensumständen bewirken.

erhängen

Symbolisch weist das Unterbewußtsein dadurch darauf hin, daß man sich im Übergangsstadium zwischen Entwicklungsstufen befindet, gewissermaßen »in der Luft hängt«. Das kann sich auf geistig-seelische wie auf äußerliche Entwicklungen beziehen.

Ernte

Darin kommen meist die Früchte unseres Handelns zum Ausdruck. Die genaue Bedeutung hängt davon ab, ob die Ernte gut oder schlecht ausfällt.

Auch der Wunsch nach mehr Anerkennung und Erfolg kann hinter dem Symbol der Ernte stehen.

Ersparnisse

Sie symbolisieren unsere Energie und Tatkraft, das Streben nach Sicherheit und Wohlstand.

erstechen

Manchmal steht das für aggressiv-unreife Sexualität (→ Dolch). Aber auch allgemeine Aggressivität oder der Wunsch nach schlagartiger Beseitigung von Problemen und Konflikten kann dahinter zum Ausdruck kommen.

ersticken

Wer davon träumt, sollte sich überlegen, was in seinem Leben vorgefallen ist, mit dem er sich nicht abfinden kann. Das gilt besonders dann, wenn im Alltag psychosomatische Störungen (vor allem Kloßgefühl im Hals und Blähungen durch nervöses Luftschlucken) bestehen.

ertrinken

Dadurch kann sich eine Gefahr ankündigen, die man in der nächsten Zeit zu bestehen hat. Zuweilen deutet das Unterbewußtsein damit aber auch an, daß man in Ereignissen, Gefühlen und Pflichten förmlich unterzugehen droht.

Eruption

Dadurch kommen unterdrückte Ängste, Gefühle und Triebe ins Bewußtsein. Wie immer, wenn sich unsere Selbsterkenntnis vertieft, ist das mit Unannehmlichkeiten oder Gefahren verbunden.

erwürgen

Ereignisse, Erfahrungen und Gefühle können uns die Luft abstellen, die Kehle zuschnüren. Das steht symbolisch hinter diesem Trauminhalt. Manchmal kommt darin aber auch der Wunsch zum Ausdruck, Teile der eigenen Persönlichkeit oder Menschen aus unserer Umgebung zu unterdrükken, zum Schweigen zu bringen (dann vielleicht auch Gewissensbisse).

Erwachsene

Wenn sie im Traum eine wichtige Rolle spielen, zeigt uns das Unterbewußtsein dadurch, daß wir selbst reifen und die in uns angelegten Fähigkeiten allmählich zum Tragen kommen.

Erz

Es versinnbildlicht die Umwandlung von Materiellem in geistig-seelische Werte. (→ Bergwerk)

Esel

Der zu Unrecht als dumm bezeichnete Esel symbolisiert im Traum ebenfalls einen Mangel an geistiger Kraft, die unsere niedrigen Instinkte, Begierden und Triebe lenken sollte. Zuweilen steht er aber auch für große Geduld, Demut, mangelnde Intelligenz oder eine leichtsinnige »Eselei«, die man begangen hat.

essen

Darin kommt im einfachsten Fall ein Hungergefühl zum Ausdruck, das man in der Realität übergeht (zum Beispiel während einer Schlankheitskur) und deshalb im Traum symbolisch befriedigt. Wer ein reichliches Mahl allein rasch verzehrt, zeichnet sich im Alltag oft durch Rücksichtslosigkeit und Mangel an Mitgefühl aus. Verspeist man dagegen ein kärgliches Mahl, kommt darin ein Gefühl von Reue zum Ausdruck.

Estrich

Er bildet die Grundlage, auf der wir uns im Haus des Lebens bewegen. Als Traumsymbol fordert er uns auf, unsere Absichten, Ideale und Wünsche daraufhin zu überprüfen, ob sie auf festem Boden stehen.

Etikett

Darauf kommen schlagzeilenartig unsere Ansichten und Meinungen über andere Menschen oder deren Einstellungen zu uns zum Ausdruck. Oft will uns das Etikett vor Vorurteilen warnen, da in der Aufschrift natürlich nie der Mensch als Ganzheit gewürdigt werden kann. Das nicht beschriebene Etikett zeigt an, daß wir uns noch keine Meinung über einen anderen Menschen gebildet haben.

Eule

Sie steht für Klugheit und Weisheit und deutet an, daß wir eine undurchsichtige Situation oder Inhalte unseres Unterbewußtseins durchschauen werden, so wie die Eule als Nachttier das Dunkel durchschauen kann. Manchmal symbolisiert sie auch unsere Angst vor den unbewußten Teilen unserer Persönlichkeit, vor unseren sexuellen Bedürfnissen oder vor dem Tod.

Eunuch

Er symbolisiert fehlende (oft unterdrückte oder gestörte) sexuelle Bedürfnisse. (→ Kastration)

Eva

Die »Urmutter« verkörpert die Seele, Sinnlichkeit und Verführbarkeit des Menschen, seine erotischen (nicht nur rein sexuellen) Bedürfnisse und Bindungen. Bei Männern kann sie aber auch den (oft unterdrückten) »weiblichen« Anteil der Seele repräsentieren. Schließlich steht sie manchmal für Willenskraft und freie Entscheidungsfähigkeit des Menschen, der sich in → Adam gegen die Harmonie mit Gott und für persönliches Bewußtsein entschieden hat.

Exkremente

Die Ausscheidungen des Menschen spielen nach den Erkenntnissen Sigmund Freuds in einer bestimmten Entwicklungsphase der kindlichen Sexualität eine wichtige Rolle. Wer im Traum mit Exkrementen spielt, befindet sich oft noch (oder wieder) in einer Phase sexueller oder allgemeiner Unreife. Andererseits bedeutet Kot aber auch ein Element, aus dem man schöpferisch Neues gestalten kann. Daher kann er im Traum auch das Zusammenfügen früherer Erfahrungen, Einstellungen, Hoffnungen und Bedürfnisse, die man ausgeschieden (hinter sich gelassen) hat, zu neuen Elementen unseres Lebens symbolisieren

(→ Dung). Ausscheidung von Exkrementen kann andererseits Erleichterung bringen, Entspannung bedeuten, wie sie nach der Befriedigung von Bedürfnissen oder nach der Überwindung von Hindernissen eintritt. Fühlt man sich allerdings mit Kot beschmutzt, steht dahinter meist die Befürchtung, von den anderen nicht angenommen zu werden, weil man abstoßend auf sie wirkt. Schließlich stehen Exkremente auch noch für Reichtum und Fruchtbarkeit.

Explosion

Sie repräsentiert erhebliche innere Spannungen, die sich explosiv entladen können und dann Probleme mit der Umwelt heraufbeschwören. Zuweilen kündigt das Symbol an, daß sich nervöse Gereiztheit und Unruhe ganz plötzlich legen werden, so wie es auch nach einer Explosion ruhig wird. (→ Bombe, → Dynamit)

F

F

Der Buchstabe kommt im Traum in verschiedenen Formen vor. Er verkörpert die Augen, die Außen- und Innenwelt miteinander verbinden. Außerdem verheißt er Licht, also Einsichten, gute Hoffnungen, Verständnis und Wissen.

Fabel

Wer im Traum eine Fabel (ein Märchen) liest oder erzählt, erlebt bald danach eine Kränkung.

Fabrik

Sie steht für Absichten, Ideen, Fleiß, Produktivität und eine gewisse innere Unruhe. Manchmal symbolisiert sie auch die weitgehend automatisch ablaufenden Lebensgewohnheiten und Reaktionen auf die Anforderungen der Umwelt. Der Fabrikschornstein hat sexuelle Bedeutung (männliches Geschlechtsorgan) und symbolisiert ein starkes erotisches oder rein körperlich-sexuelles Bedürfnis, vor allem dann, wenn der Schlot raucht.

Fächer

Damit kann man – wie in der Realität – sein wahres Gesicht verbergen oder kokettieren. Er steht also für den Versuch, andere nicht in die eigenen Karten schauen zu lassen oder sich zu zieren, ehe man dies tut, um ihre Erwartungen zu steigern und sich im Glanz ihrer Aufmerksamkeit zu sonnen.

Fackel

Sie erleuchtet das Dunkel und symbolisiert unsere Versuche, konzentriert, aufmerksam und gesammelt andere Menschen oder Zusammenhänge zu verstehen, die uns bisher fremd geblieben sind, im Dunkel lagen. Daraus resultiert dann oft eine Veränderung des Verhaltens, der Absichten, Ziele und Ideale.

Faden

Er steht häufig für allgemeine, nervöse oder seelische Schwäche. Dann sollte man das Symbol als Warnung ernst nehmen und mit dem Therapeuten besprechen, ehe daraus vielleicht eine Erschöpfung entsteht. Auch flüchtige Gedanken, zaghafter Antrieb oder innere Unsicherheit können im Faden symbolisch zum Ausdruck kommen. Manchmal verkörpert er Gedanken, die uns selbst noch nicht so recht bewußt sind, so daß wir Gefahr laufen, den »Faden zu verlieren«. Zuweilen symbolisiert das Traumbild den »roten Faden«, der sich durch unser Leben zieht, also unsere Einstellungen, Hoffnungen, Absichten und Ideale, die unser Verhalten beeinflussen.

Fahne

Sie steht für unsere Lebenspläne und Ideale. Auch in der Realität kann die Fahne ja oft bestimmte Absichten und Gesinnungen zum Ausdruck bringen. Wer eine Fahne trägt, genießt im Leben hohes Ansehen (zumindest in seinen Augen), die gesenkte Fahne deutet auf Reue hin, mit einer schwarzen Fahne kündigen wir anderen (oder diese uns) Feindschaft an. Die Fahnenstange steht als Symbol für sexuelle Bedürfnisse.

Fähre

Ähnlich wie die → Brücke verbindet sie Ufer, kann also im gleichen Sinn symbolisch im Traum auftauchen. In der Mythologie spielt die Fähre auch eine Rolle als Übergang vom Leben zum Tod, die durch den »Fluß des Vergessens« voneinander getrennt werden. Deshalb kann die Fähre anzeigen, daß man sich neue geistige Dimensionen erschließt und alte Bestrebungen, Gefühle und Verhaltensmuster vergißt.

fahren

→ Auto, → Eisenbahn.

Fahrgast

Der Beifahrer hat keine Möglichkeit, aktiv den Weg zu beeinflussen, wenn er keinen Unfall riskieren will. Deshalb zeigt dieses Symbol, daß man auf dem Lebensweg zumindest im Augenblick von den Entscheidungen anderer abhängig ist. Wer dagegen als Fahrer einen Fahrgast in seinem Fahrzeug mitnimmt, bestimmt wahrscheinlich über andere Menschen.

Fahrkarte

Dahinter steht häufig die Kraft, auf dem weiteren Lebensweg Hindernisse zu überwinden und Probleme zu lösen, indem man sich auf die eigene Lebenserfahrung (als Preis für die Fahrkarte) besinnt. Sie kann aber auch symbolisieren, daß man seinen weiteren Lebensweg auf die Grundlage einer erworbenen Fähigkeit oder einer Idee stellen soll.

Fahrrad

Als »bescheidenes Fortbewegungsmittel« kündigt uns das Fahrrad im Traum an, daß wir langsam und nur aus eigener Kraft vorwärts kommen werden. Ein beschädigtes Fahrrad warnt vor Risiken in der näheren Zukunft. Manchmal kann das Fahrrad aber auch die Aufforderung zu mehr sportlicher Betätigung für die Gesunderhaltung beinhalten und sollte dann ebenfalls ernst genommen werden.

Fahrt

Wenn man im Traum eine Fahrt antritt, zeichnet sich damit der weitere Lebensweg des Träumenden ab. Zu achten ist bei solchen Träumen auf die Richtung der Fahrt, die Art des Fahrzeugs und mögliche Mitfahrer. Daraus ergibt sich dann die individuelle Bedeutung.

Fakir

Er symbolisiert das Irrationale im Menschen, das ihm zuweilen auch selbst fremd bleibt. Manchmal zeigt er aber auch an, daß ein anderer Mensch einen starken Einfluß auf uns ausübt, weil wir uns seiner Faszination und Suggestion nicht entziehen können.

Falke

Das Symbol entspricht in etwa der Bedeutung des → Adler.

Falle

Sie warnt uns vor falschen Entscheidungen, Hoffnungen oder Idealen, die uns zwar richtig und verlockend erscheinen mögen, wahrscheinlich aber nicht halten können, was sie auf den ersten Blick versprechen.

fallen

Dahinter steht die Angst, daß einem im Leben die Zügel aus der Hand gleiten oder entrissen werden, daß man den Glauben an sich selbst, das eigene Selbstwertgefühl oder das Ansehen bei den anderen verliert. Der Traum kann aber auch anzeigen, daß bisher für richtig gehaltene Meinungen und Überzeugungen nicht länger aufrechterhalten werden können. Zuweilen erklären sich Fallträume aus organischen Veränderungen im Schlaf, insbesondere aus dem Absinken des Blutdrucks am frühen Morgen.

Fallschirm

Er symbolisiert, daß wir unsere Ängste beherrschen lernen, die uns bisher im Weg standen und unsere Entwicklung hemmten.

Falltür

Damit weist uns das Unterbewußtsein auf eigene Hinterlist oder die anderer Menschen gegen uns hin.

Fälschung

Sie kündigt an, daß ein Betrug oder eine Lüge aufgedeckt werden und wir dann eine Enttäuschung erleben.

Farben

Im Traum kommt ihnen meist die Bedeutung von Geisteshaltungen, inneren Einstellungen und Gefühlsnuancen zu. Wir unterscheiden bei Farbträumen vor allem:

dunkelrot als Symbol für Leidenschaft, Begierde, Energie und Zorn.

Hellrot steht für Wärme und lebendige Zuneigung.

Dunkles Orangerot deutet auf Vorurteile und Zynismus hin.

Orange symbolisiert jugendlichen Idealismus und Begeisterungsfähigkeit.

Gelb kennzeichnet Gerechtigkeitssinn, Harmoniebedürfnis, Weisheit und Lebenskraft.

Blau steht für unsere geistigen Ziele und Einsichten, Religiosität, Glauben oder Reife.

Violett deutet auf den Wunsch nach Selbsterkenntnis und geistiger Führung hin.

Dunkelgrün symbolisiert Abneigungen, Ekel oder Neid.

Grün steht für Wachstum, Naturverbundenheit und Unschuld.

Weiß symbolisiert die Frau, Jungfräulichkeit, aber auch Gefühlskälte und Unreife.

Schwarz steht für den Mann, aber auch für das Dunkel unseres Unterbewußtseins, das uns beunruhigt.

Verschiedene Farben werden unter dem entsprechenden Stichwort noch ausführlicher behandelt. Eine Rolle spielt auch, was mit den Farben im Traum geschieht. Wer sich selbst damit anstreicht, wurde in einer Angelegenheit von einem Menschen hintergangen, auch wenn er sich das noch

nicht so recht bewußtgemacht hat. Wer selbst einen Gegenstand färbt, will sich gegenüber anderen in ein besseres Licht rücken, sie belügen und hintergehen. Streicht man einem anderen Menschen das Gesicht mit Farbe an, warnt das Unterbewußtsein davor, diesen zu verspotten. Wenn man sich selbst nur das Gesicht anmalt, läuft man wahrscheinlich Gefahr, sich lächerlich zu machen. Wer Farben kauft, hat das Bedürfnis nach Abwechslung. Streichen mit Ölfarben signalisiert Sicherheit oder das Bedürfnis danach, Wasserfarben warnen vor unsicheren Absichten und Unternehmungen.

Farm, Bauernhof

Hinter diesem Symbol verbirgt sich die Aufforderung, sich von den Meinungen anderer Menschen, gesellschaftlichen Normen und Vorschriften zu befreien, sich mehr der eigenen Persönlichkeit und ihrer Weiterentwicklung zuzuwenden. Oft fordert uns das Unterbewußtsein vor allem dazu auf, mit Aggressionen und Trieben bewußter umzugehen.

Fasan

Er steht für Lebenserfolg, Gesundheit und Glück.

Faschingstreiben

Darin kommt der Wunsch nach Abwechslung, neuen Bekanntschaften, Abenteuern zum Ausdruck; man will gewissermaßen aus der alten Haut fahren.

Fassade

Sie versinnbildlicht unser Bemühen, das wahre Gesicht vor der Mitwelt zu verbergen, um nicht mit ihren Normen, Ge- und Verboten in Konflikt zu kommen, sich aber auch nicht selbst aufgeben zu müssen. Der Traum kann uns darauf hinweisen, daß wir zu viel auf diese Fassade achten, mehr aus uns herausgehen sollen. Neu getüncht oder in anderer Weise verändert zeigt das Symbol der Fassade uns, daß wir unser Verhalten verändern sollten oder werden, also gegenüber anderen Menschen nicht mehr in der bisherigen Weise auftreten. Stürzt die Fassade ein, dann droht uns eine Enthüllung. Die Welt wird erkennen, was sich hinter der Fassade an Positivem und/oder Negativem verborgen hat. Fassadenträume können manchmal auch geistige Krankheiten ankündigen. Vor allem der schizoide Mensch versucht oft sehr lange und mit viel Energie, eine intakte Fassade zu erhalten. Es empfiehlt sich oft, frühzeitig mit einem Psychotherapeuten zu sprechen.

fasten

Verzicht auf Nahrung kann auf einen Selbstreinigungsprozeß hinweisen. Oft symbolisiert er aber auch den Versuch einer geistigen Neuorientierung, um Begierden, Instinkten, Trieben und Hoffnungen eine bestimmte Richtung zu geben, ohne sich dabei von äußeren Einflüssen ablenken zu lassen. Gelegentlich signalisiert Fasten auch eine organische Krankheit.

Faß

Es hat oft sexuelle Bedeutung (→ Bauch), kann aber auch auf beginnende körperliche Krankheiten hinweisen. Ein Faß ohne Boden warnt uns vor vergeblicher Mühe um eine Person oder in einer bestimmten Angelegenheit. Das Faß kann schließlich auch – wie der → Eimer – als Gefäß des Lebens verstanden werden.

Fata Morgana

Dieses Symbol deutet an, daß unsere Pläne erfolglos bleiben, unsere Ziele unerreichbar werden. Die genaue Deutung hängt von den Begleitumständen und der individuellen Lebenssituation ab.

Faun, Fee

Als Naturgeister versinnbildlichen sie die von Kultur und Zivilisation noch weitgehend unberührten Gefühle des Menschen. Der Faun steht für männliche Sinnlichkeit und Schalkhaftigkeit, die Fee symbolisiert die Liebe, das Bedürfnis nach einer romantischen, glücklichen, tiefen Liebesbeziehung.

Faust

Dahinter verbergen sich Aggressionen und Spannungen, Gefahren, Streit, Eigennutz und Überheblichkeit, aber auch zupackende Energie und Tatkraft. Wer die Faust gegen einen anderen erhebt, möchte sich zu sehr in den Vordergrund drängen.

fechten

Darin kann der Wunsch nach Rache und Vergeltung zum Ausdruck kommen. Manchmal warnt das Symbol aber auch vor bevorstehenden Streitigkeiten. (→ Degen)

Feder(n)

Sie symbolisiert Gedanken, Ideale und Hoffnungen, manchmal Mut und gute Leistungen, zuweilen aber auch Eitelkeit und Stolz. Unter Umständen stehen weiße Federn im Traum für Reinheit und Unschuld.

Fegefeuer

Es kündigt den Wunsch nach Veränderungen an, nachdem unser Wollen und Hoffen geläutert und auf eine höhere (geistige) Ebene verlagert wurde. Manchmal kommt darin auch berechtigte Furcht oder unberechtigte Angst vor Bestrafung zum Ausdruck. (→ Hölle)

fegen

Der Träumer erfährt durch dieses Symbol, daß er sich von Schmutz und Unrat befreien wird oder sollte, der die feinen Kanäle verstopft, die ihn mit der geistigen Ebene seiner Persönlichkeit verbinden. Im Einzelfall kann es für die Deutung auch wichtig sein, welche Gegenstände dabei hinausgefegt werden.

Fehler

Wenn man eigene Fehler erkennt, bedeutet das keine wichtigen Einsichten (wie es im Alltag sein kann), sondern warnt davor, sich zu viel mit sich selbst zu beschäftigen. Daraus sollte man die praktischen Konsequenzen ziehen.

Fehlgeburt

Das Symbol kann bei Schwangeren tatsächlich eine Fehlgeburt ankündigen oder nach einer Abtreibung (gleichgültig ob legal oder unerlaubt) Schuldgefühle zum Ausdruck bringen. Wenn diese Deutungen ausscheiden, kann die Fehlgeburt oft das Scheitern einer zwischenmenschlichen Beziehung symbolisieren oder den unbefriedigenden vorzeitigen Abbruch einer inneren Entwicklung zum Ausdruck bringen.

Feige

Sie kann als Symbol für sexuelle Bedürfnisse und erotische Abenteuer stehen. Das Feigenblatt versinnbilicht Unschuld, Keuschheit oder den Versuch, etwas Entlarvendes vor der Mitwelt zu verbergen. Ganz allgemein steht der Feigenbaum für die weibliche, der Welt zugekehrte Seite unseres Seins, die Feige kann das Gefäß des Lebens und den Ursprung der körperlichen oder geistig-seelischen Fruchtbarkeit darstellen. Zuweilen warnt ein Feigenbaum auch vor zu einseitigem Streben nach Lustgewinn, vor allem wieder nach sexueller Befriedigung.

Feinde

Träume von Feinden warnen uns vor Ärger, Streit und Hinterlist und fordern dementsprechend vermehrte Wachsamkeit, Vorsicht und gesundes Mißtrauen.

Feld

Es symbolisiert einen bestimmten Lebensbereich oder ein Interessengebiet, auf dem wir uns in unserem Element fühlen.

Feldherr

Er will uns vor Übermut warnen.

Feldstecher

Damit können wir einen Blick in die Ferne, in unsere Zukunft werfen. Die weitere Deutung hängt davon ab, welche Gegenstände wir dabei sehen. (→ Fernglas)

Fell

Es steht für sexuelle und andere Triebe oder Instinkte. Wer sich in Fell kleidet, bringt damit seine Verachtung für gesellschaftliche Normen und Zwänge zum Ausdruck.

Fels

Dieses Symbol kündet von innerer Festigkeit und Standhaftigkeit, Stärke, sicheren Lebensfundamenten und Plänen, die auf einer vernünftigen Basis stehen. Zuweilen hat er auch die Bedeutung eines Grabsteins (→ Grab), eines → Altars oder (als Phallus) von sexuellen Bedürfnissen. Unter Umständen versinnbildlicht ein Felsen die Ewigkeit, das fortwährende Werden und Vergehen im ewigen Kreislauf der Natur, den unerschütterlichen Glauben an sich selbst (wie ein Fels in der Brandung), an Ideale, Werte und an eine höhere Macht.

Fenster

Dahinter stehen unsere Einstellungen zur Mitwelt, unsere Erwartungen an andere Menschen. Die Deutung hängt davon ab, was wir durch das Fenster sehen, ob es geöffnet oder geschlossen, seine Scheibe blind oder zerbrochen ist. (→ Glas)

Fernglas

Es symbolisiert unsere Bemühungen, den weiteren Lebensweg zu erkennen. Da das Fernglas aber alles vergrößert, kann uns das Unterbewußtsein damit auch davor warnen, bestimmte Angelegenheiten unnötig aufzubauschen und zu wichtig zu nehmen.

Fernsprecher

→ Telefon.

Ferse

Ihre Bedeutung ergibt sich aus der griechischen Mythologie. Der Held Achilles starb vor Troja durch den Pfeilschuß in die Ferse, seiner einzigen verwundbaren Stelle. Im Traum symbolisiert die Ferse für uns also Schwächen (unsere »Achillesferse«), die man vor der Mitwelt zu verbergen sucht. Besteht bereits eine Wunde an der Ferse, dann wird diese Schwäche schon von jemandem ausgenutzt.

Fessel

Hinter diesem Traumsymbol steht nicht selten eine ganz einfache Ursache: Der Träumer hat sich im Bettzeug verfangen und wacht unter Umständen über dem Fesseltraum auf, um sich wieder zu befreien. Manchmal deuten Fesseln auch auf nervöse Spannungen hin und werden dann oft von Angst (Alptraum) begleitet. Schließlich können Fesseln darauf hinweisen, daß man sich in seiner Entwicklung behindert fühlt durch Ängste, Hemmungen, äußere Umstände oder andere Menschen. Zuweilen kommt der Fesselung sexuelle Bedeutung zu (Masochismus, Sadismus).

Fest

Es symbolisiert eine heiter-gelassene, ausgeglichene Grundstimmung.

Festung

Im allgemeinen kommt darin Angst vor Schwierigkeiten oder das Bedürfnis nach Geborgenheit und Sicherheit zum Ausdruck, je nachdem, ob man sich in der Festung befindet, in sie flieht oder darin angegriffen oder belagert wird. Eine zerstörte Festung zeigt den Verlust von Selbstsicherheit an oder deutet darauf hin, daß wir eine bisher unbeirrt festgehaltene Überzeugung aufgegeben haben. (→ Burg)

Fett, Fettleibigkeit

Darin können Sinnlichkeit, Frohsinn und Überfluß zum Ausdruck kommen, wobei der Träumer meist zu den Menschen gehört, die solche Genüsse überbewerten. Ein Überdenken der bisherigen Lebenseinstellung empfiehlt sich, wenn in Träumen das Fett häufiger auftaucht. Fettleibigkeit kann aber auch darauf hinweisen, daß man glaubt, unansehnlich oder abstoßend auf andere Menschen zu wirken. Manchmal warnt das Unterbe-

wußtsein dadurch allerdings auch sehr direkt vor Unmäßigkeit beim Essen und Trinken.

Feuer

Ein Ursymbol mit vielfältiger Bedeutung, das uns immer Einblick in unser innerstes Wesen gibt. Hinter dem Feuer können heftige Leidenschaften und andere starke Gefühle, Ideale, Hoffnungen und Wünsche stehen, die uns beherrschen. Ferner symbolisiert das Feuer Energie und Kraft in ihren elementaren, ungezügelten und deshalb auch gefährlichen Formen. Das Feuer wirkt aber auch läuternd, wandelt also niedere Instinkte und Begierden um in höheres geistiges Streben oder löscht Schuld und Versagen aus (→ Fegefeuer, → Hölle). Wenn ihm diese Bedeutung zukommt, kündigt der Feuertraum oft auch eine körperliche Krankheit oder seelisches Leid an, das der Läuterung vorangehen wird und durchgestanden werden muß. Schließlich steht das Feuer, das der Urmensch gezähmt und für seine Zwecke nutzbar gemacht hat, auch noch für den eigennützigen Mißbrauch anderer Menschen oder von Teilen der eigenen Persönlichkeit. Feuer im Herd symbolisiert das Bedürfnis nach häuslicher Wärme und Geborgenheit in der Familie.

Feuersbrunst

Ihre Bedeutung ähnelt der des Feuers, nur kommt darin die noch stärkere Warnung vor verzehrenden Leidenschaften und Begierden zum Ausdruck.

Feuerwehr

Dahinter stehen jene Teile unserer Persönlichkeit, die mit den Begierden und Leidenschaften richtig umzugehen verstehen, die das Feuer symbolisiert. Sie deutet also auf ein gewisses Maß an Selbstbeherrschung hin, über das wir bereits verfügen oder das wir erwerben sollten.

Feuerwerk

Darin kommt der Wunsch zum Ausdruck, Aufsehen zu erregen, andere auf sich aufmerksam zu machen, wobei man auch vor »leerem Blendwerk« nicht zurückschreckt. Diese Aufmerksamkeit wird deshalb kaum anhalten, da die Umwelt die Absicht bald erkennt und sich abwendet.

Fichte

Sie deutet auf den Wunsch nach einer stark körperlich (sexuell) gefärbten Liebesbeziehung hin. Manchmal symbolisiert sie auch direkt das männliche Glied. Wenn eine Liebesbeziehung in der Realität bereits besteht, kann der Baum auch vor einseitig sexueller Orientierung dieser Beziehung warnen oder anzeigen, daß die sexuellen Bedürfnisse in dieser Partnerschaft nicht ausreichend befriedigt werden. Die genaue Deutung ist immer nur aus den Begleitumständen des Traums und den tatsächlichen Lebensverhältnissen möglich.

Fieber

Es zeigt oft eine tatsächliche Krankheit, dauernde Überbeanspruchung oder Überreiztheit an und sollte dann Anlaß zur gründlichen fachmännischen Untersuchung und Reform falscher, krankmachender Lebensgewohnheiten sein. Im Fiebertraum kommen unter Umständen aber auch verzehrende Leidenschaften zum Ausdruck, die jedoch meist bald »ausgebrannt« sein werden.

Fiedel

Sie steht für eine innere Haltung des Träumers zum Leben, die es ihm ermöglicht, sich »irgendwie durchzumogeln«. Manchmal kommt darin aber auch das Bedürfnis danach zum Ausdruck, die »erste Geige« zu spielen, oder die Enttäuschung darüber, weil man nur die »zweite Geige« spielt. Zuweilen deutet das Symbol auf den Wunsch nach Geschlechtsverkehr hin.

Finger

Darin kommen – entsprechend den vielfältigen Aufgaben der Finger – auch verschiedene Deutungsmöglichkeiten zum Ausdruck. So kann man mit den Fingern warnen, drohen, anklagen, hinweisen, einladen, zupacken oder den Dingen (oder Menschen) seinen Stempel aufdrücken, der

wie ein Fingerabdruck die Einmaligkeit des Individuums kennzeichnet. Der Finger steht aber auch symbolisch für den Phallus, kann also sexuelle Bedürfnisse verkörpern. Schließlich bedeutet er zuweilen unser Gespür, mit dem wir Menschen und Dinge intuitiv erkennen und beurteilen, gleichsam »mit dem Finger abtasten«.

Fingerhut

Er deutet darauf hin, daß man zu einer Arbeit oder für die Verwirklichung einer Hoffnung ein Hilfsmittel (auch seelisch-geistiger Art) benötigt.

Fingernagel

Manchmal symbolisiert er eine Art »geistiger Waffe«, mit der man sich gegen Angriffe anderer Menschen zur Wehr setzen kann. Wenn der Nagel dabei abbricht, wird man einen Mißerfolg erleben. Auf Langeweile deutet es hin, wenn man sich im Traum die Fingernägel feilt. Zuweilen kommt darin oder beim Beschneiden der Nägel aber auch die Absicht zum Ausdruck, jemandem die »Klauen zu stutzen«, ihn also in seine Grenzen zu verweisen und seiner Waffen zu berauben.

Finsternis
→ dunkel.

Fisch(e)

Er kommt im Traum mit unterschiedlicher Bedeutung vor. Zunächst deutet er oft auf sexuelle Bedürfnisse oder den Wunsch nach Kindern (Fruchtbarkeit) hin. Da der Fisch aber kalt und glitschig ist, kann er auch Gefühlskälte oder schleimige Schmeicheleien anzeigen, wobei man nur im Einzelfall erkennt, ob das Unterbewußtsein auf eigene Charaktermerkmale dieser Art hinweisen oder vor denen anderer warnen will. Fische repräsentieren aber auch unser Unterbewußtsein, die Einstellungen, Empfindungen, Gefühle, Hoffnungen und Ideale, die unter der Oberfläche unseres Bewußtseins bleiben. Wer danach »fischt«, sich um sie bemüht, will sie zutage fördern und mehr Selbsterkenntnis erwerben. Wird man von einem

Fisch verschlungen, deutet das auf eine bevorstehende oder bereits eingeleitete Auseinandersetzung mit unbewußten seelischen Inhalten hin. Man wendet sich nach innen, und vorübergehend gewinnt das Unterbewußtsein große Macht über uns. Manchmal signalisiert der Fisch, der uns verschlingt, eine tiefgreifende seelische oder sogar geistige Krankheit, in der wir den Kräften aus der Tiefe unseres Selbsts weitgehend hilflos ausgeliefert sind.

Fischschuppen

Sie symbolisieren unsere unbewußten Einstellungen, Gedanken und Gefühle.

Flasche

In der Mehrzahl der Fälle steht dahinter das Gefühl der persönlichen Begrenztheit, man fühlt sich gewissermaßen wie in einer Flasche eingeschlossen. Das kann sich auf berufliche und private Möglichkeiten beziehen. Unter Umständen steht die Flasche aber auch als Symbol für sexuelle Bedürfnisse.

Flaschenzug

Er stellt die Gedanken und Ideen dar, die unser Leben beeinflussen und uns gleichzeitig über den Alltag erheben.

Flecken

Manchmal deuten sie darauf hin, daß man sich befleckt fühlt, also unter schlechtem Gewissen und Schuldgefühlen leidet. Aber auch eine zu lässige Grundhaltung gegenüber den Ansprüchen des Lebens kann in Träumen mit diesem Inhalt zum Ausdruck kommen, die man möglichst bald revidieren sollte.

Fledermaus

Das Tier lebt in Höhlen und kann sich in der Dunkelheit orientieren. Deshalb symbolisiert es unsere unterbewußten Persönlichkeitsschichten, manchmal aber auch die automatisch ablaufenden körperlichen Vorgänge.

Fleisch

Darin kommen materielle Werte und körperliche (auch sexuelle) Bedürfnisse und Erfahrungen zum Ausdruck. Ferner kann es auf Abneigungen und Vorlieben eines Menschen hinweisen, also seine Einstellungen zur Sinnlichkeit und Körperlichkeit im Vergleich zu seinen geistigen Haltungen verdeutlichen. Gelegentlich erfüllt das Unterbewußtsein im Traum auch nur das Bedürfnis nach dem Genuß einer Fleischspeise, wenn diese (aus welchen Gründen auch immer) in der Realität nicht verzehrt werden kann.

Flieder

Er steht für eine erwachende Liebe oder zumindest das starke Bedürfnis danach. Zugleich kommt darin eine gehörige Portion Romantik zum Ausdruck. Ein verwelkender Fliederstrauß oder -busch kündigt eine Ernüchterung in Liebesdingen an, weil man zu romantisch war.

Fliege

Sie kann auf Launenhaftigkeit und andere Eigentümlichkeiten anderer Menschen oder der eigenen Persönlichkeit hinweisen. Auch im Volksmund spricht man ja davon, daß solche Menschen ihre »Mucken« haben. Gelegentlich steht auch eine Überreiztheit des Nervensystems dahinter.

fliegen, Flügel, Flug

Dahinter stehen verschiedene Bedeutungen, die man oft nur unter Berücksichtigung der tatsächlichen Lebensumstände des Träumers erkennen kann. Zum Teil symbolisiert Fliegen sexuelle Bedürfnisse, den Wunsch nach Geschlechtsverkehr oder die Rückkehr in den Mutterleib. Nicht selten fliegen wir aber auch empor, um einen besseren Überblick über unser vergangenes Leben und eine Übersicht über unsere Zukunft zu erlangen. Außerdem kann Fliegen darauf hinweisen, daß man sich aus den »Niederungen des Alltags« erheben will. Da man beim Fliegen aber den festen Boden unter den Füßen verläßt, ist das immer eine unsichere Angelegenheit, und man muß darauf achten, daß man nicht zu idealistisch wird oder zu hohe Ansprüche stellt, sonst kann man leicht aus allen Wolken fallen.

Fliegeralarm

Darin wird die Warnung vor zu hohen Ansprüchen oder übersteigertem Idealismus besonders deutlich. Wer sie nicht beachtet, muß mit Schwierigkeiten rechnen und wird ziemlich unsanft wieder auf dem Boden der Realität landen.

Floh

Er steht für lästigen Ärger oder zeigt eine Überreizung des Nervensystems an.

Floß

Anders als das Boot oder Schiff stellt das Floß ein ziemlich primitives Wasserfahrzeug dar, mit dem wir uns im Lebensfluß fortbewegen. Als Traumsymbol deutet es also darauf hin, daß wir uns nur schlecht und recht durchs Leben schlagen, unsere Techniken zur Lebensbewältigung unausgereift und wenig wirksam sind.

Flöte

Sie kann (wie die meisten Musikinstrumente) für Harmonie und ausgeglichenes Wesen stehen. Symbolisch kommt manchmal auch die Warnung vor Falschheit und Hinterlist anderer zum Ausdruck, die einen durch falsche Tatsachen verführen wollen (man denke an den Rattenfänger von Hameln) oder einem aggressiv die »Flötentöne« beibringen wollen. Auch sexuelle Bedürfnisse können sich im Symbol der Flöte ausdrücken.

Fluch

In ihm kommen meist die Folgen unserer früheren Handlungen zum Ausdruck, die wie ein Fluch über unserer Zukunft lasten können. Auch ungünstige Erbanlagen können sich symbolisch als Fluch im Traum ausdrücken. Zuweilen deutet ein Fluch darauf hin, daß unser Leben zu stark von materiellen Werten und Bedürfnissen beeinflußt wird.

Flucht

Sie warnt vor Gefahren in nächster Zukunft, deutet aber zugleich an, daß man ihnen glücklich entgehen wird, wenn man Vorsicht walten läßt. Gelegentlich zeigt uns das Symbol, daß wir zu gutmütig sind und deshalb Schwierigkeiten zu erwarten haben.

Fluß

Er steht für unsere Gefühlsenergien und -kräfte, die uns forttragen, aber auch mitreißen und vernichten können. Außerdem symbolisieren Flüsse die Männlichkeit oder Väterlichkeit, die Befruchtung der »Mutter → Erde« durch den Geist, aus der neue Lebensinhalte und -ziele, Hoffnungen und Ideale hervorgehen können und die in uns wohnende, im Keim bereits angelegte Eigenschaften und Fähigkeiten zum Wachstum und zur vollen Entfaltung anregt. Schließlich kann der Fluß auch das Vergängliche der Zeit versinnbildlichen. Im Fluß erkennen wir zuweilen auch unsere Absichten und Wandlungen im zukünftigen Leben, die bereits jetzt vorbereitet werden. Das *klare, ruhige Wasser* symbolisiert lautere Absichten, das *unruhige oder trübe Wasser* hingegen unlautere, unehrenhafte. Wenn man einen Fluß überschreitet, läßt man etwas hinter sich zurück und erlebt eine Wandlung im bisherigen Leben (→ Brücke, → Fähre). Stellt man sich gegen einen Strom, kommt darin der Widerstand gegen unbewußte innere Neigungen und Bedürfnisse oder Ideale zum Ausdruck. Zuweilen zeigt sich darin der Wunsch, zu den Quellen der Persönlichkeit zu gelangen, also Einsichten zu gewinnen, die zu mehr Selbsterkenntnis und besserem Selbstverständnis verhelfen. (→ Bach, → flüssig, → Wasser)

flüssig, Flüssigkeit

Darin kommt zum Ausdruck, daß sich seelischgeistige Verhärtungen (zum Beispiel Einstellungen und negative Gefühle) allmählich lösen und man weicher wird, offener für eine allmähliche, fließende innere Wandlung.

Flut, Sintflut

Dahinter steht ein Gefühlsausbruch, der uns überfluten kann, zum Beispiel eine Welle der Liebe, ein Schock oder die plötzlich in uns aufsteigende Angst. (→ Ebbe)

Folter(n)

Meist steht dahinter unser Gewissen, das uns quält, wenn wir Fehler begangen oder eine Schuld auf uns geladen haben. Manchmal kommt darin aber auch das Mitleid mit einem anderen Menschen zum Ausdruck, dem man in einer Notlage nicht helfen kann.

Fotografie

→ Bild.

Frankreich

Es ist zwar ein Vorurteil, daß die Franzosen alle genuß- und vergnügungssüchtig, leichtlebig, überschwenglich und in der Liebe besonders erfahren sind, genau das alles steht aber hinter diesem Traumsymbol. Das Unterbewußtsein kümmert sich ja nicht um vernünftige Einsichten. Entweder zeigt uns das Symbol an, daß wir uns vor den genannten Eigenschaften hüten sollen, oder es fordert uns auf, das Leben etwas leichter zu nehmen, neben der Pflichterfüllung auch den Lebensgenuß und die Freude nicht zu kurz kommen zu lassen.

Frau

Natürlich kommen in diesem Trauminhalt oft erotische Bedürfnisse, Erwartungen und Wünsche zum Ausdruck. Das muß aber nicht immer zutreffen. Die Frau kann auch Bereitschaft zur Hingabe an eine Idee, Sache oder einen anderen Menschen und die Empfänglichkeit für äußere Einflüsse symbolisieren. Generell verkörpert sie die Gefühlsschicht, das Irrationale in unserer Persönlichkeit. Gelegentlich warnt sie vor Schmeicheleien, Zank, Klatsch, Vergnügungssucht oder Krankheit, symbolisiert die Mutter oder den Wunsch nach Familie und Kindern. (→ Eva)

Fremdling

Er symbolisiert einen Teil unserer Persönlichkeit, den wir nicht verstehen oder nicht annehmen wollen, weil er nicht in unser Selbstbild paßt. Wir werden durch den Traum aufgefordert, uns auch um das Verständnis solcher Bedürfnisse und Wesenszüge zu bemühen, damit wir in Einklang mit uns selbst leben können.

Frettchen

Das neugierige kleine Tierchen, das gelegentlich zur Jagd auf Kaninchen abgerichtet ist, steht oft auch im Traum für Neugierde, die unter Umständen die Gefühle anderer Menschen verletzt. Es kann aber auch unser Bedürfnis symbolisieren, im Unterbewußtsein auf »Jagd« nach bisher unbekannten Inhalten der Seele zu gehen, wobei zugleich vor zuviel Ungestüm gewarnt wird, damit wir die neuen Einsichten und Erfahrungen nicht mit dem Verlust oder der Unterdrückung wichtiger alter Erkenntnisse bezahlen. Zuweilen versinnbildlicht das Frettchen auch sexuelle Bedürfnisse, die dann ohne sonderliche Rücksicht auf die Gefühle anderer erfüllt werden.

Freude

Sie steht für innere Harmonie und ausgeglichene, befriedigende Beziehungen zur Umwelt.

Freudenmädchen

→ Prostituierte.

Freund, Freundschaft

Unbekannte Freunde verkörpern im Traum unser Verhältnis zu bestimmten Teilen unserer Persönlichkeit, die wir annehmen, zum Beispiel positive Gefühle und Ideale. Wenn der Freund dagegen bekannt ist, kommen im Traumgeschehen die Gefühle zum Ausdruck, die wir ihm tatsächlich entgegenbringen.

Frieden

Er kann ähnlich wie Freude auf Ausgeglichenheit und Harmonie hinweisen. Zum Teil kommt darin allerdings auch zum Ausdruck, daß man Erfolge und Vorteile erwarten kann, beispielsweise wenn man sich mit einem Menschen oder einer bisher abgelehnten Seite der eigenen Persönlichkeit aussöhnt.

frieren

Unter Umständen steht dahinter eine Überreizung des Nervensystems. Oft zeigt sich unser Bedürfnis nach mehr Gefühlswärme oder die Abkühlung von Gefühlen in diesem Symbol.

Friseur, frisieren

Hinter beiden Symbolen kann Eitelkeit stehen, die oft mit dem Wunsch nach stärkerer sexueller Anziehungskraft verbunden ist. Zuweilen kommt darin aber zum Ausdruck, wie wir mit unseren Gefühlen umgehen. (→ Haare)

Frosch

Er kommt in Märchen oft als verzauberter Prinz vor. Im Traum kann er symbolhaft für unser unbewußtes Wissen stehen. Manchmal wird er aber auch Kaltblütigkeit oder Wandlungsfähigkeit versinnbildlichen.

Frost

→ Eis, → frieren.

Frucht

Sie symbolisiert den Erfolg (die Früchte) unserer Anstrengungen, oft vor allem das Ergebnis unserer Bemühungen in einer erotischen Beziehung. Faule Früchte deuten Mißerfolge an, Pflücken macht Hoffnung darauf, daß man auch in der Realität Früchte ernten kann.

Frühling

Manchmal kommen darin sexuelle Gefühle und Wünsche zum Ausdruck, vor allem bei Männern jenseits der Lebensmitte (zweiter Frühling, Midlife-crisis). Auf geistiger Ebene symbolisiert er eine Zeit innerer Reifung mit Entfaltung neuer Eigenschaften.

Fuchs

Er kann Klugheit, Schläue und Hinterlist oder instinktives Wissen verkörpern. Manchmal kommen in diesem Symbol aber auch sexuelle Begierden zum Ausdruck, mit denen man »Jagd auf jemanden« macht. Der Erfolg dieser Jagd allerdings erscheint fraglich.

Führer

Gewöhnlich verkörpert er die Leitlinien und Normen, an denen wir unser Leben orientieren. Je nachdem, welche Rolle der Führer spielt, können das richtige oder falsche Prinzipien sein. Zuweilen folgen wir auch einem Tier als Führer; dann ergibt sich die weitere Bedeutung aus dem, was beim entsprechenden Stichwort angegeben wird. Gelegentlich steht hinter der Führerfigur auch das Bedürfnis nach Lebensgrundsätzen oder nach einem Menschen, der einem Eigenverantwortung abnimmt und den richtigen Weg zeigt.

Fund

Das Unterbewußtsein warnt mit diesem Symbol davor, sich zu sehr auf den glücklichen Zufall im Leben zu verlassen.

Furcht

Sie kann durch organische Veränderungen während der Nachtruhe (vor allem Herz-Kreislauf-Veränderungen) entstehen. Wenn das nach fachmännischer Untersuchung auszuschließen ist, warnt die Furcht vor bevorstehenden Aufregungen oder Problemen, kündigt zuweilen aber auch eine tiefgreifende Lebensveränderung an, die mit Konflikten und Sorgen verbunden sein wird.

Furt

Sie zeigt uns, daß wir einen sicheren Weg durch den Strom unserer Gefühle suchen oder bereits gefunden haben.

Fuß

Er symbolisiert die Basis unseres Lebens, also Überzeugungen, Prinzipien, Normen und Richtlinien, zuweilen auch die Gefühle, auf denen eine Liebesbeziehung basiert. Es kann darin aber auch zum Ausdruck kommen, in welche Richtung unser Lebensweg führen wird. Gelegentlich kommt übertriebene Demut in diesem Symbol zum Vorschein, bei entsprechender Neigung auch Selbsterniedrigung, die sexuell gefärbt sein kann (Masochismus). Ein großer Fuß warnt vor Überheblichkeit und Verschwendungssucht. Wichtig ist auch, ob man im Traum den rechten oder linken Fuß sieht.

Fußball

Wir sollten ihn ernst nehmen als symbolische Warnung vor Leichtfertigkeit im Beruf und/oder Privatleben.

G

G

Der Buchstabe symbolisiert eine Waffe oder einen Stab (Zepter), kündigt also an, daß wir etwas erobern oder beherrschen wollen – vielleicht uns selbst.

Gabel

Sie symbolisiert meist eine Zersplitterung der Persönlichkeit, insbesondere der Gefühle, Absichten und Hoffnungen, die eine Konzentration der Kräfte auf ein bestimmtes Ziel verhindert. Zuweilen taucht sie auch als Symbol für Streit auf, der entweder schon besteht oder sich ankündigt.

gähnen

Darin kommt auch im Traum Langeweile oder körperliche Ermüdung zum Ausdruck.

galant sein

Dahinter steht die Warnung vor leeren, übertriebenen Höflichkeiten, die manchmal auch aus Gewinnsucht oder um ähnlicher Vorteile willen entweder vom Träumer selbst oder von einem Menschen seiner Umgebung angewendet werden.

Galeere

Im einfachsten Fall kündigt sie an, daß wir harte Arbeit für wenig Lohn und Anerkennung leisten werden. Symbolisch kann sie aber auch für Teile unserer eigenen Persönlichkeit stehen, die wir einerseits gefangenhalten, andererseits aber auch ausnutzen.

Galgen

Er kündigt oft unseren Wunsch an, Probleme und Konflikte auf einfache Art rasch zu lösen. Der Galgen ist gleichbedeutend mit Tod, dem nach christlicher Auffassung die Auferstehung folgt. Deshalb zeigt das Symbol des Galgens manchmal an, daß uns eine tiefgreifende Veränderung im Leben bevorsteht. Da am Galgen aber Verbrechen gesühnt werden, also die Strafe vor der Auferstehung steht, wird diese Veränderung zunächst durch eine Zeit des Leidens eingeleitet.

Gans

Sie symbolisiert (zu Unrecht übrigens, denn Gänse sind nicht »dumm«) die Einfalt, manchmal auch das Gefühl, in einer erotischen Beziehung vom Partner ausgenutzt zu werden. Wer eine Gans rupft oder schlachtet, sollte die Gesellschaft eines einfältigen Menschen meiden oder ihm zumindest den Kopf zurechtrücken. Hört man Gänse schnattern, steht dahinter der Eindruck, daß andere Menschen über einen klatschen oder tratschen.

Garbe

Sie kann für das stehen, was man im Leben schon erreicht hat (Ernte des Lebens) und bewahren sollte. Nicht selten kommen darin aber auch unsere Bindungen an andere Menschen zum Ausdruck. Wer Garben drischt, bemüht sich, aus seiner Situation das Beste zu machen.

Gardine

Dahinter kann der Wunsch stehen, Teile der Persönlichkeit zu verbergen oder Handlungen und Absichten zu verschleiern, ohne dabei einen gewissen »Durchblick« zu verlieren. Im letzten

Punkt unterscheidet sich die Gardine also von der → Decke als Traumsymbol.

Garn

Ähnlich wie der Faden kann es auf Nervosität und daraus resultierende Konzentrationsschwäche hinweisen.

Garten

Er symbolisiert meist unsere Anlagen, Fähigkeiten und Gefühle, also das zum Teil unbewußte »Innenleben«. Der Zustand des Gartens zeigt uns, wie wir damit umgehen, ob wir unsere Fähigkeiten hegen und pflegen, in ein starres Schema zwängen oder vernachlässigen. Dem entspricht der gepflegte, in Wachstum und Blüte stehende, sehr ordentliche oder ungepflegte, verwilderte Garten. Umgibt den Garten eine hohe Mauer oder Hecke, dann deutet das auf den Wunsch des Träumers hin, sein reiches Innenleben nicht vor jedem auszubreiten, sein Lebensglück in der Stille zu genießen. Manchmal kommt darin aber auch die Warnung vor zu starker Isolierung und Selbstgenügsamkeit zum Ausdruck.

Gas

Es steht für negative Gedanken, die sich unmerklich einschleichen und in uns ihre zerstörerische Wirkung ausüben. In der Realität sollte man einen solchen Traum zum Anlaß nehmen, positives Denken, positive Einstellungen und Erwartungen zu erlernen.

Gassenhauer

Dahinter steht eine übermütig-unbekümmerte Lebenseinstellung nach der Devise »Hoppla, jetzt komm' ich – was kostet die Welt«. Sie kann helfen, viele Hindernisse leichter zu überwinden, unter denen andere Menschen lange zu leiden haben. Andererseits steht oft auch eine Warnung vor allzu großer Sorglosigkeit dahinter. Die zutreffende Bedeutung ergibt sich im Einzelfall aus den Begleitumständen und der Lebenssituation des Träumers.

Gast

Er kann für das Gefühl der Vereinsamung und Isolierung des Träumers stehen und fordert uns auf, aktiv dagegen anzugehen. Nicht selten kommt ihm allerdings auch die Bedeutung des → Fremdlings zu.

Gattin, Ehefrau

Im Traum erscheint die Ehefrau oft als Symbol für die Gefühle, die man der wirklichen Lebenspartnerin entgegenbringt. Manchmal verkörpert sie aber auch unsere Vorstellungen von der tatsächlichen oder erwünschten Gattin, wobei die Eigenschaften der Traumehefrau keineswegs mit denen der wirklichen Partnerin übereinstimmen müssen, sondern das Wunschdenken des Träumenden zum Ausdruck bringen. Gelegentlich repräsentiert die Gattin im Traum auch die irrationale, gefühlsbetonte Seite des Charakters (→ Frau). Unangenehme Eigenschaften, die man im Traum der Ehefrau zuschreibt, hat man in Wirklichkeit oft selbst.

Gaukler

Seine Bedeutung entspricht meist der des → Clowns oder → Fakirs. Manchmal werden in ihm auch Scheinerfolge verkörpert, die uns das Schicksal vorgaukelt, um dann desto härter zuzuschlagen. Das Symbol kann also auch vor Illusionen warnen.

Gebäude

→ Haus.

Gebet

Ein mehrdeutiges Symbol, je nach den Begleitumständen im Traum und der tatsächlichen Lebenssituation. Es kann Demut, Hoffnung auf Hilfe oder eine ausweglose Lage ankündigen, in der man nur noch auf die Hilfe einer höheren Macht hoffen kann. Unter Umständen zeigt das Gebet auch an, daß Hoffnungen und Wünsche in Erfüllung gehen werden, an die man schon fast nicht mehr glauben wollte.

Gebetbuch

Es kennzeichnet unser Bedürfnis nach Tröstung. Wirft man es weg, droht die Gefahr, daß man durch eigene Schuld in Schwierigkeiten geraten wird, weil man sich von den geistigen Wurzeln der eigenen Persönlichkeit mutwillig entfernte.

Gebirge

Es kann unüberwindliche Hindernisse, Streit oder Zank ankündigen. (→ Berg)

Gebühren

Im Leben hat alles seinen Preis. Für jeden Erfolg, jedes Glück, jede persönliche Entwicklung muß man irgendwann einmal in irgendeiner Form bezahlen. Darauf weist dieses Symbol grundsätzlich hin. Insbesondere kann dahinter die Einsicht des Träumers stehen, daß er mit seiner augenblicklichen Situation für frühere Fehler zahlt. Zuweilen kommt darin auch zum Ausdruck, daß man für »Vergehen wider den eigenen Geist« – also für die Unterdrückung und/oder Überbetonung bestimmter Persönlichkeitsmerkmale – nun die Rechnung präsentiert bekommt.

Gebüsch

Es warnt uns meist vor Gefahren und Risiken, die wir bewußt noch nicht wahrgenommen haben. Die Bibel berichtet aber auch, daß Gott aus einem brennenden Gebüsch zu Moses sprach. Deshalb kann ihm unter Umständen auch die Bedeutung einer wichtigen geistigen Veränderung oder Einsicht zukommen.

Geburt

Sie symbolisiert einen neuen Anfang im Leben oder in der persönlichen Entwicklung, die sich aus der Kraft des Geistes erklärt. Geburt und Tod liegen aber nahe beieinander, und mit jedem Neubeginn stirbt ein Teil von uns ab. Zuweilen erlebt der Träumer auch tatsächlich seine Geburt nach. Das gilt vor allem dann, wenn diese mit Erlebnissen verbunden war, die später Ängste und andere seelische Störungen hervorriefen, ohne daß deren Ursachen bewußt waren. In solchen Fällen kann der Traum von der Geburt zur Verarbeitung beitragen und die seelische Gesundheit fördern. Unter Umständen ist dazu allerdings psychotherapeutische Hilfe erforderlich.

Gedicht, Sprichwort

Häufig handelt es sich dabei um Volksweisheiten, Schlagzeilen aus Literatur und Werbung, Lieder oder Schlagertitel, die unsere unbewußten Vorstellungen, Gefühle oder Wünsche kurz und leicht verständlich auf einen Nenner bringen. Manchmal kann natürlich auch ein am Tag gehörtes oder auswendig gelerntes Gedicht/Lied noch im Traum erscheinen. Dann kommt dem keine Bedeutung bei.

Gefangenschaft

Sie kann die Angst vor einer zu engen gefühlsmäßigen Bindung zum Ausdruck bringen, die der freien Selbstentfaltung Grenzen setzt. Im übertragenen Sinn gilt das auch für Ideale, Überzeugungen oder Wünsche, die man nicht mehr lenken kann, weil man ihr Gefangener geworden ist. Zuweilen stehen berechtigte oder unberechtigte Schuldgefühle hinter diesem Symbol.

Gefängnis

Ihm kommt ähnliche Bedeutung wie der Gefangenschaft zu. Der Träumer fühlt sich eingeschlossen von seinen Launen, Stimmungen, Bedürfnissen, Ängsten oder seinem Ehrgeiz, manchmal auch von sozialen Normen oder Menschen, denen er gefühlsmäßig verbunden ist. Insgesamt steht das Gefängnis also für Einstellungen und Haltungen, die unsere Selbstentfaltung hemmen.

Gefäß

Darin erkennen wir oft Erfolge (gefüllt) oder Mißerfolge (leer) unseres Lebens, gelegentlich aber auch unsere eigenen Erfahrungen und Werte. Zugleich kann ein volles Gefäß ankündigen, daß Ängste und Sorgen, die uns beschäftigen unberechtigt sind.

Geflügel

Es deutet auf innere Unruhe und Spannungen hin, die zu einer Überreiztheit des Nervensystems führten. Dagegen hilft nur ausreichend Entspannung und die Beseitigung der verursachenden Konflikte.

gehen

Im Gehen kommt unser augenblickliches Wollen und Handeln zum Ausdruck. Die weitere Bedeutung hängt von den Begleitumständen im Traum ab. So können wir an der Umgebung, durch die wir gehen, unsere Lebenssituation erkennen, an der Richtung unsere Zukunftspläne. Wer rückwärts geht, lebt zu stark in der Vergangenheit und wird durch frühere Erfahrungen gehemmt. Gehen wir bergab, kann das darauf hinweisen, daß wir eine Erholungspause verdient haben, aber auch davor warnen, daß es mit uns bergab gehen wird. Geht man bergauf, über Treppen, Felder, Brücken oder ähnliches, dann müssen diese Symbole zusätzlich zur Deutung mit herangezogen werden. (→ dazu die entsprechenden Stichworte)

Geheimnis

Der Träumer weiß etwas, aber er will es bisher selbst noch nicht wahrhaben. So kann zum Beispiel eine schlechte Eigenschaft, die man an sich entdeckt zu haben glaubt, oder ein sich abzeichnender Mißerfolg in diesem Symbol zum Ausdruck kommen, solange wir die Einsicht noch verdrängen. Es empfiehlt sich, hinter den Sinn des Geheimnisses zu kommen, denn Dinge, die wir verdrängen, gefährden immer unsere innere Harmonie und können zum gefährlichen Selbstbetrug führen.

Gehirn

Im Traum symbolisiert das Organ unsere geistigen Kräfte, die maßgeblich unser Leben lenken. Manchmal warnt das Unterbewußtsein dadurch entweder vor dem Überwiegen des Intellekts oder vor der zu geringen Nutzung unserer geistigen Kapazität.

Gehölz

Ihm kommt ähnliche Bedeutung wie dem → Garten oder → Gebüsch zu.

Gehör, Hören

Es symbolisiert unsere Erfahrungen, die wir im Leben sammeln. Außerdem kann es uns – ähnlich wie das Auge – das Verhältnis unseres Innenlebens zur Außenwelt veranschaulichen. Die Bedeutung richtet sich im Einzelfall nach den Begleitumständen (gutes, schlechtes Gehör, Taubheit).

Geier

Er wird als Symbol des Intellekts verstanden, der Schwächen anderer erkennt und ausnutzt. Das kann unter Umständen bittere Ungerechtigkeit gegenüber den Mitmenschen bedeuten. Der Träumer sollte sich im Alltag bemühen, etwas mehr Menschlichkeit und Mitgefühl zu pflegen.

Geige

→ Fiedel.

Geiser

Er versinnbildlicht den Ausbruch unterdrückter Gefühle, den der Träumer dann zu erwarten hat, wenn er sein Gefühlsleben weiterhin so stark zügelt wie bisher.

Geist

In ihm kommt meist unser Bewußtsein zum Ausdruck, also alles, was uns bewußt handeln läßt, antreibt und unseren Lebensweg entscheidend mitbestimmt. Zuweilen warnt uns das Unterbewußtsein vor Hirngespinsten, denen wir vergeblich nachjagen. Manchmal verkörpert eine Geistererscheinung Entwicklungen, die sich in uns anbahnen, aber noch keine Gestalt angenommen haben. (→ Seele)

Geistlicher, Pfarrer

Er kann für unser Verhältnis zur Religion stehen oder uns den Wunsch nach geistiger Führung anzeigen. Manchmal symbolisiert er Hoffnungen,

Sehnsucht oder Schuldgefühle. Wenn man sich aus irgendeinem Grund schuldig fühlt, kann der Pfarrer auch den Wunsch nach Absolution andeuten oder diese symbolisch erteilen. Im letzteren Fall war das Schuldgefühl wahrscheinlich nicht berechtigt.

Geiziger

Geld versinnbildlicht im Traum Sicherheit, Macht, Einfluß und sexuelle Potenz. Der Geizige leidet unter der Angst, diese Eigenschaften zu verlieren. Er benutzt sie nicht, es genügt ihm, sie zu horten und zu vermehren. Dadurch wird sein Leben aber sehr oft arm. Der Träumer sollte deshalb nach praktischen Konsequenzen aus diesem Warnzeichen seines Unterbewußtseins fragen. Gelegentlich symbolisiert der Geizige auch fehlende gefühlsmäßige Bindungen an andere Menschen, was sich ebenfalls aus der Angst erklärt, sich dabei zu verausgaben.

gelbe Rübe

Sie steht meist für das männliche Geschlechtsteil, deutet also auf sexuelle Bedürfnisse hin. Manchmal versinnbildlicht sie aber den Lohn, den Mutter Erde dafür zahlt, daß wir unsere Körperlichkeit nicht zu stark dem geistigen Prinzip unterordnen. Dieser Lohn besteht meist in innerer Harmonie.

Geld

Es verkörpert sexuelle Potenz, Einfluß, Macht und materielle Sicherheit. Die genaue Bedeutung richtet sich nach den weiteren Begleitumständen im Traum und der tatsächlichen Lebenssituation. (→ Bank, → Geiziger)

Geldbeutel

Er warnt vor Übermut und Verlusten, wenn er wohlgefüllt ist, während der leere Erfolge ankündigt. Findet man einen leeren Geldbeutel, dann werden Hoffnungen und Versprechen nicht in Erfüllung gehen. Wer einen Geldbeutel verliert, sollte sich vor Spekulationen und ähnlichen Risiken in der nächsten Zeit hüten. Im Geldbeutel kann aber auch Einfluß, Macht, Potenz und materielle Sicherheit zum Ausdruck kommen (→ Geld). Er zeigt dann an, daß wir über diese Fähigkeiten in ausreichendem Maß verfügen, oder warnt davor, zu verschwenderisch damit umzugehen.

Geliebte

Sie versinnbildlicht unsere Sehnsucht nach der idealisierten Liebe zu einer Frau, der wir im Traum alle von uns erwünschten Eigenschaften verleihen. Da wir in der Realität wohl nie einem solchen Idealbild begegnen, erfüllt das Traumsymbol also scheinbar die unbefriedigten Erwartungen. Das entlastet von inneren Spannungen. Die Geliebte kann manchmal auch erhebliche Enttäuschungen des Träumers in einer Liebesbeziehung anzeigen und ihn dazu auffordern, seine Ideale auf ein vernünftiges Maß zu reduzieren, um das »kleine Glück« in der Liebe zu finden.

Gemälde

→ Bild.

Gemüse

Viele Gemüsearten symbolisieren (meist bei Frauen) erotische Bedürfnisse. Die genauere Bedeutung wird beim jeweiligen Stichwort erklärt.

General

→ Feldherr.

Genickbruch

Dieses Traumsymbol warnt vor unüberlegten Unternehmungen, bei denen man sich das »Genick brechen« könnte. Man sollte unbedingt praktische Konsequenzen daraus ziehen.

Genitalien

Sie können unsere allgemeine Einstellung zum eigenen Geschlecht darstellen. Oft deuten sie auf sexuelle Ängste, Hoffnungen, Wünsche und Bedürfnisse hin. Die Deutung richtet sich nach den Begleitumständen im Traum und der tatsächlichen Lebenssituation.

Genius

Er kann sowohl für das Gefühl der eigenen Minderwertigkeit als auch für das der Überlegenheit stehen. Zuweilen symbolisiert er den Wunsch nach einem geistigen Führer.

Gericht

Dieses Symbol kann mehrere Bedeutungen haben. Oft kommt darin der Versuch zum Ausdruck, Menschen oder Zusammenhänge zu verstehen, indem man sie unparteiisch – eben wie vor einem Gericht – zu durchleuchten versucht. Aber auch der Wunsch nach Abrechnung mit sich selbst oder den Mitmenschen kommt darin zum Vorschein. Wer als Zeuge vor Gericht aussagt, wird dadurch zur Hilfe für einen Freund oder Bekannten aufgefordert. In der Vorladung vor Gericht kommt die Warnung vor unberechtigter Verfolgung durch andere zum Ausdruck. Die Verurteilung kündigt an, daß man Undank zu erwarten hat, wo man auf Dank gehofft hatte. Schließlich kann das Gericht auch noch dazu auffordern, sich seiner Haut zu wehren.

Gerippe

Es steht für die Vergangenheit, den Tod im weitesten Sinne. Der Träumer kann unter Ängsten leiden (oft Angst vor dem Tod), die er sich selbst aber nicht offen eingesteht. Zuweilen versinnbildlicht das Gerippe auch die Todessehnsucht, die unter Umständen mit einem Selbstmordversuch endet. Tritt das Symbol häufiger in Träumen auf, sollte man mit einem Psychotherapeuten sprechen, vor allem dann, wenn man tatsächlich unter Depressionen leidet.

Gerüche

Sie stehen für Erinnerungen an bestimmte Personen, lebhafte oder absterbende Gefühle und Erfahrungen aus der Vergangenheit. Die genaue Bedeutung richtet sich immer danach, was man riecht. Gelegentlich warnen üble Gerüche auch vor Risiken (»Lunte riechen«, etwas »stinkt zum Himmel«).

Gerüst

Es symbolisiert Hilfen, die wir auf dem Weg nach oben in Anspruch nehmen. Arbeitet man auf einem Gerüst, deutet das auf persönlichen Mut hin. Fällt das Gerüst zusammen oder stürzt man herab, weist das Unterbewußtsein damit auf Gefahren hin oder warnt vor zu großem Wagemut, der an Tollkühnheit grenzen kann.

Gesang

Er kann wie die Musik ganz allgemein auf innere Ausgeglichenheit hinweisen, die sich im unbekümmerten Singen ausdrückt. Manchmal versucht man aber auch, durch Singen unangenehme Gefühle oder Stimmungen zu übertönen.

Geschenk

Darin kommen Lob, Anerkennung oder positive Gefühle zum Ausdruck. Die genaue Bedeutung hängt im Einzelfall davon ab, ob man selbst schenkt oder ein Geschenk erhält, wem man es gibt oder von wem man es empfängt.

Geschirr

Dahinter steht oft Unsicherheit im Umgang mit anderen Menschen, die man zu leichtfertig oder zu zaghaft anpackt und dabei unter Umständen viel »Porzellan« zerschlägt.

Geschlechtskrankheiten

Sie symbolisieren eine negative Grundeinstellung zur Sexualität, die meist als »unrein« empfunden wird. Eine psychotherapeutische Behandlung kann in solchen Fällen oft notwendig werden.

Geschmack

Meist steht er für unsere Beziehungen zu Menschen, Vorgängen und Dingen unseres Lebensraums, zum Beispiel Geschmack finden an einer guten Unterhaltung, einem interessanten Hobby, einem Abenteuer oder einem Menschen.

Geschmeide

→ Schmuck.

geschmeidig

Darin kommt unsere gefühlsmäßige und geistige Anpassungsfähigkeit zum Ausdruck.

Geschütz

→ Waffen.

Geschwindigkeit

Je nach den Begleitumständen symbolisiert sie Stillstand oder Fortschritt im Leben, ganz allgemein auch die Beharrlichkeit, mit der wir unsere Ziele verfolgen.

Geschwister

→ Bruder, → Schwester.

Geschworener

Er versinnbildlicht unser Gewissen, unseren Sinn für Gerechtigkeit. Manchmal ermahnt uns das Unterbewußtsein durch dieses Symbol, in einer Angelegenheit eine Entscheidung zu fällen.

Geschwür

→ Abszeß.

Gesellschaft

Darin kann unser Bedürfnis nach sozialen Kontakten zum Ausdruck kommen. Unter Umständen weist sie aber auch darauf hin, daß die eigene Lebenssituation ziemlich verworren ist und man wieder ein klare Linie finden sollte.

Gesicht

Es steht meist für die Teile unserer Persönlichkeit, die von der Umwelt wahrgenommen werden. Manchmal kommt darin der äußere Ausdruck unserer Gefühle zum Vorschein, oder wir erkennen im Gesicht ein Problem, das sich in der Realität stellt. Das Gesicht kann auch in ähnlicher Bedeutung wie die → Fassade auftauchen.

Gespann

Das Pferdegespann weist auf rasches Vorwärtskommen im Leben hin, das Ochsengespann sym-

bolisiert Beharrlichkeit und Zielstrebigkeit, während das Eselsgespann vor »Eseleien« auf dem Lebensweg warnt.

Gespenst

Ihm kommen verschiedene Bedeutungen zu. Einmal kann es auf eine seelische Störung hinweisen, die durch eine »innere Stimme« wieder in Ordnung gebracht werden kann, wenn wir auf sie hören. Dann steht unter Umständen auch Angst vor dem Tod oder dem Unbekannten dahinter. Zuweilen verkörpert das Gespenst eine Erinnerung, Angst oder Schuld aus der Vergangenheit, die man vorübergehend verdrängte, die sich nun aber wieder bemerkbar macht.

Gesten

Sie stehen für unsere augenblicklichen Stimmungen und Gefühle, die sich in bestimmten Gebärden ausdrücken – genauso, wie wir sie auch im Alltag kennen.

Gestirne

Sie kündigen an, daß wir im weiteren Leben mit unerwarteten Ereignissen oder Rätseln konfrontiert werden. (→ Sterne)

Getreide

Die Bedeutung hängt von den Begleitumständen im Traum ab. Wer Getreide mäht oder in die Scheuer einbringt, kann damit rechnen, daß seine Sorgen zu Ende gehen werden. Überfluß an Getreide deutet auf Wohlstand, wenig Getreide auf drohende materielle, gefühlsmäßige oder ähnliche Verluste hin. Kauft man im Traum Getreide, dann reicht die eigene Ernte nicht aus und man kann mit Problemen in der nächsten Zukunft rechnen.

Gewalt

Sie kann Ausdruck aggressiver Neigungen oder negativer Gefühle sein. Unter Umständen zeigt uns das Unterbewußtsein darin, daß wir eine Richtung in unserem Leben eingeschlagen haben, die nicht in Einklang mit unserer Persönlichkeit steht. Wir tun uns selbst damit Gewalt an und sollten praktische Konsequenzen aus diesem Hinweis ziehen.

Gewehr

Es kann auf Aggressivität, Neigung zu Gewalt oder Minderwertigkeitsgefühle hinweisen. Dahinter kann allerdings auch Angst, Unterlegenheitsgefühl oder Schwäche stehen. Gelegentlich symbolisiert die Waffe eine Lebenseinstellung, die den Angriff stets der Verteidigung oder Flucht vorzieht, also den Stier bei den Hörnern packt. Wenn andere das Gewehr im Traum in den Händen halten, fürchtet sich der Träumer vor der Aggressivität seiner Umwelt. Nicht selten kommt dem Gewehr die symbolische Bedeutung des männlichen Geschlechtsteils zu. Dann stehen dahinter sexuelle Bedürfnisse oder – vor allem bei Frauen – die Angst vor aggressiver Sexualität.

Geweih

Darin kommen Minderwertigkeitsgefühle eines Partners in einer Liebesbeziehung zum Ausdruck, vor allem die Angst des Mannes vor einem möglichen Seitensprung der Frau. Auch andere Ehe- und Partnerkonflikte können sich im Geweih ausdrücken.

Gewicht

Es symbolisiert das Gewicht einer Persönlichkeit in ihren sozialen Beziehungen, manchmal auch die Bedeutung einzelner Persönlichkeitsmerkmale. Die genaue Bedeutung ergibt sich im Einzelfall jeweils aus den näheren Begleitumständen des Traums.

Gewitter

Dahinter kann sich die blitzartige Entladung angestauter Gefühle ankündigen, die zur Bereinigung der Atmosphäre beiträgt, also im Grund als positiv zu bewerten ist. Ganz allgemein stehen dahinter tiefgreifendere, rasch eintretende Veränderungen der Lebenssituation.

Gewölbe

Es symbolisiert unser Gedächtnis oder das Unterbewußtsein. Die weitere Bedeutung hängt davon ab, was wir in dem Gewölbe sehen oder tun.

Gewürz

Oft fordert uns das Unterbewußtsein damit symbolisch auf, unserem Leben mehr Abwechslung und neue Inhalte (»Würze«) zu geben. Aber auch die übersteigerte Sehnsucht nach Abwechslung, Abenteuer, Sensationen und Vergnügungen kann darin warnend zum Ausdruck kommen.

Gezeiten

→ Ebbe, → Flut.

Gicht

Wenn sie nicht direkt auf die beginnende Krankheit hinweist, steht dahinter meist ein Gefühl der Verbitterung, das unser ganzes Leben überschattet und unsere Beweglichkeit behindert.

Gift

Dahinter kann eine Trübung der klaren Gedanken durch verschiedene negative Einflüsse aus der Umwelt oder aus dem eigenen Unterbewußtsein stehen. Vorsicht ist also angebracht, wenn man jetzt Entscheidungen trifft. Zuweilen deutet das Symbol auch auf eigene Bosheit oder die anderer Menschen hin.

Gitarre

→ Fiedel.

Gitter

Es warnt meist vor Wünschen und Absichten, die für uns unerreichbar bleiben. Manchmal kommt auch die Sehnsucht nach einem Menschen darin zum Ausdruck, von dem wir aus irgendwelchen Gründen tatsächlich getrennt sind.

Glas

Es kann anzeigen, daß man dabei ist, einen Zusammenhang oder Menschen zu durchschauen.

Unter Umständen werden darin aber auch Ängste, Fehler und Schwächen der eigenen Persönlichkeit deutlich, die man bereits durchschaut, aber noch nicht verändern kann. Wer Glas schleift, bereitet oft eine gewinnbringende Spekulation vor. (→ Fenster)

Glatze

Ihre Bedeutung erklärt sich aus der der → Haare.

Gletscher

Er symbolisiert eigene Gefühle und Stimmungen, insbesondere Ängste oder unterdrückte, gleichsam »gefrorene« Gefühle. (→ Eis)

Globus

→ Erdball.

Glocke

Sie kann eine günstige Lebensphase einläuten, aber auch vor bevorstehenden Enttäuschungen und Mißerfolgen warnen.

Glücksrad

Darin kommt zum Ausdruck, daß sich der Träumer zu sehr auf den glücklichen Zufall verläßt. Man sollte daraus die Konsequenzen ziehen und das Leben wieder mehr in die eigenen Hände nehmen, ehe das Glück einem nicht mehr günstig gesonnen ist. Dem Tatkräftigen wird das Lebensglück noch mehr zur Seite stehen.

glühen

In diesem Traumsymbol kommen geistige Energien zum Ausdruck. Die weitere Bedeutung hängt immer davon ab, wo das Glühen beobachtet wird. Eine in der untergehenden Sonne glühende Bergspitze steht zum Beispiel für ein hohes geistiges Ziel. Wenn etwas von innen heraus glüht, dann symbolisiert das persönliche geistige Eigenschaften. Zum besseren Verständnis sollte man jeweils bei dem entsprechenden Stichwort nachlesen, welche Bedeutung sich hinter dem glühenden Gegenstand verbirgt.

Gold

Es wird ähnlich wie Geld meist als Symbol für Einfluß, Macht und Reichtum auftauchen. Dabei weist Gold auf größere Beständigkeit hin, die Errungenschaften oder Fähigkeiten bleiben also auch dann erhalten, wenn es uns einmal schlechter geht, können aus dem Feuer der Leiden sogar geläutert hervorgehen. Generell symbolisiert Gold auch unsere geistigen Qualitäten oder (dann oft als goldene Sonnenscheibe) das Licht des Geistes in unserem Leben. Das goldene Kalb, um das man im Traum tanzt, warnt jedoch vor einer zu materialistischen, oberflächlichen Werten verhafteten Weltanschauung.

Golf

Das Spiel deutet oft darauf hin, daß man sich »besseren« Umgang wünscht, in »höhere Kreise« aufgenommen werden möchte und dafür sogar in Kauf nimmt, daß man sich langweilt. Dahinter kann also übersteigerter Ehrgeiz oder Geltungssucht, zuweilen auch kühle Berechnung stehen. In seiner anderen Bedeutung als Meeresbucht symbolisiert der Golf das Gefühl der Isoliertheit vom Leben und von den Menschen.

Gondel

Ihr kommt ähnliche Bedeutung wie dem → Boot zu, nur stehen dahinter mehr romantisch-idealistische Einstellungen und Erwartungen.

Gorilla

→ Affe.

Gott

Er symbolisiert den Ursprung allen Seins, aus dem auch unsere Existenz hervorging und in den wir nach dem Tod wieder heimkehren werden. Praktisch bedeutet das oft unser Bestreben, in Einklang mit der Natur und mit den Menschen zu leben, die allgemeingültigen sittlichen Normen und Naturgesetze zu befolgen. Hinter Gott kann aber auch ein Schuldgefühl, das Bedürfnis nach Besserung, Erlösung und geistiger Reifung stehen. Generell verkörpert er unsere Lebenskraft, die aus den gemeinsamen Wurzeln des Individuums mit allem Sein entspringt. Man sollte sich immer bemühen, hinter den individuellen Sinn von Gottesträumen zu schauen, da sie uns wertvolle Einsichten vermitteln und Wegweiser für ein harmonisches Leben im Einklang mit den Lebensgesetzen sein können.

Gotteslästerung
→ Blasphemie.

Grab
Darin kommen meist ungelöste, häufig aus dem Bewußtsein verdrängte Konflikte zum Ausdruck. Man sucht – innerlich verunsichert und ratlos – nach Lösungen aus diesen Konflikten. (→ Begräbnis)

Graben
In ihm kommen vergangene Lebenserfahrungen zum Ausdruck, manchmal auch Erinnerungen an die Vergangenheit oder an unbewußte Teile unserer Persönlichkeit, die im Leben nicht so richtig zur Geltung kommen. Das Traumsymbol sollte Anlaß sein, sich damit aktiv auseinanderzusetzen.

Graf, Gräfin
Dahinter kommt oft die Warnung des Unterbewußtseins vor übersteigerten Ansprüchen und Erwartungen zum Ausdruck. Manchmal steht dahinter auch die Einsicht, daß man über seine Verhältnisse lebt. In jedem Fall sollten daraus praktische Konsequenzen gezogen werden.

Grammophon, Plattenspieler
Sie versinnbildlichen Erinnerungen, die unauslöschlich im Gedächtnis (wie auf einer Schallplatte) »konserviert« wurden und die wir ab und zu wieder hervorkramen. Generell kann dahinter die Aufforderung stehen, solche Erfahrungen und Erinnerungen nicht ständig zu verdrängen. Wer seine eigene Stimme aus dem Grammophon hört, wird dadurch entweder direkt aus dem Unterbe-

wußtsein heraus angesprochen oder hat das Bedürfnis, an die Öffentlichkeit zu treten, auf sich aufmerksam zu machen.

Granate
→ Bombe.

Gras
Im Gras kommen oft unsere Gedanken zum Ausdruck, die in großer Zahl auf uns einstürmen. Das Unterbewußtsein zeigt uns symbolisch an, daß wir die wichtigen von den unwesentlichen trennen müssen, damit wir den Überblick behalten. Zuweilen deutet hohes Gras auch darauf hin, daß unsere Gedanken und Gefühle zu stark gewachsen sind und auf ein vernünftiges Maß reduziert werden sollten. Wenn man Gras ißt, dann läuft man Gefahr, sich in irgendeiner Angelegenheit lächerlich zu machen. Ganz allgemein versinnbildlicht das Gras die Umwandlung von materiellen Werten in geistige Werte.

grau
In dieser Farbe kommen ernste Gedanken zum Ausdruck, die möglicherweise auf eine depressive Stimmungslage hinweisen. bei Bedarf kommt fachmännische Behandlung in Frage. Grau kann aber auch zeigen, daß wir unser Leben als arm und unglücklich betrachten. Das enthält dann gleichzeitig die Aufforderung, etwas dagegen zu unternehmen.

Greis, Greisin
→ alter Mann, alte Frau.

Griechenland
Die antike Hochkultur kann vergangene Autorität verkörpern, der man nachtrauert. Nicht selten kommt darin aber auch eine Intelligenz zum Ausdruck, die mehr von Gefühlen gesteuert wird.

Grille
Sie deutet auf eine etwas leichtfertige Lebenseinstellung hin, die aber, da der Träumer von seinem

Glück überzeugt ist, meist ohne große Mühe zum Lebenserfolg führt. Solchen Menschen scheint der Erfolg geradezu in den Schoß zu fallen.

Grobheit

Dahinter steht eine Warnung vor dem Neid der anderen oder eigenen Neidgefühlen gegenüber anderen Menschen.

groß, Größe

Die Deutung ist nur im Zusammenhang mit dem möglich, was im Traum groß erscheint. Die Größe weist dann darauf hin, daß wir besonders davon beeindruckt wurden.

Großmutter, Großvater

Sie verkörpern die Weisheit, die aus der Lebenserfahrung stammt, und zeigen uns an, daß Pläne, die wir mit Hilfe dieser Weisheit verwirklichen wollen, gut gelingen werden.

Grotte, Höhle

Sie kann die weiblichen Geschlechtsorgane verkörpern, also für sexuelle Bedürfnisse stehen. Manchmal kommt darin auch der Wunsch nach Rückkehr in den Mutterschoß zum Ausdruck, also der Rückzug vom Leben und der Eigenverantwortung. Häufig symbolisiert die Grotte oder Höhle unsere Vergangenheit, die unterste Schicht unseres Bewußtseins, aus der unsere Gefühle stammen. Der Traum deutet dann darauf hin, daß wir zu den tiefsten Quellen unseres Seins vorstoßen und in Einklang mit uns selbst leben. Schließlich kann in der Höhle auch die aufnahmefähige oder »verschlingende« Liebe der Frau zum Ausdruck kommen.

Grube

Sie verkörpert Probleme, die aus Fehlern der Lebenseinstellung und -führung stammen und die freie Gestaltung des Lebens behindern. Auch äußere Einflüsse können dabei natürlich eine Rolle spielen, werden aber erst dann problematisch, wenn wir darauf unzweckmäßig reagieren. In der Grube kommen also selbstverschuldete Schwierigkeiten zum Ausdruck, die nur durch eine Änderung innerer Haltungen gelöst werden können.

Gruft

Sie kann unterdrückte Teile der eigenen Persönlichkeit, verdrängte Ängste und Erfahrungen symbolisieren. Oft steht sie auch für Konflikte, die aus dieser Verdrängung resultieren, oder für innere Unsicherheit und Ratlosigkeit. (→ Grotte)

Guillotine

Das Fallbeil trennt den Kopf vom Körper. Der Traum weist also darauf hin, daß man sich von einer übertrieben intellektuellen Haltung oder Ansicht lösen, die Vernunft nicht so kraß einseitig überbewerten sollte. Unter Umständen steht dahinter die Erwartung eines Ereignisses, von dem man noch nicht genau weiß, ob es den weiteren Lebensweg positiv oder ungünstig beeinflussen wird.

Gurke

Als Symbol des männlichen Geschlechtsteils deutet sie fast immer auf sexuelle Bedürfnisse hin.

Gürtel

Dahinter stehen erotische Bedürfnisse von Mann und Frau. Manchmal kommt aber auch der Wunsch nach Macht und Einfluß über andere Menschen oder eine gewisse Eitelkeit darin zum Ausdruck.

Guru

Er symbolisiert das Bedürfnis nach einem geistigen Führer und Lehrer, der uns zur vertieften Selbsterkenntnis und Weisheit führt. Im Grund steht der Guru aber nicht für eine fremde Person, sondern repräsentiert das eigene Unterbewußtsein, mit dem wir in Einklang leben sollen und dessen Führung wir uns getrost anvertrauen können. Deshalb ist es ein gutes Zeichen, wenn man im Traum mit dem Guru eins wird. Dann hat man sich mit sich selbst ausgesöhnt und erreicht da-

durch eine neue, harmonische Stufe der Bewußtheit, die dem weiteren Leben eine neue Richtung
und neue Inhalte gibt.

H

H

Der Buchstabe symbolisiert die Ausgewogenheit
unserer Persönlichkeit und die Arbeit an uns
selbst. Im Traum kann er auch auf innere Dishar-
monien oder mangelnde »Pflege« der eigenen
geistigen Persönlichkeit hinweisen.

Haar

Im allgemeinen steht das Haar – insbesondere
Bart-, Achsel- und Schamhaar – für die Sexualität
des Träumers. Der Mann kann im → Bart oder in
der Körperbehaarung auch ganz allgemein seine
Männlichkeit erkennen. Bei Frauen kommt in der
Körperbehaarung manchmal eine stärker masku-
lin geprägte Gefühlswelt zum Ausdruck. Das Kopf-
haar kann ebenfalls auf Sexualität, im weiteren
Sinne aber auch ganz allgemein auf Sinnlichkeit
hinweisen. Manchmal steht dahinter die Kraft und
Energie (einschließlich sexueller Potenz) des
Träumers. Sehr kurze, abgeschnittene Haare
drücken oft die verdrängte Sexualität aus, lange
Haare können auf sexuelle Freizügigkeit hinwei-
sen, ungepflegte Haare deuten auf sexuelle
Gleichgültigkeit, sorgfältig gekämmte Haare auf
sexuelle Selbstdisziplin hin. Darüber hinaus kön-
nen die Haare auch den überbetonten Intellekt
(»Haarspalterei«) oder die Vergeistigung der
Sinnlichkeit und Sexualität anzeigen. Die genaue
Bedeutung ergibt sich im Einzelfall stets aus den
Begleitumständen im Traum und der individuel-
len Lebenssituation.

Haarshampoo

Es steht für den Versuch, sexuelle oder sinnlich-
gefühlsbetonte Bedürfnisse, Erwartungen, Erfahrungen und Hoffnungen zu vergeistigen.
(→ Haar)

Habicht

Er ähnelt in seiner Bedeutung dem → Adler.

Hackbeil

Es symbolisiert das männliche Geschlechtsteil, also sexuelle Bedürfnisse. Manchmal kommt ihm
aber auch ähnliche Bedeutung wie der → Axt zu,
insbesondere der Ausdruck von Aggressivität oder
Haß.

Hacke

Das Gartengerät zeigt an, daß wir dabei sind, unseren »Garten des Lebens« zu pflegen – oder daß
wir es tun sollten. Die weitere Bedeutung ergibt
sich aus dem Zustand des → Gartens, in dem wir
mit der Hacke arbeiten.

Hades, Unterwelt

Das Land der Toten aus der griechischen Mythologie versinnbildlicht unser Unterbewußtsein, und
zwar vor allem jene Inhalte, die sich unserem
geistigen Wollen in den Weg stellen. Daraus resultiert für den Betroffenen unter Umständen die
→ »Hölle«, ein quälender Zustand zwischen geistigen Zielen und Idealen und kraß egoistisch-
materialistischen Absichten, Gefühlen und Einstellungen. Auf diesen Kampf in unserem Innern
weist die Unterwelt im Traum deutlich hin.

Hafen

Er zeigt uns, daß wir uns in Sicherheit wiegen
können, Schutz gefunden haben und jetzt eine
Weile ausruhen dürfen.

Hafer

In ihm kommt jugendlicher Übermut und ungehemmte jugendliche Sinnlichkeit zum Ausdruck,
die noch auf der Suche nach Reife und einer
gewissen Vergeistigung ist. Bei Erwachsenen deutet der Hafer sinngemäß oft auf Unreife hin.

Hagel

Das Naturereignis symbolisiert grundsätzlich immer innere Unzufriedenheit. Manchmal warnt es

auch vor Familienstreitigkeiten oder Verlusten, die materieller, geistiger oder gefühlsmäßiger Art sein können.

Hahn

Er steht für Männlichkeit einschließlich männlicher Sexualität, die unter Umständen aggressiv zum Ausdruck kommt. Je nachdem, welche Rolle der Hahn im Traum spielt, ist darin eine Warnung vor übertriebener oder unterdrückter Männlichkeit und/oder Aggressivität zu sehen.

Hai

In ihm erkennen wir oft eine Neigung zur Verletzung anderer Menschen, derer wir uns zwar etwas schämen, die wir aber dennoch nicht ausreichend kontrollieren können. Das Symbol weist manchmal aber auch darauf hin, daß man uns (oder man selbst die anderen) zu betrügen versucht. In jedem Fall sollte man solche Trauminhalte zum Anlaß nehmen, über Absichten und innere Einstellungen ausführlich nachzudenken.

Haken

Darin kommen persönliche Abhängigkeiten zum Ausdruck, also die »Haken«, an denen wir zappeln. Dabei kann es sich um Gefühle zu anderen Menschen, Ansichten und Ideen, Begierden oder suchtartige Abhängigkeiten handeln. Im Traum ist auch die Aufforderung enthalten, die Abhängigkeiten auf ein vernünftiges Maß zu reduzieren, damit unsere freie Selbstentfaltung nicht zu stark eingeschränkt wird. Sinngemäß steht auch hinter dem Hängen an einem Haken oder vergleichbaren Gegenstand das Gefühl der Abhängigkeit, zuweilen aber auch das Bedürfnis nach Hilfe und tatkräftiger Unterstützung. Der Träumer ist also verunsichert, traut sich nichts zu und läßt seine Entscheidungsfreiheit durch solche Abhängigkeiten beschneiden.

Halbmond

In ihm kommen Weiblichkeit und Intuition zum Ausdruck. Manchmal symbolisiert er auch die Be-

reitschaft zu einer erotischen Beziehung oder die Empfänglichkeit für Eingebungen und Gefühle. Oft träumt man davon, wenn diese Eigenschaften durch den Verstand im Alltag zu stark eingeschränkt werden.

Halfter

Es kann für unsere Selbstdisziplin stehen, mit der wir Begierden, Gefühle und Triebe lenken. Dann weist uns das Unterbewußtsein möglicherweise auf eine übertriebene Beherrschung hin, die keinen Raum mehr für das Intuitive, Instinkthafte, Spontane läßt. Je nach den Begleitumständen im Traum zeigt das Symbol uns aber auch, daß wir »abgehalftert« wurden, also an Bedeutung, Ansehen und Einfluß einbüßten.

Halle

Sie steht als Symbol für einen Sammelplatz oder Treffpunkt. Die weitere Bedeutung ergibt sich aus den Begleitumständen im Traum. Vielleicht hat der Träumer in der Realität den Wunsch nach mehr sozialen Kontakten oder gefühlsbetonten zwischenmenschlichen Beziehungen. Die Halle kann aber auch – ähnlich wie das → Café – Sammelplatz unterbewußter Gefühle, Bedürfnisse und Eigenschaften sein.

Halm

→ Getreide, → Gras.

Hals

Er versinnbildlicht den Übergang vom Körper zum Kopf, also vom Materiellen zum Geistigen. Dahinter steht im Traum meist eine Warnung vor zu viel Wagemut (»den Hals riskieren«) oder vor einer Trennung des Intellekts von Gefühlen und Trieben. Manchmal kommt symbolisch auch das Gefühl zum Ausdruck, daß man sich von den Ansprüchen des Lebens oder anderer Menschen »erdrosselt« fühlt oder im Alltag zu starrsinnig, stur und hartnäckig ist. Schließlich tritt der Hals symbolisch im Traum bei Zuständen von Atemnot verschiedener Ursachen auf.

Halskette

Sie kann als Sexualsymbol auftreten und dann für unbefriedigte erotische Bedürfnisse stehen. Auch Autorität, Einfluß und Macht kommen darin oft zum Ausdruck, wobei der Träumer diese Eigenschaften entweder besitzt oder sich wünscht. Erhält man eine Halskette geschenkt oder verschenkt man selbst eine, dann stehen dahinter die Gefühle, die man für den Schenkenden oder Beschenkten empfindet. Manchmal weist die Halskette darauf hin, daß man unter Pflichten und sozialen Beziehungen leidet, die einem »am Hals hängen«.

Haltung

In ihr kommt die augenblickliche innere Haltung zum Ausdruck. Man kann daraus Rückschlüsse auf unterbewußte Einstellungen ziehen und versuchen, diese bei Bedarf zu verändern.

Hammer

Er steht für den Wunsch nach Macht und Einfluß, gepaart mit einer gehörigen Portion Rücksichtslosigkeit. Der Träumer sollte ernsthaft überlegen, wie er diese negativen Eigenschaften mildern kann, und sich darum bemühen, Autorität aus seiner Persönlichkeit heraus zu entwickeln und nicht auf Äußerlichkeiten wie Stellung, Wissen und ähnliche Faktoren zu stützen. Gelegentlich warnt der Hammer als Symbol des männlichen Geschlechtsorgans vor der rücksichtslosen, wenig empfindsamen Durchsetzung sexueller Bedürfnisse.

Hampelmann

Dahinter steht oft der Eindruck des Träumers, von seiner Umwelt nicht recht ernstgenommen zu werden, sich nicht richtig durchsetzen zu können, sondern vom Einfluß anderer gelenkt zu werden. Das kann wirklich zutreffen oder sich aus einem Gefühl innerer Unsicherheit und Minderwertigkeit erklären. Gelegentlich deutet der Hampelmann darauf hin, daß man sich lächerlich macht oder das Leben nicht ernst genug nimmt.

Hamster

In ihm kommt die Neigung zum Horten (Hamstern) materieller oder nichtmaterieller Werte (zum Beispiel Gefühle) zum Ausdruck. Die Bedeutung ähnelt der des → Geizigen.

Hand

Sie symbolisiert Energie und Tatkraft, mit der wir unser Leben schöpferisch frei gestalten. Die rechte Hand repräsentiert dabei den männlichen Teil unserer Persönlichkeit, die linke steht für die Weiblichkeit, die auch bei Männern immer vorhanden ist. Die weitere Bedeutung richtet sich nach den Begleitumständen im Traum und der tatsächlichen Lebenssituation. In der kleinen, schwachen, schlaffen Hand kommt mangelnde Tatkraft zum Ausdruck, die große Hand symbolisiert zupackende Energie. Man kann aber auch jemanden bei der Hand nehmen, also anleiten und beeinflussen, oder selbst an der Hand geführt werden, was auf fremden Einfluß oder das Bedürfnis nach Hilfe hinweist. Wer im Traum die Hände ringt, leidet unter den Ansprüchen der Umwelt, unter Sorgen und Konflikten, die er nicht selbständig anpackt, sondern passiv nur beklagt.

Handlesen

Darin zeigen sich instinktive, aus dem Unterbewußtsein stammende Einsichten und Erkenntnisse über den weiteren Lebensweg, die man beachten sollte.

Handschellen

Sie können als Reaktion im Traum erscheinen, wenn der Träumer sich im Bettzeug verfangen hat oder unter erheblichen inneren Spannungen leidet. Ganz allgemein weisen sie zuweilen darauf hin, daß die Tatkraft gehemmt ist. Die praktischen Konsequenzen ergeben sich aus der individuellen Lebenssituation. (→ Fessel)

Handschuh

Oft versinnbildlicht er die Neigung zur Selbstisolierung, die aus Kontaktschwäche resultiert. Auch das Bedürfnis nach Schutz kann darin zum Ausdruck kommen. Wird der Handschuh im Traum fallengelassen, kann darin eine Aufforderung des Unterbewußtseins an uns zum Ausdruck kommen, manchmal steht dahinter aber auch die Neigung zum Kokettieren. Wirft man jemandem den Handschuh entgegen, steht dahinter die Aufforderung zum Kampf, zum Messen der Kräfte. Dabei muß es sich nicht unbedingt um eine Person handeln, auch Hindernissen kann man symbolisch den Fehdehandschuh hinwerfen. Wer den Handschuh aufhebt, will eine Herausforderung annehmen. Paßt der Handschuh im Traum nicht, kommt darin Unzufriedenheit mit den Lebensumständen zum Ausdruck. Ein zu großer Handschuh deutet vielleicht darauf hin, daß man sich übernommen hat, zuviel zumutet oder zutraut.

Harfe

Darin wird oft eine Überreizung des vegetativen Nervensystems deutlich, die man durch Entspannung abbauen sollte. Zuweilen signalisiert sie auch die Bereitschaft zu einem erotischen Abenteuer.

Harn

→ Exkremente.

hart, Härte

Darin kommt eine gewisse Gefühlsarmut und Teilnahmslosigkeit des Träumers zum Ausdruck, vor der ihn sein Unterbewußtsein warnt. Unter anderem kann es sich um das starre Beharren auf Prinzipien um jeden Preis oder um das unbeugsame Festhalten an Vorurteilen und negativen Gefühlen handeln.

Haschisch, Marihuana

Dadurch weist das Unterbewußtsein darauf hin, daß der Träumer durch äußere Einflüsse zu Einsichten gelangt ist, vor allem zur Selbsterkenntnis. Dabei besteht die Gefahr, daß es sich um Scheineinsichten handelt, die von außen nahegelegt und nicht kritisch geprüft wurden.

Hase

Er steht als Symbol für geistige Fruchtbarkeit, Energie und eine gewisse Neigung zum Irrationalen. Häufig versinnbildlicht er aber auch erotische Bedürfnisse, die möglicherweise außerhalb der »erlaubten Wege« befriedigt werden.

Haus

Ein mehrdeutiges Symbol, das grundsätzlich immer den Träumer selbst und seine Lebenssituation darstellt. Die einzelnen Teile des Hauses werden wir folgt gedeutet:
Fundamente – die geistige und/oder materielle Basis, auf der man das Leben aufgebaut hat oder den weiteren Lebensweg stellen wird;
Keller – das Unbewußte, aber auch der Bauch mit seinen materiellen Bedürfnissen, Begierden und Trieben;
Schlafzimmer – die Einstellungen zur Sexualität, zuweilen bedeutet es aber auch das mangelnde Interesse für bestimmte Angelegenheiten oder Menschen;
Wohnzimmer – die Einstellungen zur Freizeit, das Bedürfnis nach Erholung, Entspannung und zweckfreier Beschäftigung;
Küche – alle die Dinge und Menschen, die das Leben abwechslungsreicher gestalten;
Dach, Dachboden, Dachstube – der geistige Bereich oder das Bedürfnis danach, behütet, geborgen und sicher zu sein;
Badezimmer – der Wunsch nach moralischer Sauberkeit;
Toilette – das Bedürfnis nach Befreiung von unnötigem Ballast aus der Vergangenheit oder die Lösung innerer Spannungen;
Balkon – ein Sexualsymbol.
→ Fenster, → Möbel, → Treppe, → Tür.
Die genaue Bedeutung richtet sich danach, was dem Träumer im Haus widerfährt, wie er sich darin verhält und wem er begegnet.

Hausschuhe

Sie symbolisieren den Wunsch nach Harmonie, Behaglichkeit und Familie.

Haut

Dahinter steht die augenblickliche Lebenssituation, die äußere Persönlichkeit. Auch die Vergangenheit kann darin zum Ausdruck kommen, die ihre Spuren in der Haut eingeprägt hat. Unter Umständen symbolisiert sie den Wunsch, das bisherige Leben wie eine Schlangenhaut abzustreifen und einen neuen Anfang zu wagen. Schließlich kann die Haut noch die Sensibilität des Träumers verkörpern (dickfellig, dünnhäutig).

Hebamme

Sie versinnbildlicht den Wunsch nach Hilfestellung bei der »Geburt« eines neuen Seins. (→ Geburt)

Hebel

Er symbolisiert die Kraft, mit der wir Probleme und Hindernisse auf dem weiteren Lebensweg überwinden werden.

Hecke, Zaun

Darin kommen Hindernisse und Konflikte zum Vorschein, die unsere persönliche Entwicklung und Selbstverwirklichung behindern. Unter Umständen zeigt der Zaun aber auch das Schutzbedürfnis des Träumers an. (→ Garten)

Hefe

Sie steht für Ideen und andere Einflüsse von innen, die unserem Leben eine neue Richtung geben können, so wie auch die Hefe durch Gärung in der Realität Veränderungen bewirkt.

Heidekraut

Darin kommt unsere Sehnsucht nach Beständigkeit zum Ausdruck, vor allem auch nach beständigen (»immergrünen«) Gefühlsbeziehungen.

Heiland

→ Christus.

Heiliger, Heiligenbild

→ Guru.

Heilmittel

Dahinter verbergen sich jene Teile unserer Persönlichkeit, die unsere inneren Widersprüche ausgleichen können und uns dadurch von seelischem Leid befreien (→ Arzneimittel)

Heimat, Heimweh

Darin kommt die Sehnsucht nach der Vergangenheit zum Ausdruck. Der Träumer hat zwar eine Veränderung in seinem Leben durchgeführt, erkennt nun aber, wie gut er es doch vorher hatte. Oft bezieht sich das zum Beispiel auf zwischenmenschliche Beziehungen (Ehe, Freundschaft) oder Beruf.

Heiserkeit

Durch die Sprache nehmen wir den Kontakt mit der Umwelt auf. Heiserkeit deutet daher oft auf Kontaktstörungen oder bewußte Verweigerung des Kontakts mit den Mitmenschen hin.

Held

Er verkörpert vor allem den Mut, sich selbst mit allen Fehlern und Konflikten anzunehmen. Dahinter kann die Aufforderung des Unterbewußtseins stehen, nicht länger die Augen vor unangenehmen Selbsterkenntnissen zu verschließen.

Hemd

Darin können starke erotische Bedürfnisse zum Ausdruck kommen. Im Einzelfall steht dahinter vielleicht die Angst vor Bloßstellung oder das Gefühl, sich eine Blöße zu geben. Das schmutzige oder zerrissene Hemd warnt vor allzu leichtfertigen Lebenseinstellungen.

Hengst

Für Frauen bedeutet er das Bedürfnis nach aktiven Liebhabern, bei Männern steht der Wunsch nach stärkerer Potenz oder das Bewußtsein der sexuellen starken Potenz dahinter. Gelegentlich geht die Bedeutung über den Sexualbereich hinaus, und der Hengst verkörpert dann das Streben nach Energie, Kraft und einem aktiven Leben.

Herberge

Sie versinnbildlicht das Bedürfnis nach Ruhe, Ausgeglichenheit und Geborgenheit, manchmal auch nach guten zwischenmenschlichen Beziehungen.

Herbst

Er repräsentiert die Zeit der Ernte, in der wir den Lohn für unsere Mühen empfangen. Im Einzelfall kann darin zum Ausdruck kommen, daß man von Aktivität allmählich auf besinnliches Genießen umstellt, Ehrgeiz und Begierden an Bedeutung verlieren. Das ist besonders bei Menschen jenseits der Lebensmitte ein positives Zeichen der Reife. Vor allem bei Männern kann dahinter aber auch die Angst vor Potenzschwäche stehen. In einer Liebesbeziehung deutet der Traum vom Herbst darauf hin, daß die »Glut der Leidenschaft« des Sommers dem behaglichen, wärmenden und beständigen »Kaminfeuer« gewichen ist. Im Einzelfall kann der Herbst allerdings auch andeuten, daß die Gefühle zu einem anderen Menschen zu erkalten beginnen.

Herd

Er steht ebenfalls für unsere Gefühle. Demnach kann darin ein hell loderndes Feuer oder die »stille Glut« erkennbar sein. Ein erkalteter Ofen deutet darauf hin, daß die Gefühle erloschen sind.

Herde

Darin kann die Kraft des Geistes zum Ausdruck kommen, der verschiedene Teile der Persönlichkeit um sich sammelt, zusammenhält, bewacht und lenkt. Manchmal warnt der Herdentraum allerdings vor zu treuer, kritiklos-blinder Gefolgschaft für einen Menschen oder eine Idee.

Herr, Herrensitz

Darin kommt oft die Selbstüberschätzung des Träumers zum Ausdruck, vor der das Unterbewußtsein warnt. Zuweilen steht dahinter aber auch eine demütige Haltung gegenüber den Mitmenschen, Respektspersonen oder Vorgesetzten, die sich aus einem Gefühl der Unsicherheit und Minderwertigkeit erklärt.

Herz

Es verkörpert unsere innersten, edlen, manchmal geheimsten Gefühle und Regungen wie Zuneigung, herzliche Liebe und Zärtlichkeit. Durch das Herz stehen wir in Verbindung mit dem Urgrund menschlichen Seins, mit den Gefühlen, deren wir alle fähig sind und alle bedürfen. Im Herzen wohnt die Weisheit eines gefühlswarmen Geistes, der sich weit über die kalte, intellektuelle Vernunft erhebt. Die genaue Bedeutung des Symbols ergibt sich im Einzelfall aus den Begleitumständen im Traum und der tatsächlichen Lebenssituation. Manchmal kann das Herz auf Angst (»Herz fällt in die Hose«) hinweisen oder zeigen, daß man sich etwas »zu Herzen genommen hat«.

Herzog

→ Graf.

Heu

Es symbolisiert Gedanken und Gefühle von geringerer Bedeutung, die wir bereits abgelegt haben, um das Wesentliche erkennen zu können oder um ein vernünftiges Maß zu finden (→ Gras). Wer im Heu liegt, gehört wahrscheinlich zu den bescheidenen Menschen, die wenig aus sich machen und sich an Kleinigkeiten und alltäglichen Dingen noch erfreuen können. Der Traum kann dann aber auch eine Aufforderung enthalten, die man je nach individueller Lebenssituation in der Realität beachten sollte.

Hexe

Sie steht für fehlgeleitete Inhalte unseres Unterbewußtseins, für Ängste vor dem Irrationalen in uns selbst, manchmal gemischt mit Aberglauben. In der Hexe kann aber auch die körperliche Liebe, die zu einseitig auf Sexualität ausgerichtet ist, zum Vorschein kommen. Schließlich kann sie die Weisheit oder Sehnsucht nach Harmonie mit der »Mutter Natur« verkörpern. Die genaue Bedeutung richtet sich im Einzelfall nach den Begleitumständen im Traum und nach der jeweiligen Lebenssituation.

Himmel

Er symbolisiert die unbewußten geistigen Kräfte, die auf unser Leben Einfluß nehmen. Wenn man in Einklang mit ihnen lebt, fühlt man sich »wie im Himmel« oder kann »in den Himmel schauen«. Das Symbol zeigt uns, daß wir diesen Zustand anstreben sollten oder bereits erreicht haben. Manchmal kommt darin aber auch eine Neigung zu Religiosität oder Mystizismus zum Vorschein.

hinken, lahmen

Diese Behinderung wiest darauf hin, daß wir uns im Alltag schwertun, unser Leben mit all seinen Schwierigkeiten und Hindernissen zu meistern. Dabei können die Probleme durchaus aus uns selbst stammen, man macht sich das Leben also selbst unnötig schwer. Der Traum weist auf solche Schwierigkeiten und Konflikte hin, damit sie auch in der Realität erkannt und überwunden werden.

Hinrichtung

Darin kommt eine Veränderung der bisherigen Einstellungen und Ansichten zum Ausdruck, die unseren weiteren Lebensweg entscheidend beeinflussen wird. Das Gewohnte wird gleichsam »hingerichtet« durch bessere Einsichten und neue Erkenntnisse und versinkt im Unterbewußten, ohne daß es deshalb schon verarbeitet sein muß. Der Trauminhalt kündigt solche Veränderungen an oder weist uns darauf hin, daß wir das »Überwundene« besser verarbeiten sollen.

hinten

Die genaue Bedeutung hängt davon ab, was sich im Traum hinter uns befindet oder zuträgt. In der Regel kommen darin unbewußte Vorgänge zum Ausdruck. Zuweilen steht aber auch die Einsicht dahinter, daß jedes Ding, jeder Mensch, jedes Erlebnis zwei Seiten hat, also eine Warnung vor zu einseitiger Betrachtung und Beurteilung.

hinunter

Oft kündigt sich dadurch der Rückfall in frühere, unreife Anschauungen und Verhaltensmuster an, zu denen man gewissermaßen hinuntersteigt. Ferner kann dahinter aber auch die Enttäuschung des Idealisten stehen, der bei seinen geistigen Höhenflügen auf die Nase gefallen ist. Schließlich kommen gelegentlich Ängste vor sozialem oder materiellem Abstieg und Depressionen darin zum Ausdruck.

Hirn

→ Gehirn.

Hirsch

Er symbolisiert bei Mann und Frau die männlichen Züge der Persönlichkeit. Manchmal steht er auch für sexuelle Bedürfnisse. Das gilt vor allem dann, wenn Frauen den Hirsch mit einem → Geweih sehen, das viele Sprossen trägt. Hauptsächlich soll das Traumsymbol uns mit den gegengeschlechtlichen Wesenszügen aussöhnen, die oft verdrängt werden und unsere innere Harmonie und Ausgeglichenheit empfindlich stören können.

Hirse

→ Getreide.

Hirte

In ihm kommt noch stärker als beim Symbol der → Herde die geistige Kraft zum Ausdruck, die Gegensätze in unserer Persönlichkeit miteinander verbindet und lenkt. Er deutet also darauf hin, daß wir uns auch in unserer Zwiespältigkeit annehmen sollen und nach mehr innerer Ausgeglichenheit streben.

Hitze

Das Gefühl deutet auf überschäumende (auch sexuelle) Begierden hin, die kaum noch kontrolliert werden können. Davor warnt uns das Unterbewußtsein. Gelegentlich äußert sich allerdings auch leere Überschwenglichkeit im Traum durch Hitze.

Hobel, Hobeln

Darin kann die Genauigkeit des Träumers in der Realität zum Ausdruck kommen, die unter Umständen aber in Pedanterie ausartet. Das Unterbewußtsein warnt dann davor, weil die übertriebene Genauigkeit die freie Selbstentfaltung hemmt. Oft kommt im Hobel aber auch die Aufforderung des Unbewußten zum Ausdruck, Probleme und Schwierigkeiten oder Störungen in den zwischenmenschlichen Beziehungen zu glätten. Dazu bedarf es dann meist des Feingefühls und der Geduld, da dies nur in kleinen Schritten gelingt.

Hochschule, Universität

Sie kann eine geistige Weiterentwicklung ankündigen. Unter Umständen zeigt sie aber auch, daß wir die Schulweisheit, das trocken-nüchterne Denken, zu stark betonen und dadurch in Widerstreit mit dem Irrationalen und den Gefühlen in uns kommen, der unserer geistig-seelischen Gesundheit auf Dauer abträglich ist.

Hochzeit

Ihre Bedeutung entspricht meist der einer → Ehe. Zuweilen machen sich dadurch aber auch (vor allem bei jungen Menschen) sexuelle Bedürfnisse bemerkbar, die im Augenblick noch nicht ausreichend befriedigt werden können. Gelegentlich steht dahinter die Erinnerung an die eigene Hochzeit und die Erwartungen, die damit verbunden waren, oder der Träumer malt sich die bevorstehende Heirat im Traum mit allen Hoffnungen aus.

Hof

Als Teil des Hauses kann er Persönlichkeitszüge symbolisieren, die an den Rand gedrängt wurden, sich gleichsam fast schon außerhalb der Persönlichkeit befinden und im Alltag unterdrückt werden. Vom Hof aus kann man aber auch aus einer gewissen Distanz auf das Haus oder durch die Fenster hineinblicken und dabei neue Einsichten gewinnen. Was im Einzelfall als Deutung in Frage kommt, ergibt sich aus den Begleitumständen des Traums und der Lebenssituation. (→ Haus)

Höhe

Hauptsächlich kommen für dieses Symbol zwei Deutungen in Frage. Zum einen symbolisiert Höhe den Wunsch, sich zu einer inneren Höhe aufzuschwingen – ein Wunsch, der bisher jedoch wegen des mangelnden Selbstvertrauens und anderer, ebenfalls in der eigenen Persönlichkeit begründeter Hindernisse noch nicht erfüllt wurde, dessen Erfüllung vielleicht sogar nie erreicht wird. Zum anderen kann darin zum Ausdruck kommen, daß man bereits zu höheren Einsichten gelangt ist, eine Bewußtseinserweiterung und -erhöhung erlebt hat, die einen guten Blick auf den weiteren Lebensweg ermöglicht.

Hölle

In ihr kommen vor allem unsere Ängste, Schuldgefühle und andere negative seelische Inhalte zum Ausdruck, die uns die »Hölle auf Erden« bereiten, die wir aber erdulden müssen, weil wir wider unseren Geist gehandelt haben, unsere natürlichen Bedürfnisse und Regungen zu stark unterdrückten (insbesondere geistig und gefühlsmäßig). Zugleich bildet diese Pein aber in den meisten Fällen die Grundlage der Läuterung, führt uns also nach einiger Zeit zurück zur Harmonie mit uns selbst. Deshalb weist uns das Traumsymbol darauf hin, daß wir den seelischen Schmerz annehmen und durchleiden, aber nicht verdrängen oder durch Arzneimittel überdecken sollen, um danach ausgeglichener im Einklang mit uns selbst zu leben. Manchmal zeigt uns die Hölle im Traum aber auch, daß wir eine reale mißliche Lage selbst durch unsere innere Haltung zur Mitwelt geschaffen haben. Wer von Haß gegen andere erfüllt ist, der wird auch zu spüren glauben, daß die Mitmenschen ihm mit Haß begegnen, wer unter Depressionen leidet, dem wird das ganze Leben als deprimierend erscheinen. Umgekehrt empfinden wir die Welt als schön, wenn wir uns glücklich fühlen. Diese Einsicht, im Traum durch das Symbol der Hölle vermittelt, richtig verstanden und verarbeitet, kann eine entscheidende Wende für ein Leben bedeuten, das bisher die »Hölle« war.

Allerdings wird das nur gelingen, wenn der Träumer seine inneren Einstellungen zur Umwelt aus Einsicht tatsächlich ändert. Das Symbol der Hölle ist also insgesamt als durchaus positiv zu bewerten und sollte stets Anlaß zum Überdenken der eigenen Lebenssituation sein. (→ Fegefeuer)

Holz

Dahinter stehen meist unsere Gewohnheiten, Ansichten und Ideen, die zum selbstverständlichen Teil unserer Persönlichkeit und unseres Verhaltens geworden sind. Je nachdem, ob das Holz noch frisch, grün und biegsam oder schon hart und starr, vielleicht sogar dürr und faulig ist, erkennt der Träumer die individuelle Bedeutung des Symbols für sich selbst und sollte praktische Konsequenzen daraus ziehen. Dazu gehört vor allem das kritische Überdenken von Gewohnheiten und Ansichten und deren Anpassung an die veränderten Verhältnisse. So, wie aus dem Holz eines alten Baums Neues geschaffen werden kann, so kann man auch aus alten Ansichten und Ideen die Basis für eine neue Richtung im Leben bauen.

Holzklotz

Er will noch stärker als das → Holz darauf hinweisen, daß wir alte Ansichten, Gewohnheiten und Ideen überprüfen und zu etwas Neuem, Lebendigem zusammenfügen sollen. Zuweilen warnt uns der Holzklotz auch vor fixen Ideen, die unter Umständen nur mit Hilfe eines Psychotherapeuten überwunden werden können.

Honig

Dahinter steht der »süße Lohn« für geistige Anstrengungen, der in einer vertieften Selbsterkenntnis und mehr innerer Ausgeglichenheit besteht. Gleichzeitig verheißt uns der Honig auch Heilung von seelischen Störungen, die auf mangelnder Selbstkenntnis beruhen.

horchen

Der Träumer weiß um seine eigenen Fehler und fürchtet, daß auch andere sie erkennen und darüber miteinander reden. Im Grunde kommt darin also ein schlechtes Gewissen oder Schuldgefühl zum Ausdruck, das man durch Arbeit an sich selbst überwinden kann.

Horn, Hörner

→ Geweih.

Horizont

Darin erkennen wir unseren eigenen geistigen Horizont, also die Grenzen, die uns von unseren augenblicklichen Ideen, Einstellungen und Vorstellungen gesetzt werden. Am Horizont können sich aber auch zukünftige Erwartungen und Hoffnungen abzeichnen.

Horoskop

Es zeigt uns irrationales oder intuitives Wissen an, das Einsichten in die eigene Persönlichkeit ermöglicht. Im Gegensatz zum Horoskop aus der Zeitung oder Zeitschrift verdient das Traumhoroskop stets unsere Beachtung.

Hose

Darin kann das Bedürfnis nach Schutz oder die Angst vor einer Blöße zum Ausdruck kommen. Gelegentlich weist sie uns auch darauf hin, daß wir zu sehr auf Äußerlichkeiten Wert legen. (→ Kleidung)

Hotel

Es symbolisiert innere Einstellungen und Haltungen, die man vorübergehend einnimmt, aber wahrscheinlich im Zuge der persönlichen Weiterentwicklung nicht lange aufrechterhalten wird. Zuweilen kommen darin auch bisher unbekannte Teile der Persönlichkeit zum Ausdruck. Manchmal steht dahinter der Wunsch nach mehr Bequemlichkeit und Luxus.

Hüfte

Sie kommt vor allem bei Frauen als Trauminhalt vor und läßt auf den Wunsch nach einem Kind schließen.

Hügel

In ihm erkennen wir nicht allzu schroffe Hindernisse auf unserem Lebensweg, die es zu überwinden gilt. Der Traum fordert uns auf, sie anzupacken, auch wenn das mit Anstrengungen verbunden ist. Ähnlich wie der → Berg kann der Hügel uns aber auch einen besseren Überblick über Vergangenheit und Zukunft bieten, Erfolge und Mißerfolge ankündigen.

Huhn

Darin kommt meist zum Ausdruck, daß der Träumer in der Realität manche Dinge zu ernst und wichtig nimmt. Das Traumsymbol will helfen, die Bedeutung ins rechte Licht zu rücken. Daraus sollte man praktische Konsequenzen ziehen. Hühner können im Traum aber auch im gleichen Sinne wie → Geflügel auftauchen.

Hülse

Sie verbirgt und schützt den Inhalt, den wahren Kern. Deshalb kommt ihr ähnliche Bedeutung wie einer → Fassade zu. Manchmal macht uns das Unterbewußtsein auch deutlich, daß wir nur einen ersten Eindruck von einer Angelegenheit oder einem Menschen gewonnen haben und noch mehr Informationen sammeln müssen.

Hund

Er symbolisiert ganz allgemein unsere Gefühle, Instinkte und Triebe, insbesondere sexuelle Bedürfnisse. Je nachdem, wie der Hund im Traum auf uns wirkt, kommt darin die innere Einstellung zu diesen Eigenschaften zum Ausdruck. Oft erfolgt durch den Hund auch eine Scheinbefriedigung und das Unterbewußtsein will dem Träumer damit andeuten, daß er seine Triebe und Instinkte in Zukunft nicht so stark unterdrücken sollte. Zuweilen steht der Hund auch als Sinnbild für männliche Aggressions- oder Abenteuerlust auch auf sexuellem Gebiet oder für Menschen, die uns lästig fallen oder Ängste erzeugen. Manchmal verdeutlicht er das instinktive Wissen und Handeln, weist den Träumer also darauf hin, daß er sich vorwiegend von Instinkten und zu wenig von vernünftigen Überlegungen leiten läßt. Schließlich kann der Hund noch als → Führer in unserem Unterbewußtsein erscheinen, uns also zur vertieften Selbsterkenntnis verhelfen.

Hundehütte

Sie steht für Aggressivität, Leidenschaftlichkeit und instinktives Handeln, symbolisiert also den »geistigen Ort«, von dem die Eigenschaften kommen, die der → Hund verkörpert.

Hunger

Darin kann das Bedürfnis nach geistiger Stärkung zum Ausdruck kommen. Der Träumer sucht dann oft nach Bestätigung seiner Ansichten und Einstellungen. Andererseits kann uns der Hunger auch zeigen, daß wir trotz gesicherter Existenz unberechtigte Angst vor Not leiden. Das Unterbewußtsein fordert uns auf, diese Angst an der Realität zu prüfen und dadurch abzubauen. Gelegentlich deuten Hungerträume tatsächlich auf Hunger hin, insbesondere bei ungenügender Ernährung.

Hure

→ Prostituierte.

Hut

Er symbolisiert oft innere Einstellungen und eigene Meinungen. Manchmal steht aber auch die Absicht dahinter, Einstellungen und Meinungen zu verbergen, weil sie die Umwelt nichts angehen oder weil man fürchtet, sie würden nicht anerkannt, verspottet oder sogar mit Strafen belegt. Der Traum kann dann zu mehr Mut zur eigenen Meinung auffordern. In einem mit → Federn geschmückten Hut kann eine gewisse Eitelkeit und Geltungssucht zum Ausdruck kommen.

Hütte

Sie ermahnt uns zur Bescheidenheit, zeigt uns, daß wir mit unserem Schicksal zufrieden sein können und an das Leben keine maßlosen Forderungen und Erwartungen stellen sollten.

Hymne

→ Gedicht.

Hypnose

In ihr kommt (ganz im Gegensatz zur medizinischen Hypnose in der Realität) der Einfluß von außen zum Ausdruck, unter dem wir in Teilen unserer Persönlichkeit unseren eigenen Willen aufgeben. Die weitere Bedeutung richtet sich nach dem Inhalt der Hypnose im Traum. In den meisten Fällen wird aber eine Warnung vor Selbstaufgabe und zu starker Beeinflussung dahinterstehen. Zuweilen kommt zusätzlich innere Unsicherheit zum Ausdruck, die durch hypnotischen Einfluß (also Rat und Hilfe anderer) überwunden wird. Gelegentlich zeigt das Unterbewußtsein dem Träumer auch, daß er sich über Motive und Folgen seines Handelns nicht klar ist. Wenn man selbst im Traum jemanden hypnotisiert, zeigt das den Wunsch nach Macht und Einfluß über Menschen und Vorgänge an oder deutet darauf hin, daß man bereits großen Einfluß über jemanden gewonnen hat.

Hysterie

Sie symbolisiert im Traum eine Persönlichkeit, die stark von ihren Ängsten und Gefühlen beherrscht wird und nur noch bedingt zu vernünftigem Handeln fähig ist. Der Träumer sollte für den Alltag Konsequenzen daraus ziehen, wenn nötig unter Anleitung eines Psychotherapeuten.

I

I

Der Buchstabe symbolisiert das Bedürfnis nach Schutz und Geborgenheit.

Idiot

Durch dieses Symbol zeigt uns das Unterbewußtsein, daß wir zu wenig logisch denken und überlegen, unser Handeln nicht genügend vom Verstand und der Vernunft gelenkt wird. Worauf sich das im Einzelfall bezieht, ergibt sich aus den Begleitumständen im Traum und der realen Lebenssituation.

Idol

Darin kommt eine Falsche, vorwiegend materialistische Lebenseinstellung zum Ausdruck, die dem Lebensweg eine ungünstige Richtung gibt. Man sollte nach einem solchen Traum seine Einstellungen und Erwartungen kritisch unter die Lupe nehmen und korrigieren.

Igel

Er kann uns zeigen, daß wir uns »eingeigelt« haben, weil unser Bedürfnis nach Schutz und Sicherheit oder unser Mißtrauen zu stark entwickelt ist und uns in unseren Aktivitäten und/oder zwischenmenschlichen Beziehungen hemmt. Auch daraus sollte eine selbstkritische Bestandsaufnahme der tatsächlichen Lebenssituation resultieren, um positive Veränderungen herbeizuführen.

Illusion

In ihr kommen falsche Erwartungen, Einstellungen, Meinungen und Vorstellungen zum Ausdruck. Das kann sich auf Zusammenhänge, Sachen oder Menschen beziehen. Eine Korrektur ist in der Realität unverzichtbar, sonst werden Enttäuschungen und Mißerfolge nicht ausbleiben.

Immergrün

Es symbolisiert die Ewigkeit, das Werden und Vergehen im ewigen Kreislauf des Lebens, aber auch die Treue und Beständigkeit in den zwischenmenschlichen Beziehungen. Das Traumsymbol kann uns das Bedürfnis danach anzeigen oder darauf hinweisen, daß wir selbst treu zum Lebenspartner stehen oder in unseren Bestrebungen uns selbst die Treue halten.

Impfung

Der Träumer leidet oft unter den Anfeindungen seiner Mitmenschen, unter ihrer Gehässigkeit, Bosheit und den vielen kleinen »Nadelstichen«,

die Menschen einander im Alltag zufügen können. In der Impfung kommt sein Bedürfnis zum
Ausdruck, dagegen unempfindlich (immun) zu
werden, also souveräner darüber zu stehen. Als
praktische Konsequenz sollte er wirklich versuchen, diese Erfahrungen nicht so ernst zu nehmen
und sich ein dickeres Fell anzulegen.

Impotenz

Ein Symbol, in dem die Angst vor sexuellem Versagen oder (allgemeiner) vor dem Verlust der
Weiblichkeit oder Männlichkeit zum Ausdruck
kommt. Generell kann dahinter ein Gefühl der
Schwäche und des mangelnden Einflusses auf
Vorgänge und Menschen stehen, das aus tatsäch-
lichem Versagen oder Minderwertigkeitskomplexen resultiert. Der Traum fordert uns auf, die Ursachen der Ängste zu erkennen und zu verarbeiten, damit man sich daraus befreien kann. Wenn
das aus eigener Kraft nicht gelingt, sollte nach
Möglichkeit psychotherapeutische Hilfe in Anspruch genommen werden.

Indianer

In ihm kommt das Irrationale, Phantastische in
unserem Unterbewußtsein zum Ausdruck. Der In-
dianer zeigt uns das Verhältnis zu diesen Inhalten
der Persönlichkeit an, führt uns vor Augen, wie wir
damit umgehen. Zuweilen steht er aber auch für
eigene Hinterlist oder warnt vor der anderer Menschen.

Indien, Inder

Das Land oder seine Bewohner stehen für die geistige Dimension unserer Persönlichkeit, die den
irrationalen, unterbewußten Bereich einschließt.
Zugleich deutet es darauf hin, daß der Träumer
mit dem praktischen Leben und dessen Anforderungen oft nicht so gut zurechtkommt, weil er in
einer »anderen Welt« lebt. Etwas mehr Realitäts-
nähe ohne Unterdrückung der geistig-irrationa-
len Persönlichkeitszüge sollte in diesem Fall an-
gestrebt werden. Zuweilen steht der Inder auch für
Betrug und Schwindel. Er gaukelt uns seelische

Inhalte, Hoffnungen, Ideale und Wünsche vor, die
in Wirklichkeit nicht vorhanden sind, dem Leben
aber eine ungünstige Wendung geben, wenn man
sie als real voraussetzt und sich danach richtet.
Hier ist mehr Selbstkritik angebracht. Manchmal
taucht der Inder auch als → Guru in unseren
Träumen auf.

Industrie

Darin kommen unsere schöpferischen Aktivitäten
und Fähigkeiten zum Ausdruck, mit denen wir das
Leben gestalten. (→ Fabrik)

Inflation

Sie kann eine fortschreitende Entwertung all dessen anzeigen, was uns bisher wichtig erschien.
Folglich kündigt das Symbol eine tiefe Krise des
Träumers an, der eine Veränderung des bisherigen
Lebenswegs folgen wird. Dabei besteht die Gefahr,
daß das Wertvakuum nicht ausreichend gefüllt
wird, also eine quälende innere Leere zurück-
bleibt. Der Träumer sollte sich darauf einstellen,
damit er die Zeit dieser Wandlung ohne bleibende
seelische Schäden übersteht.

Injektion

Sie kann auf sexuelle Bedürfnisse hinweisen. Gelegentlich steht sie aber auch mit ähnlicher Bedeutung wie → Arznei- oder → Heilmittel im
Traumgeschehen.

innen, Inneres

Wenn man sich im Traum irgendwo im Innern
befindet – vielleicht im Innern des Hauses oder
eines Fahrzeugs –, symbolisiert das in der Regel
unser eigenes Selbst, die Seele mit ihren zum Teil
unbewußten Gefühlen, Neigungen und Bedürfnissen. Die weitere Bedeutung richtet sich danach,
was man im Innern erlebt, wie man sich fühlt und
wem man darin begegnet.

Insekt

Darin kommt meist das automatische Handeln
und Verhalten aus Gewohnheit zum Vorschein.

Zuweilen deutet das Insekt auch darauf hin, daß verdrängte, scheinbar belanglose Erfahrungen und Erlebnisse doch bedeutungsvoller sind, als man annahm. Auch Gewissensbisse und Schuldgefühle können im Insekt zum Ausdruck kommen, und man sollte sich dann bewußt mit ihnen auseinandersetzen. (→ Bienen, → Fliege, → Spinne)

Insel

Darin kann der Traum von der Flucht vor dem Alltagsstreß in die Einsamkeit und den Frieden einer verlassenen Insel zum Ausdruck kommen. Solche Wünsche haben viele Menschen zwischendurch einmal, wenn sie stark beansprucht werden. Unter Umständen kündigt der Traum eine Neigung zur Realitätsflucht an, die man ernst nehmen und überwinden sollte, ehe sie zur Lebensuntüchtigkeit führt. Manchmal symbolisiert die Insel aber einen Teil der Persönlichkeit, der aus dem Unterbewußtsein auftauchte und mit dem wir von nun an leben müssen. Das entspricht einer vertieften Selbsterkenntnis, die nicht immer angenehm ist. Möglicherweise warnt das Unterbewußtsein uns durch Inselträume aber auch vor Vereinsamung und Selbstisolierung.

Inserat

Dahinter kann Entscheidungsschwäche und Entschlußlosigkeit in einer bestimmten Angelegenheit oder ganz allgemein im Alltag stehen. Zuweilen kommt darin das Bedürfnis nach neuen Chancen, Möglichkeiten und Eindrücken zum Vorschein.

Installationen

Das Unterbewußtsein bringt darin den Fluß unserer Gefühle innerhalb eines individuellen Systems von Einstellungen, Haltungen, Erwartungen und Idealen zum Ausdruck. Eine Verstopfung im Installationssystem deutet auf Hemmungen und Hindernisse hin, die den Strom der Gefühle bremsen. Ein Wasserrohrbruch im Traum warnt vor dem Ausbruch bisher kontrollierter Gefühle. Die genaue Bedeutung richtet sich nach den Begleitumständen im Traum und der tatsächlichen Lebenssituation.

Invalide, Invalidität

Damit warnt uns das Unterbewußtsein vor dem drohenden Verlust unserer Selbständigkeit, vor allem der geistigen Unabhängigkeit. Ferner können darin auch negative Gefühlsbeziehungen zum Ausdruck kommen, die uns behindern. Es empfiehlt sich, die genauen Ursachen der Invalidität im Traum zu analysieren und Abhilfe in der Realität zu schaffen.

Irland, Ire

Darin kommt eine irrationale, gefühlsbetont-leidenschaftliche, naturverbundene Seite unserer Persönlichkeit zum Vorschein. Entweder steht dahinter die Warnung vor diesen Wesenszügen oder die Aufforderung, nicht einseitig nur dem Verstand und der Logik zu folgen.

Irrlichter

Sie symbolisieren die Verlockung durch schillernde Ideen und glänzende Möglichkeiten, die uns in die Irre führen, obwohl sie zunächst Befriedigung, Erfolg und Glück vorgaukelten. In der Realität sollte man also prüfen, worauf sich diese Warnung konkret bezieht, und daraus dann praktische Konsequenzen ziehen.

Irrtum

Dahinter steht die Angst vor Täuschung und Lüge. Je nach den Begleitumständen warnt das Unterbewußtsein entweder vor anderen oder vor Selbstbetrug und Selbsttäuschung.

Irrweg

Ihm kommt die gleiche Bedeutung wie den → Irrlichtern zu.

Israel, Israelit, Jude

Diese Symbole deuten darauf hin, daß wir unser Leben in Übereinstimmung mit dem göttlichen

Willen – konkreter ausgedrückt: mit unserem inneren Selbst – führen sollten oder schon führen. Gleichzeitig kann das Symbol aber auch Hindernisse auf dem Lebensweg ankündigen, die daraus resultieren, aber überwunden werden, wenn man sich nicht beirren läßt und weiterhin in Einklang mit sich selbst lebt. Manchmal zeigt uns ein solcher Trauminhalt, daß wir uns aus eigener geistiger Kraft von der Knechtschaft unserer materialistischen Einstellungen und Bedürfnisse, von Ängsten und Hemmungen befreien, wenn wir den Weg durch die »Wüste« wagen und das »Rote Meer« überwinden, also die Unannehmlichkeiten und Gefahren der Selbstfindung und Selbstverwirklichung auf uns nehmen. Schließlich kann symbolisch das Gefühl der Auserwähltheit und geistig-moralischen Überlegenheit zum Ausdruck kommen, das möglicherweise sogar eine gewisse Berechtigung hat, aber sehr leicht in Stolz, Hochmut und intellektuelle Aggressivität umschlagen kann. Es empfiehlt sich, der Bedeutung des Symbols Israel oder Jude unbedingt auf den Grund zu gehen und für den Alltag daraus Konsequenzen zu ziehen.

Italien, Italiener

Dahinter steht eine subtile, von Sensibilität und Geist erhöhte Sinnlichkeit, der Sinn für Schönheit oder religiöse Empfindungen. Auch eine »künstlerische Ader« kommt im Einzelfall darin zum Ausdruck. Gelegentlich warnt uns das Symbol vor Gefühlsüberschwang, Oberflächlichkeit, Vergnügungssucht oder einem intellektuellen Ästhetizismus.

J

J

Der Buchstabe symbolisiert den hinweisenden, mahnenden oder drohenden Zeigefinger. Dahinter steht also das Gefühl eigener Autorität und Macht oder der Eindruck, daß andere Macht und Einfluß auf einen selbst ausüben.

Jacht

Grundsätzlich kommt ihr die gleiche Bedeutung wie den Symbolen → Boot, → Floß oder → Schiff zu. Sie stellt aber eine elegantere Form der Fortbewegung auf dem »Fluß des Lebens« dar.

Jacke

Die wärmende Jacke symbolisiert im allgemeinen die Gefühle, die wir geben oder empfangen. Der Zustand der Jacke läßt Rückschlüsse auf unser Gefühlsleben zu, die zur vertieften Selbsterkenntnis verhelfen oder zeigen, was wir in der Realität ändern sollten.

Jagd, Jäger

In diesem Symbol kann die Jagd nach materiellen Werten, Erfolg und Glück zum Ausdruck kommen, die aus unseren Bestrebungen, Begierden, Hoffnungen und unserem Ehrgeiz resultiert. Der Ausgang der Jagd im Traum zeigt uns, ob wir auf dem einmal eingeschlagenen Weg zum Erfolg gelangen werden oder eine andere Richtung einschlagen sollten. Unter Umständen fühlen wir uns im Traum aber auch als der Gejagte. Dahinter kann im schlimmsten Fall eine Art Verfolgungswahn stehen, der psychotherapeutisch behandelt werden muß. Häufiger erklärt sich das Gefühl aber aus der Überforderung durch andere Menschen, private Konflikte oder berufliche Beanspruchungen. Dann sollte man sich bemühen, diese Einflüsse abzubauen. Auch das Symbol der Jagd oder des Jägers enthält die Aufforderung des Unterbewußtseins, die Ziele des Lebens kritisch zu überprüfen und unter Umständen zu korrigieren.

Jagdhund

Er symbolisiert Menschen, Vorgänge oder Dinge in unserem Leben oder Inhalte unseres Unterbewußtseins, die auf sich aufmerksam machen wollen und nicht ruhen, bis wie sie »aufgespürt« haben. Umgekehrt kann dieses Symbol aber auch verdeutlichen, daß wir selbst unermüdlich wie ein Jagdhund hinter solchen Dingen her sind, zum Beispiel um neue soziale Kontakte anzuknüpfen,

Zusammenhänge zu durchschauen, Dinge zu begreifen oder zur vertieften Selbsterkenntnis zu gelangen.

Jahrmarkt

Er warnt uns vor unnötigen Ausgaben oder zeigt an, daß wir das Leben zu leicht nehmen und unsere innere Haltung dazu verändern sollten.

Japan, Japaner

Darin kommt häufig leere Höflichkeit zum Ausdruck, mit der wir anderen Menschen (oder diese uns) begegnen. Aber auch der Sinn für schlichte Schönheit und Bescheidenheit kann sich darin ausdrücken. Zuweilen zeugt das Symbol von geschäftlicher Schläue oder inneren Haltungen, die vorwiegend auf den praktischen Bereich des Lebens ausgerichtet sind.

Jauche

→ Dung.

Jazz

Während Musik allgemein normalerweise innere Ausgeglichenheit symbolisiert, steht Jazzmusik mehr für nervöse Unruhe und eine gewisse seelische Labilität.

Jesus

→ Christus.

Jockey

Er verkörpert unsere Fähigkeit, Instinkte und Kräfte zu lenken und erfolgreich einzusetzen. Die weitere Bedeutung ergibt sich aus dem Symbolgehalt des → Pferdes.

Joga, Jogi

In der altindischen Technik der Meditation oder den Menschen, die sie ausüben, kommt unsere wahre Persönlichkeit zum Ausdruck. Damit verbunden ist eine vertiefte Selbsterkenntnis. Manchmal steht dahinter auch die Sehnsucht nach Erlösung von inneren Konflikten. (→ Guru, → Indien)

Joker

Er symbolisiert das Irrationale im Unterbewußtsein, das zunächst wertneutral bleibt und im Leben viele verschiedene Eigenschaften annehmen kann. Die Bedeutung ergibt sich aus den Begleitumständen im Traum und ähnelt der des → Clowns.

Journalist

Darin kommt das Streben nach Einfluß und Gehör bei vielen Menschen (der Öffentlichkeit) zum Ausdruck, vielleicht auch etwas Geltungssucht.

Judas

Er verkörpert eine vorwiegend auf materielle Werte ausgerichtete innere Einstellung, die logisches Denken, Vernunft und Besitz über alles andere stellt. Zwar hat der Träumer auch Eingang in die geistige Welt gefunden, sich davon aber wieder abgewandt. Im Judas kommt also die Verleugnung oder Verdrängung all dessen zum Ausdruck, was → Christus verkörpert. Im Traum will er uns zur inneren Umkehr, zur Versöhnung mit dem Geistigen und Irrationalen in uns bewegen.

Jugend

Darin kommt symbolisch zum Ausdruck, daß wir eine Weiterentwicklung unseres geistigen Lebens durchmachen, eine Reifung, wie sie für die Jugend typisch ist. Gelegentlich träumen ältere Menschen von der Jugend, weil sie sich nicht mit der Tatsache ihres Alterns abfinden können.

Junge

Er verkörpert die heranwachsende männlich-intellektuelle Seite der Persönlichkeit, die für die Lebensbewältigung notwendig ist. Zuweilen kann er auch darauf hinweisen, daß Geist und Willen des Träumers sich zu einer neuen Bewußtheit vereinigt haben. Immer muß man bei solchen Träumen prüfen, ob es sich bei dem Jungen nicht um eine Person handelt, der man am Tag begegnet ist und der dann meist keine symbolische Bedeutung zukommt.

Jungfrau

Sie symbolisiert eine innere Wandlung und zeigt zugleich an, daß der erste Schritt dazu bereits getan ist. Ferner kann dahinter aber auch die Unberührtheit des inneren Wesenskerns stehen, den Einflüsse der Umwelt nicht antasten konnten. Die Jungfrau zeigt uns dann, daß wir uns selbst treu geblieben sind.

Jupiter, Zeus

Der Göttervater aus der griechischen Mythologie steht als Symbol für das glückliche Gedeihen unserer Pläne und Absichten aus eigener Kraft, für geistigen Reichtum und Streben nach einem gewissen Wohlstand und Einfluß auf andere. Aber auch die wenig gezügelte sexuelle Begierde kann darin zum Ausdruck kommen, die um fast jeden Preis, notfalls auch durch List und Schläue befriedigt wird.

Juwelen

Ganz allgemein symbolisieren Juwelen im Traum die Ewigkeit oder den unantastbaren, durch nichts zu zerstörenden Kern unserer Persönlichkeit. Den einzelnen Juwelen kommt folgende Hauptbedeutung zu:

Amethyst – er ist ein Symbol für unsere geistigen Höhenflüge, die aber den Boden der Realität nicht völlig verlassen.

Diamant – er symbolisiert als härtester Stoff das geistige Bewußtsein, steht aber gelegentlich auch für Härte, Habgier, Machtstreben und Gefühlskälte des Träumers.

Lapislazuli – in ihm kommt vor allen Dingen unsere Sensibilität und unsere Vitalität zum Ausdruck.

Opal – er verkörpert Phantasie und Träume, Schutzbedürfnis und Läuterung von Begierden und Trieben.

Perle – in ihr kommt die innere Harmonie und der tiefere Wert des Träumers zum Ausdruck, der aus dem Leiden geboren wird.

Rubin – er zeugt von durchgeistigten Gefühlen, Gefühlswärme, Mitmenschlichkeit und der Fähigkeit zur Liebe und anderen positiven zwischenmenschlichen Beziehungen.

Saphir – dahinter steht der Seelenfrieden des Träumers, seine teilweise Abkehr vom Sinnlichen und Weltlichen, manchmal die Hinwendung zum Frommen, zur Religiosität.

Smaragd – darin kommt eine Erweiterung unseres Bewußtseins und die seelische Ausgeglichenheit zum Ausdruck, der Träumer hat gewissermaßen zu sich selbst gefunden.

(→ Brillant, → Schmuck)

K

K

Der Buchstabe symbolisiert zupackende Tatkraft und Vitalität.

Kaaba

Das Heiligtum der Moslems in Mekka steht für den Ausdruck des Geistigen oder Göttlichen in unserem Leben.

Kabel

In ihm kann das Gefühl der Verbundenheit mit Bekannten, Freunden oder Verwandten zum Ausdruck kommen, von denen man räumlich getrennt ist. Auch der Wunsch nach mehr sozialen Kontakten verbirgt sich manchmal dahinter.

Kachelofen

Er verkörpert unser Bedürfnis nach menschlicher Wärme und Geborgenheit in der Familie. Gelegentlich warnt uns das Unterbewußtsein damit aber auch vor mangelnder Tatkraft im Alltag, die sich aus einer gewissen Selbstzufriedenheit und Bequemlichkeit erklärt.

Käfer

Er kann die Ewigkeit, das Auf und Ab im Leben, Erfolg und Mißerfolg verkörpern. Die genaue Bedeutung richtet sich nach den Begleitumständen im Traum.

Kaffee

Er symbolisiert die Anregung unseres Bewußtseins, die Energien und Gefühle verstärkt und dadurch das Leben verändert. Gelegentlich steht dahinter der Wunsch nach mehr Geselligkeit und
Freundschaft.

Kaffeehaus

Darin kommt das Bedürfnis nach Geselligkeit und
engen zwischenmenschlichen Kontakten noch
stärker als im Traumsymbol des → Kaffee zum
Ausdruck. (→ Café)

Käfig

Darin kommen Hemmungen durch soziale Normen, Regeln und ethische Werte zum Vorschein,
die bei übertriebener Beachtung unsere Selbstentfaltung behindern. Dem Träumer zeigt das Unterbewußtsein an, daß er aus diesen übersteigerten
Zwängen ausbrechen soll.

kahl

Die Bedeutung erklärt sich meist aus dem, was
bereits beim Stichwort → Haare ausgeführt wurde. Manchmal kommt in der Kahlköpfigkeit auch
die Furcht vor einer Blöße oder Entlarvung zum
Ausdruck.

Kahn

Ihm kommt eine ähnliche Bedeutung zu, wie dem
→ Boot, nur zeigt er uns, daß wir im Leben zu
einer gewissen Behäbigkeit und Umständlichkeit
neigen.

Kaiser

Wer sich im Traum selbst als Kaiser sieht, wird
durch dieses Symbol vor Enttäuschungen gewarnt, die aus seinen übersteigerten Erwartungen
resultieren können.

Kaktus

Das stachlige Gewächs warnt uns davor, von anderen Menschen verletzt zu werden. Möglicherweise
zeigt der Kaktus uns auch, daß wir mit Enttäu-

schungen durch falsche Freunde und Schmeich-
ler zu rechnen haben. Manchmal kommt darin
eine gewisse Kratzbürstigkeit zum Ausdruck, die
der Träumer ablegen sollte.

Kalb

Es symbolisiert jugendlich-unbekümmerte Sinnlichkeit und Oberflächlichkeit mit einem Schuß
heiterer Frivolität. Manchmal kann der Wunsch
nach Reichtum und Luxus (»goldenes Kalb«)
darin zum Ausdruck kommen. Nicht selten drückt
das Traumsymbol aber zugleich Unreife und Un-
selbständigkeit aus.

Kalender

Er führt uns den Ablauf der Zeit (des Lebens) vor
Augen.

kalt, Kälte

Darin kommen unterdrückte oder erkaltete Gefühle zum Vorschein.

Kamel

Es steht für Geduld, Ausdauer, Langmut und geistige Reserven, Durchhaltevermögen auch in
schwierigen Zeiten und Genügsamkeit.

Kamera

Sie symbolisiert unser Gedächtnis, unsere Erinnerungen und die Erfahrungen, die wir festhalten
wollen.

Kamerad, Kameradschaft

Dahinter steht die Einheit der Persönlichkeit, trotz
einander widerstreitender seelischer Inhalte und
Wertvorstellungen. Im Einzelfall kann – je nach
Begleitumständen im Traum und realer Lebenssituation – darin auch innere Zerrissenheit zum
Ausdruck kommen, unter welcher der Träumer
leidet und die er harmonisieren möchte. Das gilt
besonders für die verschiedenen Richtungen, die
der Verstand einerseits, Gefühle, Begierden und
Leidenschaften andererseits unserem Leben geben
wollen. (→ Freund)

Kamin

Er versinnbildlicht die weiblichen Geschlechtsorgane, allgemeiner die sexuellen Bedürfnisse des Träumers. Das Unterbewußtsein fordert dazu auf, diese Bedürfnisse zu lenken.

Kamm, kämmen

Auch diese Symbole fordern uns meist auf, sexuelle Bedürfnisse durch mehr Selbstdisziplin besser zu kontrollieren. (→ Haare)

Kampf

Darin spiegelt sich ein innerer Streit zwischen verschiedenen Eigenschaften der Persönlichkeit wider. Der Träumer sollte eine Entscheidung herbeiführen, die den widerstreitenden Kräften gleichermaßen gerecht wird, um die verlorengegangene innere Harmonie wieder herzustellen. Wenn man im Traum den Kampf anderer beobachtet, kann sich dahinter eine Neigung zur Schadenfreude verbergen.

Kanada

In diesem Land kommt symbolhaft das Bedürfnis nach Selbstverwirklichung, Abenteuerlust und Männlichkeit zum Ausdruck. Das Leben des Träumers verläuft wahrscheinlich zu ereignislos, seine Selbstentfaltung ist durch innere und äußere Zwänge gehemmt. Daraus sollten praktische Konsequenzen gezogen werden.

Kanal

Er steht für die Techniken des Träumers, mit denen er Gefühle, Begierden und Leidenschaften kanalisiert, also bewußt lenkt und für geistige oder materielle Ziele umwandelt.

Kaninchen

Das Tier, bekannt für seine Fruchtbarkeit, kann sexuelle Bedürfnisse verkörpern. Oft steht es aber auch für Gefühlsreichtum, Sanftmut und Idealismus. Dahinter müssen allerdings nicht unbedingt »edle« Persönlichkeitszüge stehen. Vielmehr wird der Träumer diese Eigenschaften häufig aus unbewußten Minderwertigkeitsgefühlen, Ängsten und tiefer innerer Unsicherheit kultivieren, damit andere Menschen ihn annehmen, keine Kritik an ihm üben, ihn achten und brauchen. Da das Kaninchen in der Realität von vielen Raubtieren bedroht wird, kommt unter Umständen auch das Gefühl der eigenen Bedrohung durch Menschen oder Vorgänge zum Ausdruck. Wird das Tier im Traum getötet, zeigt uns das Unterbewußtsein damit, daß wir Ideale und Eigenschaften, die das Kaninchen symbolisiert, dem Bewußtsein und den Ansprüchen der Umwelt opfern und dadurch vermutlich unglücklich werden. Der Träumer sollte daraus die richtigen praktischen Konsequenzen für sein weiteres Leben ziehen.

Kannibale

Dieses Traumsymbol steht für die Teile unserer Persönlichkeit, die selbst nichts schaffen, sondern durch die Kraft und die Aktivitäten anderer erhalten werden.

Kanone

Sie symbolisiert Aggressivität und rücksichtslose sexuelle Begierden (→ Waffen). Manchmal steht sie als Warnung vor diesen Eigenschaften, in einzelnen Fällen kommt darin bei Frauen die perverse Neigung nach Demütigung und Beherrschung (Masochismus) durch den Geschlechtspartner zum Ausdruck.

Kanzel

Dahinter kann die Neigung zu Rechthaberei oder Belehrung anderer Menschen stehen, über die der Träumer Macht ausüben möchte. Da sich daraus erhebliche zwischenmenschliche Konflikte ergeben können, sollte man sich bemühen, diese Eigenschaften abzuschwächen.

Kapelle

In ihr kommt die Zurückgezogenheit auf unser innerstes Wesen zum Ausdruck. Manchmal steht dahinter auch Religiosität und Suche nach einer höheren Macht (Gott).

Kapitän

Er verkörpert unsere Kraft und Fähigkeit, das Lebensschiff sicher durch die Stürme des Alltags zu manövrieren. Auch ein gewisses Streben nach Autorität und Macht kann dahinter zum Ausdruck kommen.

Kaplan

→ Geistlicher.

Kappe

→ Hut.

Kapuze

Dahinter kann der Wunsch nach Schutz und Geborgenheit stehen. Manchmal deutet sie darauf hin, daß man seine wahre Persönlichkeit vor den anderen verbergen will. Dann ähnelt die Bedeutung der einer → Fassade.

Karren

Er symbolisiert die Lasten, die wir mit uns durchs Leben schleppen, also Sorgen, Konflikte, Pflichten und ähnliches. Die genaue Bedeutung hängt von den Begleitumständen im Traum und der tatsächlichen Lebenssituation ab.

Karte

Darauf kann der Träumer seinen weiteren Lebensweg abstecken, sich im Leben orientieren und vor Irrwegen schützen. Sie kann also unser Schicksal, Lebensglück und unerwartete Ereignisse aufzeigen. Als Fahrkarte (→ Eisenbahn) deutet sie darüber hinaus auf eine bevorstehende Veränderung im Leben hin.

Kartoffel

Sie steht für innere Reife, geistige Nahrung, manchmal auch für materielle oder seelisch-geistige Not oder Selbstbescheidung. Die genaue Bedeutung ergibt sich im Einzelfall aus den Begleitumständen im Traum und der realen Lebenssituation. Gelegentlich kommen darin auch sexuelle Bedürfnisse zum Vorschein.

Karussell

In diesem Trauminhalt kommen oft Störungen im Gleichgewichtsorgan des Innenohrs zum Ausdruck. Zuweilen wirken auch äußere Reize als Ursachen auf den Träumer ein. Treten Karussellträume öfters auf, sollte man eine Untersuchung veranlassen. Manchmal warnt das Karussell vor Fehlern, Leichtsinn und Dummheiten, die wir begehen, wenn der Traum nicht beachtet wird.

Kaserne

Sie verdeutlicht unsere Angst vor einer Beschränkung der persönlichen Entscheidungsfreiheit durch äußere oder unbewußte Einflüsse.

Kasten

Er symbolisiert Geheimnisse, Erinnerungen oder Erfahrungen, die wir vor der Umwelt nicht offenbaren wollen.

Kastration

Darin kommt die Unterdrückung der Bedürfnisse und Gefühle zum Ausdruck, die mit den männlichen Geschlechtsorganen in Zusammenhang stehen. Motive dafür können Hemmungen, Schuldgefühle, Minderwertigkeitskomplexe, Angst vor sexuellem Versagen oder vor Zurückweisung sein. Allgemeiner kann das Symbol auch für das Trennen von Gefühlen, Sympathien oder ehrgeizigen Hoffnungen und Wünschen stehen. Der Trauminhalt sollte stets zum Anlaß genommen werden, die eigene Situation gründlich zu überdenken, eventuell auch psychotherapeutische Hilfe in Anspruch zu nehmen.

Kater

Er symbolisiert Aggressivität, häufig verbunden mit heftigen sexuellen Bedürfnissen, die ohne feste Bindungen mit häufig wechselnden Geschlechtspartnern befriedigt werden.

Katze

Sie kann bei Männern als Symbol sexueller Bedürfnisse auftauchen. Oft verkörpert sie aber

Falschheit, Hinterlist, Ängste, Empfindungen, Intuition und das Irrationale in uns. Generell steht sie für Weiblichkeit.

kauen

Der Träumer »kaut« an einem Erlebnis, einer Erfahrung oder Enttäuschung, um es vom Verstand her zu verstehen und seelisch zu verarbeiten. Kauen kann aber auch für den Wunsch stehen, einmal etwas auszuprobieren.

Kaufhaus

In diesem Traumsymbol kommen unsere Lebenserfahrungen und Erinnerungen zum Ausdruck, auf die wir bei Bedarf zurückgreifen können. Generell kann das Kaufhaus auch als Symbol für Weisheit gelten.

Kaufmann

Er symbolisiert unseren Sinn für materielle Werte, unser Gespür für Gewinnchancen materieller oder geistiger Art. Übersteigert kann das Symbol im Traum ein Warnzeichen vor zuviel Eigennutz darstellen.

Kegel, Kegeln

Sie verkörpern den Zufall, auf den wir im Leben vielleicht zu sehr hoffen. Manchmal kommt dahinter die Warnung vor zu großen Wagnissen zum Ausdruck, unter Umständen (wenn alle Neune fallen) ermutigt uns das Unterbewußtsein aber auch zu einem Risiko.

Kehle

→ Hals.

kehren, Kehricht

→ Abfall, → fegen.

Keim

Er enthält Möglichkeiten, die bereits in unserem Unterbewußtsein angelegt sind und nun verwirklicht werden sollten. Dabei kann es sich um Absichten, Pläne, Hoffnungen und Vorstellungen

handeln, die unserem Leben eine bestimmte Richtung geben. Über die Qualität dieser Veränderungen des Lebenswegs (ob sich diese also als günstig oder ungünstig erweisen werden) sagt das Symbol jedoch nichts aus.

keimen

Darin kommen Teile unserer Persönlichkeit zum Ausdruck, die durch Einflüsse von außen oder aus dem Unterbewußtsein angeregt werden und beginnen, sich in unserem Leben immer deutlicher zu entfalten.

Kelch

Er symbolisiert das »Gefäß« unserer Seele, vor allem die Gefühle, Hoffnungen und Wünsche, die uns selbst nur teilweise bewußt sind. Darin kann auch der Mutterschoß, die Weiblichkeit schlechthin, zum Ausdruck kommen. Nicht selten kündigt uns der Kelch unangenehme Lebenserfahrungen und Prüfungen an (»Leidenskelch«), die wir durchstehen müssen, um zu einem erweiterten Bewußtsein zu gelangen.

Keller

Er kann als Fundament des Lebens (→ Haus) im Traum vorkommen. Manchmal ähnelt er in seiner Bedeutung aber auch der Höhle (→ Grotte) oder → Gruft.

Kellner, Kellnerin

Dahinter steht bei manchen Menschen die Bereitschaft zur Demut, Unterordnung, zum Dienen oder zur aufopferungsvollen Fürsorge für andere. Wird man selbst bedient, kann man auf Hilfen aus dem eigenen Unterbewußtsein oder durch andere Menschen hoffen.

kentern

Dadurch warnt uns das Unterbewußtsein vor bevorstehenden Stürmen des Lebens, die unser Lebensschiff zum Kentern bringen können, wenn wir es nicht mit kühler Überlegung ruhig und mit fester Hand durch die Gefahren steuern.

Kerker, Gefängnis

In ihm kommt unsere persönliche Einschränkung durch Vorgänge oder Menschen unserer Umwelt oder auch die Befangenheit im eigenen Selbst, in unseren Ansichten, Gefühlen, Normen und Prinzipien zum Ausdruck. Aus dem Symbol geht immer hervor, daß man sich in der freien Selbstverwirklichung behindert fühlt. Deshalb sollte man praktische Konsequenzen daraus ziehen.

Kern

Er symbolisiert den wahren Kern unseres Wesens, innere Werte und ewige Wahrheiten, an denen wir uns getrost orientieren können.

Kerze

Oft verkörpert sie das männliche Geschlechtsorgan, also sexuelle Bedürfnisse. Die Kerze gibt uns aber auch Licht und Wärme, kann also unser Bedürfnis nach Verständnis, Erleuchtung, Energie, Weisheit und gefühlsmäßiger Zuwendung zum Ausdruck bringen. Die genaue Bedeutung hängt von den Begleitumständen im Traum und der realen Lebenssituation ab.

Kette

Darin kommen Gefühle und Überzeugungen zum Ausdruck, die uns an Menschen, Ideen, Normen oder Religionen binden. Die Kette kann aber auch eine Last versinnbildlichen, die uns behindert. Ihr kommt dann ähnliche Bedeutung wie dem → Kerker zu. Gelegentlich zeigt uns das Symbol auch, daß wir auf der Suche nach einem → Anker oder Ankerplatz sind oder uns ein Gefühl innerer Stärke erfüllt.

keuchen

→ Asthma.

Keule

Sie versinnbildlicht einen unwiderruflichen Entschluß, den wir mit aller Kraft gegen Anfeindungen und Widerstände der Umwelt durchführen werden.

Kiefer, Kinn

Beide Symbole stehen für Entschlossenheit, Hartnäckigkeit, innere Festigkeit und Charakterstärke, die auch durch Rückschläge im Leben nicht mehr ins Wanken gebracht werden können.

Kiel

Der Kiel eines Schiffes deutet darauf hin, daß wir einen sicheren, klaren Kurs in unserem weiteren Leben steuern werden. Wenn wir die Kiellegung eines Schiffes im Traum miterleben, steht dahinter eine gesunde Basis für unser weiteres Leben (→ Haus/Fundamente). Die Bedeutung eines Federkiels ergibt sich aus dem Symbolwert der → Federn.

Kies

Ein Kiesweg warnt uns vor Risiken und Gefahren auf unserem weiteren Lebensweg.

Kind

Dahinter kommen oft Konflikte und Probleme zum Ausdruck, aus denen man vorläufig keinen Ausweg sieht und deshalb in ein kindhaftes Verhalten vor der Eigenverantwortung und Entscheidung flüchtet. Ganz allgemein können darin neue Entwicklungsmöglichkeiten im weiteren Lebenslauf, kindliche Unreife, Erinnerungen an die eigene Kindheit oder auch Kinder, die man tatsächlich am Tag gesehen hat, zum Ausdruck kommen. (→ Junge, → Mädchen)

Kindheit

Ähnlich wie das → Kind steht auch unsere Kindheit im Traum oft für die Flucht vor der Eigenverantwortung. Aber auch kindische Persönlichkeitselemente oder kindhafte Abhängigkeiten können darin zum Vorschein kommen und sollten – wenn nötig mit Hilfe eines Psychotherapeuten – überwunden werden.

Kino

Darin kann uns der »Film unseres Lebens« vorgespielt werden, der uns zu vertiefter Selbsterkennt-

nis führt. Gelegentlich kommt aber auch das Gefühl zum Ausdruck, von anderen an der Nase her-
umgeführt zu werden, beziehungsweise im dun-
keln zu tappen.

Kirche

Sie symbolisiert manchmal den Träumer selbst.
Das Gebäude steht dabei für den Körper, die Fenster und Türen repräsentieren seine Sinne, das
Kirchenschiff verkörpert den gesamten Lebensbereich mit den gesammelten Erfahrungen, im Altar
kommt der auf das Geistige gerichtete Willen, im
Tabernakel und der darin enthaltenen Hostie
schließlich die geistige Dimension zum Ausdruck.
Ganz allgemein kann eine Kirche im Traum geistige Reife, Religiosität oder die Verbundenheit
mit der Glaubensgemeinschaft anzeigen. (→ Ka-
pelle)

Kirchweih

→ Jahrmarkt.

Kirschbaum, Kirschen

Im Kirschbaum kommt eine Enttäuschung in einer romantischen Liebesgeschichte zum Ausdruck. Die Kirschen selbst können erotische Wünsche anzeigen oder uns darauf aufmerksam machen, daß wir Probleme in unserem Leben nur
dann überwinden werden, wenn wir einer Konfrontation mit ihren Ursachen nicht ausweichen.
(→ Baum, → Frucht)

Kissen

Es verkörpert die sanften Teile unserer Persönlichkeit, verspricht innere Ruhe, Entspannung und
positive Gefühle.

Kiste

→ Kasten.

Kitzeln

Darin kommen gewöhnlich erotische oder rein
sexuelle Reize von außen (durch Menschen, Vorgänge, Objekte) zum Ausdruck.

Klavier

Es deutet an, daß seelische Inhalte sich in irgendeiner Form aus dem Unterbewußtsein bemerkbar
machen werden. Die genauere Bedeutung richtet
sich nach den Begleitumständen im Traum.

Klee

Er steht nicht nur im Traum, sondern auch im
Volksglauben als Symbol für Glück im Leben.

Kleid

Darin kommen unterschiedliche Bedürfnisse, Erwartungen oder Gefahren des Lebens zum Ausdruck. Unter Umständen möchte der Träumer persönliche Eigenschaften oder Handlungen verbergen. Manchmal zeigt es auch den Wunsch nach
besseren Verhältnissen an oder verheißt Glück und
Erfolg in der nächsten Zeit. Das gilt vor allem
dann, wenn man kostbar bestickte oder goldene
Kleider sieht. Wer das Kleid wäscht oder zur Reinigung bringt, sollte in der Realität etwas sparsamer
leben. Das unsaubere Kleid deutet auf Mißerfolge
hin, das zerrissene auf Jähzorn und Aggressivität.
Auch die Farbe des Kleides spielt eine Rolle: Rot
warnt vor Stolz und Hochmut, grün verkündet
Erfüllung eines Wunsches, gelb zeigt uns Hinterlist der Umwelt an. (→ Farben, → Kleidung)

Kleidung

Dahinter steht vor allem die Art, wie wir uns selbst
betrachten, also die innere Einstellung zu unserer
Persönlichkeit. Ferner kann darin wie beim Kleid
die Absicht zum Ausdruck kommen, unser wahres
Selbst, unsere Absichten, Gefühle und Ziele vor
den andern zu verbergen (»verkleiden«). Den einzelnen Teilen der Kleidung kommt darüber hinaus noch spezielle Bedeutung zu:
Unterhemd, Unterrock – Sie stehen für unser
inneres Wesen und unbewußte Gefühle.
Unterhose, Slip, Schlüpfer – Sie weisen auf sexuelle Bedürfnisse hin.
Hemd, Bluse – Darin kommen ganz allgemein
Gefühle, Begierden und Leidenschaften zum Ausdruck.

Hose, Rock – Sie deuten wieder vorwiegend auf erotische Wünsche hin.

Mantel – Er symbolisiert unsere → Fassade (→ Regenmantel).

Schuhe – Darin kommt unsere allgemeine Lebenssituation zum Ausdruck; die → *Handschuhe* wollen verbergen oder schützen.

Manschettenknöpfe – Sie geben betont gute Manieren, Höflichkeit und (oft) leere Förmlichkeit im Umgang mit Menschen zu erkennen.

Verschiedene Kleidungsstücke werden unter dem jeweiligen Stichwort noch besonders besprochen.

klein

Unter Umständen fühlt sich der Träumer aus einem Minderwertigkeitskomplex heraus selbst klein. Manchmal tauchen im Traum auch Menschen oder Dinge klein auf, weil sie keinen besonderen Eindruck hinterlassen haben. (→ groß)

Kleister

In diesem Symbol kommt oft zum Ausdruck, daß der Träumer meint, das Pech klebe ihm wie Kleister an den Fersen. Die dahinter verborgene Erwartungshaltung sollte man überwinden, sonst wird man im Leben wahrscheinlich tatsächlich immer vom Pech verfolgt.

Klempner

Er symbolisiert den Helfer, der uns aus einer mißlichen Lage befreien soll.

Klette

Darin kann das Gefühl zum Ausdruck kommen, daß unangenehme Menschen sich einem wie eine Klette anhängen. Es empfiehlt sich, im Alltag tatsächlich eine Trennung von ihnen herbeizuführen, zu der das Unterbewußtsein aufruft.

klettern

In diesem Symbol kann der Wunsch nach sozialem oder beruflichem Aufstieg (oft ist das eine mit dem anderen untrennbar verbunden), neue Einsichten oder besserem Verständnis zum Ausdruck

kommen. Manchmal werden wir darin auch aufgefordert, Schwierigkeiten und Hindernisse im Leben zu überwinden.

Klingel

Das Signal kündigt uns ein Ereignis im Leben an. Dabei kann es sich um positive oder negative Veränderungen handeln, je nach den Begleitumständen im Traum und der realen Lebenssituation.

Klistier, Einlauf

Darin kommt das Bedürfnis nach innerer Reinigung zum Ausdruck. Sie kann sich auf alte Gefühle und Gewohnheiten, Ängste, Schuldkomplexe und ähnliches beziehen, was wir überwunden haben. Manchmal steht das Klistier aber auch für tatsächliche Erfahrungen mit dieser Prozedur, die als unangenehm empfunden wurde. (→ Darm)

Kloake

Dahinter stehen Hoffnungen, Ideen, Wünsche und Wertvorstellungen und manche andere Bestandteile der Persönlichkeit, die uns fremd anmuten, in keinem Zusammenhang mit unserem eigenen Wesen stehen. Das Unterbewußtsein weist uns darauf hin und fordert uns auf, daß wir uns davon lösen, sie überwinden, damit wir zur Einheit der Persönlichkeit zurückfinden.

Klosett

→ Abort.

Kloster

Es symbolisiert unsere Vorstellungen vom Sinn des Lebens und jene Bereiche unserer Persönlichkeit, die sich damit beschäftigen und ausgleichend wirken. Auch Religiosität, Gottvertrauen, geistige Stärkung können dahinter stehen. (→ Kirche)

Klotz

Darin kommt meist eine Last zum Ausdruck, die wir uns aufgeladen haben, ohne daraus einen Nutzen ziehen zu können (zum Beispiel eine lästige Verpflichtung). Gelegentlich deutet der

Klotz, auf dem wir im Traum Holz spalten, auch darauf hin, daß wir uns gegen Grobheiten der Umwelt zu Wehr setzen sollen (auf einen groben Klotz einen groben Keil setzen).

Knall

Er kündigt uns ein (meist unangenehmes) Ereignis in naher Zukunft an.

Knie

Es steht für Begierde und Leidenschaft des Träumers, vor allem für starke erotische Bedürfnisse.

knien

Dahinter verbirgt sich eine demütige, ehrfürchtige Haltung gegenüber einem oder allen anderen Menschen, manchmal auch gegenüber Ereignissen und Dingen. Auch die Einsicht in eine Abhängigkeit, Bescheidenheit im Alltag oder das Schuldgefühl gegenüber einem anderen, dem man Unrecht tat, kann darin zum Vorschein kommen.

Knoblauch

Das Gewürz, auch in der Pflanzenheilkunde hoch geschätzt, verheißt uns Gesundheit an Körper, Geist und Seele.

Knödel

Sie warnen uns vor Tratsch und Klatsch, der über uns verbreitet wird, fordern uns vielleicht auch auf, ihm energisch entgegenzutreten.

Knopf

Er kann uns zeigen, daß sich unsere Lebenssituation stabilisiert. Der verlorene Knopf weist auf Untreue in einer Liebesbeziehung hin, und zwar ebenso auf die eigene wie auf die des Partners, oder zumindest auf den Gedanken an eine Treulosigkeit.

Knospe

In ihr kommen aufkeimende Gefühle zum Ausdruck. Gelegentlich steht ganz allein ein Teil unserer Persönlichkeit dahinter, der in uns schon angelegt ist und darauf wartet, sich entfalten zu können.

Knoten

Dahinter stehen Verbindungen mit anderen Menschen, aber auch Probleme und schwer durchschaubare, verwirrende Gefühle. Je nach Begleitumständen im Traum sollten wir Verbindungen zu Menschen also pflegen oder lösen. Manchmal deutet das Unterbewußtsein auch die Lösung an, wenn man im Traum den Knoten (wie Alexander der Große einst den berühmten Gordischen Knoten) mit einem Streich durchtrennt.

Kobold

→ Elfen, → Zwerg.

kochen, Koch, Köchin

Darin kommt unser Bedürfnis zum Ausdruck, Erfahrungen, Enttäuschungen und Einsichten auf irgendeine Weise »verträglicher« und »schmackhafter« zu machen. Ganz allgemein steht dahinter der Versuch, sich den Ansprüchen des Lebens anzupassen.

Köder

Mit diesem Symbol gibt uns das Unterbewußtsein zu verstehen, daß entweder wir selbst oder die andern (zuweilen auch beides) über unsere wahren Absichten, Gedanken, Gefühle und Motive täuschen. Indem wir uns anders geben, als wir in Wirklichkeit sind, wollen wir andere oder Teile unserer Persönlichkeit gewissermaßen »ködern«. Aus dieser Erkenntnis im Traum sollten praktische Konsequenzen gezogen werden – also mehr Mut zur Selbstentfaltung und Selbstverwirklichung abgeleitet werden.

Koffer, Tasche

Beide Symbole können für unsere Aufnahmebereitschaft für neue Eindrücke stehen, unser Gedächtnis, den Besitz oder die persönlichen Reserven darstellen. Manchmal kommt auch die weibliche Sexualität darin zum Vorschein.

Kohle

In ihr kommen grundlegende Erfahrungen zum Ausdruck, die in bleibende geistige Werte und Weisheit umgewandelt werden. (→ Juwelen, Diamant) Außerdem können die Kohlen alte, unbewußt gewordene seelische Inhalte symbolisieren oder unseren Wunsch nach materiellen Werten (Geld = umgangssprachlich Kohle) und Energie verkörpern.

Komet

Darin zeichnet sich eine tiefgreifende Wandlung ab, die auf die Einwirkung unbewußter seelischer Inhalte zurückzuführen ist. Es entsteht gleichsam eine neue Persönlichkeit, die uns strahlend oder bedrohlich erscheinen kann. Im Volksglauben steht der Komet für tiefgreifende politische Veränderungen, eine interessante Parallele, die den Träumer allerdings nicht zu interessieren braucht.

komisch, Komiker, Komödie

Alle drei Symbole können auf Sinn für Humor hinweisen. Meist zeigen sie dem Träumer aber (je nach Begleitumständen), daß er einen Menschen, eine Angelegenheit oder eine Sache nicht zu ernst zu nehmen braucht.

Kompaß

Er zeigt uns die Richtung an, in der wir im Leben gehen sollen, um uns selbst zu entfalten und zu verwirklichen, also um ein erfülltes Leben zu führen. Manchmal beruhigt er uns auch, wenn wir fürchten, die Richtung verloren zu haben, oder das Gefühl haben, uns nicht mehr orientieren zu können.

Komposthaufen

In ihm erkennen wir individuelle Eigen- und Unarten, die wir uns abgewöhnen sollten, ohne sie zu verdrängen. Dahinter stehen nämlich Energien, die auch sinnvoller genutzt werden können. Im Alltag sollte man daraus die praktischen Konsequenzen ziehen.

König

Er kann den eigenen Vater und unser Verhältnis zu ihm verkörpern. Aber auch das Gefühl der Überlegenheit (man ist selbst der König) oder Minderwertigkeit (man ist ein Untertan) kann darin zum Ausdruck kommen. Manchmal verkörpert der König die materiellen Bedürfnisse, Instinkte und Triebe, die uns beherrschen können. Die Bedeutung richtet sich nach den Begleitumständen im Traum und der tatsächlichen Lebenssituation.

Königin

Sie kann das Verhältnis zur Mutter symbolisieren. Symbolisch kommt darin aber auch das Bedürfnis nach der Achtung anderer Menschen oder der Drang, andere gefühlsmäßig von einem abhängig zu machen, zum Vorschein.

Konserve

Dieser Trauminhalt weist uns darauf hin, daß wir an alten Gewohnheiten oder Gefühlsbindungen festhalten, die uns eigentlich nur noch behindern. Es mangelt uns aber an einem ausreichenden Motiv, davon abzugehen, solange wir nichts Neues in Aussicht haben.

Kopf

Er kann unser Bewußtsein, die Vernunft, das Ich symbolisieren, das die anderen Teile der Persönlichkeit kontrolliert, lenkt und die Anforderungen der Umwelt anpaßt. Manchmal kommen aber auch Konflikte und Probleme darin zum Ausdruck, über die wir uns den »Kopf zerbrechen« oder wegen denen wir den »Kopf verlieren«. Gelegentlich weist uns das Unterbewußtsein auf tatsächliche Erkrankungen hin, so daß eine gründliche Untersuchung im Einzelfall ratsam sein kann.

Korallen

Sie stehen für positive Ideen, angenehme innere Erfahrungen, Inspirationen und Intuitionen, denen man im Alltag folgen sollte.

Koran

Er ähnelt in seiner Bedeutung der → Bibel. Generell steht er für geistige Einsichten.

Korb

Er kann die »Ernte eines Lebens«, einer Arbeit oder ähnlicher Anstrengungen enthalten. Manchmal kommt darin auch die Angst vor der Ablehnung durch andere Menschen zum Ausdruck (»einen Korb bekommen«).

Kork

Darin kommt Ausdauer und Zuversicht auch in schwierigen Situationen zum Vorschein. Der Träumer steht über einer Situation, läßt sich nicht von Problemen überwältigen.

Korn

Das Korn symbolisiert Lebenserfahrung, die vergeistigt wird und zur Persönlichkeitsreifung führt. Zugleich kommt darin zum Ausdruck, daß man den Lohn für die Erfahrungen ernten wird, insbesondere wenn es sich um leidvolle Erlebnisse und Enttäuschungen handelt.

Körper

Er versinnbildlicht das »Werkzeug der Seele«, dessen sie sich zur Bewältigung des Lebens bedient. Dementsprechend repräsentiert die Körperlichkeit auch den sichtbaren Ausdruck unserer Persönlichkeit. Das Symbol kann uns oft zu vertiefter Selbsterkenntnis verhelfen.

Korridor

Der Korridor kann die weiblichen Geschlechtsorgane und das Bedürfnis nach Geschlechtsverkehr symbolisieren. Häufig gibt er uns aber die Richtung an, in der unser Leben verläuft oder verlaufen soll.

Kosmetik, Kosmetikerin

Darin kommt die → Fassade zum Ausdruck, hinter der wir unser wahres Gesicht vor der Welt und/oder vor uns selbst verbergen wollen. Bezo-

gen auf Erlebnisse und Objekte des Alltags zeigt uns das Symbol, daß wir dazu neigen, den ungeschminkten Tatsachen nicht ins Auge zu sehen, sondern sie zu beschönigen. Ganz allgemein symbolisiert Kosmetik die Weiblichkeit.

Kot

→ Exkremente.

Krabbe

Das Tier kann auf eine »harte Schale« hinweisen, hinter der sich ein weicher, empfindsamer Wesenskern verbirgt. Manchmal kommt aber auch tatsächlich Härte, Habgier und Grausamkeit darin zum Ausdruck. Gelegentlich zeugt die Krabbe von Ängsten, Schuldgefühlen und inneren Spannungen, die sich vor allem aus sexuellen Bedürfnissen erklären, welche der Träumer nicht bejahen kann. Eine Änderung solcher Einstellungen ist zu empfehlen, unter Umständen kann sie nur mit Hilfe des Psychotherapeuten erreicht werden.

Krähe

Sie symbolisiert meist die Angst vor Mißerfolgen, Unglück und Tod.

Kran

Er kündigt an, daß wir bei der Lösung eines Problems, der Überwindung eines Hindernisses auf dem Lebensweg, mit tatkräftiger Unterstützung von außen rechnen können.

Kranich

In ihm kommen Glück und Weisheit zum Ausdruck, zuweilen symbolisiert er auch unsere Fähigkeiten, geistige Kräfte sinnvoll für unsere Ziele einzusetzen.

krank, Krankheit

Gelegentlich handelt es sich dabei um Angstträume, wenn man tatsächlich erkrankt ist. Im allgemeinen kommt darin aber eine Diskrepanz zwischen den tatsächlichen Empfindungen und dem zum Ausdruck, was man denkt oder tut.

Krankenhaus

Es verspricht Trost und Hilfe bei Problemen, Konflikten und Hindernissen. Wenn man das Krankenhaus verläßt, weist das Unterbewußtsein dadurch auf mehr innere Unabhängigkeit hin, die man in einer Phase seelischer Not erworben hat.

Krankenschwester

Sie verkörpert unser Bedürfnis nach Liebe, Fürsorge, Zuwendung und Befreiung von innerer Pein. Zuweilen kommt darin auch übertriebene Sorge um die eigene Gesundheit zum Ausdruck.

Krater

Der erkaltete Krater eines Vulkans entspricht schmerzlichen, aber doch schon weitgehend überwundenen Erinnerungen an Enttäuschungen im Leben, Niederlagen oder Verlusten. Der noch aktive Krater kann auf innere Leidenschaft und Begierden hinweisen, die gelegentlich zum Ausbruch kommen, wenn sie zu lange unterdrückt werden. (→ Berg)

kratzen

Darin kommen Unstimmigkeiten (Reibereien) zwischen zwei Charakterzügen in uns oder zwischen uns und anderen Menschen zum Vorschein.

Kräuter

→ Arzneimittel, → Heilmittel.

Krawatte

Sie deutet darauf hin, daß man andere durch Äußerlichkeiten beeindrucken möchte, obwohl diese den wahren Kern kennenlernen möchten. Dahinter kann ein Gefühl der Minderwertigkeit stehen. (→ Kleidung)

Krebs

Das Tier symbolisiert Teile unserer Persönlichkeit, die nicht im Einklang mit unserem Wesen und/oder der Umwelt stehen, also unsere innere Ausgeglichenheit oder die Harmonie mit anderen Menschen gefährden (→ Krabbe). Ähnliche Bedeutung kommt dem Symbol zu, wenn wir es als Krankheit im Traum erleben. Dabei ergibt sich aus dem Sitz der Krebsgeschwulst noch zusätzliche Bedeutung, die man in den Ausführungen unter den verschiedenen Stichworten entnimmt. Umstritten ist die Frage, ob das Unterbewußtsein auch einmal auf eine tatsächliche Geschwulst im Körper hinweisen kann. Immerhin empfiehlt es sich, eine gründliche Untersuchung vornehmen zu lassen.

Kreide

In ihr kommt – getreu dem umgangssprachlichen »In-der-Kreide-Stehen« – eine Warnung vor finanziellen Risiken zum Ausdruck.

Kreis

Er symbolisiert Geschlossenheit und Vollkommenheit, die Ganzheit unserer Person und unseres Lebens. Im weiteren Sinn kann dahinter auch die Harmonie der Natur, des Universums, zum Ausdruck kommen. Manchmal zeigt uns der Kreis, daß wir uns in eingefahrenen Bahnen bewegen, aus unseren Problemen und Sorgen keinen Ausweg finden, zum unfruchtbaren Grübeln neigen. Schließlich kann der Kreis den Mutterschoß, also die Sehnsucht nach Geborgenheit, oder die weiblichen Geschlechtsorgane versinnbildlichen.

Kreuz, Kreuzigung

Ganz allgemein steht das Kreuz im Traum für Probleme, die wir im Lauf des Lebens haben und bewältigen müssen. Es kann aber ebenso wie die Kreuzigung auch auf Erfüllung, Vollendung oder Tod hinweisen, der ja in gewissem Sinne ebenfalls die Erfüllung des Lebens bedeutet. Manchmal zeigt uns das Kreuz, daß wir in einer Angelegenheit oder gegenüber einem Menschen nachgegeben haben, »zu Kreuze gekrochen« sind. Hinter all diesen Deutungen kommt aber zugleich zum Ausdruck, daß aus den Schwierigkeiten, die wir durchleiden müssen, eine geläuterte Persönlichkeit hervorgehen kann. Das Symbol des Kreuzes verkörpert manchmal auch das Widersprüchliche in uns. Der waagerechte Balken steht für weiblich, sinnlich, Körper und Böses, der senkrechte für männlich, Geist und das Gute. Im Schnittpunkt der beiden Balken wird unsere eigene Persönlichkeit sichtbar. Aus einer anderen Perspektive betrachtet kann des Kreuz für die Annahme des Leidens stehen, das vergeistigt wird und dadurch zur Erlösung führt. Schließlich kann uns das Unterbewußtsein im Kreuz oder der Kreuzigung zeigen, daß unsere dem Weltlich-Materiellen verhafteten Wesenszügen den Geist, die Weisheit und Liebe, unterdrücken und kreuzigen. Die Bedeutung ergibt sich stets aus den Begleitumständen des Traums und der realen Lebenssituation. Es lohnt sich in jedem Fall, sich mit dem Symbol zu beschäftigen, hinter die Botschaft des Unterbewußtseins zu blicken, die immer darin enthalten ist, und daraus praktische Konsequenzen zu ziehen.

Kreuzweg

In ihm kann Unentschlossenheit zum Vorschein kommen, die sich oft aus der Angst vor einer falschen Entscheidung zwischen mehreren Möglichkeiten erklärt. Ganz allgemein kommt darin eine Wende im bisherigen Leben zum Ausdruck, weil man sich am Kreuzweg für eine andere Richtung entschieden hat. Schließlich symbolisiert er noch einander widersprechende Bedürfnisse, Gefühle und Wünsche, zwischen denen sich der Träumer entscheiden muß. Im Kreuzweg kommt also fast immer die Aufforderung des Unterbewußtseins zu Entscheidungen und Veränderungen zum Ausdruck, die man unbedingt beachten sollte. (→ Norden, → Osten, → Süden, → Westen)

Krieg

Er versinnbildlicht innere Konflikte, die aus einander widersprechenden Bedürfnissen, Hoffnungen und Erwartungen resultieren. Gewissermaßen erklären sich diese unterschiedlichen seelischen Inhalte den Krieg. Aufgabe des Träumers in der Realität ist es nun, diesen Krieg durch bewußte Entscheidungen zu beenden, damit er wieder ausgeglichen wird und nicht mehr unter sich selbst leidet.

Kristall

In diesem Symbol kommt zum Ausdruck, was sich als Grundzüge unseres Wesens herauskristallisiert, wenn man alles Nebensächliche, Unwesentliche beiseite schiebt. Gleichzeitig zeigt der Kristall aber auch die innere Kraft des Geistes an, die diesen Kristallisationsprozeß in Gang setzen und unterhalten kann. Der schöne Kristall kann manchmal auch die innere Ganzheit und harmonische Ausgewogenheit unseres Wesens versinnbildlichen. Das gilt vor allem dann, wenn im Traum eine Kristallkugel auftaucht. Diese kann allerdings auch unsere Zukunft, unsere Erwartungen und Hoffnungen an das zukünftige Leben, enthalten, so wie die Wahrsagerin auch aus der Kristallkugel Bedürfnisse, Wünsche, Hoffnungen und ähnliches herausliest. Schließlich steht der Kristall gelegentlich für unsere klaren Vorstellungen, die wir von Zusammenhängen, anderen Menschen, Objekten oder von uns selbst haben. (→ Juwelen)

Krokodil, Alligator

Diese Panzerechse, im alten Ägypten gottähnlich als Führer der Toten in die Unterwelt verehrt, symbolisiert unser Unterbewußtsein. Es kann uns vor den darin enthaltenen Ängsten, Begierden, Gefühlen und Leidenschaften warnen, die uns förmlich zu »verschlingen« drohen. Gleichzeitig deutet der Alligator aber auf die Weisheit des Unterbewußtseins hin, die uns gegen die Bedrohung durch diese unterbewußten Seeleninhalte beistehen kann. Die genaue Bedeutung richtet dich immer nach den Begleitumständen im Traum und der realen Lebenssituation.

Krone

In diesem Symbol kann eine gewisse Eitelkeit und Geltungssucht zum Ausdruck kommen. Wenn sie aus minderwertigem Material besteht, weist das darauf hin, daß man sich dadurch lächerlich macht. Zuweilen kann hinter der Krone auch der Vater oder eine wichtige Aufklärung über bestimmte Zusammenhänge zum Ausdruck kommen. Manchmal zeigt uns eine beschädigte Krone, daß wir uns etwas vergeben haben, daß uns »ein Zacken aus der Krone« unserer Eitelkeit gebrochen ist. Die eigene Krönung verheißt im Traum, daß man ein Ziel bald erreichen wird.

Krücke

Sie verkörpert meist innere Unsicherheit oder Hilfsbedürftigkeit. Zuweilen steht dahinter ein Hilfsmittel, das wir in Anspruch nehmen, um unsere Ziele zu verwirklichen. Schließlich kann die Krücke unbefriedigte sexuelle Bedürfnisse zum Ausdruck bringen.

Krüppel

In ihm kann Mitleid mit anderen Menschen, eine innere Abhängigkeit oder Hilfsbedürftigkeit zum Ausdruck kommen. Die genauere Bedeutung ergibt sich aus den Begleitumständen im Traum und der realen Lebenssituation.

Kubus

Dieses Traumsymbol steht für den Körper, dessen Gesundheit und Kraft, ganz allgemein auch für die materielle Sicherheit unseres Lebens und dessen äußere Form. Zuweilen kann er auch Glaubensstärke oder eine gesicherte Stellung zum Ausdruck bringen.

Küche

Sie ist der geistige Ort, an dem die Lebenserfahrungen vom Koch oder der Köchin (→ kochen) verarbeitet werden.

Kuchen

In seiner Bedeutung ähnelt er dem → Brot, aber in verfeinerter, weniger konkreten Form.

Kuckuck

Er versinnbildlicht Erotik und Sexualität in ihrer unreifen, noch nicht auf einen Partner bezogenen Form. Die Betroffenen neigen dazu, sich Befriedigung bei mehreren oder häufig wechselnden Geschlechtspartnern zu suchen.

Küken

Es symbolisiert eine ängstlich gefärbte Grundhaltung der Persönlichkeit, die sich anderen unterlegen, gelegentlich sogar als Opfer fühlt. Daraus gilt es, im Alltag praktische Konsequenzen zu ziehen. (→ Huhn)

Künstler, Künstlerin

Dahinter kann eine tatsächliche künstlerische Begabung oder ganz allgemein die Kreativität stehen. Ferner kommt das Irrationale unseres Wesens darin zum Ausdruck. Schließlich verkörpern die Symbole oft den Wunsch nach mehr Selbstentfaltung und Selbstverwirklichung, dem man so weit wie möglich nachgeben sollte.

Kürbis

Er bringt sexuelle Bedürfnisse zum Ausdruck.

Kugel

Sie warnt uns vor den Launen des Glücks, das uns bald im Stich lassen kann. In der gläsernen Kugel kommt mangelnde Entschluß- und Entscheidungsfähigkeit zum Ausdruck.

Kuh

In ihr erkennen wir die Weiblichkeit, Sehnsucht nach Mutterschaft oder sexuelle Bedürfnisse der Frau, die allerdings nur in der Geborgenheit einer beständigen zwischenmenschlichen Beziehung befriedigt werden können.

kühl

Dahinter stehen abgekühlte Gefühle. (→ kalt)

Kunst

Das Symbol zeigt uns an, daß wir nach mehr Selbstverwirklichung streben. Daraus sollte man im Alltag praktische Konsequenzen ziehen.

Kunstseide

Sie warnt vor scheinbarem Glück, das wir von der Befriedigung bestimmter Bedürfnisse, Hoffnungen und Wünsche erwarten.

Kupfer

Es steht für Liebe und ein erfülltes, glückliches Leben. Der Besitz von blankpoliertem Kupfer kann auch auf Stolz hinweisen.

Kuppler, Kupplerin

Dadurch warnt das Unterbewußtsein uns vor Menschen, die es nicht ehrlich mit uns meinen.

Kuß, küssen

Wie in der Realität versinnbildlicht das Küssen auch im Traum Liebe, Zärtlichkeit, Zuneigung oder Leidenschaft. Entweder sehnt sich der Träumer danach, oder er hat all das schon erreicht. Im mehr vergeistigten Sinn kommt darin ein besseres Verständnis für sich selbst und/oder für andere Menschen oder die zunehmende Sympathie für jemanden zum Ausdruck.

Kutsche

Sie ähnelt in der Bedeutung dem → Auto oder → Gespann.

Kutscher

Er kann uns zeigen, daß wir es mit der Hilfe anderer Menschen im Leben weit bringen werden. Zuweilen warnt er uns auch vor Irreführung durch andere.

L

L

Der Buchstabe steht im Traum für den ausgestreckten Arm, mit dem wir nach etwas greifen. Darin kommt also materielles und/oder seelisch-geistiges Besitzstreben zum Ausdruck.

Labor, Laborant

Beide Symbole deuten an, daß wir mit einer schwierigen Aufgabe konfrontiert werden oder uns selbst in eine vertrackte Situation hineinmanövrieren. In beiden Fällen läßt sich der Ausgang noch nicht absehen.

Labyrinth

Es symbolisiert das scheinbare Chaos in uns, das uns verwirrt und ängstigt, wenn wir durch unser Unterbewußtsein streifen mit dem Vorsatz, uns selbst zu erkennen.

lachen

Darin kommt die Lösung innerer Spannungen verschiedener Ursachen zum Ausdruck. Häufig erkennen wir daran aber auch, daß wir uns selbst, andere Menschen, Ereignisse oder Objekte unseres Alltags nicht zu ernst nehmen dürfen. Man kann aber auch bei unpassender Gelegenheit lachen, weil man etwas mißverstanden hat. Die genaue Bedeutung ergibt sich aus den Begleitumständen des Traums. (→ weinen)

Lack

Ähnlich wie die → Fassade zeigt uns der Lack, daß wir etwas beschönigen oder verbergen wollen – vor uns selbst oder vor der Umwelt.

Laden

Dahinter kann eine gewisse Neigung zum »Seelenstriptease« oder zu einer Art »geistigem Exhibitionismus« stehen. Der Träumer sollte in diesem Fall an sich arbeiten, um diese Eigenschaften zu beseitigen. Unter Umständen kommen im Laden aber auch viele Möglichkeiten des Lebens zum Ausdruck, zwischen denen wir uns entscheiden müssen.

Lagune

Sie symbolisiert das Unterbewußtsein mit den darin enthaltenen Gefühlen.

lahm, Lähmung

Darin kommt zum Ausdruck, daß wir uns im Alltag oft schwertun mit der Bewältigung von Problemen, Sorgen, Hindernissen und Konflikten, die allerdings zum Teil aus uns selbst entstehen. Zugleich kündigt das Unterbewußtsein uns aber an, daß wir die Kraft zur Beseitigung solcher Hemmungen in uns haben und sie nur richtig einsetzen müssen. In der Lähmung kann auch Angst zum Ausdruck kommen, über die wir keine Kontrolle mehr ausüben, die uns die Selbstbeherrschung nimmt. Sie müssen verarbeitet und beseitigt werden, wenn nötig auch mit Hilfe des Psychotherapeuten.

Lamm

Es symbolisiert Unschuld, Sanftheit und Reinheit, manchmal auch das Gefühl, von außen oder vom Unterbewußtsein her bedroht zu werden (Opferlamm).

Lampe

Sie bringt zum Ausdruck, daß wir Menschen, Zusammenhänge und Objekte besser erkennen, durchschauen und verstehen wollen und dazu auf eine »Erleuchtung« warten. Ganz allgemein symbolisiert die Lampe das Bedürfnis nach → Licht oder den Brennpunkt unserer Aufmerksamkeit und Konzentration.

Landkarte

Hinter diesem Traumsymbol stehen die geistigen Kräfte in uns, die uns unseren weiteren Lebensweg aufzeigen, die uns gemäße Richtung vorzeichnen. (→ Kompaß)

Länge

Im allgemeinen kommt darin zum Vorschein, wie lange und stark uns etwas beeindruckt hat.

Lanze

Sie versinnbildlicht als erotisches Symbol oft sexuelle Wünsche. (→ Waffen)

Lärm

Er deutet auf innere Unruhe hin, die mit Nervosität verbunden sein kann. Es empfiehlt sich, durch gründliche Untersuchung die Ursachen zu ermitteln. Gelegentlich dringt Lärm von außen auch im Schlaf bis zum Unterbewußtsein vor und erzeugt dieses Traumsymbol, das dann ohne besondere Bedeutung ist.

Larve

Im Leben steht dem Träumer eine tiefgreifende Veränderung bevor, die geistig bereits vorbereitet wird, während er nach außen noch untätig wirkt. (→ Schmetterling)

Last

Ihr kommt ähnliche Bedeutung wie dem → Klotz zu, das Belastende einer Situation oder Pflicht wird darin aber noch deutlicher.

Lastwagen

Er verkörpert unseren Ehrgeiz, auch schwierige Aufgaben zu meistern und hochgesteckte, ehrgeizige Ziele zu erreichen. Im Vergleich zum → Auto erkennt man das an der Tatsache, daß ein Lkw schwerere Lasten transportieren kann. Steht der Lastwagen in Zusammenhang mit einem Möbeltransport oder Umzug, dann deutet das auf einen Wandel unserer Meinung oder gar unserer ganzen Persönlichkeit hin.

Laterne

Das milde Licht der Laterne kennzeichnet im Vergleich zur → Lampe mehr das innere, geistige Licht der Einsicht und Weisheit.

Laub

Es versinnbildlicht die Vergänglichkeit alles Irdischen und ermahnt uns dazu, das Glück zu genießen, ehe es uns verläßt. (→ Blatt)

laufen

Der Träumer versucht, etwas zu erhalten und läuft dahinter her, oder er versucht vor etwas davonzulaufen (wie Ängste, Gefühle). Die weitere Bedeutung ergibt sich dann aus den Begleitumständen im Traum und der realen Lebenssituation.

Laus

Darin kommen negative Gedanken zum Vorschein, die unseren Bestrebungen und Zielen im Weg stehen, weil sie Ehrgeiz, Energie und Entschlußfreude abschwächen.

läuten

Dahinter kann ebenfalls innere Unruhe (→ Lärm), Überreiztheit und eine Erkrankung stehen. Manchmal liegt ein tatsächlicher akustischer Reiz zugrunde. (→ Glocke)

Lava

Sie symbolisiert unterdrückte Inhalte des Unterbewußtseins, die explosionsartig aus dem Inneren an die Oberfläche gestiegen sind. (→ Berg, → Krater)

Lawine

Dahinter steht die Warnung vor einer Gefahr, der man noch rechtzeitig ausweichen sollte. (→ Schnee)

lebendig

Darin kommen je nach den Begleitumständen im Traum verschiedene Bedeutungen zum Ausdruck. Werden wir lebendig begraben, leiden wir unter erheblichen, zum Teil unbewußten Ängsten. Lebendig werden symbolisiert im Traum Vertrauen in unsere Zukunft, in uns selbst oder in andere Menschen. Verbrennt man im Traum bei lebendigem Leib, kommen darin Hindernisse auf unserem weiteren Lebensweg zum Ausdruck.

Leber

Sie kann im Traum auf eine bevorstehende tatsächliche Erkrankung hinweisen und sollte dann Anlaß zu einer gründlichen Untersuchung sein. Manchmal deutet sie auf körperliche, seelische oder geistige Schwäche, Reizbarkeit oder viel Geduld hin.

Leder

Es steht für Ausdauer, Beharrlichkeit und Zähigkeit, manchmal auch für unsere Instinkte, Triebe und andere »niedrige« Bedürfnisse, die wir mit dem Tier gemeinsam haben.

Leere

→ Raum.

Lehm

Er kann uns warnen, daß wir unsere Existenz auf unsicheren Fundamenten aufgebaut haben. Zuweilen verkündet er, daß wir mit Schwierigkeiten rechnen müssen, diese aber meistern werden oder daß wir in einer Arbeit nicht recht weiterkommen. Die genaue Bedeutung hängt von den Begleitumständen im Traum ab.

Lehnstuhl

Darin kommt das Bedürfnis nach Harmonie, Erholung und Frieden zum Ausdruck. Gelegentlich warnt er uns vor zuviel Behäbigkeit, weil die Behaglichkeit sonst bald durch Probleme ein Ende finden kann.

Lehrer

Er verkörpert oft eine unangenehme Eigenschaft des Träumers – die Besserwisserei. Manchmal kündigt er Prüfungen, Probleme und Schwierigkeiten an oder deutet auf Selbstzweifel hin. (→ Guru)

Leib

Dahinter können sexuelle Bedürfnisse stehen, aber auch ganz allgemein der Wunsch nach einer erotischen Beziehung. Wenn das nicht zutrifft, entspricht die Bedeutung die des → Körpers.

Leibwache

Sie symbolisiert unsere Energie und Kraft, mit der wir stürmischer Gefühle, Begierde und Leidenschaften Herr werden. Unter Umständen kommt darin aber auch das Bedürfnis nach Schutz und Hilfe zum Ausdruck, weil man mit Konflikten und Schwierigkeiten allein nicht mehr fertig wird.

Leiche

Dahinter stehen erkaltete Gefühle oder bereits erledigte Vorgänge. Manchmal kommt auch Angst vor dem Tod oder der uneingestandene Wunsch nach dem Tod eines anderen Menschen darin zum Ausdruck, von dem man sich Lösung von Konflikten oder Schwierigkeiten erhofft. (→ Tod)

Leichenwagen

Ein solcher Trauminhalt kann für Gefühle, Hoffnungen und Wünsche stehen, die man zu Grabe trägt. (→ Leiche)

Leim

Er versinnbildlicht oft eine starke, meist vorwiegend sexuelle Beziehung, von der man sich nicht mehr befreien kann, die vielleicht sogar zu einer Art Hörigkeit geworden ist. Aber auch andere starke Bindungen (Leidenschaften) und Gewohnheiten kommen darin zum Ausdruck. Zuweilen steht dahinter die innere Anteilnahme an Menschen, Vorgängen oder Objekten, die ebenfalls stark ausgeprägt ist. (→ Kleister)

Leiter

Sie symbolisiert ein technisches Hilfsmittel, mit dem man langsam (Stufe für Stufe) hohe Ziele erreichen oder sich durch Hinabsteigen aus den Gefahren in der Höhe retten kann. Dahinter kann die Einsicht stehen, daß man sich zuviel zugemutet hat. Manchmal deutet die Leiter auch auf den Wunsch nach Geschlechtsverkehr hin. Im anderen Sinn als Mensch mit leitender Funktion ähnelt das Symbol dem → Guru oder → Kapitän.

Leopard

Er versinnbildlicht sexuelle Triebe, die so stark sind, daß wir sie kaum oder überhaupt nicht mehr zügeln können.

Lerche

Sie verheißt uns raschen Aufstieg in geistige Höhen (→ Himmel) oder einen besseren Überblick über unsere Vergangenheit und Zukunft.

lernen, lesen

In beiden Symbolen kommt der Wunsch zum Ausdruck, sich Dinge einzuprägen, die im weiteren Leben von Nutzen sein können. Allgemein versinnbildlichen sie unser Denken, Selbstkritik und unsere Vorstellungen oder Erwartungen, die durch Lebenserfahrung geprägt werden.

Leuchtturm

Er ist als Warnung vor Inhalten des Unbewußten zu verstehen, an denen unser Leben scheitern könnte.

Leute

Sie versinnbildlichen im allgemeinen die sozialen Beziehungen des Träumers. Je nach den Begleitumständen geben sie Aufschluß über deren Qualität und weisen auf notwendige Veränderungen hin.

Licht

Dieses Ursymbol steht für unsere Fähigkeit, das Leben zu sehen und zu verstehen, also für unser Bewußtsein und unsere Wahrnehmung. Die weitere Bedeutung ergibt sich aus den Begleitumständen im Traum und der realen Lebenssituation. (→ dunkel, → Glühen, → Lampe, → Laterne)

Liebe

Darin kommt das Bedürfnis nach menschlicher Wärme und Zuneigung, Zärtlichkeit und körperlichem Kontakt zum Ausdruck.

Lied

Das Lied deutet darauf hin, daß bereits vergangene Erlebnisse wieder mit den damals damit verbundenen Gefühlen ins Bewußtsein getreten sind. (→ Gesang)

Lift, Aufzug

Der Träumer erhofft sich in einer schwierigen Situation Hilfe von außen oder möchte rasch und bequem nach oben kommen. Mangels eigener Anstrengungen wird ihm das aber nicht gelingen.

Lilie

Die Blume symbolisiert die Wurzeln unseres Bewußtseins im Unbewußten. Daraus gehen die Gefühle ebenso wie Intellekt und Geist hervor. Demnach kommt in der Lilie eine Verinnerlichung des Träumers zum Ausdruck, die zur vertieften Selbsterkenntnis und inneren Harmonie führt.

Limonade

Dahinter steht die Warnung vor Oberflächlichkeit, die genaue Bedeutung ergibt sich aus den Begleitumständen des Traums.

Linde, Lindenblüten

Darin kann das Bedürfnis nach Harmonie, Frieden und Entspannung zum Ausdruck kommen. Manchmal verkörpert sie auch etwas Geheimnisvolles.

links

In der Traumsymbolik verkörpert links fast immer das Unbewußte, Zerstörerische, Irrationale und Weibliche in unserem Wesen. Das alles muß vom Geist gelenkt und geordnet werden, sonst versinken wir im Chaos des Wahnsinns. Unter Umständen kann das Chaos allerdings auch geniale Züge tragen. Daneben steht links für Erde, Dunkelheit, Natur oder Mutter. Die genaue Deutung ist nur aus den Begleitumständen im Traum möglich. Wer zum Beispiel auf seinem Lebensweg nach links abbiegt, gewinnt zunehmende Einsicht in sein inneres Wesen. Lähmungen auf der linken Körperseite weisen uns darauf hin, daß wir Logik, Vernunft und Verstand zu stark betonen und eine Änderung in der Realität herbeiführen sollten. (→ rechts)

Linse

Die Linse als optisches Gerät symbolisiert unsere Aufmerksamkeit, die wir auf einen bestimmten Vorgang, Gegenstand oder Menschen richten. In den Linsen als Nahrungsmittel dagegen kündigt sich Ärger, Streit oder ein Problem an, mit dem man fertig werden muß.

Lippen

Sie stehen meist für erotische Bedürfnisse, im weitesten Sinne also für Liebe, Freundschaft und Sympathie. Dabei kommt es darauf an, wie wir die Lippen sehen. Positiv zu deuten sind schwellende rote, glänzende Lippen, während blasse, verkniffene negativ zu bewerten sind.

Loch

Es kann als Symbol der weiblichen Geschlechtsorgane sexuelle Bedeutung haben oder generell für unsere Körperlichkeit und Sinnlichkeit stehen. Manchmal kommt darin auch eine Erinnerung, ein Irrtum oder das Eindringen ins Unterbewußtsein zum Ausdruck. Zuweilen enthält das Symbol die Warnung vor einer Falle, die man uns im Alltag stellt, und der wir nur durch erhöhte Vorsicht entgehen werden. (→ Grotte)

Löffel

Dahinter kann zum Ausdruck kommen, daß man sich eine Suppe selbst eingebrockt hat und nun auch auslöffeln, also die Folgen tragen muß.

Loge

Wer darin sitzt, sollte sich überlegen, wodurch er den Neid seiner Umwelt erregt. Vielleicht führt er ein zu aufwendiges Leben und sollte sich etwas mehr bescheiden – zum eigenen Nutzen wie im Interesse der Harmonie mit anderen Menschen.

Lokomotive

→ Eisenbahn.

Lorbeer

Er symbolisiert unseren Wunsch nach Ansehen, Auszeichnungen und Ehrungen. Wenn dieser aus Geltungssucht entsteht, läuft der Träumer Gefahr, sich damit der Lächerlichkeit preiszugeben.

löschen

Die Bedeutung ergibt sich aus den Begleitumständen des Traums und dem Sinn dessen, was gelöscht wird (→ Feuer, → Lampe, → Laterne, → Licht). Löscht man einen Brand im Haus, wird man mit Schwierigkeiten konfrontiert, die man aber überwinden kann.

Lot, Lotleine

Dahinter steht die beruhigende Gewißheit, daß man im Leben den rechten, geraden Weg geht, also in Übereinstimmung mit sich selbst lebt.

Löten, Lötkolben

Diese beiden Symbole verkörpern starke zwischenmenschliche Bindungen, also Freundschaft, Liebe und Ehe. Je nach den Begleitumständen des Traums hat der Träumer entweder den Wunsch nach solchen oder erlebt sie in einer positiven Beziehung bereits.

Löwe

Der Löwe steht für Aggressivität gegen andere oder der Umwelt gegen den Träumer selbst. Zugleich kann darin Angst vor diesen aggressiven Gefühlen (auch den eigenen) zum Ausdruck kommen. Das Symbol weist uns darauf hin, daß wir solche Gefühle bändigen und beherrschen können und sollen.

Luchs

Dahinter kommt Schläue oder Hinterlist zum Vorschein – entweder als persönliche Eigenschaft oder als Gefahren aus der Umwelt.

Luft

Sie versinnbildlicht den »Atem des Geistes«, der den Körper bewegt, einfacher ausgedrückt: Unser Innenleben. Zugleich können darin geistige Höhenflüge zum Ausdruck kommen, die mit der Gefahr eines Absturzes verbunden sind, wenn wir zu hoch hinaus wollen.

Luftangriff

Er symbolisiert eine Gefahr durch neue Ideen, Absichten oder Gedanken, die uns überfallen, und manches, was uns bisher als richtig und wichtig erschien, in Frage stellen. Daraus sollten praktische Konsequenzen gezogen werden.

Luftballon → Ballon

Luftschiff, Zeppelin

Dahinter stehen meist starke sexuelle Bedürfnisse, Begierden und Leidenschaften, die unser inneres Gleichgewicht und die geistigen Höhenflüge gefährden.

Lumpen

→ Abfall.

Lunge

Dahinter kann eine tatsächliche Erkrankung zum Vorschein kommen, so daß sich eine baldige Untersuchung empfiehlt. Unter Umständen weist das Symbol auf bevorstehende schwierige Aufgaben hin, denen wir nur gewachsen sind, wenn wir einen »langen Atem« haben, also durchhalten.

Lupe

Sie warnt uns davor, Kleinigkeiten unnötige Bedeutung beizumessen, sie aufzubauschen und sich grundlos zu sorgen. Umgekehrt kann dahinter aber auch zum Ausdruck kommen, daß wir etwas zu gering geachtet haben. Die genaue Bedeutung ergibt sich jeweils aus den Begleitumständen im Traum und der jeweiligen Lebenssituation.

M

M

Der Buchstabe taucht im Traum häufig als Symbol der Frau und Mutter auf. Generell kann er Fruchtbarkeit (auch geistige) und schöpferische Kraft versinnbildlichen.

Macht

Sie enthält die Aufforderung, eigene Fehler aus einer gewissen Distanz heraus zu betrachten und zu überwinden. Manchmal kommt darin allerdings auch Herrschsucht zum Ausdruck, die man eindämmen sollte.

Mädchen

Als Traumsymbol verkörpert es unsere Gefühle, die noch unausgegoren sind, die heranreifende Weiblichkeit und Sexualität. Manchmal stehen auch bloße sexuelle Bedürfnisse dahinter, bei älteren Männern zum Beispiel die Begierde nach einer jungen Geliebten.

Made

In ihr kommen negative Verhaltensweisen und Gedanken oder Gefühle zum Ausdruck, die aus »schlechten« Teilen unserer Persönlichkeit stammen. Die Made zeigt uns aber vielleicht auch, daß wir bereits dabei sind, diese Eigenschaften zu beseitigen, uns von »fauligen« Wesenszügen zu befreien.

Magen

Zuweilen tritt er als Traumsymbol nach Unmäßigkeit beim Essen und Trinken auf. Generell steht er für unsere innere Aufnahmebereitschaft für neue Menschen und Eindrücke. Gelegentlich warnt uns dieses Traumsymbol vor Übertreibungen in verschiedener Hinsicht.

mager

Wer sich im Traum selbst als mager sieht, wird dadurch vor drohenden Verlusten gewarnt. Sind andere Menschen mager, kann man in der nächsten Zeit wahrscheinlich mit Erfolgen und Glück rechnen.

Magie

Darin kommt unser Wunsch zum Ausdruck, die unbewußten Kräfte in uns besser zu beherrschen und gezielter für unsere Absichten und Ziele einzusetzen.

Magnet

Er verkörpert das Prinzip von Anziehung und Abstoßung, von Sympathie und Abneigung. Konkret kommt darin eine Vorliebe oder Abneigung für Menschen und Dinge zum Ausdruck. Grundsätzlich verkörpert der Magnet die Kraft des Geistes, der Ordnung in unser Leben bringt.

Mähne

→ Haare, → Pferd.

Maibaum

Als Symbol des männlichen Geschlechtsorgans weist er auf sexuelle Bedürfnisse hin. Aber auch die schöpferischen Kräfte des Menschen, die seine Eigenschaften zur Entfaltung bringen, können dahinter stehen.

Make-up

→ Kosmetik.

Makkaroni

Die Makkaroni fordern uns auf, eine Angelegenheit, mit der wir uns gerade beschäftigen, beschleunigt zu erledigen. Gelegentlich deuten sie auch darauf hin, daß etwas, was wir schnell erledigen wollten, sich doch über einen längeren Zeitraum erstrecken wird.

malen

Dahinter können verschiedene Bedeutungen stehen. Einmal steht Malen für Selbstentfaltung und Selbstverwirklichung, aber auch für die Absicht, eigene Wesenszüge zu beschönigen oder zu vertuschen. Weiter kann darin eine Neigung des Träumers zum Ausdruck kommen, alles zu rosig oder zu schwarz zu sehen, den »Teufel an die Wand« zu malen. Schließlich deutet Malen zuweilen auf ein präzises Bild unserer Zukunft hin. Immer sollte man praktische Konsequenzen aus dem Traum ziehen.

Maler, Malerin

→ Künstler, Künstlerin.

Mama

→ Mutter.

Maniküre

Dahinter steht der Wunsch nach raschem Erfolg durch Äußerlichkeiten, der allerdings nur ein Scheinerfolg von kurzer Dauer sein wird. Unter Umständen warnt uns das Unterbewußtsein dadurch auch vor dem Vortäuschen von Erfolgen, die es in Wirklichkeit überhaupt nicht gibt. Manchmal erkennt man darin den Versuch, jemanden übers Ohr zu hauen, dem man im Traum die Nägel manikürt.

Mann, männlich

Dahinter können erotische oder sexuelle Bedürfnisse stehen (vor allem bei Frauen). Im Traum eines Mannes kommt darin vor allem die Selbstbeobachtung zum Ausdruck, die sich verheerend auswirken kann, wenn man nur die Fehler sieht, über Versagen nachgrübelt und einen Beobachtungszwang entwickelt, der das erneute Versagen geradezu vorprogrammiert. Das Symbol kann aber auch Geist, Intelligenz, Verstand, Bewußtsein, Willen oder Aggressivität versinnbildlichen. (→ entsprechende andere Stichwörter, z.B. → Weib, → Vater, → Mutter)

Mannequin, Fotomodell

Darin kommt meist das Bedürfnis nach sexuellen Kontakten zum Ausdruck, im vergeistigten Sinn auch der Sinn für Schönheit.

Männlichkeit

→ Mann.

Manschetten, Manschettenknopf

→ Kleidung.

Mantel

→ Kleidung.

Marder

Er symbolisiert übermäßige (vor allem aber sexuelle) Triebhaftigkeit, die der Träumer mehr zügeln sollte.

Maria

Sie symbolisiert die vom Geist (oder vom Göttlichen) inspirierte Erde (Mutter, Natur) die fruchtbar wird und die Seele gebärt. In manchen Träumen symbolisiert Maria im weiteren Sinn die universale Materie, den Stoff also, aus dem die Welt entstand und erhalten wir. Zuweilen deuten sie auf Sanftmut, Gefühlsreichtum und Mutter hin. In erster Linie informiert das Symbol also den Träumer über sein Verhältnis zu den allen Menschen gemeinsamen Wurzeln des Seins.

Marionette

Der Träumer erkennt darin, daß er von einem Menschen sehr stark abhängig ist oder selbst andere beeinflußt und beherrscht. Dahinter stehen manchmal aber auch suchtartige Abhängigkeiten, also Begierden und Leidenschaften, die den Träumer beherrschen. In jedem Fall sollten aus einem solchen Trauminhalt praktische Konsequenzen gezogen werden.

Markt

Er versinnbildlicht im allgemeinen unsere Kontakte zu den Mitmenschen. Nicht selten steht dahinter aber auch ein übertriebener Geschäftssinn, eine vorwiegend auf materielle Werte ausgerichtete Lebensweise oder die Beurteilung anderer Menschen nach ihrem materiellen Wohlstand. Manchmal schöpft der Träumer auch sein Selbstwertgefühl aus seinem Besitz. Gelegentlich kann der Markt ein Bordell symbolisieren, starke sexuelle Bedürfnisse also, die man sich durch materielle Werte zu erkaufen sucht. Dahinter steht immer eine Warnung vor der Überbetonung des Materiellen, die man ernst nehmen sollte.

Marmelade

Darin erkennen wir die Früchte unserer Mühe und Arbeit der Vergangenheit, die wir gleichsam »konserviert« haben, so daß wir auch jetzt noch davon zehren können.

Marmor

Unerfüllbare Träume und Hoffnungen, aber auch die Aussichtslosigkeit anderer Bestrebungen, können dahinterstehen. Je nach den Begleitumständen im Traum kommt auch eine gewisse Hartherzigkeit darin zum Vorschein.

Mars

Der Planet, nach dem Gott des Krieges benannt, verkörpert unsere aggressive, zerstörerische oder auch schöpferische Energie. Generell steht er für Männlichkeit und Entschlossenheit, starke Begierden und Aggressionen.

Märtyrer

Er versinnbildlicht manchmal tatsächlich unsere Bereitschaft, für Gefühle, Ansichten, Meinungen und Ideale Unannehmlichkeiten auf uns zu nehmen. Zuweilen kommen darin auch Persönlichkeitsmerkmale zum Ausdruck, die wir unterdrücken, die also unter unserem Wollen leiden. Dadurch wird die innere Ausgeglichenheit bedroht, und man sollte praktische Konsequenzen daraus ziehen. Schließlich kann hinter dem Symbol eine heuchlerische Frömmigkeit stehen.

Maschen

Sie stehen oft für das Netz, in dem man sich durch eigene Intrigen oder die der anderen zu verstricken droht. Etwas mehr Geradlinigkeit ist dem Träumer dringend anzuraten, damit er der Falle noch entgehen kann.

Maschine

Im Symbol der Maschine kommt alles mechanisch Ablaufende unseres Lebens zum Ausdruck: eingefleischte Gewohnheiten, Gefühle, Vorurteile und Denkweisen. Das bringt zwar eine strenge Ordnung ins Leben, die wie ein Korsett alles stützt und regelt, läßt aber keinen Raum für Spontaneität und Selbstverwirklichung. Manchmal fühlt sich der Träumer auch von seiner Umwelt nicht als Mensch und Persönlichkeit angenommen, sondern auf seine Funktionen reduziert. In jedem Fall sollte man praktische Konsequenzen aus diesem Trauminhalt ziehen.

Maschinengewehr

→ Gewehr, → Waffen.

Maske

→ Fassade.

Massage, Masseur

Beide Trauminhalte symbolisieren eine Auflockerung mechanisch ablaufender Verhaltensformen, aber auch die Linderung innerer Spannungen und Zwänge.

Mastbaum

Er kann als Symbol des männlichen Geschlechtsteils sexuelle Wünsche zum Ausdruck bringen. Manchmal steht dahinter auch eine starke Persönlichkeit, die aufrecht, von den Sorgen und Rückschlägen ungebeugt, durchs Leben geht.

Matador, Stierkämpfer

Darin kommt ein sexueller Konflikt des Träumers zum Ausdruck. (→ Stier)

Matratze

Sie warnt uns vor Schwierigkeiten, die wir durch voreilige Entscheidungen oder Unsicherheit und Unbeständigkeit selbst schaffen, ruft uns also dazu auf, uns mehr unter Kontrolle zu halten.

Matrose

Je nach Begleitumständen im Traum verkörpert er die Weitsicht, mit der wir uns im Leben orientieren, oder den Wunsch nach neuen Erfahrungen und Veränderungen.

Mauer

Auch in diesem Symbol kommt — je nach den Begleitumständen im Traum — entweder das Bedürfnis nach Geborgenheit und Schutz oder ein Hindernis auf dem Lebensweg zum Vorschein. Wer von einer Mauer springt, geht ein Risiko ein, dessen Ausgang noch nicht abzusehen ist, wer von der Mauer stürzt, wird einen Mißerfolg erleben.

Maulbeeren

Sie verheißen uns Überfluß an materiellen Werten, Ansehen und Lebensglück.

Maulesel, Maultier

Sie stehen für Halsstarrigkeit, zugleich aber auch für eine gewisse Gewandtheit auf schwierigen Lebenspfaden. (→ Esel)

Maulwurf

Der Träumer fühlt sich verkannt oder zu wenig beachtet. Manchmal kann der Maulwurf auch nur vor einem Irrtum warnen, den zu begehen man im Begriff steht.

Maurer

Meist zeigt uns das Symbol, daß wir unser Leben auf sicheren Fundamenten aufbauen. Gleichzeitig will es aber vor Übereilung warnen, denn das geht nicht von heute auf morgen.

Maus

Sie kann sexuelle Bedürfnisse, eine ängstliche Grundeinstellung zum Leben oder Sorgen und Konflikte verkörpern, die an uns »nagen«. Häufig symbolisiert sie aber auch Vorgänge im Unterbewußtsein, die wir nicht beachten, weil wir sie für unwichtig halten. Das kann unter Umständen falsch sein, aber läßt sich im Einzelfall nur aus den Begleitumständen im Traum und aus der realen Lebenssituation erkennen.

Mausefalle

Sie beinhaltet die Warnung vor einer Falle, die man uns stellt. Manchmal symbolisiert sie aber auch die Falle, in die wir andere Menschen hineinlaufen lassen wollen.

Mechaniker

Darin kommt die Aufforderung oder der Wunsch zum Ausdruck, mechanische Verhaltensweisen wieder zu verlernen. Der Träumer sollte daraus tatsächlich Konsequenzen ziehen.

Meditation

Dahinter kommt das Bedürfnis zum Ausdruck, das eigene Unterbewußtsein besser kennen- und verstehen zu lernen. Meditation bildet einen wichtigen Weg zu den unbewußten Inhalten unserer Seele, und der Träumer sollte in der Realität tatsächlich versuchen, eine geeignete Meditationstechnik zu erlernen.

Medizin

Sie kann auf die Selbstheilungskräfte unserer Seele hinweisen oder uns ankündigen, daß wir eine »bittere Pille« schlucken müssen. (→ Arzneimittel, → Heilmittel, → Injektion)

Medizinmann

→ Eingeborener.

Medusenhaupt

Das weibliche Ungeheuer aus der griechischen Mythologie, unter dessen Blicken alles zu Stein wurde, deutet im Traum auf Hartherzigkeit hin, gepaart mit Egoismus und Eitelkeit.

Meer

Im Gegensatz zum Fluß, dem männliche Eigenschaften zugeschrieben werden, verkörpert das Meer die weibliche, mütterliche Seite. Aus dem Meer kam einst alles Leben, alles Bewußtsein. Es symbolisiert das kollektive Unbewußte der Menschheit, die universale Seele. Über das Meer schwimmt unser Lebensschiff-, und je nachdem, wie das Meer mit ihm umspringt, können wir unseren weiteren Lebensweg darin erkennen. Wenn wir im Meer versinken, deutet das darauf hin, daß wir eins werden mit der Seele der Natur, also zu unseren Ursprüngen heimkehren. Tauchen wir aus dem Meer auf, kommt darin Geburt und Bewußtsein zum Ausdruck, ein neuer Anfang in unserem Leben, der in Einklang mit den Tiefen unserer Seele steht. Generell erkennen wir im Meer unsere inneren, teilweise unbewußten Gedanken, Gefühle, Empfindungen und Hoffnungen. Die genaue Bedeutung hängt von den Begleitumständen im Traum ab. (→ Fluß, → Wasser)

Meerkatze

Sie versinnbildlicht die Vermählung von Intellekt und Instinkt, von Geist und Animalischem in uns, aus der wir die Kraft schöpfen. (→ Affe)

Mehl

→ backen, → Brot, → Getreide, → Korn.

Meineid

→ Eid.

melken

Das Unterbewußtsein zeigt uns dadurch an, daß wir unser Glück beim Schopfe fassen sollen.

Melone

→ Kürbis.

Mensch

Dahinter kommt die Aufforderung zum Ausdruck, sich weniger mit sich selbst, sondern mit anderen Menschen zu beschäftigen.

Merkur

Der geflügelte Götterbote aus der griechischen Mythologie, Schutzpatron der Diebe und Kaufleute, und der Planet, dem man seinen Namen verlieh, versinnbildlichen vor allem Intuition, also das Wissen aus dem Unterbewußtsein. Gleichzeitig symbolisiert er aber auch den ewigen Wandel im Leben, in der Natur. Konkret kann Merkur auch darauf hinweisen, daß wir jemanden übers Ohr hauen wollen oder selbst betrogen werden, nicht immer unseren Eingebungen folgen sollten oder daß wir unstet und launisch sind.

Messe

Im Gottesdienst kommt zum Ausdruck, daß alle Teile unserer Persönlichkeit von nur an mehr durch den Geist gelenkt werden. Eine Warenmesse dagegen kündigt uns neue geschäftliche Kontakte an, die man in der Realität dann auch wirklich nutzen sollte.

messen

Dahinter kommt Vorsicht oder Mißtrauen zum Ausdruck, das sich gegen die eigene Person oder andere Menschen, vielleicht auch gegen eine Angelegenheit oder Möglichkeit unseres Lebens richten kann.

Messer

Darin erkennen wir Aggressivität, besonders eine jugendlich-unreife aggressive Form der Sexualität, manchmal verbunden mit Rücksichtslosig-

keit. Unter Umständen weist uns das Symbol auf eine Gefahr oder Trennung von einem Menschen hin. (→ Dolch, → Waffen)

Messing

Das Metall warnt uns davor, uns vom äußeren Glanz trügen zu lassen. Je nach den Begleitumständen im Traum bezieht sich das auf Menschen, Ereignisse oder Objekte unseres Alltags.

Metall

Es symbolisiert Beständigkeit, Härte oder Konsequenz, zuweilen auch materiellen Wohlstand.

Metzger

Er kann die eigene Aggressivität oder die Angst vor der anderer Menschen symbolisieren. Manchmal steht er auch für Gefühlskälte oder eine vorwiegend weltlich-materialistische Einstellung des Träumers.

miauen

Es symbolisiert die Sehnsucht des Träumers nach Liebe, Geborgenheit, Trost und Freundschaft.

Mickymaus

Darin kommt eine kindliche Fröhlichkeit des Träumers zum Ausdruck, die er sich trotz aller Schicksalsschläge und Erfahrungen bewahrt hat. Zuweilen deutet sie aber auch auf geistig-seelische Unreife hin.

Mikrophon

Manchmal zeigt es uns, daß wir uns Gehör verschaffen sollen oder wollen, unseren Kummer von der Seele reden dürfen oder eindeutig zu etwas Stellung beziehen müssen. Gelegentlich kommt darin ein übersteigertes Geltungsbedürfnis zum Ausdruck, das ergibt sich im Einzelfall immer aus den Begleitumständen des Traums.

Mikroskop

Es verkörpert unsere Fähigkeit, auch feine Regungen und Empfindungen in uns oder bei unseren

Mitmenschen noch wahrzunehmen, deutet also auf Einfühlungsvermögen und Sensibilität hin.

Milch

Sie steht für Mütterlichkeit, lebensspendende Kraft oder selbstlose innere Einstellungen. Auch Mitgefühl kann dahinter stehen oder die Aufforderung des Unterbewußtseins, aufkeimende neue Aspekte unserer Persönlichkeit zu pflegen, bis sie stark genug geworden sind. (→ Kuh, → melken)

Militär, Soldaten

Bei Frauen, Homosexuellen oder männlichen Masochisten kann dieses Symbol den Wunsch ausdrücken, sexuell mißbraucht zu werden. Solche Phantasien können ganz normal sein und bei jedem Menschen einmal auftreten, ohne daß deshalb schon eine Perversion vorliegt. Die Bedeutung hängt vor allem von der realen Lebenssituation des Träumers ab. (→ Offizier, → Uniform, → Waffen)

Mineralwasser

Es kündigt ein prickelndes, pikantes, aber harmloses erotisches Abenteuer oder den Wunsch danach an.

Mißbildung, Mißgeburt

In beiden Symbolen kommt zum Ausdruck, daß Teile unserer Persönlichkeit aus Angst, Schuldgefühlen oder anderen Ursachen nicht zur Geltung kommen.

Mist

Es wird als Glückssymbol gedeutet. (→ Dung)

Mittag

Er symbolisiert Reife, Bewußtsein und Verstand. Die weitere Bedeutung richtet sich immer nach den Begleitumständen im Traum.

Mittelpunkt, Zentrum

Darin kommt unser zentrales Ich, die Grundlage unseres Wesens, zum Ausdruck, aus der alles wächst und entstand. Wird das Zentrum von einem Kreis umgeben, dann verkörpert dieser das äußere Ich, während der Mittelpunkt für unser geistiges Innenleben steht.

Möbel

Sie verkörpern unsere innere Haltung, die Ansichten und Überzeugungen, mit denen wir unseren Lebensraum ausgestattet haben.

Mohammed

Ihm kommt im Traum eine ähnliche Bedeutung wie → Christus zu.

Mönch

Dieses Traumsymbol versinnbildlicht die innere Abkehr vom Weltlichen, Weisheit und Glauben, manchmal aber auch Angst vor der Hölle, die sich aus falscher religiöser Erziehung im Kindesalter erklärt. Wie der → Geistliche kann er aber auch das Bedürfnis nach einem Führer oder Lehrer andeuten.

Mond

Auch im Traum kann der Erdtrabant romantische Liebe, Zuneigung und Schwärmerei, Sehnsucht oder Überschwang der Gefühle verkörpern, wie es auch in der Realität für Verliebte der Fall ist. Im weiteren Sinne betrachtet steht er für das Irrationale, die Intuition und für die Weiblichkeit. Schließlich kann er auch als Reflektor unseres inneren Lichts verstanden werden. Wenn der Mond in unseren Träumen auftaucht, bezieht sich das Traumgeschehen also immer auf Gefühle, Gemüt und Erotik. Die genaue Bedeutung hängt von den jeweiligen Begleitumständen im Traum ab. (→ Sonne)

Mondfinsternis

In einer Mondfinsternis als Traumsymbol kann eine Warnung vor einem Übermaß an Rationalität und logischer Vernunft im Leben des Träumers zum Ausdruck kommen, das sein Gefühlsleben »verdunkelt«.

Monogramm

Es verkörpert unser ganzes Wesen mit seinen zum Teil unbewußten Möglichkeiten.

Monokel

→ Brille, → Lupe.

Monstranz

Sie kündigt uns Prüfungen des Schicksals an, verheißt uns aber zugleich, daß wir diese tatsächlich bestehen werden.

Moos

Die Bedeutung ergibt sich daraus, daß man Moos umgangssprachlich mit Geld gleichsetzt. Im Leben des Träumers spielen materielle Werte eine große, vermutlich sogar eine übersteigerte Rolle. Daraus sollten praktische Konsequenzen gezogen werden.

Morast, Schlamm

Darin kommt das Gefühl der Behinderung auf dem Lebensweg zum Ausdruck, deren Ursachen meist in uns selbst liegen. Es kann sich um innere Einstellungen, Gefühle oder Bindungen handeln (vor allem in Beziehung zu den Eltern), also um seelische Inhalte, die der Selbständigkeit und individuellen Selbstentfaltung im Weg stehen können. Der Träumer sollte das Symbol ernst nehmen und versuchen, die Ursachen abzubauen, um sich selbst besser verwirklichen zu können. Dazu kann im Einzelfall auch psychotherapeutische Hilfe erforderlich sein.

Mord

Das mehrdeutige Symbol trägt viel zur Selbsterkenntnis bei. Häufig kommen darin gewaltsam unterdrückte Gefühle oder Möglichkeiten zum Ausdruck, deren wir uns schämen, die vielleicht auch Schuldgefühle in uns hervorrufen, oder von denen wir glauben, daß wir unfähig oder unwürdig sind, sie zu verwirklichen. Manchmal zeigt uns das Symbol, daß wir gewaltsam einen Lebensabschnitt beenden. Wenn man im Traum selbst

ermordet wird, kann darin das Gefühl zum Ausdruck kommen, in einer persönlichen Zwangslage von anderen ausgenutzt zu werden. Die genaue Bedeutung ergibt sich aus den Begleitumständen im Traum und der realen Lebenssituation.

Mörder

Er zeigt uns symbolisch an, daß sich Ängste in uns verstärken, die unsere freie Selbstentfaltung und die dazu notwendige Energie schwächen oder abtöten.

Morgen

In ihm kommt das Gefühl jugendlicher Energie, Tatkraft und Frische zum Ausdruck. Er symbolisiert gleichzeitig die Vielzahl von Möglichkeiten, die noch vor uns liegen, sei es nun in unserer Persönlichkeit oder im wirklichen Leben. (→ Mittag, → Abend)

Morgendämmerung

Dahinter steht eine allmähliche Bewußtseinserweiterung oder Erleuchtung, manchmal auch Hoffnung. Konkreter kann darin das beginnende Verständnis für Menschen, Zusammenhänge und Ereignisse angekündigt werden.

Mosaik

In ihm kommen unsere zahlreichen Erfahrungen, Gedanken, Hoffnungen und Ideen zum Ausdruck, die insgesamt das Mosaik unseres Lebens ausmachen. Die genaue Bedeutung hängt auch davon ab, ob das Traummosaik eine schöne, geschlossene Einheit bildet oder unharmonisch und bruchstückhaft wirkt.

Most

Er versinnbildlicht unsere Triebe und Leidenschaften, die in uns gären und deren Befriedigung uns nur ein billiges Vergnügen bereitet, dem die Ernüchterung rasch folgt.

Mücke

→ Fliege, → Insekt.

Mühle

Mit diesem Traumbild können sich Schwierigkeiten in der nächsten Zukunft ankündigen, die insbesondere den geistigen oder den Gefühlsbereich betreffen. Der Träumer wird erleben, wie seine alten Einstellungen und Überzeugungen zusammenbrechen, ohne daß die daraus resultierende Leere immer gleich wieder ausgefüllt werden kann. Das führt unter Umständen zu einer tiefen Existenzkrise, auf die man vorbereitet sein muß, um sie ohne bleibenden Schaden zu überstehen. Manchmal kommt in diesem Symbol auch das Bedürfnis des Träumers nach Sicherheit zum Ausdruck.

Mumie

Sie symbolisiert unseren Wunsch, die unter dem Einfluß von Erfahrungen und Einsichten ablaufende Veränderung unserer Persönlichkeit, deren Anpassung an neue Lebensumstände, zu verhindern, also die jetzige Persönlichkeit zu konservieren. Daraus resultieren unweigerlich erhebliche Schwierigkeiten und Konflikte im Leben, so daß man rechtzeitig praktische Konsequenzen ziehen sollte.

Mund

Der Mund verkörpert den Eingang zu unserem Wesen und zu unseren Gefühlen. Durch den Mund nehmen wir Speisen auf, also Eindrücke der Umwelt, oder erbrechen uns, symbolisch für Inhalte unseres Wesens zu verstehen, die wir abstoßen wollen. Der Mund dient aber auch dem Sprechen, das unsere zwischenmenschlichen Kontakte symbolisiert, und dem Küssen, also der Befriedigung erotischer Bedürfnisse. Die genaue Bedeutung ergibt sich im Einzelfall aus den Begleitumständen des Traums. Gelegentlich kann uns ein großer Mund im Traum darauf hinweisen, daß wir im Alltag ein Großsprecher oder Maulheld sind, negative Eigenschaften, die man durch die Erkenntnis dieser Tatsache und die konsequente Arbeit an sich selbst allmählich überwinden kann und überwinden sollte.

Muschel

Sie deutet an, daß wir unseren Gefühlsreichtum, unsere Empfindsamkeit und Verletzlichkeit, unter einer harten äußeren Schale verbergen, unter der vielleicht sogar eine Perle (→ Juwelen) zu entdecken ist.

Musik, Musikinstrumente

Beide symbolisieren im Traum grundsätzlich die Einheit und innere Harmonie unserer ganzen Persönlichkeit.

Mustang

Das Wildpferd steht als Traumsymbol für aggressive-unreife, jugendliche, ungezähmte Sexualität und Angriffslust. Manchmal verkörpert es auch den Wunsch, aus dem gewohnten Leben auszubrechen, den sozialen Normen und Geboten der Gesellschaft zu entfliehen, über die Stränge zu schlagen.

Mutter

Sie symbolisiert vordergründig die Beziehungen zur wirklichen Mutter des Träumers. Dahinter steht aber ganz allgemein auch unser Verhältnis zum geistig-seelischen Bereich der Persönlichkeit. Der Träumer erfährt in diesem Symbol also etwas darüber, wie es in seinem Unterbewußtsein aussieht, insbesondere welche inneren Einstellungen er zu den »weiblichen« Aspekten seines Wesens einnimmt und ob er in Einklang mit sich selbst lebt. (→ Vater)

Muttergottes

→ Maria.

Mutterschoß

Dieses Symbol kann darauf hinweisen, daß wir zu unreifen Verhaltensweisen neigen, vor der Eigenverantwortung zu fliehen versuchen. Ferner kommt manchmal darin auch zum Ausdruck, daß wir uns in die früheste Kindheit zurückversetzt haben, um Ereignisse und Erfahrungen aus dieser Lebensphase zu verarbeiten.

N

N

In diesem Buchstaben kommt symbolisch die Fruchtbarkeit der Frau, die Befruchtung des männlichen Geistes durch das Weibliche in uns, zum Ausdruck. Die genaue Bedeutung richtet sich nach den Begleitumständen im Traum.

Nabel

Er kann die Abhängigkeit von der Mutter versinnbildlichen, manchmal auch die Verbindung von bewußten und unbewußten Inhalten unserer Persönlichkeit. Grundsätzlich weist die Nabelgegend auf zwischenmenschliche Beziehungen hin, die nicht auf Gefühlen füreinander, sondern auf negativen Abhängigkeiten beruhen.

Nachbar, Nachbarin

Beide können generell Männlichkeit oder Weiblichkeit verkörpern. Häufig symbolisieren sie aber tatsächliche Eigenschaften der Nachbarn und unser wirkliches Verhältnis zu ihnen im alltäglichen Leben.

Nachen

→ Boot, → Schiff.

Nachricht

Die Nachricht im Traum bringt zum Ausdruck, daß man bald damit rechnen kann, eine unsichere Situation durch die eigene Überlegung und Einsicht zu klären.

Nacht

Sie verkörpert Gefahren aus unserem Unterbewußtsein. Die weitere Bedeutung ergibt sich aus den Begleitumständen im Traum und der tatsächlichen Lebenssituation. (→ Licht, → schwarz)

Nachthemd

Es kann auf erotische Bedürfnisse des Träumers hinweisen. Zuweilen steht dahinter auch der Charakter eines Menschen, den man im Nachthemd

erblickt, oder die eigene Persönlichkeit. Ein solcher Traum sollte je nach Begleitumständen gedeutet und im Alltag dann berücksichtigt werden. (→ Kleidung)

Nachtlokal

Darin kommt die Warnung des Unterbewußtseins vor Versuchungen, schlechter Gesellschaft oder unnötigen Geldausgaben zum Ausdruck.

Nachtwächter

Er deutet auf innere Unsicherheit sowie auf Konflikte hin.

nackt

Wer seine Kleidung ablegt, verzichtet dadurch auf jede Form von Verhüllung gegenüber der Umwelt und zeigt seine Gefühle, Meinungen und Absichten ohne jede Beschönigung. Das Unterbewußtsein kann uns im Traum durch die Nacktheit auffordern, das im Alltag auch wirklich zu tun. Manchmal kommt dahinter die Angst zum Ausdruck, von den andern durchschaut zu werden, sich eine Blöße zu geben. Die Nacktheit kann aber auch darauf hinweisen, daß man dem inneren Wesen seine äußeren Ausdrucksformen genommen hat und es unterdrückt. Schließlich deutet die Nacktheit im Traum zuweilen auf sexuelle oder erotische Bedürfnisse hin und zeigt an, daß diese entweder befriedigt werden oder uns bloßstellen und der Lächerlichkeit preisgeben. (→ Kleidung)

Nadel

Sie symbolisiert manchmal das männliche Geschlechtsteil, also sexuelle Bedürfnisse. Im Einzelfall kann sie auch auf seelische Schmerzen, Erkenntnisse und Einsichten von unangenehmem Inhalt oder auf die Kraft zur Überwindung von Ängsten und Konflikten hinweisen.

Nagel

Der Finger- oder Zehennagel kann darauf hinweisen, daß der Träumer einen Menschen oder Besitz unbedingt festhalten will, der ihm aber allmählich immer mehr entgleitet. Ob das Bemühen doch noch erfolgreich sein wird, ergibt sich aus den Begleitumständen im Traum und der realen Lebenssituation. In anderem Sinn bezeichnet der Nagel aus Metall oft die Kraft, die hinter zwischenmenschlichen Bindungen steht oder die gegensätzlichen Inhalte in unserer eigenen Persönlichkeit zusammenhält.

Nahrung, Speise

Darin kommt zum Vorschein, was für uns persönlich lebenswichtig ist, zum Beispiel Hoffnung, Liebe, Selbstsicherheit, Ideale und ähnliches. Reichliche Nahrungszufuhr deutet auf übersteigerte Bedürfnisse nach den oben genannten Dingen des Lebens hin. Gelegentlich kann Nahrung aber auch Erfahrungen des Lebens bedeuten, die wir als »Speisen des Lebens« benötigen.

Naht, nähen, Nähzeug

Dahinter stehen unsere tatsächlichen oder angestrebten Beziehungen zu anderen Menschen. Die genaue Bedeutung hängt vom Trauminhalt ab, der oft nur individuell je nach Lebenssituation gedeutet werden kann. Grundsätzlich deuten Nähen und Nähzeug immer darauf hin, daß man eine Naht herstellen will, also das erreichen möchte, was hinter dem Symbol der Naht zum Ausdruck kommt. Die Naht allein kann uns auf Stärken oder (häufiger) Schwächen unserer inneren Einstellungen und Haltungen hinweisen. (→ Nadel)

Namen

Der eigene Name bringt unsere Persönlichkeit als Ganzheit nach außen zum Vorschein. Oft steht dahinter die Warnung des Unterbewußtseins vor einem Verlust der Individualität. Wenn man im Traum den eigenen Namen schreibt, kann dahinter eine Warnung vor unüberlegt eingegangenen Verpflichtungen stehen. Gelegentlich symbolisiert der Name allerdings auch Eitelkeit und Geltungsdrang.

namenlos

Damit zeigt uns das Unterbewußtsein, daß wir selbst oder andere Menschen (je nach den Begleitumständen im Traum) keine individuelle, abgerundete Persönlichkeit darstellen. Der Träumer sollte daraus praktische Konsequenzen ziehen. (→ Namen)

Narbe

Sie symbolisiert eine Erinnerung an schmerzhafte Lebenserfahrungen, die inzwischen aber verheilt sind.

Narr

→ Clown.

Nase

Sie gilt oft als Symbol sexueller Bedürfnisse oder warnt uns davor, die Nase zu tief in anderer Menschen Angelegenheiten zu stecken. Außerdem kann in ihr unser Gespür für Chancen und Risiken zum Ausdruck kommen. Schließlich verkörpert die Nase manchmal die Richtung, die wir im weiteren Leben einschlagen sollten (»immer der Nase nach«).

Nasenloch

Im Nasenloch als Traumsymbol kommt eine Hälfte unserer Persönlichkeit zum Ausdruck (→ Nase). Die genaue Bedeutung richtet sich nach den Begleitumständen im Traum, zum Beispiel nach der Seite des Nasenlochs (→ rechts, → links).

naß, Nässe

Wenn man im Traum selbst durchnäßt wird, warnt das vor der Ungerechtigkeit und Verleumdung anderer Menschen. Macht man dagegen einen anderen Menschen naß, dann sollte man sich vor Vorurteilen und anderen ungerechten, negativen Einstellungen diesem Menschen gegenüber hüten.

Natter

→ Schlange.

Natur

Sie symbolisiert Teile unseres Wesens, die sich vollkommen uneingeschränkt, eben ganz natürlich, entfalten können.

Nebel

Hinter diesem mehrdeutigen Symbol steht unter Umständen der Versuch, eigene Absichten und Motive vor sich selbst oder vor den anderen zu verbergen. Oft kommt darin aber zum Ausdruck, daß man durch viele Selbstzweifel tief verunsichert ist und nicht weiß, welchen Weg man einschlagen soll.

Neger

→ Eingeborener.

Neid

Er weist den Träumer auf innere Spannungen hin, die auch sein Verhältnis zur Mitwelt problematisch gestalten und deshalb bald beseitigt werden sollten.

Nelke

Sie versinnbildlicht Freundschaft. Eine welke Nelke deutet an, daß wir dabei sind, freundschaftliche Gefühle zu einem Menschen zu verlieren. Wenn wir eine Nelke pflücken, wird eine Freundschaft durch unser eigenes Verhalten gefährdet. Die → Farbe der Nelke deutet auf Eigenschaften des Freundes hin, zum Beispiel rot – temperamentvoll, grün – optimistisch und heiter, gelb – verschlossen und unverträglich, blau – sehr offen, weiß – selbstlos, schwarz – pessimistisch.

Neptun

Der Gott des Meeres aus der antiken Mythologie symbolisiert unser inneres Wesen, die unbewußten Gefühle, den Bereich des Seelischen insgesamt. (→ Wasser)

Nerz

Er verkörpert sexuelle oder materielle Werte und das Streben danach oder nach Ansehen und Gel-

tung. Vorsicht ist geboten, wenn man diese Bestrebungen im Alltag übersteigert erlebt.

Nessel

Dahinter kommt eine Verärgerung oder Irritierung des Träumers zum Ausdruck.

Nest

Es symbolisiert die Sehnsucht nach Gefühlswärme, Familie, Geborgenheit und Sicherheit. Manchmal kommen darin auch die Eltern (besonders die Mutter) zum Ausdruck, die Nestwärme vermitteln. Schließlich kann das Nest erotische Bedürfnisse symbolisieren. Die genaue Bedeutung richtet sich nach den Begleitumständen im Traum.

Netz

Ein rein sexuelles oder erotisches Symbol, das auf den Wunsch nach gefühlsmäßiger Bindung oder sexueller Hingabe schließen läßt.

Neugierde

Sie warnt uns vor einer Mißachtung gegenüber anderen Menschen.

Niederkunft

Manchmal steht dahinter der Wunsch nach einem Kind oder der Gründung einer Familie. Ferner kann darin auch eine neue Seite unserer Persönlichkeit zum Vorschein kommen, die zwar schon in uns angelegt ist, aber nach außen bisher noch nicht erkennbar war.

niedrig, nieder

Die genaue Bedeutung hängt von den Begleitumständen im Traum ab. Unter anderem kommen darin Gemeinheit, mangelnde Moral, würdelose Gesinnung, vulgäres Verhalten oder niedergeschlagene Stimmung zum Ausdruck.

niesen

Es weist auf eine plötzliche, explosionsartige Selbstreinigung hin. Die genaue Bedeutung ergibt sich aus den jeweiligen Begleitumständen im Traum. (→ Nase)

Niet

Ähnlich wie die Naht zeigt er uns Bindungen an Menschen oder Dinge an, die »haltbarer« als eine Naht sind. Gelegentlich steht der Niet auch als Symbol für sexuelle Bedürfnisse.

Nilpferd

Das Nilpferd verkörpert die ausschließlich auf dem äußeren Erscheinungsbild beruhende Autorität und Kraft, der es am inneren »Unterbau« mangelt. Sie steht also auf unsicheren Beinen und sollte in der Realität durch Arbeit an sich selbst untermauert werden.

Nische

Dieses Symbol deutet auf Heimlichkeiten hin, vor allem in einer Liebesbeziehung.

Nixe

Sie kann die Weiblichkeit und Sinnlichkeit verkörpern, die noch nicht ganz ins Bewußtsein gelangt ist. Manchmal steht dahinter eine starke, aus dem Unterbewußtsein stammende Liebe.

Nonne

In ihr kommen unsere vergeistigten Gefühle und Aufnahmefähigkeit für geistige Erfahrungen zum Ausdruck. Zuweilen deutet sie auf Scheinheiligkeit oder die anderer hin. (→ Mönch)

Norden

Die Himmelsrichtung symbolisiert Gefühlsarmut, geistigen Stillstand und Verdunkelung des Gemüts, zugleich aber auch den Ort, von dem aus wir das → Licht suchen.

Nordpol

Durch ihn warnt uns unser Unterbewußtsein vor Selbstüberschätzung, die uns im Leben scheitern lassen wird. Daraus sollte man praktische Konsequenzen ziehen.

Nordstern

Darin erkennen wir unsere bewußten Ziele und die Leitlinien und Prinzipien, die zu ihrer Verwirklichung notwendig sind.

Not, Notlage

Dahinter steht die Warnung vor tatsächlichen Schwierigkeiten im Leben. Zuweilen kommt aber auch die Neigung zum Geiz (→ Geiziger) darin zum Ausdruck.

Notizbuch

Das Unterbewußtsein ermahnt den Träumer durch dieses Symbol, im Alltag etwas gegen seine Vergeßlichkeit und Unordentlichkeit zu tun.

Nudeln

Entweder stehen dahinter tatsächliche, körperlich bedingte Hungergefühle oder unbefriedigte sexuelle Bedürfnisse.

Nuß

Sie kann den Kern unseres Wesens oder die Wahrheit versinnbildlichen. Manchmal deutet sie auch auf eigene Dummheit oder die anderer Menschen hin. Die weitere Bedeutung ergibt sich aus dem Stichwort → Frucht.

Nußknacker

Er kündigt uns eine schwierige Aufgabe an, die wir je nach den Begleitumständen im Traum lösen oder nicht bewältigen werden. In jedem Fall benötigen wir dazu aber Hilfsmittel.

Nymphe
→ Elfen.

O

O

In diesem Buchstaben kommt das Schicksal zum Ausdruck, das uns Grenzen setzt, die wir nicht überwinden können. (→ Kreis)

Oase

Sie deutet darauf hin, daß des Träumers vorwiegend intellektuelle oder materialistische Grundeinstellung für Gefühle nur wenig Raum läßt. Sie können gleichsam nur in Oasen emporsteigen. (→ Wüste)

Obdach, obdachlos

Ein Symbol der inneren Angst und des Bedürfnisses nach Schutz und Hilfe, also eines gefühlsbetonten »Obdachs«. Bleibt man im Traum obdachlos, dann kann dieses Bedürfnis nicht befriedigt werden.

oben

Darin kann man unser Streben nach hohen Zielen erkennen, die unter Umständen jedoch zu hoch gesteckt sind. Zuweilen symbolisiert oben auch eine überbetonte intellektuelle Einstellung. Die genaue Bedeutung ergibt sich aus den Begleitumständen des Traumes, praktische Konsequenzen sollten daraus gezogen werden.

Oberschenkel

Er verkörpert innere Kraft, Sicherheit und einen festen Halt im Leben. Die genaue Bedeutung richtet sich nach den Begleitumständen im Traum. (→ Amputation, → Bein, → links, → rechts)

Obst

Darin kommen oft sexuelle Bedürfnisse des Träumers zum Ausdruck. Ganz allgemein kann das Obst mit ähnlicher Bedeutung wie → Frucht im Traum auftauchen.

Obstgarten

→ Garten.

Obszönitäten, obszön

Darin machen sich im Traum verdrängte Gefühle und Wünsche bemerkbar, die wir selbst ablehnen, weil wir vor ihnen erschrecken, uns ihrer schämen oder Schuldgefühle ihretwegen entwickeln. Nicht selten stehen sexuelle Bedürfnisse dahinter, die als Folge einer prüden Erziehung oder einer Lebensgemeinschaft, die der sexuellen Entfaltung ablehnend gegenübersteht, als abstoßend empfunden werden, auch wenn sie ganz normal sind. Grundsätzlich sollte ein solcher Traum immer Anlaß zur Arbeit an sich selbst sein. Man muß solche Teile der Persönlichkeit annehmen und befriedigen, denn ihre dauernde Verdrängung führt zwangsläufig zu seelischen Störungen. Nur ganz selten wird das, was uns im Traum als obszön erscheint, tatsächlich verwerflich oder pervers sein und dann unter Umständen eine Psychotherapie erforderlich machen.

Ochse

Er verkörpert die Schwerfälligkeit und Erdverbundenheit des Träumers, manchmal auch eine gewisse Einfältigkeit. Seltener taucht er (vor allem bei älteren Menschen) als Symbol für nachlassende oder tiefgreifend gestörte Sexualität auf. (→ Stier)

Öde

Die Öde als Traumsymbol versinnbildlicht das Gefühl innerer, seelisch-geistiger Leere und Gefühlsarmut, woraus im Alltag erhebliche Konflikte entstehen können. Je nach Begleitumständen im Traum sollten daraus praktische Konsequenzen gezogen werden.

Ofen

Darin kommen sexuelle Bedürfnisse oder ganz allgemein der Wunsch nach Gefühlswärme, Geborgenheit, Sympathie und Liebe zum Ausdruck. (→ backen)

Offizier

Das Traumbild des Offiziers verkörpert oft die Lenkung der Seele durch den Geist, die übertrieben sein kann und dann zu innerer Unausgeglichenheit führt. Ganz allgemein kommt durch dieses Symbol die innere Kontrolle über unterbewußte Begierden, Triebe und ähnliche Inhalte der Seele zum Ausdruck.

Ohnmacht

Dahinter kann tatsächlich eine Durchblutungs-
störung des Gehirns stehen, häufig drückt sich
aber auch das Gefühl der Hilflosigkeit gegenüber
anderen Menschen oder Sachzwängen in diesem
Trauminhalt aus. Ohnmacht entlastet allerdings
auch vorübergehend von der Eigenverantwortung. Die genaue Deutung hängt von den Begleitumständen im Traum und der tatsächlichen Lebenssituation ab. (→ Schwindel)

Ohr

Es symbolisiert die Empfänglichkeit für Gefühle
und Zuwendung, unter Umständen auch erotische
Bindungen.

Ohrfeige

Darin kommt die Warnung vor falschem Verhalten im Alltag zum Ausdruck, das Probleme zwar
zunächst schlagartig zu beseitigen scheint, auf
längere Sicht aber neue Schwierigkeiten herauf-
beschwört.

Öl

Ein mehrdeutiges Symbol, das je nach den Begleitumständen im Traum zu deuten ist. Oft steht
es für die Seele insgesamt oder für unsere geistige
Kraft, die das Materielle in Bewußtsein umwandelt. Dann ist im Traum meist ein Docht oder eine
Öllampe zu erkennen. Die Salbung mit Öl versinnbildlicht eine innere Reifung und Weiterentwicklung. Öl kann aber auch Reibungen vermeiden, also innere Konflikte oder Probleme mit anderen Menschen abbauen. Schließlich gießt man
Öl auf die Wogen, beruhigt also Gefühlswallun-
gen, oder verwendet es, um Gegnern keine An-
griffsfläche zu bieten. Meist ruft uns ein Traum, in
dem Öl vorkommt, zu praktischen Konsequenzen
auf.

Olive

Sie steht als Symbol für erotische Bedürfnisse,
Frieden, innere Harmonie sowie Güte und Liebe.
(→ Öl)

Olymp

Darin kommt der Wunsch nach Hilfe von oben
zum Ausdruck, das Vertrauen in eine höhere
Macht (oder Vorsehung) oder das Verlangen nach
erweiterten geistigen Einsichten.

Olympiade

Sie symbolisiert den Konkurrenzkampf des Alltags. Die genaue Deutung richtet sich danach, wie
man die Olympiade im Traum erlebt, und wer
siegt. Daraus lassen sich wichtige Einsichten in
die eigene Lebenssituation gewinnen.

Onkel

Meist verkörpert er unsere tatsächlichen Beziehungen zum Onkel oder anderen Verwandten.

Opal

→ Juwelen.

Oper

Darin stellt das Unterbewußtsein das Leben des
Träumers dar (→ Bühne). Manchmal warnt das
Symbol auch vor Übertreibungen, Heuchelei und
unnötiger Dramatisierung.

Operation

Dieser Trauminhalt kann unsere Angst vor Krankheiten versinnbildlichen. Oft kommt darin aber
auch zum Ausdruck, daß uns eine gewaltsame,
tiefgreifendere innere Veränderung bevorsteht,
weil krankhafte Verhaltensformen beseitigt werden müssen.

Operette

Die Bedeutung ähnelt der einer → Oper, nur wird
das Leben dabei von der heiteren, leichteren Seite
her betrachtet.

Opernglas

Ein Hilfsmittel mit ähnlicher Bedeutung wie das
→ Fernglas, mit dem man das Geschehen auf der
Bühne des Lebens genauer beobachten kann, also
klarere Einsichten gewinnt. Manchmal steht da-

hinter auch eine krankhafte Selbsbeobachtung oder das Gefühl, von anderen ständig beobachtet (überwacht) zu werden.

Opfer

Es zeigt uns entweder, daß wir Teile unserer eigenen Persönlichkeit aufgeben oder die Absichten, Bedürfnisse und Wünsche anderer ziemlich rücksichtslos den eigenen Zielen opfern. Die genaue Bedeutung des Symbols richtet sich nach der Art der Opfergabe.

Opium

Darin kann eine Neigung zur Flucht vor der Realität zum Vorschein kommen, der man unbedingt entgegentreten sollte. Manchmal zeigt uns das Unterbewußtsein dadurch auch, daß wir versuchen, unsere Fehler und Schwächen hinter Idealen zu verbergen. Gelegentlich kennzeichnet Opium die nervöse Erschöpfung des Träumers und fordert ihn auf, sofort eine Erholungspause einzulegen oder sich einer gründlichen Untersuchung zu unterziehen.

Orange

Die Bedeutung der → Farbe wurde bereits ausführlich beschrieben. Die Frucht selbst kann zum einen sexuelle Bedürfnisse verkörpern, andererseits aber auch als Symbol des Geistes, der Sonne oder der Persönlichkeit insgesamt stehen. Die genaue Bedeutung hängt von den jeweiligen Begleitumständen im Traum ab.

Orchester

Es symbolisiert unsere innere Harmonie, indem es den gelungenen Ausgleich einander widerstrebender Absichten, Gefühlen, Gedanken und Wünsche zum Ausdruck bringt.

Orden

Dahinter steht oft ein übertriebener Geltungsdrang oder Stolz, die manchmal bereits krankhafte Sucht nach Anerkennung, Auszeichnung und äußerer Autorität.

Orgel

In ihr kommt das Bedürfnis nach Harmonie zum Ausdruck, die verschiedene Aspekte der Persönlichkeit harmonisch miteinander vereinigt. Auch eine gewisse Ernsthaftigkeit des Träumers kann dahinterstehen.

Orgie

Dieses Symbol zeigt unterdrückte Begierden und Leidenschaften an, die im Traum scheinbar in einer Orgie ausgelebt werden und dadurch an Einfluß verlieren. Nicht selten warnt das Unterbewußtsein mit diesem Trauminhalt gleichzeitig vor der Verdrängung solcher seelischer Inhalte, weil sie sich sonst irgendwann tatsächlich in einer Orgie entladen können.

Orient

→ Osten.

Orkan

Er kündigt eine Lebenskrise an, in deren Verlauf die alten Einstellungen, Ideale, Normen und Werte erschüttert werden. Der Träumer sollte diese Warnung seines Unterbewußtseins ernst nehmen und sich darauf rechtzeitig einstellen, damit dieser Orkan dann, wenn er schließlich ausbricht, in seiner Persönlichkeit keine schweren Schäden anrichtet.

Ornament

Das Ornament zeugt meist von künstlerischer Begabung und dem Wunsch nach ihrer Verwirklichung, um letztlich die Bewunderung der Umwelt zu erregen.

Osten

In diesem Trauminhalt kommt die geistige Seite unserer Persönlichkeit, das Irrationale und Mystische, aber auch die Sehnsucht nach der Wiedergeburt und dem → Licht zum Ausdruck. Die genaue Bedeutung hängt von den Begleitumständen im Traum und von der realen Lebenssituation des Träumenden ab.

Ostern

Auch dieses Symbol verkündet das Bedürfnis nach Auferstehung und Erlösung, das sich auf alte, eingefahrene Gewohnheiten, Gefühle, Ideal und Normen bezieht.

Oval

Es symbolisiert die Begrenztheit der Zeit und unserer Existenz. Manchmal kommt ihm ähnliche Bedeutung wie dem → Ei zu.

Ozean

→ Meer.

P

P

Der Buchstabe bringt alles zum Ausdruck, was in unserem Leben falsch gelaufen ist, alle Enttäuschungen und negativen Erfahrungen. Worauf sich das im Einzelfall bezieht, ergibt sich aus den Begleitumständen des Traums und der tatsächlichen Lebenssituation.

Pacht

Darin kommt das Gefühl zum Ausdruck, das Leben aus eigener Kraft nicht mehr meistern zu können, auf die Hilfe anderer Menschen angewiesen zu sein. Die daraus resultierenden Abhängigkeiten sollten aber unbedingt gemildert werden, wenn nötig auch unter Anleitung eines Psychotherapeuten.

packen

Das Symbol deutet auf eine Veränderung des gewohnten Lebens hin, die entweder durch äußere Einflüsse oder von innen heraus eingeleitet werden wird.

Paddel

Im Paddel kommen die Kräfte zu Ausdruck, die wir benutzen, um unser Lebensschiff voranzutreiben, also Antriebe, Wünsche, Hoffnungen, Ideale und Begierden. Das Ruder kann in gleichem Sinn auftauchen, symbolisiert aber oft eher das, was uns auf dem richtigen Kurs hält. Manchmal stehen dahinter auch sexuelle Bedürfnisse. (→ Boot, → Wasser)

Paket

Darin kommt oft eine Lebenserfahrung zum Ausdruck, die wir noch nicht bewußt verarbeitet haben. Das Paket ist noch »verschnürt«. Gelegentlich stehen dahinter auch uneingestandene sexuelle Bedürfnisse, die man »verpackt« läßt. In jedem Fall sollten praktische Konsequenzen aus einem solchen Trauminhalt gezogen werden.

Palast

Er kann den Wunsch nach mehr Geltung und Ansehen symbolisieren. Zuweilen steht dahinter das Gefühl, von materiellen Werten in der freien Selbstentfaltung behindert zu werden (»goldener Käfig«). Wenn sich der Träumer tatsächlich in einer materiellen Notlage befindet, ist der Traum als Wunsch nach deren Beseitigung zu verstehen. Die genaue Deutung richtet sich nach den Begleitumständen im Traum und nach der realen Lebenssituation.

Palme

Sie symbolisiert vor allem bei Frauen erotische Bedürfnisse, oft die Sehnsucht nach einem betont männlichen Geschlechtspartner.

Panther

→ Leopard.

Pantoffel

Der Wunsch nach materiell gesicherter, behaglicher Existenz kann dahinter stehen. Manchmal deutet der Pantoffel auch auf übertriebene Unterordnung hin. (→ Hausschuhe)

Panzer

Als → Waffe verkörpert der Panzer die eigene Aggressivität. Taucht er im Traum als eine Art Rüstung am Körper auf, symbolisiert er das Bedürfnis nach Schutz gegen Aggressionen der Umwelt. Der Träumer wünscht sich ein »dickeres Fell« oder sollte sich ein solches zulegen.

Papagei

Darin kann die Aufforderung des Unterbewußtseins zum Ausdruck kommen, nicht alles kritiklos nachzuahmen, was im Augenblick gerade modern ist, sondern mehr auf Individualität und innere Übereinstimmung mit dem äußeren Verhalten und Erscheinungsbild zu achten. Manchmal zeigt uns der Vogel auch, daß ein Geheimnis ausgeplaudert wird, das wir vor der Umwelt verbergen wollten.

Papier

Es weist oft auf die Offenheit des Träumers für neue Gedanken, Ansichten und Einstellungen hin (leeres Blatt Papier). Manchmal symbolisiert es auch fehlende Lebenserfahrung (»unbeschriebenes Blatt«) oder Gedanken und Ansichten, die unsere Aufmerksamkeit nicht wert sind. (→ Blatt, → Zeitung)

Pappel

Sie symbolisiert unsere Lebensrichtung. Eine starke, aufrechte Pappel zeigt uns, daß wir auf dem rechten Weg sind, die verkümmerte Pappel bringt falsche Einstellungen, negative Haltungen und falsche Ziele zum Ausdruck, die wir verändern sollten.

Papst

Er verkörpert geistige und/oder religiöse Wertvorstellungen, manchmal auch Verzeihung von Fehlern und Schwächen, unter denen wir leiden, die vielleicht sogar zu Schuldgefühlen geführt haben. Das Unterbewußtsein ermahnt uns dann, nicht so streng gegen uns selbst zu sein.

Parade

Eine Aufforderung zu mehr Selbstdisziplin im Alltag, die man unbedingt beherzigen sollte.

Paradies

Es symbolisiert innere Ausgeglichenheit. (→ Eden)

Parfüm

Darin kommt die Absicht des Träumers zum Vorschein, seine Fehler und Schwächen (oder das, was er dafür hält) zu beschönigen. Sie wird allerdings meist durchschaut. Deshalb ist es besser, sie offen vor sich selbst einzugestehen und abzubauen. (→ Gerüche)

Park

Dahinter steht das Bedürfnis des Träumers nach Erholung und innerer Ausgeglichenheit. Gelegentlich kann eine behandlungsbedürftige chronische Überreizung des Nervensystems dahinter zum Vorschein kommen.

Parlament

In diesem Symbol kommt oft ein starkes gesellschaftliches Engagement des Träumers zum Ausdruck. Je nach den Begleitumständen des Traums zeigt es uns, daß wir damit in Einklang mit uns selbst leben, oder daß dieses Engagement übertrieben ist, vielleicht aus Geltungsdrang erklärt werden kann.

Paß

Als Ausweis kann er in ähnlichem Sinn wie der → Name im Traum erscheinen. Gelegentlich kommen dahinter auch Einsichten zum Vorschein, die eine Veränderung des weiteren Lebenswegs bewirken (oder bewirken sollten). Manchmal handelt es sich um einen Traum aus Tagesresten, zum Beispiel dann, wenn man tatsächlich eine Reise plant und dazu die Behörden wegen eines Passes aufsuchen muß. Im Sinn eines Bergüberganges symbolisiert der Paß meist, daß man mit Problemen fertig werden wird, die sich einem in den Weg gestellt haben. Außerdem kann in diesem Trauminhalt die Einsicht zum Ausdruck kommen, daß Menschen und Dinge immer auch eine Kehrseite haben.

Pastete

Sie ähnelt in ihrer Bedeutung der → Nahrung, insbesondere dem → Brot. Ergänzend sollte man den Symbolgehalt von Backofen (→ backen) und Koch (→ kochen) zuziehen, um den Traum richtig zu deuten.

Pate

In diesem Symbol kann der Hinweis auf eine Pflicht zum Ausdruck kommen, die man im Begriff steht zu übernehmen. Manchmal symbolisiert der Trauminhalt aber auch, daß man Hilfe bei einem Problem oder einer bestimmten Aufgabe von außen erwartet.

Patent

Dahinter steht meist eine gute Idee, die man realisieren sollte.

Patrone

→ Bombe, → Gewehr, → Waffen.

Pauke

Sie bereitet uns auf eine Neuigkeit vor oder zeigt an, daß man negativ in Erscheinung treten wird. Manchmal steht auch ein übersteigerter Geltungsdrang dahinter.

Pech

Es warnt uns vor Mißerfolgen oder dem Neid anderer, die uns den Erfolg nicht gönnen.

Pegasus

→ Pferd.

Peitsche

Darin kann Aggressivität, Hochmut, Haß oder Verachtung zum Ausdruck kommen; ferner aggressiv-unreife Sexualität oder ein Konflikt zwischen sexueller Abneigung und gleichzeitiger Begierde, der sich im sexuellen Akt mit gleichzeitiger Verletzung des Geschlechtspartners oder der eigenen Person entlädt (Sado-Masochismus). Die Peitsche oder das Auspeitschen können Hinweise auf eine abnorme Persönlichkeitsentwicklung sein, die unbedingt psychotherapeutische Behandlung erfordert. Gelegentlich weist uns die Peitsche auch auf selbst verschuldete Verzögerungen oder gute Fortschritte bei bestimmten Plänen hin.

Pelz

→ Fell.

Perle

→ Juwelen.

Persien

Das Land verkörpert gefühlsbetonte seelische Vorgänge, die in einem prachtvollen Rahmen ablaufen. Generell kann man darin die Vereinigung von Wirklichkeit und Schein, von Vergänglichkeit und Ewigem erkennen. Die genaue Bedeutung richtet sich nach den jeweiligen Begleitumständen des Traums.

Perücke

Ihre Bedeutung richtet sich nach dem Symbolgehalt der → Haare. Insbesondere kommen darin falsche Einstellungen, Vorstellungen und Verhaltensweisen zum Ausdruck. Gelegentlich weist die Perücke allerdings auch auf Minderwertigkeitsgefühle hin.

Petroleum

→ Öl.

Pfad, Weg

Er symbolisiert Einstellungen, Hoffnungen, Ideale und andere seelische Inhalte, welche die richtung unseres Lebens bestimmen. Auch die Suche nach Selbstverwirklichung oder die Bewußtwerdung aller in uns schlummernder Möglichkeiten kann sich darin ausdrücken. Wenn wir uns im Traum vom Pfad verirren oder an einem Kreuzweg stehen, dann steht dahinter die Warnung vor einer falschen Richtung, die nicht unsrem innersten Wesen gerecht wird, oder der Zwang zur Entscheidung für einen Weg.

Pfadfinder

Darin kann der Wunsch nach Anleitung oder die Warnung vor einem falschen Lebensweg zum Ausdruck kommen. (→ Pfad)

Pfahl

Er kann in ähnlicher Weise wie das Fundament (→ Haus) als sichere Grundlage unseres Lebens oder einer Absicht verstanden werden.

Pfanne

Sie versinnbildlicht hemmungslose sexuelle Begierden, die man in der Realität zügeln sollte, ohne sie allerdings neurotisch zu unterdrücken und abzulehnen.

Pfarrer

→ Geistlicher.

Pfau

Dieses Symbol ist mehrdeutig. Oft steht dahinter der Versuch, anderen durch Angeberei zu imponieren. Er kann aber auch die Entfaltung geistiger Eigenschaften zum Ausdruck bringen, mit denen wir vor anderen glänzen können. Ein wenig Eitelkeit ist also mit dabei.

Pfeffer

Das Gewürz deutet auf leidenschaftliche Bedürfnisse hin oder zeigt uns, daß wir eine Angelegenheit mit mehr Elan (Pfeffer) angehen sollten. Manchmal leidet der Träumer aber auch unter seinem monotonen Leben und wird vom Unterbewußtsein aufgefordert, etwas mehr Würze in seinen Alltag zu bringen.

Pfeife

Sie kann als Warnung vor einer Gefahr verstanden werden und sollte dann im Alltag tatsächlich Beachtung finden. In der Tabakspfeife kommen hingegen Männlichkeit, Selbstsicherheit, innere Ausgeglichenheit und Ruhe zum Ausdruck. Gelegentlich spielen dabei auch erotische Bedürfnisse eine Rolle.

Pfeil

Er symbolisiert verletzende Verhaltensweisen gegenüber anderen Menschen, insbesondere Gemeinheit, Gehässigkeit und aggressive Sexualität. (→ Waffen)

Pferd

Es verkörpert meist die aus dem Unterbewußtsein aufsteigenden Begierden, Leidenschaften, Instinkte und sexuellen Bedürfnisse. Manchmal kann es aber auch als Symbol des Verstands oder des Körperbewußtseins verstanden werden, das hängt von den Begleitumständen im Traum ab. Das wilde, ungezügelte Pferd deutet auf starke Energien aus dem Unterbewußtsein hin, die sich gegen alle Bedenken und Widerstände durchsetzen. Ein Reiter auf dem Pferd zeigt uns, daß diese Kräfte vom Geist gezügelt werden – manchmal zu stark, so daß der Traum dann die Aufforderung enthält, die Zügel etwas mehr schießen zu lassen. Während der Hengst im Traum als Symbol für Männlichkeit, sexuelle Potenz, Kraft und eine gewisse Aggressivität steht, symbolisiert die Stute Weiblichkeit, Sanftmut, Harmonie und Fruchtbarkeit. Das geflügelte Pferd (der Pegasus in der griechischen Sage) verkörpert Phantasie und nicht verdrängte Instinkte und Triebe, die sublimiert wurden und uns dadurch die Energie für schöpferische Leistungen zur Verfügung stellen. (→ Gespann, → Halfter, → Mustang)

Pferdegeschirr

→ Gespann, → Halfter.

Pferdemist

→ Dung.

Pferderennen

Mit diesem Symbol weist uns das Unterbewußtsein darauf hin, daß wir einen Erfolg mehr dem glücklichen Zufall als dem Einsatz unserer eigenen Fähigkeit zu verdanken haben und daß wir zukünftig nicht noch einmal nur auf unser Glück setzen sollten.

Pfingstrose

Sie verheißt generell Glück in der Liebe. Verschenkt man sie, kommt darin eine gewisse Schüchternheit gegenüber dem anderen Geschlecht zum Ausdruck. Die abgebrochene Pfingstrose warnt vor Problemen und Konflikten in einer Liebesbeziehung, die verwelkte zeigt an, daß die Gefühle abkühlen.

Pfirsich

Der Pfirsich ist als Symbol erotischer Neigungen und sexueller Bedürfnisse zu verstehen. Der reife Pfirsich weist im Traum auf eine Liebesbeziehung hin, in der die anfängliche Leidenschaft einer Reife und Vollendung gewichen ist, die auf ein beständiges Liebesglück hoffen läßt. Wenn der Pfirsich jedoch faulig ist, kündigt er allerdings eine Enttäuschung an.

Pflaster

Legt man sich selbst ein Pflaster an, dann wird man durch andere gekränkt werden. Reue über eine Kränkung, die man selbst einem anderen zufügte, kommt darin zum Ausdruck, daß man im Traum jemandem ein Pflaster auflegt. Das Pflaster vor dem Mund ermahnt uns, weniger redselig zu sein.

Pflasterstein

Er kann uns zeigen, daß ein sicherer Weg vor uns liegt, manchmal aber auch vor fehlendem Mitgefühl und Herzlosigkeit im Umgang mit anderen Menschen warnen.

Pflug

Darin kommt die Aufforderung unseres Unterbewußtseins zum Ausdruck, die Erfahrungen der Vergangenheit, die uns anrührten, betroffen machten oder gar verletzten und aufwühlten, zu nutzen, um alte Verhaltensformen, Ansichten, Absichten und Meinungen »umzupflügen«. Damit werden die Voraussetzungen dafür geschaffen, daß diese Erfahrungen im weiteren Leben Früchte tragen können.

Phantom

→ Dämon, → Geist.

Philosoph

Sein Auftreten im Traum warnt uns vor unnützer Grübelei.

Phönix

Dieses Symbol bedeutet Tod, Läuterung durch das → Feuer und Wiedergeburt.

Photo, Photograph

Dahinter stehen Erinnerungen und Erfahrungen, die man meist nur unbewußt aufnahm oder sofort wieder vergaß. Das Photo kann im Traum zum Leben erwachen und zeigt dann an, daß eine solche Erinnerung plötzlich wieder lebendig wird. (→ Bild)

Pickel

Sie symbolisieren eine seelische Reizung, die der inneren Ausgeglichenheit abträglich ist. (→ Abszeß)

Pilger

Er verkörpert unseren Wunsch nach Selbstverwirklichung und besserem Verständnis für uns selbst.

Pille

Dahinter stehen unangenehme Lebenserfahrungen, die zum Teil aber auch Vorteile mit sich bringen können. Grundsätzlich kommt darin unsere Fähigkeit zum Ausdruck, mit den Vorgängen in unserem innersten Wesen fertig zu werden. Zuweilen taucht die Pille auch bei Kranken auf und steht dann in Zusammenhang mit der tatsächlichen Einnahme von → Arzneimitteln. (→ Heilmittel)

Pilz

Er kann als Phallussymbol sexuelle Bedürfnisse verkörpern oder vor Versuchungen warnen, die uns schlecht bekommen werden.

Pinguin

Dahinter steht eine gewisse Schwerfälligkeit des Träumers im Alltag, da er zu sehr in seiner Gefühlswelt befangen ist. Daraus sollte man praktische Konsequenzen ziehen.

Pinsel

Darin kommen erotische, oft sehr starke sexuelle Bedürfnisse zum Ausdruck. Gelegentlich zeigt er uns, daß wir mit Menschen in Kontakt stehen, die uns nichts bringen (»Einfaltspinsel«), sondern uns eher behindern. Dann sollte man die Beziehungen zu ihnen abbrechen.

Pistole

→ Waffen.

Plakat

Es kündigt eine bevorstehende Aufregung an. Die weitere Bedeutung ergibt sich aus den Begleitumständen im Traum. (→ Zeitung)

Planet

Er symbolisiert unser Unterbewußtsein, das uns als einmalig gegenüber allen anderen Individuen aus der Masse heraushebt. Der Planet kann uns auch das Bedürfnis nach Abenteuern und ausgefallenen Vergnügen oder den Wunsch nach Überwindung von Schwierigkeiten anzeigen. Die weitere Bedeutung ergibt sich aus dem, was bei den einzelnen Planeten angegeben wird.

Platz

Dahinter stehen Schwierigkeiten im tatsächlichen Leben, die man bisher noch nicht wahrhaben wollte. Er ist notwendig, die Augen davor nicht länger zu verschließen, sondern die Probleme anzupacken.

Platzregen

Der Platzregen im Traum verheißt uns unerwartetes Glück in einer Angelegenheit, die wir allein mit dem Verstand nicht befriedigend zu klären vermochten.

Plazenta, Mutterkuchen

Darin kommen – ähnlich wie beim Symbol des Nabels – Abhängigkeiten von anderen zum Vorschein. Die weitere Bedeutung ergibt sich aus den Begleitumständen des Traums und der realen Lebenssituation.

plündern, Plünderung

Dieses Symbol verkörpert das sehr einseitige, beherrschende Streben nach materiellen Werten. Manchmal handelt es sich auch um einen Wunschtraum, wenn man tatsächlich in materieller Not lebt.

Pokal

→ Becher, → Gefäß.

Polarstern

→ Nordstern.

Politik

Ähnlich wie bei → Parlament kann dahinter ein tatsächliches, starkes soziales Engagement des Träumers stehen. Unter Umständen kommt darin aber auch der Wunsch nach stärkerer Lenkung des Verhaltens durch unbewußte Inhalte der Seele zum Ausdruck, die möglicherweise zu stark unterdrückt werden.

Pollen

Die Blütenpollen symbolisieren die Befruchtung durch neue Ideale, Gedanken, Ansichten und Einsichten, die unserer persönlichen Weiterentwicklung dienen.

Polizei, Polizist

Dahinter stehen die sozialen Normen und Werten, die wir in uns aufgenommen haben und mehr oder weniger korrekt im Alltag erfüllen. Insbesondere gehören dazu die Moralvorstellungen. Im weiteren Sinn verkörpert die Polizei also unser Gewissen. Die genaue Bedeutung ergibt sich aus den Begleitumständen des Traums. Ein strenger Polizist kann auf zu stark ausgeprägte Anpassung an die sozialen Normen hinweisen oder Schuldgefühle wegen eines Verstoßes gegen die Moral versinnbildlichen. Zuweilen kommt darin aber auch der Wunsch nach einer stärkeren Anpassung an die herrschenden Meinungen und Moralvorstellungen zum Ausdruck, die möglicherweise auf falscher Erziehung oder Minderwertigkeitskomplexen beruhen. Als »Freund und Helfer« zeigt uns die Polizei im Traum, daß wir eine optimale innere Übereinstimmung mit sozialen Normen, Geboten und Werten erreicht haben. Eine Polizistin (Politesse) weist dagegen darauf hin, daß sich der Inhalt des Traums mehr auf den Gefühlsbereich bezieht.

Polyp

Er kann den Wunsch des Träumers symbolisieren, einen anderen Menschen sehr stark an sich zu binden, gefühlsmäßig von sich abhängig zu machen. Umgekehrt deutet der Polyp, der uns im Traum umarmt, die Angst vor einer solchen emotionalen Abhängigkeit von anderen Menschen an. Ganz allgemein symbolisiert er unbewußte Ängste vor irrationalen Gefahren und Bedrohungen, die oft mit einem Gefühl des Ekels verbunden sein können.

Portier

Er warnt vor dem Klatsch und Tratsch der anderen, an dem man sich nicht beteiligen sollte. Ganz allgemein ist dieser Trauminhalt eine Warnung für uns, die Nase nicht in anderer Menschen Angelegenheiten zu stecken.

Post

Sie versinnbildlicht Gedanken und Ansichten des Träumers, die andere Menschen beeinflussen. (→ Brief)

Postament, Podest

Je nach den Begleitumständen im Traum kommt darin das Bedürfnis zum Ausdruck, sich selbst über andere zu erheben oder aber andere als Idol herauszustellen, zu verehren und anzubeten.

Postkarte

Dahinter kann eine lästige Verpflichtung stehen, derer man sich so schnell wie möglich entledigen möchte.

Prämie

Sie verkörpert ein vertieftes Selbstverständnis oder eine Einsicht, zu der man aus eigener Kraft gelangt ist und die nun belohnt wird. Gelegentlich steht auch das Bedürfnis nach Überlegenheit oder die Angst vor Unterlegenheit (vielleicht aus einem Minderwertigkeitsgefühl) dahinter.

Predigt, Prediger

Darin kann ein hoher geistig-moralischer Anspruch des Träumers an sich selbst und/oder an die Umwelt zum Ausdruck kommen. Manchmal bedeutet das Symbol aber auch, nicht alles so schwer zu nehmen, auch das Positive zu sehen, sich nicht verzagt hängen zu lassen. (→ Geistlicher, → Kanzel)

Presse

→ Zeitung.

Prinz, Prinzessin

Der Prinz steht für Männlichkeit, Intellekt und Verstand, »männliche« Eigenschaften in der Symbolsprache des Traums, die bei Frauen oft unbewußt bleiben. Die weitere Bedeutung richtet sich nach den Begleitumständen im Traum. Umgekehrt verkörpert die Prinzessin Weiblichkeit, das Gefühlsleben, Sanftmut und Mitgefühl, oft auch die Sehnsucht nach innerer und äußerer Harmonie. Bei Männern kann diese weibliche Komponente ihres Wesens unbewußt oder unterdrückt sein.

Propeller

Dieses Traumbild versinnbildlicht die Energien, die uns antreiben, zum Beispiel Ehrgeiz, Willen, Geltungsdrang oder Hoffnung. Die genaue Deutung ist nur nach den Begleitumständen im Traum möglich.

Prophet, Prophezeiung, Vorahnung
Dahinter können Ängste zum Ausdruck kommen, die sich häufig aus Minderwertigkeitsgefühlen erklären und keinerlei Auswirkungen im täglichen Leben haben müssen. Dann kommt oft eine psychotherapeutische Behandlung zu ihrer Beseitigung in Frage. Manchmal gehen die Vorahnungen und Prophezeiungen allerdings tatsächlich in Erfüllung. Dabei läßt sich jedoch nur schwer beurteilen, ob das zwangsläufig geschah, der Traum also tatsächlich eine Art »Hellseherei« darstellte, oder ob sich das Ganze daraus erklären läßt, daß die Erwartungen des Träumers sein Verhalten entsprechend vorprogrammierten. Es empfiehlt sich jedenfalls, positive Erwartungen einzuüben, wie es zum Beispiel durch das autogene Training möglich ist, um solche Einflüsse weitgehend auszuschalten.

Prostituierte
In ihr kommen oft sexuelle Minderwertigkeitskomplexe zum Ausdruck, die den Träumer veranlassen, sich durch materielle Werte Liebesersatz zu erkaufen. Dabei muß es sich keineswegs immer um Kontakte zu Prostituierten handeln. Auch Geschenke und andere handfeste Vorteile, mit denen der Träumer in der Realität das Objekt seiner Liebe überhäuft, um es an sich zu binden, können auf solche im Grund untauglichen Versuche hinweisen. Die Ursachen lassen sich oft nur mit Hilfe eines Psychotherapeuten beseitigen. Gelegentlich kommt im Symbol der Prostituierten auch ein allgemeines Schuldgefühl zum Ausdruck, das sich aus dem Mißbrauch der Liebe eines anderen Menschen zu egoistischen materiellen Zwecken erklärt. Im weiteren Sinn kann hinter der Prostituierten auch hemmungsloses Streben nach Genuß und Lust stehen, weil man keinen anderen Sinn im Leben mehr sieht und keine Hoffnungen mehr hat. Dahinter kann Verbitterung und Zynismus stehen. Schließlich symbolisiert die Prostituierte manchmal eine starke, oft überwiegend sexuelle Bindung (bis zur Hörigkeit) an einen anderen Menschen, die der Reifung zur eigenständigen Persönlichkeit entgegensteht. Die genaue Bedeutung ergibt sich immer aus den Begleitumständen im Traum und der realen Lebenssituation. Praktische Konsequenzen sollten fast immer aus den Einsichten gezogen werden.

Prozession
Dahinter kann eine verdrängte Verpflichtung stehen, die man endlich erfüllen sollte, oder der Versuch, sich anderen Menschen stark anzupassen, mit der Masse zu schwimmen. Ferner kommt darin manchmal der Wunsch nach Rechtfertigung oder das Bedürfnis nach Befreiung von Schuldgefühlen zum Ausdruck.

Prüfung
Sie symbolisiert Schwierigkeiten und Konflikte, mit denen wir im Leben konfrontiert werden. Je nach den besonderen Begleitumständen im Traum kommt dann entweder die Angst vor dem Versagen und der Zweifel an den eigenen Fähigkeiten oder der Glaube an sich selbst hinter diesem Traum zum Vorschein.

Psychoanalyse, Psychologe
Darin kommt meist der Wunsch zum Ausdruck, sich selbst besser zu verstehen und innere Konflikte zu verarbeiten. Der Psychologe verkörpert die eigene Fähigkeit, das auch tatsächlich zu erreichen (→ Guru). Manchmal kommt hinter diesen Symbolen die irrationale (seltener auch einmal die begründete) Furcht vor einer Geisteskrankheit zum Vorschein, die man – gegebenenfalls mit therapeutischer Hilfe – überwinden sollte.

Puder
Er deutet auf ähnliche Hintergründe wie die → Kosmetik hin.

Puls
Dieses Traumsymbol symbolisiert die Energien und Kräfte, die uns zur Verfügung stehen und mit denen wir die augenblickliche Lebenssituation bewältigen.

Pult
→ Tisch.

Pumpe
Sie zeigt uns, daß wir eine Angelegenheit nicht mehr länger vor uns herschieben, sondern endlich mit frischem Mut erledigen sollten.

Punkt
Er symbolisiert manchmal das Zentrum unseres Bewußtseins, von dem die Energie und Konzentration ausgeht. Zuweilen steht er auch für Anfang oder Ende. Die genaue Deutung ergibt sich aus den näheren Begleitumständen des Traums.

Puppe
Sie verkörpert Wünsche, Hoffnungen und Lebensziele, die immer stärker auf Verwirklichung drängen. Daraus sollte man praktische Konsequenzen ziehen.

putzen
Die Bedeutung gleicht der des → Fegens.

Pyramide
Sie verkörpert unser ganzes Sein, die unbewußten schöpferischen Energien und Strebungen in uns, welche die Materie bewegen und lenken. In der Basis kommt unsere Körperlichkeit zum Ausdruck, die Seitenflächen versinnbildlichen das Streben der Materie nach oben, in die geistigen Dimensionen, die Spitze schließlich symbolisiert die harmonische Vereinigung des Weltlichen (Menschlichen) mit dem höheren Bewußtsein (oft Gott). Die Energie stammt aus diesem göttlichen Bewußtsein, steigt hinab zu den materiellen Fundamenten und von hier aus wieder auf in die geistigen Regionen. Grundsätzlich kann uns der Zustand der verschiedenen Stufen der Pyramide also (je nach den Begleitumständen des Traums) Auskunft über unsere innere, geistige Reife geben. Daraus gewinnt der Träumer dann wichtige Einsichten, die ihm helfen, seine Persönlichkeit zu höherer Reife zu führen.

Q

Q
In diesem Buchstaben kommt das Resultat unserer Handlungen und die Sprache zum Ausdruck. Zur individuellen Deutung müssen auch die Begleitumstände des betreffenden Traums herangezogen werden.

Quadrat
→ Kubus, → Zahlen, 4.

quaken
Darin kommt geistig-seelische Unreife des Träumers zum Ausdruck, die durch Arbeit an sich selbst – manchmal nur unter Anleitung des Psychotherapeuten – überwunden werden soll.

Quarz
Er kann – ähnlich wie Fels oder → Kristall – den festen Kern unserer Persönlichkeit symbolisieren.

Quasten
Ähnlich wie → Orden weisen sie auf Eitelkeit und Geltungsdrang hin.

Quecksilber
Dahinter steht die Wechselhaftigkeit des Schicksals, die Launenhaftigkeit unseres Glücks oder die Intuition, die man nur schwer bewußt machen und in Worte fassen kann.

Quelle
→ Bach, → Wasser.

Quitte
Wie bei den meisten Früchten stehen auch dahinter erotische oder rein sexuelle Bedürfnisse.

Quittung
Sie warnt uns vor unüberlegten Handlungen, für die uns eine Quittung präsentiert werden wird. Manchmal zeigt sie aber auch an, daß wir von einer Schuld befreit werden.

R

R

Der Buchstabe ist betont männlich und symbolisiert die Energie, mit der wir kraftvoll unsere Ziele verfolgen.

Rabbiner

Der jüdische → Geistliche kann unsere inneren Haltungen ganz allgemein zur Religion verkörpern. Häufig kommt darin auch ganz speziell die Einstellung zum Judentum und den damit verbundenen Weltanschauungen, Gebräuchen und Gewohnheiten zum Ausdruck (→ Israel). Gelegentlich kann uns das Symbol auch vor einer Übervorteilung durch andere Menschen warnen, da ein altes Vorurteil die Juden von vornherein als sehr geschäftstüchtig, schlau und durchtrieben ansieht. Das Unterbewußtsein beharrt auf solchen einmal erworbenen Vorurteilen, ohne sie an der Realität zu überprüfen. Das gilt nicht nur für die Deutschen, sondern auch für viele andere Völker, bei denen man ähnliche Vorurteile gegenüber dem jüdischen Volk findet. Genau betrachtet wird das »auserwählte Volk« schon immer verfolgt – und brachte vermutlich gerade deshalb überdurchschnittlich viele Intellektuelle, Künstler und tüchtige Geschäftsleute hervor. Das Symbol des Rabbiners muß im Einzelfall auch unter all diesen historischen Aspekten betrachtet werden, wenn die Deutung des Trauminhaltes nicht allein auf Grund der eingangs genannten Möglichkeiten befriedigt.

Rabe

Der Vogel gilt auch im Aberglauben der Völker als Unglücksbote und kann im Traum ebenfalls Mißerfolge ankündigen. Grundsätzlich kommt darin eine gewisse Verdüsterung des Gemüts aus dem Unterbewußtsein zum Ausdruck, die sich zum Teil aus verdrängten Trieben erklärt. Raben sind aber auch kluge Tiere. Wenn sie im Traum auffliegen, enthält das die beruhigende Gewißheit, daß man einer Bedrohung noch rechtzeitig ausweichen

kann. Manchmal bringt der Rabe die Angst vor dem Tod oder dem Unbekannten zum Ausdruck. Gelegentlich symbolisiert er Energien in uns, die im Unterbewußtsein positiv wirksam sind. Die Deutung hängt von den Begleitumständen ab.

Rache

Die genaue Bedeutung richtet sich nach den Begleitumständen des Traums und der realen Lebenssituation. Oft steht dahinter eine schwierige, verfahrene Situation, mit der sich der Träumer nicht abfinden kann. Er gibt anderen die Schuld daran (manchmal mag er damit recht haben) und sinnt auf Rache, die zugleich seine Situation verändern soll.

Rachen

Darin kommt die Warnung vor einem Hindernis oder einer Gefahr im Leben zum Ausdruck. Zuweilen ermahnt uns das Unterbewußtsein durch dieses Symbol aber auch zu mehr Wahrhaftigkeit. (→ Mund)

Rad

Es verkörpert die Ewigkeit und das Auf und Ab im Leben. Zuweilen kommt darin auch zum Ausdruck, daß unser Leben oder unsere Persönlichkeit harmonisch abgerundet sind. Ist das Rad in schneller Bewegung, deutet das auf tiefgreifendere Veränderungen des Lebens hin, während das langsam sich drehende Rad nur unwesentliche Änderungen und das stillstehende Rad Stagnationen symbolisiert.

Radar

Hinter diesem Traumsymbol verbergen sich unsere Intuitionen, die es uns ermöglichen, das Dunkel (→ dunkel) auch unseres eigenen Unbewußten zu durchdringen oder in der Ferne auftauchende Gefahren rechtzeitig wahrzunehmen.

Räderwerk

Darin kommt der Gang unseres Lebens zum Vorschein. Das beschädigte oder teilweise stillstehende Räderwerk warnt vor »Sand im Getriebe« des Lebens. Bewegt sich das Räderwerk dagegen wie geschmiert, werden gelegentlich auftauchende Schwierigkeiten gemeistert und wie von selbst wieder verschwinden.

Radieschen

Sie symbolisieren meist sexuelle Bedürfnisse, die in einem erotischen Abenteuer enden werden. Gelegentlich kommt darin auch Ärger oder Gehässigkeit der Umwelt gegenüber dem Träumer oder umgekehrt des Träumers gegenüber seinen Mitmenschen zum Ausdruck.

Radio

Es verkörpert unser Bedürfnis nach Neuigkeiten und Unterhaltung oder den Wunsch nach sozialen Beziehungen. Zuweilen stehen dahinter auch telepathische Fähigkeiten des Träumers, die dieser noch nicht wahr- oder ernstgenommen hat. Zwar können sie wissenschaftlich noch nicht erklärt werden, zweifellos deutet aber vieles darauf hin, daß es solche übersinnlichen Fähigkeiten bei manchen Menschen gibt, die man beachten und pflegen sollte.

Radioaktivität

Sie symbolisiert gefährliche unterbewußte Energien, die in unser Bewußtsein aufsteigen und uns schaden können. Ferner können dahinter äußere Einflüsse zum Ausdruck kommen, die uns unmerklich lenken, und gegen die wir uns zur Wehr setzen sollten.

Rahm

Er weist auf den für uns günstigen Ausgang einer Angelegenheit, in der wir uns richtig entschieden haben.

Rahmen

Dahinter steht die Erfahrung der eigenen Begrenztheit, die sich aus unseren Fähigkeiten und Möglichkeiten ergibt. Gleichzeitig tröstet uns das Symbol aber auch, indem es uns zeigt, daß nicht nur jedes Glück, sondern auch jedes Unglück seine Grenzen hat und selbst in den schlimmsten Lagen irgendwann eine Wendung zum Positiven zur erwarten ist.

Rakete

Sie verkörpert unser Streben nach höheren, geistigen Werten, aber auch die Energie, die zum Einsatz kommen muß, um materielle Grenzen zu überwinden. Manchmal warnt uns die Rakete auch vor übersteigerten und daher unerreichbaren Zielen oder zeigt an, daß eine Euphorie bald wieder vergehen wird.

Rand

Darin kommen Eigenschaften, Absichten, Probleme oder Ziele und Konflikte zum Ausdruck, die in unserer Persönlichkeit oder im tatsächlichen Leben nur eine untergeordnete Rolle spielen, also gewissermaßen am Rand stehen. Auf welchen Punkt sich ein solcher Trauminhalt konkret bezieht, kann im Einzelfall nur aus den Begleitumständen des Traums und der realen Lebenssituation geklärt werden.

Rang, Rangabzeichen

Zwei Bedeutungen kommen dahinter hauptsächlich in Betracht. Zunächst können Rangabzeichen (ähnlich wie → Orden) auf Geltungssucht oder zumindest den Wunsch nach mehr Anerkennung hinweisen. Ferner zeigen sie uns manchmal etwas sehr Wichtiges an, das einen hohen Rang in unserem Leben einnehmen sollte. In beiden Fällen hängt die genaue Bedeutung davon ab, was sich im Traum sonst noch abspielt und welche Beziehungen zur Realität bestehen.

Rasen

Er kann erotische Beziehungen oder den Zustand einer bereits bestehenden Liebesbeziehung zum Ausdruck bringen. Manchmal erkennt man darin auch bestimmte Teile der Persönlichkeit, die entweder zu verkümmern oder ins Kraut zu schießen drohen. Die genaue Bedeutung hängt von den

Begleitumständen im Traum ab, praktische Konsequenzen sollten unbedingt daraus gezogen werden. (→ Gras)

rasieren

→ Bart, → Haare.

Rasiermesser, Rasierapparat

Beide Symbole (das Messer mehr als der Rasierapparat) deuten auf einen logischen, scharfen Verstand hin, der sorgfältig und richtig analysiert, das Wesentliche erkennt und neue Wege aus Problemen aufzeigt. Die Schärfe des Verstands kann aber die Gefühle, Intuitionen und andere unbewußte Seeleninhalte zerstören. Deshalb darf sie nur vorsichtig und wohlüberlegt eingesetzt werden. Manchmal symbolisiert das Rasiermesser auch den schmalen Grat zwischen Weisheit und Torheit, zwischen Genie und Wahn.

Rathaus

Es kann uns einen guten Rat ankündigen, den wir von sachkundiger Stelle erhalten werden und befolgen sollten. Manchmal warnt uns das Symbol auch vor Fehlentscheidungen, die wir gerade begehen wollen.

Ratsherr

Dahinter steht der Wunsch nach einem guten, sachkundigen Rat, weil man in einer bestimmten Situation nicht mehr alleine weiterkommt. (→ Rathaus)

Ratte

Sie deutet auf eine Gefährdung unserer Vitalität und Lebensfreude hin. Manchmal steht dahinter auch das Gefühl von Ekel und Abscheu vor sich selbst oder vor den anderen. Die genaue Bedeutung ergibt sich aus den Begleitumständen des Traums und der realen Lebenssituation.

Raub, Räuber

Darin können Hindernisse, Mißerfolge, Schwierigkeiten und Verluste zum Ausdruck kommen,

mit denen man in naher Zukunft rechnen muß, wenn man nicht auf der Hut ist. Gelegentlich verkörpert der Räuber eine Enttäuschung durch einen Menschen, dem man vertraute.

Raubtier, Raubkatze

Beide Trauminhalte symbolisieren hemmungslose Begierden, Leidenschaften und Triebe, die man stärker als bisher zügeln muß. Speziell in der Raubkatze kann auch die Warnung vor eigener Hinterlist oder der anderer Menschen zum Ausdruck kommen.

Rauch, rauchen

Der Rauch weist oft auf Störungen im vegetativen Nervensystem hin, die fachmännisch untersucht werden sollten. Dunkler Rauch kann Ärger und Probleme, heller flüchtige Erfolge und »Glückssträhnen« ankündigen. Im Rauchen kommt oft auch die Macht der Gewohnheit zum Ausdruck, die uns abhängig macht. Gelegentlich steht dahinter Nervosität, innere Unruhe, Unzufriedenheit oder Genußsucht.

Raum

Er verkörpert die Leere, den absoluten Raum, jene Schicht unserer Persönlichkeit, in der es keine Gegensätze mehr gibt, die ohne Eigenschaften, ohne Individualität ist. Am ehesten kann man dahinter also das kollektive Unterbewußtsein erkennen. Manchmal symbolisiert er auch unseren Lebensraum. Die genaue Bedeutung hängt von den Begleitumständen im Traum ab, die praktischen Konsequenzen richten sich nach der realen Lebenssituation.

Raupe

Sie kann sexuelle Bedürfnisse oder weltliche Erfahrungen verkörpern. Manchmal steht dahinter auch eine gewisse »Blindheit« für geistige Dinge. In der Raupe sind aber auch Eigenschaften angelegt, die sich erst später entpuppen werden. Es kann sich um eigene Eigenschaften oder die anderer Menschen handeln, von denen wir bisher noch nichts ahnen und die sich positiv und negativ auf unser Leben auswirken werden.

Raupenschlepper

Er zeigt uns an, daß wir auch in »schwierigem Gelände« gut vorankommen werden, uns also nicht vor Problemen und Hindernissen zu fürchten brauchen.

Rausch

Dahinter steht eine flüchtige Illusion, die von der Realität bald wieder vernichtet werden wird.

Razzia

Sie kann uns anzeigen, daß wir ohne eigene Schuld in eine unangenehme Situation geraten oder aus Leichtsinn einem Betrug zum Opfer fallen werden. Daraus sollte man rechtzeitig praktische Konsequenzen ziehen.

Rebe

Kahle Reben deuten Mißerfolge an, mit Trauben behängte zeigen uns, daß wir zwar mühsam, aber schließlich doch unsere Vorstellungen verwirklichen, unsere Ziele erreichen werden.

Rebell

Darin kommen Mißverständnisse, Streit oder Abneigungen gegen andere Menschen zum Ausdruck, die eine höhere soziale Stellung als der Träumer einnehmen, zum Beispiel Vorgesetzte. Ganz allgemein verkörpert er den Widerstand, den andere Menschen unseren Absichten entgegensetzen. (→ Aufstand)

Rechenschieber oder ein ähnliches Hilfsmittel für Rechenoperationen

Häufig zeigen uns solche Symbole, daß wir uns in einer Angelegenheit gründlich verrechnet haben und deshalb keine Erfolg erzielen werden. Benutzt man den Rechenschieber selbst, symbolisiert das einerseits die Hoffnung auf Hilfe von anderen, auf die man andererseits aber nicht zu sehr vertrauen darf. Schließlich können die Symbole auf die Berechnung des Träumers im negativen (umgangssprachlichen) Sinn hinweisen. Praktische Konsequenzen sollte man daraus immer ziehen.

rechnen

Durch eigene Überlegungen wird man aus Problemen den richtigen Ausweg finden, sagt uns dieses Symbol.

Rechnung

Sie kann auf Selbstzweifel und innere Unsicherheit hinweisen, die man – wenn nötig mit Hilfe eines Psychotherapeuten – überwinden sollte. Bei Männern besteht oft eine irrationale Angst vor Impotenz, vor allem dann, wenn die Sexualität in ihrem Leben eine wichtige Rolle spielt. Manchmal präsentiert uns auch das Leben seine Rechnung für Glück, Fehler oder Schwächen. (→ Quittung)

rechts

Darin kommen alle unsere bewußten Eigenschaften zum Vorschein, während → links eher den unbewußten Bereich symbolisiert. Zugleich deutet rechts meist auf Aktivität, Energie, Kreativität und praktische Tatkraft hin. Gelegentlich versinnbildlicht die rechte Seite auch unser Gefühl, im Recht zu sein, auf der richtigen Seite zu stehen. Grundsätzlich bedeutet rechts also die bewußten, aktiven, männlichen, nach außen gekehrten Wesenszüge des Träumers.

Rede, Ansprache

Manchmal steht dahinter ein unbefriedigtes Geltungsbedürfnis, häufiger aber der Wunsch, sich selbst besser verständlich zu machen, eigene Ideen, Überzeugungen und Meinungen bekanntzugeben und dafür Anerkennung zu finden. Gelegentlich kann eine Warnung vor Schwatzhaftigkeit oder den Überredungsversuchen anderer dahinter zum Vorschein kommen.

Regent

Er symbolisiert unsere Gefühle, die sich befreit haben, oder ganz allgemein die Befreiung des

Geistes aus der Herrschaft materieller Bedürfnisse und Zwänge. Im leichten Nieselregen kommt eine innere Entspannung zum Ausdruck, die zur Ausgeglichenheit führt. Der Wolkenbruch warnt vor einer zu starken Gefühlsentladung. Wenn er im Traum gar zu Überschwemmungen führt, drohen unsere befreiten Gefühle uns mitzureißen, den klaren Blick für die Realität zu trüben – unter Umständen eine ernste Gefahr.

Regenbogen

Er verheißt uns innere Harmonie, weil Geist und Gefühle übereinstimmen, kein Widerstreit mehr in uns besteht.

Regenmantel

Darin kommt unsere Fähigkeit zum Vorschein, negative Einflüsse von außen an uns abperlen zu lassen.

Regenschirm

Er deutet manchmal an, daß wir uns unnötig fürchten. Regnet es im Traum, dann zeigt er uns, daß wir die freigesetzten Emotionen annehmen sollten und dabei nicht zu befürchten haben, daß wir einen Schaden nehmen werden.

Regenwurm

In ihm kommt eine gewisse Rücksichtslosigkeit und Skrupellosigkeit des Träumers zum Ausdruck, mit der er durchs Leben geht. Daraus sollten praktische Konsequenzen gezogen werden.

Regierung

Dahinter stehen innere Prinzipien und Überzeugungen, aber auch äußere Zwänge und Normen, die unseren Lebensweg beeinflussen. Je nach Begleitumständen im Traum kann das Symbol innere Übereinstimmung und Harmonie oder negative Folgen andeuten.

Register, Registrator

Darin kommen Pünktlichkeit, Ordnungsliebe, Höflichkeit, also durchaus positive Eigenschaften, zum Ausdruck, sofern der Traum nicht vor ihrer Übertreibung warnt.

Reh

Das sprichwörtlich sanfte, scheue Tier verkörpert die weiche, verletzliche Seite unseres Wesens, die man nicht unterdrücken darf. Je nach den Begleitumständen des Traums ergeben sich daraus praktische Konsequenzen.

Reibeisen

Darin kommen Reibereien des Alltags zum Vorschein, durch die uns andere Menschen verletzen. Auch hier richtet sich die individuelle Bedeutung allerdings nach den Begleitumständen des Traums und der realen Lebenssituation.

reich, Reichtum

Der Trauminhalt symbolisiert das Bedürfnis nach materiellen Werten oder nach mehr Einfluß und Macht über andere Menschen. (→ Bank)

Reif

Dahinter kommen unterkühlte Gefühle des Träumers zu einem anderen Menschen zum Ausdruck, die aber noch alle Möglichkeiten offenlassen. So wie der Rauhreif gegen Mittag verschwinden kann, wenn die Sonne erscheint, können auch die Gefühle allmählich stärker werden, so daß eine gute zwischenmenschliche Beziehung oder Liebe entsteht. (→ Reifen, → Ring)

Reifen

→ Kreis, → Rad.

Reis

Er deutet auf tatsächlichen Hunger oder auf den »Hunger« von Seele und Geist nach Eindrücken, Erfahrungen und Gefühlen hin. (→ Getreide, → Korn)

Reise

Sie symbolisiert die Reise durch das Leben und die inneren Einstellungen, die bestimmen, in welche

Richtung diese Reise geht. Manchmal können auch neue Aufgaben und Pläne in der Reise zum Ausdruck kommen, die man in nächster Zukunft anpacken wird. Schließlich zeigt das Symbol manchmal eine Reise in die eigene Persönlichkeit zur Vertiefung der Selbsterkenntnis an. Die genaue Bedeutung richtet sich im Einzelfall nach den Begleitumständen des Traums. Aus den Erlebnissen auf der Traumreise können praktische Konsequenzen notwendig werden.

Reisepaß
→ Paß.

Reißnagel, Reißzwecke
In einem solchen Trauminhalt kommen Ereignisse zum Vorschein, die man mit bestimmten Menschen in Beziehung setzt. Gelegentlich deutet er (sie) auch auf eine bevorstehende glückliche Lebensphase hin.

Reißverschluß
Er verkörpert als Traumsymbol die innigen, liebevollen Beziehungen des Träumers zu anderen Menschen.

reiten, Reiter
Das Symbol kann sexuelle Bedürfnisse anzeigen oder die Lenkung all dessen, was das Pferd verkörpert, durch den Geist versinnbildlichen. Die genaue Bedeutung richtet sich auch nach dem Tier, das man reitet. Ein Kamel zeigt Ausdauer und Beständigkeit in den Zielen an, Kuh oder Ochse dagegen weisen auf innere Unsicherheiten hin, weil man selbst die Richtung nicht genau kennt. Wer einen Esel reitet, muß mit Widerständen und Spott rechnen. Im Herrenreiter kommt eine gewisse Eitelkeit und Geltungssucht zum Ausdruck. (→ Pferd)

Reklame
Als Traumsymbol weist uns die Reklame meist auf die bisher nicht beachteten, verdrängten Inhalte des Unterbewußtseins hin.

Rekrut
Er kündigt Probleme an, die in der nächsten Zeit die freie Selbstverwirklichung beschränken werden. Im Einzelfall kann dahinter auch die Aufforderung zu mehr Selbstbeherrschung stehen oder zum Ausdruck kommen, daß man übertriebene Selbstdisziplin übt und die Zügel etwas mehr schießen lassen sollte.

rennen
Dahinter steht meist das Selbstwertgefühl und Selbstvertrauen eines Menschen, also seine Fähigkeit, sich im Konkurrenzkampf des Lebens zu behaupten. Je nach den Begleitumständen des Traums kann aber auch Angst vor Fehlern und Versagen oder ein Unterlegenheitsgefühl dahinter zum Vorschein kommen, das sich oft aus Minderwertigkeitskomplexen erklärt und durch Arbeit an sich selbst – bei Bedarf unter psychotherapeutischer Anleitung – überwunden werden sollte.

Rennbahn, Rennstall
Dadurch kann das Unterbewußtsein vor zu gewagten Spekulationen warnen, ein Hinweis, den man in der Realität beachten sollte.

Reptil
Es symbolisiert meist Kaltblütigkeit und ständige Wachsamkeit des Träumers. Dahinter kann allerdings auch Gefühlsarmut und krankhaftes Mißtrauen zum Ausdruck kommen. (→ Krokodil, → Schlange)

Restaurant
Die Stätte der Geselligkeit kann in ähnlicher Bedeutung wie das → Café im Traum auftreten. Ferner steht dahinter das Bedürfnis nach Abwechslung, Unterhaltung und sozialen Kontakten, also → »Nahrung« für die Seele. Das gilt besonders dann, wenn man in einem Restaurant speist.

retten, Rettung
Diese Symbole weisen häufig auf Ängste hin, die sich auch durch erhöhte Nervosität bemerkbar

machen können. Zuweilen kündigen sie eine tatsächliche Gefahr an, vor der man sich in acht nehmen sollte.

Rettich

Wie → Radieschen kann er sexuelle Bedürfnisse verkörpern. Manchmal kündigt er aber auch an, daß man sich von einem Rückschlag bald wieder erholen wird und neue Kräfte sammelt.

Revolution

Sie symbolisiert eine tiefgreifende Wandlung, die durch äußere Ereignisse ausgelöst werden kann und das Leben tatsächlich verändert. Die genaue Deutung richtet sich nach den Begleitumständen des Traums. (→ Aufstand, → Rebell)

Revolver

Er warnt uns vor Schaden, den andere uns zufügen können, oder vor Mißerfolgen, die wir selbst verschulden werden, wenn wir etwas mit Gewalt verwirklichen wollen. (→ Waffen)

Rezept

Darin erkennen wir unseren Wunsch nach einem Mittelweg zwischen widerstreitenden Bedürfnissen, Erwartungen, Gefühlen und Hoffnungen in uns selbst. Zugleich kann das Rezept auch diesen Weg symbolisch im Traum vorzeichnen.

Rheuma

Die Krankheit – auch in der Realität vermutlich mit auf seelische Ursachen zurückzuführen – bringt Verbitterung, Verärgerung und Enttäuschung zum Ausdruck, die nach außen aber unterdrückt werden. Es empfiehlt sich, solche Gefühle zu verarbeiten, um wieder zur inneren Stabilität zurückzufinden.

Rhinozeros, Nashorn

Ein Symbol, das ähnlich wie da → Nilpferd auf äußere Autorität und Macht ohne innere Übereinstimmung hinweist. Dahinter kann Geltungs- oder Unterlegenheitsgefühl stehen. Nicht selten

bezieht sich das auf den sexuellen Bereich. Das Horn eines Rhinozeros weist manchmal auf Angst vor Impotenz hin, denn es gilt (zu Unrecht übrigens) in der okkulten Volksmedizin als potenzsteigernd.

Richter

Er kann unseren Gerechtigkeitssinn verkörpern oder uns zeigen, wie weit wir mit uns selbst oder mit anderen in Einklang leben. Gelegentlich kündigt er an, daß wir für unser Verhalten den gerechten Lohn erhalten werden. Das kann ein Erfolg oder eine Anerkennung, aber auch eine Strafe sein.

Riese

Dahinter stehen oft unbewußte Gefühle und Triebe, die immer mehr an Einfluß gewinnen, uns vielleicht gar schon über den Kopf gewachsen sind (insbesondere Ängste und Hemmungen). Da der Riese die Männlichkeit verkörpert, kann es sich dabei um sexuelle Bedürfnisse handeln, die man kaum noch zügeln kann. Sieht man sich selbst als Riesen, kommt darin vielleicht ein Überlegenheitsgefühl zum Ausdruck. Umgekehrt deutet es auf das Gefühl der Unterlegenheit hin, wenn man andere als Riesen sieht. Der Trauminhalt sollte je nach Begleitumständen sorgfältig analysiert werden und zu entsprechenden praktischen Konsequenzen führen.

Rind

Es versinnbildlicht meist Männlichkeit und erotische Bedürfnisse oder rein sexuelle Triebe. Im weiteren Sinn stehen dahinter materielle Ziele und Erfolge.

Rinde

So wie der Baum wird auch unser Privatleben nach außen durch eine Art »Rinde« geschützt. Das Symbol kann uns also auffordern, unsere Intimsphäre nicht vor jedermann aufzudecken. Wenn man im Traum die Rinde eines Baumes sogar abschält, warnt das Unterbewußtsein dadurch sehr deutlich vor zu großer Offenheit. Ritzt man etwas in die Rinde, kommen darin Wünsche und Hoffnungen (meist erotischer Art) zum Ausdruck.

Ring

Er verkörpert unsere Beziehungen zu der Person, die uns den Ring schenkt oder der wir ihn geben, zuweilen auch den Anlaß, aus dem ein Ring getragen wird. Im weiteren Sinn kann er in ähnlicher Bedeutung wie der → Kreis im Traum auftauchen.

ringen, Ringkampf

In diesen Symbolen kommt die Konfrontation mit einem anderen Menschen zum Ausdruck. Die genaue Bedeutung richtet sich nach den Begleitumständen des Traums. Wenn man den Ringkampf gewinnt, wird man sich behaupten und wahrscheinlich den weiteren Kontakt mit dem Menschen abbrechen. Verliert man den Kampf, wird es zu einem Interessenausgleich kommen, und man verträgt sich wieder.

Rinne

Hier sind zwei Deutungen möglich, das hängt von den Begleitumständen des Traums ab. Im einen Fall kann die Rinne den Ausweg aus einer schwierigen Situation ankündigen. Im anderen Fall deutet sie an, daß wir die Richtung verloren haben und dabei sind, uns in eine schwierige Situation zu manövrieren.

Ritter, Rüstung

Beide Symbole verkörpern Schutzbedürfnis. Zum Teil steht dahinter der Wunsch, sich gegen fremde Einflüsse abzuschirmen, die unser Denken und Handeln zu stark lenken. Manchmal soll die Rüstung auch die Gefühle anderer von uns abweisen, man gibt sich dann »zugeknöpft«, oder verhindern, daß man durch Aggressionen, Bosheit und Drohungen verletzt oder geängstigt wird. Im letzteren Fall nimmt man diese Einflüsse oft in Form von → Pfeilen wahr, die an der Rüstung abprallen. Gelegentlich symbolisiert der Ritter auch eine ritterliche innere Haltung gegenüber anderen Menschen.

Ritual, Zeremonie

Dahinter können innere Werte und Einstellungen zum Ausdruck kommen, die man auch nach außen zeigt. Unter Umständen warnt das Symbol aber vor zuviel Förmlichkeit und leeren Phrasen, also vor einem Verhalten, das zum bloßen Ritual erstarrt ist, ohne daß noch eine innere Übereinstimmung dahinter steht.

Rock

Er versinnbildlicht ebenso wie die Hose meist erotische Bedürfnisse. Die genaue Bedeutung hängt davon ab, wie man den Rock sieht, ob es sich dabei um einen Damenrock oder einen Herrenrock (Jackett) handelt und ob die Frau oder der Mann davon träumt. Der Damenrock deutet im Traum des Mannes auf ein erotisches Abenteuer hin, wenn er elegant aussieht. Der Minirock symbolisiert eine zwielichtige Liebesaffäre, der zu weite oder beschmutzte warnt davor, daß man wegen einer solchen Affäre verleumdet werden wird, der schäbige oder zerrissene schließlich kündigt eine Enttäuschung in einer Liebesbeziehung an. In den Träumen einer Frau verheißt der elegante Rock die Eroberung des begehrten Mannes, der schäbige Rock weist auf das Mißlingen hin, der befleckte warnt vor übler Nachrede wegen einer Liebesgeschichte. Ist der Rock zu eng oder zu kurz, wird man (oft nicht ganz unschuldig, weil man es darauf angelegt hat, jemanden aufzureizen) durch die Zudringlichkeit eines Mannes (oder mehrerer) bestätigt. Der zu weite oder zu lange Rock kündigt an, daß man durch einen Mann in Verlegenheit kommen wird. Bei Mann und Frau symbolisiert der Unterrock das Bedürfnis nach Geschlechtsverkehr. Der Herrenrock hängt in Männerträumen mit beruflichen oder finanziellen Erfolgen (eleganter Rock) oder Mißerfolgen (schäbiger, zerrissener Rock) zusammen. Paßt er nicht, dann hat sich der Träumer in einer beruflichen oder finanziellen Angelegenheit zuviel zugemutet oder zugetraut und wird daran scheitern. In Frauenträumen symbolisiert der Rock des Mannes den Wunsch nach einer Liebesbeziehung, wenn er elegant aussieht, oder eine gefühlsmäßige Enttäuschung, wenn er schäbig und zerrissen ist. Ein fleckiger Herrenrock warnt die Träumerin davor, sich durch einen Mann in schlechten Ruf bringen zu lassen.

Rohr

Es kann einerseits unbewußte Erinnerungen an die eigene Geburt zum Ausdruck bringen oder die geistige Wiedergeburt durch Reifung unserer Persönlichkeit symbolisieren. Manchmal kommen darin aber auch Schwierigkeiten im tatsächlichen Leben (»in der Klemme stecken«), Mißerfolge (»durch die Röhre schauen«) oder Angstzustände zum Vorschein.

Rollschuhe

Oft deuten sie darauf hin, daß man sich in einer bestimmten Angelegenheit etwas mehr beeilen sollte, damit einem andere nicht zuvorkommen. Je nach den Begleitumständen des Traums kann dahinter aber auch die Warnung vor Unbesonnenheit und Übereilung stehen.

Rolltreppe

Ähnlich wie der → Lift, aber nicht ganz so eindringlich, warnt dieses Symbol den Träumenden vor der trügerischen Erwartung, ohne große eigene Anstrengungen nach oben zu kommen. Zuweilen zeigt sie uns aber an, daß wir mit fremder Hilfe rascher vorwärts kommen werden. Geht man im Traum eine Rolltreppe in falscher Richtung entlang, deutet das auf Schwierigkeiten hin, die man sich selbst durch mangelnde Einsicht zuzuschreiben hat.

Rom

Die Pilgerfahrt nach Rom symbolisiert religiöse Einstellungen, Sehnsucht nach Erlösung oder Festigkeit im Glauben. Ganz allgemein steht Rom aber auch für die bei → Italien angegebenen Trauminhalte.

Röntgenstrahlen

Je nach den Begleitumständen des Traums können sie unterschiedlich gedeutet werden. Manchmal steht dahinter die Angst, von anderen durchschaut zu werden, oder der Wunsch, andere Menschen oder Zusammenhänge besser zu durchschauen. Unter Umständen kommt dahinter aber auch ein Einfluß aus dem Unterbewußtsein auf das Leben zum Ausdruck. Schließlich kann das Symbol auf Scharfsinn, Einsicht in innere Vorgänge oder Angst vor Krankheiten hindeuten.

Rose

Sie verkörpert den Reichtum der Seele und des Geistes, insbesondere das Aufblühen oder Vergehen von Gefühlen. Zuweilen kommt dahinter auch das Bedürfnis nach »reiner« (platonischer) Liebe zum Ausdruck, die der Träumer als höchste Vollendung betrachtet.

Rosenkranz

Er symbolisiert Erfahrungen des Lebens, um Schritt für Schritt der geistigen Vollkommenheit (oder Gott bei religiösen Menschen) näher zu kommen.

Rosinen

Dahinter kann der vergebliche Versuch stehen, sich immer nur die Rosinen aus dem Kuchen des Lebens zu picken und unangenehmen Erfahrungen nach Möglichkeit aus dem Weg zu gehen. Je nach den Begleitumständen des Traums deuten die Rosinen aber auch auf die Vergangenheit hin, auf ersterbende Wünsche und Hoffnungen oder »vertrocknete« Gefühle.

Rost

Darin kommen die Vergänglichkeit alles Irdischen, das Altern oder die zerstörerische Wirkung der Lebenserfahrung zum Ausdruck. Im Einzelfall warnt das Symbol auch vor Absichten und Verhaltensweisen, die unsere Ehre beflecken könnten. Als Ofenrost zeigt das Symbol verlöschende Begierden und Leidenschaften an. (→ Feuer, → Ofen)

rot
→ Farben.

Roulette
Ganz allgemein steht dahinter eine Warnung vor zu viel Vertrauen in das eigene Glück. Ein Gewinn im Traum kündigt Mißerfolge und Verluste im realen Leben an, ein Verlust bedeutet entsprechend das Gegenteil.

Rubin
→ Juwelen.

Rucksack
Er symbolisiert das Bündel von Verpflichtungen, Erfahrungen, Fehlern und Schwierigkeiten, die wir aus der Vergangenheit mit uns herumtragen. Der Traum kann zeigen, ob wir diese Lasten angenommen haben oder abschütteln wollen, ob wir ihnen gewachsen sind oder ob sie uns niederdrücken und auf unserem weiteren Lebensweg zu stark behindern. Aus der Deutung des Traums sollten auf jeden Fall praktische Konsequenzen gezogen werden.

Rübe
Das Symbol kann je nach den Begleitumständen des Traums Glück, Wohlstand, Freude, Gefahren oder Spott symbolisieren. Die jeweilige Deutung hängt von der realen Lebenssituation ab. Manchmal stehen dahinter aber auch sexuelle Bedürfnisse, die nicht oft oder nur auf »billige« Art befriedigt werden.

Rücken
Ähnlich wie bei → hinten kommt darin oft die Einsicht zum Vorschein, daß alles zwei Seiten hat, also unter verschiedenen Aspekten betrachtet werden muß. Ferner kann dahinter Angst vor dem stehen, was sich hinter unserem Rücken abspielt,

also nicht von uns bemerkt wird (oft unterbewußte Vorgänge) und deshalb zur Gefahr werden kann.

Ruder
→ Paddel.

Rufen
Darin kommt die Stimme unseres Unterbewußtseins zum Ausdruck, die uns neue Einsichten vermitteln, auf Dinge hinweisen oder vor Gefahren warnen will. Man sollte stets versuchen, solche Rufe aus den Begleitumständen des Traums genau zu verstehen und den Inhalt auf die reale Lebenssituation zu beziehen.

Ruhe
Dahinter kann eine verdiente Pause stehen, die wir uns wünschen, oder zu der wir vom Unterbewußtsein aufgefordert werden. Zuweilen verkörpert sich aber auch Stagnation in unserer persönlichen Entwicklung und Entfaltung, die nicht selten aus einem Gefühl der Minderwertigkeit resultiert, das im Einzelfall psychotherapeutischer Behandlung bedarf.

Ruhm
Symbolisch kann er für Eitelkeit und Geltungssucht stehen, Eigenschaften also, die nicht selten gleichfalls auf Minderwertigkeitsgefühle hinweisen, die allerdings dann übersteigert ausgeglichen werden. Manchmal kommt dahinter aber zum Ausdruck, daß man einen Erfolg nicht so sehr der eigenen Fähigkeit, sondern der Arbeit eines andern verdankt, also keinen Anlaß hat, sich im Ruhm zu sonnen.

Ruine
Dieses Symbol steht oft für Angst vor dem Altern, vor dem Verlust der körperlichen Rüstigkeit, Potenz und Vitalität oder vor Krankheiten. Gelegentlich warnt sie auch vor materiellen Verlusten. Eine ausgebrannte Ruine kann uns zeigen, daß unsere Lebenskraft verbraucht ist und daß Leidenschaf-

ten oder Begierden uns »seelisch ausgebrannt« haben. Schließlich kann die Ruine Ereignisse und Erfahrungen der Vergangenheit verkörpern, die wir noch nicht ganz verarbeitet haben.

Rum

→ Alkohol.

rund

→ Kreis.

Rundfunk

→ Radio.

Runzeln

Sie spiegeln die Erfahrungen des Lebens wider, insbesondere alle Enttäuschungen und negativen Erlebnisse. Die genaue Deutung ergibt sich aus den Begleitumständen des Traums. Meist wird darin zum Ausdruck kommen, daß unser jetziges Verhalten durch frühere Erfahrungen positiv oder negativ geprägt wird.

Ruß

Er warnt uns vor übler Nachrede oder Verleumdung durch Menschen, denen wir vertrauten, oder macht uns klar, daß wir in einer Angelegenheit durch unser Verhalten »beschmutzt« wurden. Gelegentlich kündigt er unangenehme Aufgaben in naher Zukunft an, die wir aber erfolgreich lösen werden.

Rüssel

Er verkörpert die sexuelle Potenz, allgemeiner auch unser gesamtes Triebleben (→ Elefant). Die genaue Bedeutung hängt von den Begleitumständen des Traums ab.

Rußland

Darin kommt Streben nach äußerer Macht und Autorität, gepaart mit Rücksichtslosigkeit und Aggressivität, losgelöst von der Kontrolle durch Normen und geistige Werte, zum Vorschein. Der Träumer neigt dazu, materielle Werte über alles zu

stellen. Davor warnt der Traum, aus dem auf jeden Fall praktische Konsequenzen gezogen werden sollten.

Rute

→ Peitsche.

S

S

Der Buchstabe symbolisiert die technischen Hilfsmittel, deren sich der Träumer im Lebenskampf bedient. Dabei kann es sich um Waffen oder Werkzeuge (auch solche des Geistes) handeln. Was der Traum konkret aussagen will, muß je nach Begleitumständen und realer Lebenssituation gedeutet werden.

Saal

Er verkörpert auch im Traum eine Stätte, wo man mit Menschen zusammentrifft. Die genaue Bedeutung richtet sich nach den Begleitumständen des Traums und der realen Lebenssituation. Zum Teil kommt dahinter das Bedürfnis nach mehr Geselligkeit und Abwechslung zum Ausdruck. Findet in dem Saal eine Versammlung statt, kann das eher auf bevorstehende Konflikte mit anderen Menschen hinweisen.

Saat

Sie zeigt, daß wir für unsere Arbeit den gerechten Lohn erwarten, mit anderen Worten, daß die Saat unserer Bemühungen aufgehen wird. (→ Frucht, → Getreide)

Säbel

→ Degen, → Waffen.

Sack

Er kann die Inhalte unserer unbewußten Persönlichkeit symbolisieren, die uns fördern oder hemmen, ohne daß wir diese Einflüsse bewußt wahrnehmen. Ein voller Sack kündigt eher positive

Einflüsse an, der leere weist auf ungünstige Einwirkungen aus dem Unterbewußtsein hin. Trägt man einen leeren Sack, wird eine Arbeit wenig Nutzen bringen. Der Träumer kann aber auch in einem Sack kramen, gleichsam in seinem Unterbewußtsein forschen und seine Selbsterkenntnis erweitern. Dabei kommen manchmal unerwartete Dinge zum Vorschein, die Inhalte des Unterbewußtseins repräsentieren, von denen man nichts ahnte. Für die Deutung des Traums ist es wichtig, wie man auf diese Dinge reagiert. Manche freuen uns vielleicht, andere wird man wieder in den Sack zurücklegen (verdrängen) oder voller Ekel und Abscheu wegwerfen. Darin kommen dann negative Einstellungen zu bestimmten Eigenschaften, Bedürfnissen und Erfahrungen zum Ausdruck. Träume, in denen ein Sack eine Rolle spielt, sollten immer sorgfältig analysiert werden, denn sie dienen der vertieften Selbsterkenntnis. Aus den Einsichten muß man im Einzelfall praktische Konsequenzen ziehen.

Sackgasse

Sie symbolisiert oft sexuelle Bedürfnisse, die vom Träumer abgelehnt werden und Schuldgefühle hervorrufen. Allgemein kann die Sackgasse aber auch auf eine falsche Richtung im Leben hinweisen, die dazu führt, daß man sich verrennt und keinen Ausweg mehr aus den Schwierigkeiten und Problemen sieht.

Safari

Dahinter steht eine Abenteuerreise in die Welt des Unterbewußten, die unsere Selbsterkenntnis erweitert. Aus den dabei gewonnenen Einsichten sollten praktische Konsequenzen für den weiteren Lebensweg gezogen werden.

Safran

Das sehr teure Gewürz kann auf wichtige geistige Einsichten hinweisen, die zur Weisheit führen. Zum Teil deutet es auch auf Verzicht oder ein langweiliges Leben hin, das etwas mehr Farbe und Aktivität braucht.

Säge

Ein vieldeutiges Symbol, das zum Teil sexuelle Bedürfnisse zum Ausdruck bringt. Oft steht dahinter auch eine überkritische, vielleicht sogar zynische Einstellung zum Leben und zu anderen Menschen. Wenn man mit einer Säge arbeitet, kommt darin zum Ausdruck, daß man sich durch eigene Anstrengungen von Schwierigkeiten und Konflikten lösen muß oder von unbefriedigenden zwischenmenschlichen Beziehungen befreien sollte. Ist die Säge im Traum stumpf, deutet das Unterbewußtsein darauf hin, daß man mit ungeeigneten Mitteln arbeitet und deshalb auch keinen Erfolg erzielen wird.

Salat

Dieses Traumsymbol verkörpert lebendige Nahrung für die Seele, die uns fördert. Die weitere Bedeutung wurde bereits beim Stichwort → Gemüse erklärt. Aufgeschossener Salat weist auf sexuelle Bedürfnisse hin, oder – allgemeiner – auf Begierden und Triebe, die man nicht ins Kraut schießen lassen sollte.

Salbe

Sie verheißt Hilfe nach schmerzlichen Erfahrungen und Heilung der Wunden, die uns das Leben schlägt. (→ Öl)

Salmiak

→ Säure.

Salpeter

→ Säure.

Salz

Ein vieldeutiges Symbol, entsprechend der Bedeutung, die das Salz seit alters für den Menschen hat. Zunächst kommt darin die »Würze des Lebens« zum Ausdruck. Seit der Antike steht das Salz aber auch als Symbol für Freundschaft und Gastfreundlichkeit. Schließlich kann es auf Stagnation in der persönlichen Entwicklung hindeuten. So wie Lots Weib zurückschaute und zur Salzsäure erstarrte, kann das Symbol den Träumer davor warnen, zu sehr nur in die Vergangenheit zu blicken und darüber die Zukunft zu vergessen. Ganz allgemein steht Salz für Lebenskraft, Gesundheit, Erfolg und Glück.

Samen

Ähnlich wie der → Keim symbolisiert er die Lebenserfahrungen, aus denen neue Einsichten, Zukunftsmöglichkeiten und Chancen zur persönlichen Weiterentwicklung erwachsen.

Samt

In diesem Symbol kann der Wunsch nach mehr Geltung und Ansehen im täglichen Leben zum Ausdruck kommen. Unter Umständen steht dahinter auch Eitelkeit oder Überheblichkeit. In diesem Fall sollten praktische Konsequenzen gezogen werden.

Sanatorium

Die Deutung richtet sich nach den Begleitumständen des Traums und oft auch nach der realen Lebenssituation. Oft zeigt das Sanatorium, daß man Rückschläge, Mißerfolge und Enttäuschungen rascher als befürchtet überwinden wird. Befindet man sich als Patient darin, warnt das Unterbewußtsein allerdings vor Schwierigkeiten und Enttäuschungen in der nächsten Zeit.

Sand

Er kann die »Unfruchtbarkeit« des Träumers für andere Menschen anzeigen oder davor warnen, daß Absichten und Hoffnungen »auf Sand gebaut« sind. Unter Umständen (vor allem im Symbol der Sanduhr) kommt darin aber auch die rasch vergehende Zeit zum Ausdruck, die manchen wie Sand zwischen den Fingern verrinnt, ohne daß er im Leben etwas erreicht. In jedem Fall sollte der Träumer praktische Konsequenzen daraus ziehen.

Sanduhr, Eieruhr

→ Sand.

Saphir

→ Juwelen.

Sarg

Er symbolisiert den Tod, das Vergehen, kündigt aber zugleich auch das Auferstehen an. Konkret kommt darin oft der Hinweis des Unterbewußtseins zum Ausdruck, daß man das Vergangene erst »begraben«, also innerlich verarbeiten muß, ehe man neue Pläne schmieden kann. Gelegentlich sagt uns das Symbol eines leeren Sargs, daß man sich unnötig sorgt.

Satan

Der »gefallene Engel« verkörpert alles, was sich dem Geist widersetzt oder seiner Lenkung entzieht, insbesondere Ängste, Leidenschaften, Wut und Ehrgeiz, die nicht im Einklang mit unserer Persönlichkeit stehen. Satan verkörpert in erster Linie also die materiell-egoistischen Inhalte unseres Unterbewußtseins, die nur zu inneren und/oder äußeren Konflikten führen. Allerdings können die Energien, die dahinter stehen, auch »umgepolt« und sinnvoll eingesetzt werden. Dazu ruft uns das Unterbewußtsein durch einen solchen Traum auch auf. (→ Besessenheit, → Dämon, → Teufel)

Satellit

Er symbolisiert die Verbindung zwischen Körper und Geist, zwischen Bewußtsein und Unterbewußtsein. Die Bedeutung des Traums ergibt sich aus den Begleitumständen.

satt, Sättigung

Zuweilen kommt darin tatsächlich das Bedürfnis nach Nahrung zum Ausdruck. Allerdings kann dahinter auch die Warnung des Unterbewußtseins vor innerer Sattheit und daraus resultierender Trägheit stehen.

Sattel

Er verkörpert unsere Bereitschaft, etwas Unangenehmes (zum Beispiel eine unerfreuliche Pflicht) auf uns zu nehmen. Andererseits kann er auch anzeigen, daß wir anderen unseren Willen aufzwingen, sie für unsere egoistischen Wünsche mißbrauchen wollen. Im weiteren Sinne symbolisiert der Sattel, daß wir die inneren Inhalte, die das → Pferd versinnbildlicht, nunmehr durch Geist und Vernunft lenken, für unsere höheren Ziele einsetzen wollen oder sollten.

Sattler

Darin kommt die Erwartung zum Ausdruck, daß uns ein anderer bei unserem Bemühen hilft, innere Inhalte für unsere höheren Ziele (→ Sattel) zu verwenden.

Saturn

Der Planet verkörpert Gefühlsarmut, Phlegma und andere Hindernisse oder Konflikte im Leben, die aus unseren eigenen Unzulänglichkeiten heraus entstehen.

Sauerstoff

Der Sauerstoff symbolisiert die Lebenskraft und Energie des Träumers. Die weitere Bedeutung richtet sich nach den jeweiligen Begleitumständen des Traums.

saugen, Säugling

Darin kommt Unreife der Persönlichkeit zum Ausdruck. Das Saugen an der Mutterbrust symbolisiert zum Beispiel kindliche Gefühle und Abhängigkeiten von anderen. Im Säugling erkennen wir unreife Wesenszüge oder Möglichkeiten, die in uns angelegt sind, aber erst noch gehegt und gepflegt werden müssen, damit sie heranwachsen und im Leben zu ihrer vollen Geltung kommen können.

Säule

Ähnlich wie der Pfahl kann sie die feste Grundlage des Lebens, den sicheren Halt in einer schwierigen Situation zum Ausdruck bringen. Wenn die Säule umgestürzt ist, deutet das auf Schwierigkeiten hin, in denen man kaum Hilfe von anderen zu

erwarten hat. Manchmal kann die Säule als Sexualsymbol die erotischen Bedürfnisse des Träumenden verkörpern.

Säure

In diesem Symbol kommt die Neigung des Träumers zu zersetzender Kritik oder zu ätzendem Zynismus zum Ausdruck. Zuweilen steht Angst dahinter, die ähnlich zersetzend wirken kann. Manchmal kann die Säure auch von positiver Bedeutung sein, dann nämlich, wenn man im Traum Gold mit Säure behandelt. Bekanntlich widersteht es Säuren. Darin kommen dann also die Eigenschaften, Ideale oder Absichten zum Vorschein, die durch nichts mehr angegriffen werden können.

Saxophon

Das Musikinstrument steht im Traum für unsere spontanen Reaktionen auf die Umwelt. Manchmal zeigt es uns auch, daß wir uns im Alltag vor Nebensächlichkeiten hüten sollen, vor allem, daß wir Klatsch und Tratsch keine Bedeutung beimessen dürfen.

Schach

Das »königliche Spiel« mahnt zur Zurückhaltung in einer bestimmten Angelegenheit oder fordert uns auf, Verstand und logisches Denken stärker einzusetzen, um unsere Vorteile zu erkennen und zu nutzen.

Schachtel

→ Paket.

Schaden

Oft erkennen wir dahinter, daß wir im Alltag zwar eine Enttäuschung erlebt haben, diese Erfahrung aber für die Zukunft festhalten sollten (»aus Schaden wird man klug«). Ferner kann das Symbol auch an frühere Erfahrungen erinnern, die man in einer aktuellen Situation wieder zu Rate ziehen sollte, um sich vor erneutem Schaden zu bewahren.

Schaf

Es weist auf einen weichen, leicht zu beeinflussenden Charakter hin, warnt vielleicht sogar davor, sich von anderen ausnutzen und mißbrauchen zu lassen. Die Schafherde symbolisiert unser Bedürfnis nach Beschaulichkeit, Frieden, Harmonie und materieller Sicherheit durch Fleiß und Bescheidenheit. (→ Lamm)

Schale

Als Umhüllung deutet sie oft darauf hin, daß man unter fremdem Einfluß (oft die Eltern) steht und sich davon befreien sollte (Eierschalen abstreifen). Als Gefäß für Getränke, Obst, Konfekt und ähnliches weist die Schale auf unser Erholungsbedürfnis hin, dem man möglichst bald nachgeben sollte.

Schallplatte

→ Grammophon.

Scham

→ Genitalien, → Vagina.

Schamhaare

→ Haare.

scharf

→ Rasiermesser.

Schatten

Nicht selten steht dahinter jener Teil unseres Unterbewußtseins, der unser Verhalten mitbestimmt, ohne daß wir es bemerken. Unter Umständen liegen aber auch Ängste oder Schuldgefühle wie ein Schatten düster über unserem Leben, verfolgen uns Schritt für Schritt und lassen uns Dinge tun und sagen, die wir hinterher logisch nicht richtig erklären können. Manchmal weist der Schatten auf kommende Ereignisse hin, die im Unterbewußtsein bereits vorbereitet werden – die zukünftige Entwicklung unseres Lebens wirft dann gewissermaßen ihre Schatten voraus. Schließlich kann das Symbol noch zum Ausdruck bringen, daß wir im Schatten anderer Menschen stehen, ihren Einfluß und ihrer Autorität unterliegen, oder daß wir auf der Schattenseite des Lebens wohnen, wenig Glück, Erfolg, Anerkennung oder Liebe zu spüren bekommen. Die genaue Deutung des Traums kann nur unter Berücksichtigung der jeweiligen Begleitumstände und der tatsächlichen Lebenssituation erfolgen.

Schatz

Nur auf den ersten Blick erscheint dieses Symbol positiv. Tatsächlich kommt dahinter oft die Frage nach dem Wert des eigenen Lebens (oder des Lebens schlechthin) zum Vorschein. Ferner können sich – je nach den Begleitumständen des Traums – ganz allgemein Enttäuschungen durch andere Menschen oder materielle Verluste dahinter verbergen.

schauen

Die genaue Bedeutung hängt davon ab, worauf man im Traum schaut. Das Schauen bringt zum Ausdruck, daß der Träumer sich darauf besonders konzentriert (oder es tun sollte).

schauern

Ein Symbol, das auf Ängste und innere Konflikte hinweist oder Ablehnung oder Verdrängung von unangenehmen Erfahrungen oder als negativ verstandenen Persönlichkeitszügen zum Ausdruck bringt.

Schaukel

Sie symbolisiert allgemein das Auf und Ab des Lebens. Konkret kann dahinter mangelnde Entschlußkraft oder der Konflikt zwischen Gefühlen zum Ausdruck kommen. Der Träumer kann zum Beispiel zwischen der Liebe für seine Ehefrau und der Geliebten schwanken und sich für keine von beiden entscheiden. Zur Erhaltung der inneren Harmonie und Ausgeglichenheit sollte nach einem solchen Traum aber ein Entschluß gefaßt werden. Manchmal hat die Schaukel auch sexuelle Bedeutung.

Schauspieler

Das Symbol kann auf den Wunsch nach mehr Anerkennung und Beachtung hinweisen, vielleicht auch auf Geltungssucht. Von tieferer Bedeutung ist ein solcher Trauminhalt dann, wenn dahinter mangelnde Übereinstimmung zwischen dem äußeren Verhalten (Rolle) und der eigenen Persönlichkeit zum Vorschein kommt. Daraus sollte man praktische Konsequenzen für die Selbstverwirklichung ziehen.

Scheck

Meist steht dahinter ein Versprechen, das man anderen gab oder von ihnen erhielt. Es bleibt abzuwarten, ob es auch tatsächlich eingelöst wird. Manchmal ermahnt uns das Unterbewußtsein durch dieses Traumsymbol auch, keine leeren Versprechungen zu geben, die man nicht einhalten kann oder will.

Scheibe

→ Fensterscheibe, → Glas, andere Scheiben, → Kreis.

Scheidung

Dahinter kann Angst vor einer tatsächlichen Trennung stehen. Oft warnt das Unterbewußtsein aber symbolisch vor Absichten, die eine bestehende Beziehung gefährden könnten, zum Beispiel vor einem Seitensprung.

scheintot

Das Symbol wiest auf verdrängte, unterbewußte seelische Inhalte hin, die nur vorübergehend aus unserem Bewußtsein verschwunden sind. Sie werden wieder aus dem Vergessen auftauchen und müssen dann unbedingt verarbeitet werden. Unter Umständen fordert uns das Symbol auch auf, uns grundlegend zu verändern, an unserer persönlichen Weiterentwicklung zu arbeiten.

Scheinwerfer

Er kann geistige Konzentration und gespannte Aufmerksamkeit zum Ausdruck bringen. Wenn man selbst von einem Scheinwerfer angeleuchtet wird, warnt das vor Verstellung, die von anderen Menschen durchschaut wird. Die Scheinwerfer des Autos, die den vor uns liegenden Weg erhellen, zeigen uns die nächste Zukunft an (je nach den Begleitumständen).

Scheiterhaufen

Auf ihm sehen wir im Traum eigene Ideale, Absichten, Ansichten und Prinzipien in Flammen aufgehen, weil sie sich als unhaltbar erwiesen haben. Man sollte sich auch in der Realität von ihnen trennen.

Schenke, Wirtshaus

Dahinter steht eine gewisse Leichtlebigkeit und Geselligkeit des Träumers, der das Leben von der angenehmen Seite anpackt. Das kann positiv oder negativ sein, je nach den Begleitumständen des Traums. (→ Alkohol)

schenken

→ Geschenk.

Scherben

Sie sollen Glück bringen, behauptet der Volksmund tröstend, und manchmal steht diese Bedeutung auch hinter dem Traumsymbol. Es kann aber auch vor zu viel Ungestüm und Übermut warnen, der unsere Hoffnungen und Absichten rasch wieder zu Scherben machen kann.

Schere

Ein Traumsymbol, das oft auf sexuelle Probleme hinweist. Dahinter kann zum Beispiel die Angst vor Kastration oder ganz allgemein vor sexueller Betätigung stehen, die sich aus falscher Sexualerziehung erklärt, im weiteren Sinn auch die Angst vor dem Verlust eines Menschen, mit dem man in einer erotischen Beziehung stand. Manchmal fordert uns das Unterbewußtsein auf, eine solche Beziehung zu durchtrennen. Ferner kann in der Schere sexuelles Verlangen zum Ausdruck kommen, die Schere symbolisiert dann die Schenkel und die Schamgegend. Als letzte Möglichkeit deutet die Schere im Einzelfall auf eine scharfe Zunge, Ironie, Sarkasmus, Zynismus oder verletzende Kritik hin, der man entweder selbst ausgesetzt ist oder die man anderen Menschen gegenüber anwendet. Die genaue Bedeutung ergibt sich aus den Begleitumständen im Traum und der realen Lebenssituation. Praktische Konsequenzen sollte man immer aus solchen Träumen zu ziehen versuchen, wenn nötig sollte man dabei ruhig die Hilfe eines Psychotherapeuten in Anspruch nehmen.

schielen

Es symbolisiert die Schwierigkeiten des Träumers, sich anderen Menschen verständlich zu machen oder die Dinge aus der richtigen Perspektive zu betrachten. (→ Augen, → Brille)

schießen

Das Symbol kann auf Angst vor dem Tod hinweisen, die unter Umständen psychotherapeutisch behandelt werden muß. Vielleicht erkennen wir dahinter aber auch den inneren Konflikt zwischen zwei Seiten unserer Persönlichkeit, in dem die eine Seite die andere zerstört. Schießt man selbst, kann das andeuten, daß man seinem Herzen Luft machen, sich Kummer, Ärger und Sorgen von der Seele reden soll, um wieder inneren Frieden zu finden.

Schießpulver

→ Dynamit.

Schiff

Es versinnbildlicht unsere Persönlichkeit mit all ihren Möglichkeiten, die wir auf der Fahrt über das Meer des Lebens nutzen. Manchmal kommt dahinter auch das Bedürfnis zum Ausdruck, eine Veränderung im Leben herbeizuführen. (→ Boot, → Floß, → Jacht, → Meer, → Wasser)

Schiffbruch

Das Lebensschiff in Seenot warnt vor Gefahren, die uns im weiteren Verlauf des Lebens bedrohen und

mit bestimmten Wesenszügen im Zusammenhang stehen. Die Schwierigkeiten gehen also von uns selbst aus. Darüber sollte man sich Gedanken machen und praktische Konsequenzen daraus ziehen. (→ Schiff)

Schild

Als Teil einer Rüstung (→ Ritter) zeigt sich in diesem Symbol unser Bedürfnis nach Schutz oder unseren Wunsch, jemanden zu beschützen im Traum an. Das Schild mit Beschriftung, zum Beispiel an einem Geschäft, bringt dagegen Teile unseres Wesens zum Ausdruck, die wir nach außen zeigen wollen.

Schilddrüse

Sie kann unser Temperament oder unsere Fähigkeit zum Sprechen symbolisieren. Die weitere Bedeutung richtet sich nach den Begleitumständen des Traums.

Schildkröte

Als Traumsymbol deutet die Schildkröte manchmal auf geistige Trägheit, aber auch auf Geduld und unbeirrbare Beharrlichkeit und Ausdauer, ferner auf Sensibilität oder Scheu vor anderen Menschen hin. Der Panzer zeigt uns, daß wir uns nach außen härter geben, als es unserem empfindsamen Innenleben entspricht, das wir auf diese Weise vor Verletzungen schützen wollen.

Schilf

Es symbolisiert unsere Anpassungsfähigkeit, oft auch eine religiös-demütige innere Haltung, die sich einer höheren Fügung unterordnet und daraus Vertrauen und Kraft gewinnt. Dahinter steht keine Schwäche, denn auch das Schilfrohr beugt sich zwar dem Sturm, danach richtet es sich aber wieder auf. Deshalb kann es unter Umständen sehr viel Willenskraft und Klugheit verkörpern, die vorübergehend einmal nachgibt, um später dann doch noch triumphieren zu können. Die genaue Deutung ergibt sich aus der tatsächlichen Lebenssituation.

Schimmel

Als Pilz deutet das Symbol auf krankhafte seelische Vorgänge hin, die unsere gesamte Persönlichkeit zu überwuchern drohen. Psychotherapeutische Hilfe kann in diesem Fall notwendig sein. Für das Tier gilt das gleiche, was bei → Pferd gesagt wurde.

Schinken

Er weist auf eine vorwiegend materialistische, vielleicht genußsüchtige innere Einstellung hin. Manchmal stehen auch sexuelle Bedürfnisse hinter diesem Symbol.

Schirm

→ Regenschirm.

Schlacht

Als Trauminhalt kann die Schlacht auf eine Überregbarkeit des vegetativen Nervensystems hinweisen, die untersucht und behandelt werden sollte. Manchmal kommt darin allerdings auch das Gefühl zum Ausdruck, von andern insgeheim feindselig betrachtet zu werden. Gelegentlich beruht der Traum auf tatsächlichen Erinnerungen an den → Krieg.

schlachten, Schlachthof

Man kann in einer Angelegenheit zwar mit materiellem Gewinn rechnen, gleichzeitig gefährdet man dabei aber seinen guten Ruf. Diese Warnung hinter dem Symbol sollte zu praktischen Konsequenzen führen.

Schlaf, schlafen

Darin kann zum Ausdruck kommen, daß man sich seiner eigenen Persönlichkeit nicht richtig bewußt ist oder daß im Unterbewußtsein noch viele Eigenschaften schlummern, die man wecken sollte. Der Schlaf symbolisiert manchmal aber auch die Neigung zur Flucht vor der Wirklichkeit, der man gegensteuern sollte, um Schaden von sich abzuhalten, im Zweifelsfall auch unter Inanspruchnahme von therapeutischer Hilfe.

Schlafzimmer

Es verkörpert sexuelle Bedürfnisse, die je nach den Begleitumständen des Traums befriedigt oder enttäuscht werden, unter Umständen auch einen selbst oder den Partner in Verlegenheit bringen können.

Schlamm

In ihm kommen Leidenschaften, Begierden, Ängste und ähnliche sinnlich-materialistische Inhalte des Unterbewußten zum Ausdruck. Zuweilen kann der Schlamm uns anzeigen, daß sie unseren Lebensweg oder unsere Weiterentwicklung behindern. Schlamm ist aber auch weich und formbar. Er kann deshalb darauf hinweisen, daß wir aus unterbewußten Erfahrungen eine neue »Gestalt« formen können. Das bezieht sich entweder auf die Gestaltung unseres Lebens oder die Weiterentwicklung der individuellen Persönlichkeit. Im Schlamm des Unterbewußten können Schätze verborgen sein, wir müssen nur danach suchen. Dazu fordert uns der Traum auf, wenn wir im Schlamm graben und darin vielleicht ein → Juwel finden oder eine → Blume entdecken. Als fruchtbare Erde kann der Schlamm ankündigen, daß aus den Ereignissen der Vergangenheit, die uns zunächst negativ erscheinen, Einsicht und Weisheit sprießt. Zuweilen kommt in dem Symbol Angst oder eine Begierde zum Vorschein, die der Träumer als »schmutzig« ablehnt, verdrängt und verurteilt, die aber gerade deshalb immer mehr Einfluß über ihn gewinnt. Schließlich kann uns der Schlamm noch zeigen, daß wir Heilung von seelischen Konflikten erfahren werden, so wie Schlamm auch in der Realität zur Heilung von Krankheiten eingesetzt wird. Das vieldeutige Symbol muß individuell je nach Begleitumständen im Traum gedeutet werden und kann oft auch in Beziehung zur Realität gesetzt werden. Meist sind praktische Konsequenzen aus dem Trauminhalt notwendig.

Schlange

Auch dieses Symbol ist mehrdeutig. In vielen Träumen verkörpert es als Phallussymbol sexuelle

Bedürfnisse. Die »Schlange des Äskulap«, seit alters das Kennzeichen des Arztes, verheißt Heilung von inneren Konflikten, Einsichten in das Unbewußte und Weisheit. Besonders deutlich wird der Hinweis auf die geistige Entwicklung, wenn die Schlange im Traum eine Krone trägt. Oft kommt darin die Vergeistigung (Sublimierung) der Sexualität zum Ausdruck. Die Schlange kann aber auch Versuchung und Verführung, Heimtücke und ungezügelte Triebhaftigkeit versinnbildlichen. Diese Deutung erklärt sich aus dem biblischen Text über die Vertreibung des Menschen aus dem Paradies (→ Apfel, → Eden, → Eva). Wenn die Schlange sich häutet, zeigt das dem Träumer, daß er über sich hinauswächst, seine alte Existenz und Persönlichkeit hinter sich läßt, gewissermaßen mit einem neuen Gewand wiedergeboren wird. Das trifft vor allem dann zu, wenn sich die Schlange aufgerichtet hat, gleichsam nach höheren geistigen Einsichten und Werten streckt. Gewisse Bedeutung kommt auch der Farbe der Schlange zu. Die *weiße, gelbe* oder *goldene Schlange* steht für geistige Einsicht und Entwicklung, die *blaue* für Religiosität. In der *roten Schlange* kommen vor allem sexuelle Bedürfnisse zum Ausdruck. Die *orangefarbene Schlange* verkörpert eine Verbindung von Idealismus, Emotionen und Sexualität, also Erotik im weitesten Sinne. Die *grüne Schlange* steht für die seelische Energie, die *violette* schließlich als Symbol geistiger Energie. Ganz allgemein versinnbildlicht die Schlange im Traum die unterbewußten Kräfte aus dem Bereich der Gefühle, Instinkte und Triebe, die ins Bewußtsein aufsteigen und die individuelle Persönlichkeit entwickeln. Das Symbol sollte stets sorgfältig analysiert werden. Es kann uns zur vertieften Selbsterkenntnis verhelfen und praktische Hinweise auf den weiteren Lebensweg geben, die man nicht mißachten darf.

Schleier

Manchmal kommt ihm die gleiche Bedeutung wie der Gardine zu. Zuweilen kann er auch vor Vereinsamung, Isolierung, Täuschung durch andere, Trennen von geliebten Menschen oder Weltfremdheit warnen. Die genaue Deutung ergibt sich aus den Begleitumständen des Traums und der realen Lebenssituation.

Schleim

Zäher Schleim deutet auf geistige Trägheit, mangelnde Tatkraft und stagnierende persönliche Entwicklung hin. Ferner kommen darin Sorgen (vor allem um die Gesundheit) oder unterdrückte Gefühle zum Ausdruck. Schließlich können sich dahinter auch Persönlichkeitsmerkmale, Bedürfnisse oder Erfahrungen verbergen, die man ablehnt, vor denen einem sogar ekelt. Praktische Konsequenzen sollten aus dem Trauminhalt gezogen werden.

Schlinge

Der Traum zeigt uns, daß wir etwas fangen wollen oder Angst davor haben, selbst eingefangen zu werden, in eine Falle zu tappen. Aufmerksamkeit ist in beiden Fällen angebracht, damit das Ziel nicht aus den Augen verloren oder die Gefahr rechtzeitig erkannt wird.

Schlingpflanze

In der Symbolik der Schlingpflanze kommen die Ängste, Unsicherheiten und Selbstzweifel zum Ausdruck, die uns auf dem Lebensweg so oft ein Hemmschuh sind.

Schlittschuhe, schlittschuhlaufen, Eistanz

Alle drei Symbole weisen auf eine ausgeglichene Persönlichkeit mit einem harmonischen Verhältnis zu ihrer Umwelt und dem rechten Augenmaß in allen Erwartungen, Bedürfnissen und Wünschen hin, die das Leben im Griff hat.

Schloß

Das Türschloß kann sexuelle Bedürfnisse symbolisieren. Oft weist es uns aber darauf hin, daß wir Schwierigkeiten und Hindernisse beseitigen können, wenn wir unsere Vernunft dazu gebrauchen.

(→ Schlüssel) Das Gebäude warnt vor Eitelkeit, Geltungssucht und falschem Stolz.

Schlosser

Er zeigt uns an, daß wir bei einem Problem (→ Schloß) Hilfe von außen benötigen.

Schlucht

Das Symbol warnt vor Gefahren, die wir durch eigene Unüberlegtheit oder eine falsche Lebensrichtung selbst heraufbeschwören.

Schlüssel

Er kann das männliche Geschlechtsorgan, also die Befriedigung sexueller Bedürfnisse, im Traum anzeigen. Ferner steht er für Vernunft, Intelligenz und logisches Denkvermögen, mit deren Hilfe wir unsere Lebensprobleme bewältigen können. (→ Schloß)

Schmarotzer

Ein Symbol unserer Ängste, Absichten und Wünsche, die unsere inneren Energien abschwächen und die Selbstverwirklichung hemmen.

schmelzen

Eis, Metall, Wachs oder ähnliches, was im Traum schmilzt, deutet darauf hin, daß wir Gefühlskälte, Härte oder Prinzipien ablegen (oder sollten) und damit Raum schaffen für Gefühlstiefe, Verständnis und Toleranz.

Schmelztiegel

Er verkörpert den geistigen Mittelpunkt, in dem unsere Erfahrungen, Einsichten, Leidenschaften, Hoffnungen und Wünsche zur Einheit der Persönlichkeit verschmolzen werden. Das kann allmählich vor sich gehen und deutet dann auf eine kontinuierliche Persönlichkeitsentwicklung hin, oder von Brodeln, Zischen und ähnlichen Erscheinungen begleitet werden, die sich aus inneren Spannungen erklären. Diese bleiben bestehen, bis die Verschmelzung der Widersprüche gelungen ist. (→ schmelzen)

Schmerzen

Sie weisen im Traum darauf hin, daß ein Teil unserer Persönlichkeit verletzt wurde oder überfordert ist. Die genaue Bedeutung ergibt sich aus dem schmerzenden Körpergebiet, dessen Symbolgehalt dem entsprechenden Stichwort entnommen werden kann.

Schmetterling

Er verkörpert das Schöne, das sich aus zunächst unansehnlichen Dingen entwickeln kann, sobald das Wachstum im Verborgenen abgeschlossen ist (wie beispielsweise Gefühle, Ideale). Zuweilen deutet der Schmetterling aber auch auf Unbeständigkeit und Unzuverlässigkeit hin. (→ Puppe, → Raupe)

Schmied, Schmiede, schmieden

Dahinter kommt unsere Kraft und Kreativität zum Ausdruck, mit der wir Aufgaben und Probleme des Lebens angehen und lösen. Zugleich kann uns das Symbol auffordern, Gelegenheiten beim Schopf zu packen, also das Eisen zu schmieden, solange es noch glüht. (→ Eisen)

Schminke, schminken

Eine Aufforderung zur ungeschminkten Wahrheit kann darin ebenso zum Vorschein kommen wie die Warnung, sich nicht vom Schein trügen zu lassen, etwa von anderen Menschen, die es nicht ehrlich meinen. Gelegentlich erkennen wir darin auch unsere eigene Absicht, etwas zu vertuschen oder zu beschönigen. (→ Kosmetik)

Schmuck, schmücken

Er (es) symbolisiert die Gefühle, die man von anderen erhält oder diesen gibt. Schmücken kann darauf hinweisen, daß man die eigene Persönlichkeit ausschmückt, um ihr mehr Beachtung und Ansehen zu verleihen.

Schmutz

Dahinter stehen unsere Gefühle, nach denen wir selbst schmutzig (im moralischen Sinn) oder unansehnlich (körperlich und geistig) sind. Unter Umständen kommt dahinter ein Minderwertigkeitsgefühl zum Vorschein, das manchmal vom Psychotherapeuten behandelt werden muß. Der Schmutz darf aber nicht ausschließlich negativ beurteilt werden, zugleich ist er auch im Sinn von → Dung oder → Erde wichtig für unsere Weiterentwicklung. (→ Schlamm)

Schnabel

Hier handelt es sich um ein einfach zu deutendes Traumsymbol, das uns auffordert, selbstbewußter und mutiger aufzutreten, den Schnabel aufzumachen.

Schnecke

Sie kann das Haus symbolisieren, in das wir uns zurückziehen und gegen die Umwelt abkapseln, weil wir deren Ansprüche oder Aggressivität nicht mehr ertragen. Meist weist die Schnecke im Traum auf eine sensible, (zu) leicht verletzliche Persönlichkeit hin.

Schneckenhaus

Ähnlich wie die → Auster oder → Muschel kann auch das Schneckenhaus den weichen Kern in einer harten Schale verkörpern oder wie die → Schnecke auf eine sensible Persönlichkeit hinweisen.

Schnee

Er kann das Altern symbolisieren, häufig stehen dahinter aber Gefühle, die sich abgekühlt haben, aber noch nicht zu → Eis erstarrt sind. Der Schnee kann uns auch darauf hinweisen, daß Intellekt, Vernunft, Ideale und Normen unsere Gefühle bedecken, uns seelisch »frieren« lassen. Schließlich zeigt er manchmal den Schlaf noch unterbewußter Inhalte unserer Seele an, die dann, wenn der Schnee geschmolzen ist, zum Vorschein kommen. Je nach den Begleitumständen des Traums muß die Deutung individuell erfolgen und sollte meist auch praktische Konsequenzen nach sich ziehen.

schneiden

Dahinter kann die Trennung von Gefühlsbindungen, Idealen, Moralvorstellungen und Wünschen zum Ausdruck kommen, von denen man durch persönliche Weiterentwicklung oder widrige äußere Umstände abgeschnitten wird. Ganz allgemein deutet Schneiden an, daß man sich von der Vergangenheit lösen sollte. Manchmal erkennt man dahinter auch sexuelle Bedürfnisse, die unterdrückt werden, weil man bei ihrer Befriedigung bereits schmerzhafte Erfahrungen sammeln mußte. Schließlich können dadurch Aggressionen gegenüber anderen Menschen zum Ausdruck kommen, die man entweder tatsächlich auslebt oder zumindest in sich fühlt. Die praktischen Konsequenzen ergeben sich individuell aus den Begleitumständen des Traums und der realen Lebenssituation.

Schneider, Schneiderin

Beide verkörpern unsere Absicht, innere Einstellungen, Ansichten und Haltungen oder unsere äußere Erscheinung und unser soziales Verhalten zu verändern. Dabei kann das Symbol gleichzeitig vor übertriebener Äußerlichkeit warnen. (→ Kleidung)

Schnittlauch

Er zeigt uns, daß eine Angelegenheit, die uns vorher unbedeutend oder langweilig erschien, jetzt an Bedeutung und Reiz gewinnt. Man findet »Geschmack« daran und sollte sich zumindest näher damit beschäftigen.

Schnittpunkt

In ihm kann die Vereinigung verschiedener Teile unserer Persönlichkeit zum Ausdruck kommen. (→ Punkt)

schnitzen, Holzschnitzer

Dahinter stehen unsere Lebenserfahrungen, die ihre Spuren eingegraben haben, unsere Persönlichkeit mit formten. Manchmal kommt darin auch die Arbeit am eigenen Charakter zum Vorschein, oder der Traum symbolisiert den mühsamen, aufrichtigen Versuch, Probleme des Lebens und Hindernisse auf dem weiteren Lebensweg zu verändern.

Schnupfen, Schnupftabak, Schnupftuch

Alle drei Symbole kündigen einen Ärger oder Schwierigkeiten in der nächsten Zukunft an, vor denen wir uns hüten sollten.

Schnur

Sie symbolisiert ähnlich wie der → Faden oft unsere Lebenssituation und die weitere Richtung (Leitschnur). Die genaue Bedeutung hängt von den Begleitumständen des Traums ab. Insbesondere der verwirrte Schnurknäuel enthält die Aufforderung, Ordnung in chaotische Lebensverhältnisse oder unterbewußte Vorgänge zu bringen. Entwirrt man einen Schnurknäuel, dann heißt das meist, daß man gute Miene zu einem bösen Spiel machen muß, das andere mit einem treiben. Das → Paket, das man aufknotet, verkündet Erfolg durch eigene Bemühungen, während die aufgerissene Paketschnur einen Mißerfolg ankündigt. Eine ordentlich zusammengerollte Schnur schließlich kündigt oft eine ereignislose Phase unseres Lebens an.

Schnurrbart
→ Bart.

Schokolade

Sie verkörpert Gesundheit und Kraft, aber auch eine Versuchung, die von Menschen oder Objekten unseres Lebenskreises ausgeht. Wenn man die Schokolade jemand anderem schenkt, kommt darin zum Ausdruck, daß man diesen Menschen »ködern« möchte.

Schorf

Dahinter stehen unsere Gedanken, Ansichten, Ideale und Meinungen, die wir nach außen hin vertreten.

Schornstein
→ Kamin.

Schornsteinfeger

Wie im Volksglauben symbolisiert er im Traum Glück und Erfolg.

Schoten (wie Bohnen, Erbsen)

Dahinter steht ein Geheimnis, eine neue Erkenntnis oder eine Entdeckung – man muß nur die Schoten aufbrechen, um hinter ihre Botschaft zu kommen.

Schotte, Schottland

Beide Symbole bringen Sparsamkeit, Vorsicht, Bedachtsamkeit und Bescheidenheit im täglichen Leben zum Ausdruck, gepaart mit einem ausgeprägten Gerechtigkeitssinn.

Schrank

In diesem Trauminhalt erkennen wir unseren Körper und dessen Bedürfnisse. Die genaue Bedeutung kann nur aus den jeweiligen Begleitumständen des Traums und der realen Lebenssituation abgeleitet werden.

Schraube

Dahinter steht oft ein Persönlichkeitszug, der nach Sicherheit im weiteren Leben und Absicherung des bereits Erreichten strebt. Dreht man eine Schraube ein, symbolisiert das eine dauerhafte Verbindung von Teilen der eigenen Persönlichkeit oder mit einem anderen Menschen. Die gelockerte Schraube deutet auf das Gegenteil hin, eine Verbindung also, die in die Brüche zu gehen droht. Gelegentlich symbolisiert die Schraube sexuelle Bedürfnisse.

Schraubstock

Unser Unterbewußtsein weist uns durch einen solchen Traum darauf hin, daß wir in einer Klemme stecken. Worauf sich das konkret bezieht, kann man nur aus der realen Lebenssituation des Träumers erkennen.

Schreck, erschrecken

Dahinter kommt zum Vorschein, daß man durch Ängste, Gefühle und Einsichten, die im Traum zum Ausdruck gekommen sind, verunsichert und erschüttert wurde, weil man sie bisher noch nicht zufriedenstellend annehmen oder verarbeiten kann.

schreiben, Schrift

In der Schrift kommt ebenso wie im Inhalt des Geschriebenen ein Teil unserer Persönlichkeit zum Ausdruck. Schreibend bringen wir Klarheit in unsere Gedanken, Gefühle, Hoffnungen, Ideale und Wünsche. Diese Bedeutung steht in der Regel hinter dem Trauminhalt, wobei man im Einzelfall auch noch deuten muß, was geschrieben wird. Manchmal ähnelt das Schreiben in seiner Bedeutung auch dem → Papier. (→ Blatt)

Schriftstück

→ Quittung, → Rechnung.

Schritt(e)

Dahinter stehen die Schritte, die man auf ein Ziel hin tut, manchmal auch die Aufforderung, einen Schritt nach dem andern zu tun. Wenn man schreitet, dann kann das auf einen bequemen Weg zum Ziel hinweisen oder vor Hochmut warnen.

schrumpfen

Das bedeutet oft, daß Inhalte unserer Persönlichkeit an Wirkung verlieren, keinen Einfluß mehr auf uns ausüben, weil sich unsere inneren Haltungen allmählich verändern. Manchmal kommt darin zum Ausdruck, daß man Äußerlichkeiten überschätzt und ihnen keinen so hohen Stellenwert zubilligen sollte.

Schuh(e)

Sie verkörpern oft unseren allgemeinen Lebensstandpunkt oder die Fundamente, auf denen wir Absichten, Einstellungen, Hoffnungen und Pläne gründen. Manchmal kommen darin sexuelle Bedürfnisse zum Vorschein.

Schuhmacher, Schuster

Er kündigt an, daß sich unser Lebensstandpunkt verändern wird, weil wir falsche Einstellungen korrigieren oder zu neuen Einsichten gelangen. Diese Veränderungen kommen dann stets mit Hilfe anderer zustande. (→ Schuhe)

Schulden

Dahinter können vergangene Handlungen und Verhaltensweisen stehen, die eigentlich nicht zu unseren Einstellungen insgesamt paßten. Sie müssen innerlich verarbeitet werden, damit sie die seelische Ausgeglichenheit nicht mehr dauernd stören können. Manchmal kommt darin auch ein Gefühl der Minderwertigkeit zum Ausdruck. Man fürchtet, den Erwartungen anderer oder den Aufgaben des Lebens ganz allgemein nicht gerecht zu werden. In ausgeprägten Fällen muß dieses Gefühl psychotherapeutisch behandelt werden.

Schule, Schüler

Gelegentlich stehen dahinter Erinnerungen an die Schulzeit des Träumers, vor allem an solche Ereignisse, die ihn entscheidend mitgeprägt haben und noch nicht verarbeitet wurden. Die Schule kann aber auch ganz allgemein das Leben versinnbildlichen und uns auffordern, aus den Erfahrungen zu lernen. Unter Umständen zeigt uns die Schule an, daß wir in nächster Zeit mit Prüfungen (im weitesten Sinn) zu rechnen haben.

Schulter

Sie verkörpert meist die Kraft und Fähigkeit, mit den Aufgaben des Lebens fertig zu werden. Weinen wir uns an einer Schulter aus oder legen wir den Kopf dagegen, kommt darin das Bedürfnis nach Trost und Hilfe zum Ausdruck. Umgekehrt können Mitgefühl und Hilfsbereitschaft des Träumers erkennbar werden, wenn ein anderer im Traum den Kopf an seine Schulter legt oder sich daran ausweint.

Schuß

→ schießen.

Schwäche

Sie symbolisiert eine allgemeine Lebensangst oder Mutlosigkeit, das Gefühl, dem Leben und seinen vielfältigen Ansprüchen oder dem Einfluß anderer Menschen nicht gewachsen zu sein. Manchmal tritt dieses Gefühl auf, weil man sich minderwertig fühlt. Unter Umständen hilft dann nur psychotherapeutische Behandlung, die man ohne Zögern in Anspruch nehmen sollte. Gelegentlich zeigt uns die Schwäche, daß wir weichherzig (vielleicht zu ausgeprägt) sind oder für andere eine »Schwäche« haben, die ausgenützt wird.

Schwalbe, Schwalbennest

Diese beiden Symbole verkörpern unser Bedürfnis nach Liebe, Familie, Geborgenheit und häuslichem Glück. Die genaue Bedeutung ergibt sich im jeweiligen Einzelfall aus den Begleitumständen des Traums.

Schwan

Er symbolisiert unsere Seele, vor allem den Gefühlsbereich. Oft will er zum Ausdruck bringen, daß unsere Gefühle von anderen nicht erwidert werden, daß wir uns unverstanden fühlen. Die genaue Bedeutung richtet sich nach den Begleitumständen des Traums und der realen Lebenssituation.

schwanger, Schwangere, Schwangerschaft

Wenn tatsächlich eine Schwangerschaft besteht, kommen im Traum die Einstellungen, Erwartungen, Hoffnungen oder Befürchtungen dazu zum Ausdruck. Allgemein zeigt uns die Schwangerschaft symbolisch neue Gefühle, Fähigkeiten, Einstellungen und Verhaltensformen an, die in uns heranreifen.

Schwanz

Er kann sexuelle Bedürfnisse verkörpern. Oft kommen darin aber Instinkte und Triebe, Tatkraft, Energie und Zielstrebigkeit zum Ausdruck. Wer ein Tier im Traum am Schwanz anfaßt, sollte sich überlegen, ob er nicht eine Angelegenheit von der falschen Seite her angeht und damit Mißerfolge vorprogrammiert.

schwarz

Tod und Auferstehung, das unbewußte Böse und Schlechte in uns, Ungewißheit, Unwissenheit und Unfähigkeit kommen darin zum Ausdruck. Je nach den Begleitumständen im Traum sollten daraus praktische Konsequenzen gezogen werden, damit wir aus der Schwärze wieder zum Licht gelangen, neue Einsichten und Selbsterkenntnisse gewinnen und die Energien des Bösen umpolen können. (→ Farben)

schweben

→ fliegen.

Schwefel

Er weist uns darauf hin, daß wir bestimmte Eigenschaften unserer Persönlichkeit überwinden – gleichsam mit Schwefel »ausräuchern« – sollten. Worauf sich das im Einzelfall bezieht, kann nur individuell aus den Begleitumständen des Traums und der realen Lebenssituation gedeutet werden.

Schweigen

Es symbolisiert innere Ausgeglichenheit, den Frieden der Seele, in der es keine widerstreitenden Gefühle, Begierden und Triebe mehr gibt. Das Symbol kommt dem Begriff der Abgeklärtheit und Weisheit nahe.

Schwein

Dahinter stehen sinnliche – allgemeiner kraß materialistische – Einstellungen und Bedürfnisse, die zur Gier und Gemeinheit des Verhaltens führen. Der Kopf des Schweins verkörpert im Traum Sturheit. Das säugende Ferkel symbolisiert besonders deutlich den Wunsch nach materieller Sicherheit und Wachstum des materiellen Besitzes. Manchmal steht das Schwein wie in der Umgangssprache (»Schwein haben«) aber auch für unerwartetes Glück.

Schweiß, schwitzen

Symbolisch kommen darin starke Gefühle, vor allem auch Ängste, zum Ausdruck. Manchmal weist uns das Unterbewußtsein darauf hin, daß wir etwas »ausschwitzen« sollen, um seelisch gesund zu werden.

Schwelle

Sie verkörpert einen neuen Anfang, eine Entscheidung oder innere Einstellung, zu der man sich durchgerungen hat und die dem weiteren Leben eine neue Richtung gibt. Für die genaue Deutung des Traums ist es sehr wichtig, ob man an einer Schwelle steht, die Entscheidung also erst noch fallen muß, oder ob man sie bereits überschritten hat.

Schwerkraft

In ihr erkennt der Träumer seine zu stark von materiellen Werten beeinflußte Lebenseinstellung, die ihn hinabzieht in die Niederungen des Lebens und auf diese Weise seine geistig-seelische Weiterentwicklung behindert. Daraus sollten praktische Konsequenzen für unser Leben gezogen werden.

Schwert

Es kann in ähnlicher Bedeutung wie das → Kreuz im Traum auftauchen. Daneben bringt es aber auch Tatkraft, Charakter- und Willensstärke, Ritterlichkeit (im Sinne von Fairneß), Wahrheitsliebe, Idealismus oder Traditionsbewußtsein zum Ausdruck. Die genaue Bedeutung ergibt sich im Einzelfall aus den Begleitumständen des Traums und der realen Lebenssituation des Träumenden. (→ Waffen)

Schwester

Dahinter können die tatsächlichen Beziehungen zur Schwester stehen. Symbolisch kommen darin manchmal auch Charakterzüge zum Vorschein, die uns zwar verwandt sind, aber doch nicht völlig mit unserem Verhalten übereinstimmen. (→ Bruder)

schwimmen, Schwimmer

In diesen beiden Traumsymbolen kommt unsere Fähigkeit oder Unfähigkeit (Nichtschwimmer) zum Ausdruck, mit den Inhalten unseres Unterbewußtseins in Einklang zu leben, die vom Wasser verkörpert werden (vor allem Gefühle, Instinkte und Triebe).

Schwindel, schwindelig

Wenn keine organische Krankheit als Ursache vorliegt (im Zweifelsfall sollte man sich immer gründlich untersuchen lassen), kommen in einem solchen Traum Ängste vor dem Verlust des inneren Gleichgewichts durch Anforderungen, Absichten, Gefühle und Bedürfnisse zum Ausdruck, denen sich der Träumer nicht oder nicht mehr gewachsen fühlt.

schwitzen
→ Schweiß.

Schwur, schwören
→ Eid.

See
→ Meer.

Seehund, Robbe

Hinter diesen Symbolen stehen Energien aus dem Unterbewußtsein, die an die Oberfläche unserer Bewußtheit steigen und genutzt werden sollten. Die genaue Bedeutung richtet sich nach den Begleitumständen des Traums und der realen Lebenssituation. Meist fordert uns das Unterbewußtsein dadurch auf, uns der inneren Kräfte mehr als bisher zu bedienen.

Seele

Sie verkörpert unsere individuelle Existenz, das Ich-Bewußtsein mit allen Wünschen, Hoffnungen, Ideen und Erfahrungen. Wer im Traum seine Seele verliert, hat im wirklichen Leben aus irgendwelchen Gründen an Individualität verloren. Verkauft man die Seele gar, kommen darin stark materialistische Einstellungen zum Vorschein, die man selbst um den Preis der eigenen Individualität zu befriedigen versucht. Die praktischen Konsequenzen, die man aus diesem Traumsymbol ziehen sollte, ergeben sich aus den Begleitumständen des Traums und der realen Lebenssituation. (→ Namen)

Segeln, Segelboot, Segelschiff

Die Bedeutung ähnelt der des Boots oder Schiffs, zusätzlich muß man noch den Symbolgehalt der Luft oder des → Winds berücksichtigen, um den Trauminhalt zu verstehen.

Segen, segnen

Im Segen, den wir empfangen, kommen Energien aus dem Kern unseres Wesens zum Ausdruck, die uns im täglichen Leben nützen können. Segnen wir dagegen selbst jemanden im Traum, wird dieser Mensch mit unserer uneigennützigen Hilfe rechnen können.

Seide

Dahinter steht meist eine gewisse Eitelkeit, der Versuch, nach außen zu glänzen und dadurch Ansehen zu erwerben. Da nicht immer innere Übereinstimmung besteht, kann das Symbol ein Warnzeichen sein, das man im Alltag beachten sollte.

Seife

Sie versinnbildlicht unser Bedürfnis nach innerer Selbstreinigung und nach der Befreiung von Schuldgefühlen.

Seifenblase

Darin kommen Illusionen zum Ausdruck, die bald zur Ernüchterung führen. Allgemeiner steht dahinter auch die Vergänglichkeit alles Irdischen, die Vergeblichkeit unserer Versuche, etwas festzuhalten. Die Bedeutung richtet sich im Einzelfall immer nach den Begleitumständen des Traums und weist uns oft auf notwendige praktische Konsequenzen hin.

Seifenschaum

Er kann wie die → Seife das Bedürfnis nach innerer Reinigung verkörpern. Manchmal stehen dahinter aber auch überschäumende Gefühle, wie Aggressionen, Aufregungen, Ärger oder Zorn.

Seil

In ihm kommen Abhängigkeiten und Bindungen von/an Menschen oder Dinge zum Ausdruck. Je nach den Begleitumständen im Traum sind sie für den Träumer positiv oder negativ, und er sollte praktische Konsequenzen daraus ziehen. Zuweilen zeigt uns das Seil, daß wir durch Vereinigung verschiedener Bestandteile unserer Persönlichkeit mehr Kraft gewinnen oder zusammen mit anderen Menschen an einem Seil (Strang) ziehen sollten, um unsere Absichten zu verwirklichen. Gelegentlich fordert uns das Unterbewußtsein dazu auf, toleranter zu werden.

Seiltänzer

Er symbolisiert unser inneres Gleichgewicht oder weist auf Risiken hin, die uns fördern oder gefährden können (je nach Begleitumständen). Der Absturz vom Seil deutet einen seelischen Konflikt an, den wir durchstehen müssen, um wieder unser inneres Gleichgewicht zu erlangen.

Sekretärin

Sie versinnbildlicht einen Lebensbereich, der für uns zwar ebenfalls wichtig ist, aber erst an zweiter Stelle rangiert. Aus den Begleitumständen des Traums ergibt sich die genaue Deutung. Zuweilen kann der Traum von der Sekretärin, mit der man beruflich tatsächlich zu tun hat, auch den Wunsch nach einer erotischen Beziehung zu ihr symbolisieren.

Sekt

Er verkörpert heute, da viele Menschen öfters Sekt trinken, nicht mehr so stark das Bedürfnis nach Feierlichkeit und Luxus, sondern eher nach Geselligkeit in ausgelassener Runde. Unter Umständen deutet er auch auf innere Widerstände gegen soziale Normen oder den Druck überschäumender, unkontrollierbar gewordener sexueller Bedürfnisse an. (→ Alkohol)

selbst, Selbstbildnis

Daraus können wir erkennen, wie wir uns selbst betrachten, beurteilen und verstehen. Je nach dem Ergebnis müssen daraus vielleicht praktische Konsequenzen gezogen werden.

Seuche, Epidemie

Sie symbolisiert die negativen, dem Materiellen zugewandten Wesenszüge des Träumers, die ihn verunsichern, verwirren, seine innere Harmonie stören, unter Umständen auch Krankheiten hervorrufen. Der Traum zeigt uns durch den Traum, daß diese materialistische Seite unseres Wesens stärker gelenkt und gezielt in geistige Werte umgewandelt werden sollte.

Sexualität

Träume mit sexuellem Inhalt symbolisieren im allgemeinen verborgene, verdrängte sexuelle Bedürfnisse oder Schwierigkeiten. Unter Umständen empfiehlt es sich, darüber mit einem Psychotherapeuten zu sprechen. Die genaue Deutung solcher Träume ergibt sich meist erst aus den Begleitumständen.

sezieren

Der Träumer läßt sich in einer Angelegenheit oder ganz allgemein im Leben nur vom Verstand und Intellekt leiten. Das kann manchmal notwendig sein. Als grundlegende Lebenseinstellung erweist sich die Überbetonung des Intellekts als schädlich. Deshalb sollte man nach einem Mittelweg zwischen Vernunft und Gefühlen suchen.

Sichel

Sie kann uns auffordern, auch um eines kleinen materiellen Gewinns oder Vorteils willen Mühe und Arbeit auf uns zu nehmen oder – ganz allgemein – die kleinen Freuden des Lebens nicht zu gering zu achten. Gelegentlich kommt dahinter

aber auch tiefe Existenzangst des Träumers zum Vorschein, die unter Umständen psychotherapeutisch behandelt werden muß.

Sicht

→ Augen.

Sieb, sieben

Dahinter kann eine Ermahnung zu mehr Kritik gegenüber sich selbst oder anderen stehen. Der Träumer sollte mehr darauf achten, Gutes und Wertvolles von Schlechtem, Wertlosem zu trennen, vielleicht eine vorwiegend materialistische Weltanschauung zu korrigieren. Gelegentlich weist das Sieb auch darauf hin, daß man Absichten und Pläne mit falschen Mitteln zu verwirklichen sucht und deshalb keinen Erfolg erringen kann. Die genaue Bedeutung ergibt sich aus den Begleitumständen im Traum und der tatsächlichen Lebenssituation.

Siegel

Es verkündet eine unabänderliche Entscheidung, der wir uns unterwerfen müssen, da jeder Widerstand zwecklos geworden ist. Dabei ergibt sich erst aus den Begleitumständen des Traums, ob es sich um unsere eigene oder eine Fremdentscheidung handelt, ob sie günstig oder ungünstig war.

Signal

→ Glocke, → Klingel, → Pfeife. Grundsätzlich steht dahinter immer eine Warnung vor Ereignissen, vielleicht auch Menschen, die man in der Realität nicht auf die leichte Schulter nehmen darf.

Silber

Das Edelmetall verkörpert unsere Seele und ähnelt in seiner Bedeutung dem → Mond.

singen

Darin kommt unsere innere Ausgeglichenheit zum Ausdruck, manchmal aber auch die Harmonie unserer sozialen Beziehungen. Gelegentlich erinnert der gefühlsbetonte Gesang an vergangene Ereignisse, die uns im Traum wieder bewußt werden. Die Bedeutung und mögliche praktische Konsequenzen für den Alltag ergeben sich im Einzelfall aus den Begleitumständen des Traums.

sinken

Dahinter steht meist eine gewisse Labilität, die sich hauptsächlich auf moralische Werte bezieht, manchmal aber auch Gefühle oder die körperliche Verfassung betrifft.

Sintflut

Ein Warnzeichen, das durch Gefühle hervorgerufen wird, die sich plötzlich unserer Kontrolle entziehen, zum Beispiel Schreck oder ein Nervenzusammenbruch. Beide können durch positive oder negative Einflüsse aus uns selbst oder von außen hervorgerufen werden.

Sitz, sitzen
→ Stuhl.

Skepsis

Darin kommen häufig Selbstzweifel zum Vorschein, oft verbunden mit Angst und Minderwertigkeitsgefühlen, die sich aus negativen Einflüssen der Umwelt erklären. Manchmal steht dahinter auch ein gesundes oder übersteigertes Mißtrauen gegenüber anderen. Die genaue Bedeutung ergibt sich aus den Begleitumständen des Traums und der realen Lebenssituation.

Ski, skifahren

Sie symbolisieren ein Hilfsmittel für schwierige Lebenslagen. Je nachdem, ob wir im Schnee aufsteigen oder nach unten fahren, dabei vielleicht sogar immer schneller werden und die Kontrolle verlieren, steht dahinter eine positive oder negative Bedeutung.

Sklave, Sklavin

Eine Warnung des Unterbewußtseins vor Begierden und Leidenschaften, die den Träumer zu stark

beherrschen (versklaven) und ihm Schaden zufügen können. Praktische Konsequenzen sollten daraus gezogen werden.

Skorpion

Er verkörpert Aggressivität, Verbitterung, vielleicht vermischt mit Sarkasmus, Zynismus, Bosheit und Gemeinheit, jedenfalls immer verletzende eigene Verhaltensweisen oder derart negative Einflüsse von außen.

Smaragd
→ Juwelen.

Socken, Strumpf

Darin erkennen wir die »niedrigeren« Einstellungen, Erwartungen und Bedürfnisse eines Menschen, die dem Irdischen zugewandten Seiten seiner Persönlichkeit. Ob aus einem solchen Traum praktische Konsequenzen gezogen werden müssen, ergibt sich aus den Begleitumständen des Traums und der realen Lebenssituation.

Sofa

Es symbolisiert Behaglichkeit, Gemütlichkeit und Erinnerungen an die »gute alte Zeit«, also die positiven Aspekte unserer Vergangenheit.

Sohn

Er kann bei den Eltern aus der Beschäftigung mit dem wirklichen Sohn im Traum auftauchen. Trifft das nicht zu, dann stehen dahinter meist eigene Erwartungen und Hoffnungen oder die Sorgen, mit denen man in die Zukunft blickt. Ganz allgemein kann darin zum Ausdruck kommen, daß unser Innenleben augenblicklich etwas aus dem Gleichgewicht geraten ist, weil sich neue Wesenszüge zu entfalten beginnen. Die gleiche Bedeutung kommt auch der Tochter zu.

Soldat

Dahinter kann die Aufforderung des Unterbewußtseins zu mehr Selbstdisziplin stehen. Zuweilen warnt das Symbol auch vor Streit, Ärger und Konflikten oder kündigt eine angenehme, unerwartete Veränderung im Leben an. Schließlich können auch (vor allem bei Frauen) sexuelle Bedürfnisse (meist nach einem kurzen Abenteuer) darin zum Ausdruck kommen. (→ Offizier)

Sommer

Er symbolisiert den Gipfel des Lebens, ein Gefühl der Energie und Kraft, das beste Alter (auch in sexueller Hinsicht), aber auch die Reife der Persönlichkeit. (→ Frühling, → Herbst, → Winter)

Sommersprossen

Sie können ähnlich wie → Flecken gedeutet werden. Meist steht dahinter die Angst davor, daß andere die eigenen Fehler und Schwächen erkennen und das Bild, das sie von einem selbst haben sollen, »befleckt« wird.

Sonne

Sie verkörpert Leben, Energie, Tatkraft, unser ganzes Ich, die Quellen unseres Bewußtseins. Konkret kann das oft Gesundheit, Erfolg und Lebensfreude bedeuten. (→ Licht)

Sonnenbad

Darin kommt zum Ausdruck, daß wir uns der von außen auferlegten Zwänge entledigen (entkleiden) sollen, um ganz aus den Energien aus unserem Ich zu leben.

Sonnenfinsternis

Sie zeigt an, daß wir die Kräfte, die unsere → Sonne spendet, vorübergehend entbehren müssen, konkret vielleicht Krankheiten, innere Unsicherheit, Mißerfolge oder mangelnde Lebensfreude. So wie die Sonne aber zurückkommt, werden auch diese Energien wiederkehren.

Sonnengeflecht (Solarplexus)

Das große Nervenzentrum hinter dem Magen spielt eine zentrale Bedeutung in der vegetativen Steuerung vieler wichtiger Körperfunktionen. Es vermittelt gewissermaßen zwischen Körper und Seele. Bei Boxern führt ein Schlag auf den Solarplexus zum K. o. Im Traum symbolisiert es Gefühle, vor allem Liebe oder Haß, und deren Folgen für den Körper. Die genaue Bedeutung richtet sich im Einzelfall nach den Begleitumständen des Traums und kann uns zu praktischen Konsequenzen auffordern.

Sonntag

Dahinter kann die Religiosität des Träumers zum Ausdruck kommen. Ganz allgemein verkörpert er das Bedürfnis nach Erholung, Entspannung und innerem Frieden.

Souterrain

Das Kellergeschoß des → Hauses symbolisiert Inhalte unseres Unterbewußtseins, zum Beispiel Erinnerungen, Erfahrungen, Gefühle und Motive, von denen wir selbst nichts mehr wissen, die unser Leben aber beeinflussen. Aus dem Keller steigt die Lebensenergie empor, aber auch die Lebensangst. Hier treffen geistige Kräfte und tiefe Empfindungen, Haß und Gemeinheiten oder unsere vor der Umwelt versteckten Gesinnungen zusammen. Das Souterrain verkörpert also den Ort, wo wir unser innerstes Wesen erforschen und verstehen können. Welche konkrete Bedeutung das für den Alltag hat, ergibt sich aus den Begleitumständen des Traums und der realen Lebenssituation. Das Souterrain gehört zu den häufigen Traumsymbolen und sollte immer beachtet werden.

Spargel

Als Sexual-(Phallus-)symbol verkörpert er erotische Bedürfnisse des Träumers.

Spaten

Der Spaten als Trauminhalt symbolisiert unser Bemühen, das eigene Ich oder die Persönlichkeit anderer zu erkennen, also auch das herauszuarbeiten, was sich unterhalb der Bewußtseinsebene befindet. Manchmal verkörpert der Spaten auch die mühsame Arbeit an unserer Persönlichkeitsentwicklung.

Spatz

Das Bedürfnis nach Abwechslung und Geselligkeit, manchmal aber auch die Warnung vor Klatsch und Tratsch, können dahinter zum Ausdruck kommen.

Speck

Meist ähnelt er in seiner Bedeutung dem Schinken oder → Schwein. Gelegentlich kommt darin eine gewisse Dickfelligkeit des Träumers zum Ausdruck, oder das Symbol warnt vor zu ausgeprägtem Egoismus.

Speer

Er weist uns darauf hin, daß wir im Zorn dazu neigen, andere Menschen zu verletzen. Manchmal fordert er uns auch auf, uns dem Einfluß anderer – vor allem ihrer unsachlichen, verletzenden Kritik – massiv entgegenzustellen. (→ Waffen)

Speichel

Darin erkennen wir positive oder negative Gefühle, die uns stark beherrschen. Vielleicht kommt aber auch eine unterwürfige, übertrieben demütige eigene Haltung gegenüber anderen Menschen dahinter zum Vorschein, die man überwinden sollte, oder das Unterbewußtsein warnt uns vor »Speichelleckern« in unserer Umgebung. Die genaue Deutung ergibt sich aus den Begleitumständen des Traums.

Speicher

→ Haus, Dachboden.

Speisekammer

→ essen.

Speisewagen

Der Speisewagen bringt zum Ausdruck, daß eine Veränderung in unserem Leben nicht nur Unannehmlichkeiten mit sich bringt, sondern auch angenehme Erlebnisse und interessante Erfahrungen, gewissermaßen »Nahrung« für Seele und den Geist bedeuten kann.

Spektrum

Wenn wir im Traum das Farbspektrum (→ Farben) sehen, bringt das die verschiedenen Möglichkeiten zum Ausdruck, die in unserer Persönlichkeit ruhen und die Vielfalt des Lebens ausmachen. (→ Mosaik)

Sperling

→ Spatz.

Sperma

Darin kommt allgemein die in uns gespeicherte Lebenskraft und Energie zum Ausdruck. Ferner kann dahinter die sexuelle Potenz oder Männlichkeit, bei einer Frau auch der Wunsch nach einem betont männlichen, potenten Liebhaber sichtbar werden.

Sphinx

Sie verkörpert das Rätselhafte des Lebens, die Fragen nach unserer Herkunft, dem Sinn des Lebens und Sterbens. Die genaue Bedeutung ergibt sich im Einzelfall aus den Begleitumständen des Traums.

Spiegel

Er zeigt uns, wie wir sind, welche Möglichkeiten, aber auch Gefahren in uns schlummern. Allerdings müssen wir dabei berücksichtigen, daß unser Spiegelbild uns ein seitenverkehrtes Abbild der Persönlichkeit liefert. Das kann für die Deutung sehr wichtig sein (→ links, → rechts). Die genaue Bedeutung ergibt sich aus den jeweiligen Begleitumständen des Traums und der realen Lebenssituation.

Spiel, spielen

Symbolisch kommt darin eine etwas leichtfertige Lebenseinstellung zum Ausdruck, die unsere persönliche Reifung und den uns gemäßen Lebensweg erheblich behindern und verzögern kann. Manchmal fordert das Unterbewußtsein uns allerdings auch dazu auf, das Leben etwas leichter zu nehmen.

Spielzeug

Es versinnbildlicht noch deutlicher als das Spiel eine unreife Persönlichkeit mit kindisch-naiven Erwartungen, Einstellungen und Gewohnheiten, die allmählich (wenn nötig mit Hilfe eines Psychotherapeuten) abgelegt werden sollten.

Spinne, Spinnennetz

Dahinter können sexuelle Bedürfnisse stehen, die zugleich mit Abneigung, Ängsten und Schuldgefühlen verbunden sind. Manchmal verkörpert das Spinnennetz eine überbesorgte Mutterliebe, die der Selbstentfaltung im Wege steht und von der sich der erwachsene Träumer immer noch nicht innerlich befreit hat. Schließlich können darin Begierden oder Gefühle zum Ausdruck kommen, die uns viel Kraft kosten oder Überzeugungen umstoßen und Ziele erschüttern, an die wir bisher fest glaubten. Vor allem bei abnormen Mutterbindungen und sexuellen Problemen kann es notwendig werden, in solchen Fällen einen Psychotherapeuten zu konsultieren.

spinnen, Spinnrad

Behaglichkeit, Geborgenheit und emotionale Wärme in der Familie (oder das Bedürfnis danach) stehen hinter diesen Symbolen.

Spion

Ein Warnzeichen, das man immer ernst nehmen sollte, denn es kann auf ernstere seelische Störungen hinweisen. Wer glaubt, daß man ihm nachspioniert, leidet vielleicht unter krankhaftem Mißtrauen, das bis zu Verfolgungsideen gesteigert sein kann. Allerdings kann natürlich auch tatsächlich die Bespitzelung durch andere Menschen dahinterstehen, die man spürt, ohne daß es einem schon so richtig bewußt wurde. Möglicherweise sieht sich der Träumer auch selbst als Spion. Das deutet auf seinen Versuch hin, sein eigenes Unterbewußtsein zu erforschen, hinter die verborgenen Seiten seiner Persönlichkeit zu kommen oder auf seinen Wunsch, andere Menschen und Vorgänge besser zu durchschauen.

Spiritismus

Dieses Symbol verdeutlicht Intuitionen, unbewußte Gefühle, Wünsche und Leidenschaften, generell das Irrationale im Leben des Träumers, das er erkennen und verstehen möchte.

Spital

Dahinter kommt eine bevorstehende Veränderung des Lebens zum Ausdruck, die durch eine unangenehme Krise eingeleitet werden wird. Ob sie vorteilhaft oder negativ ist, ergibt sich aus den Begleitumständen des Traums und der realen Lebenssituation.

Spitzen

Im allgemeinen weisen sie auf sexuelle Bedürfnisse hin.

Splitter

Sie verkörpern einzelne Gedanken, Ansichten und Einstellungen, die nicht so recht in das Gesamtbild der Persönlichkeit passen.

Sporen

Das Symbol kann vor Übereifer warnen oder zu mehr Aktivität auffordern. (→ Pferd)

Sprache

Sie versinnbildlicht unsere Fähigkeit zu sozialen Kontakten, insbesondere den Wunsch, uns anderen verständlich zu machen. Die genaue Bedeutung ergibt sich aus den Begleitumständen des Traums und der realen Lebenssituation. (→ stumm)

Spreu

Dahinter stehen alle unwesentlichen Dinge unseres Lebens. Je nach den Begleitumständen des Traums ergibt sich die genauere Bedeutung. Oft will uns das Symbol zeigen, daß wir nicht alles so ernst und wichtig nehmen sollten.

Sprichwort

→ Gedicht.

springen

Dahinter kommt Mut zum Risiko in einer unsicheren Lage zum Vorschein, die wir noch nicht richtig einschätzen können. Das Unterbewußtsein kann uns auch zeigen, daß wir nicht unnötig lange abwägen, sondern eine Chance rasch wahrnehmen sollen.

Spritze

Meist ist sie als Ausdruck sexueller Bedürfnisse (Phallussymbol, → Injektion) zu deuten. Im weiteren Sinn können dahinter auch Einflüsse von außen stehen, die allerdings nur vorübergehend eine Wirkung auf unser Verhalten haben, da sie im Grund genommen unserer Persönlichkeit fremd sind.

Sprung

Dieses Symbol ist vieldeutig, je nach den Begleitumständen des Traums und unserer realen Lebenssituation. Oft zeigt es uns, daß wir Probleme und Schwierigkeiten des Lebens bewältigen werden und Grund zur Hoffnung haben. Manchmal kommt dahinter aber auch die Angst vor solchen Aufgaben zum Vorschein. Zuweilen zeigt uns der Sprung an, daß der Panzer aufbricht, mit dem wir uns selbst isoliert haben. Schließlich können auch sexuelle Bedürfnisse dahinter zum Vorschein kommen.

spucken

→ Speichel.

Spuk

→ Dämon, → Gespenst.

Stab, Stock

Oft verkörpern sie als Phallussymbole sexuelle Bedürfnisse. Stützt man sich darauf, warnt das Unterbewußtsein dadurch vor zu großem Vertrauen in die Hilfe von außen. Wird man damit geschlagen oder schlägt man andere, erhält man entweder selbst einen »Denkzettel« oder wird sich an anderen rächen. Zerbricht der Stab oder Stock,

kündigt das meist Streit mit nahestehenden Menschen an.

Stachel

Darin kann Widerstand gegen die Anforderungen der Umwelt (»wider den Stachel löcken«) zum Ausdruck kommen. Häufig stehen dahinter aber auch sexuelle Bedürfnisse, die manchmal abartig (Masochismus, Sadismus) sind.

Stachelbeeren

Sie kündigen Ärger und Streit in einer Gefühlsbeziehung an, die aber bald wieder überwunden sein werden.

Stacheldraht

Dieses Symbol warnt den Träumer vor »kleinen Affären«, die er neben einer tieferen Liebesbeziehung unterhält, weil diese dadurch gefährdet werden kann.

Stadt

Manchmal kommt dahinter der Wunsch nach mehr Abwechslung, Anregung und Geselligkeit zum Ausdruck. Im tieferen Sinn symbolisiert sie die äußeren Seiten unserer Persönlichkeit, also vor allem äußere Merkmale und Verhaltensweisen.

Stagnation, stocken

Dahinter stehen Gefühle und seelische Energien, die beim Träumer aus irgendeinem Grund blockiert sind.

Stahl

→ Eisen.

Stange

→ Stab, → Rohr.

Stapellauf

Darin kommt ein neuer Lebensabschnitt zum Vorschein, den wir mutig und voller Hoffnungen beginnen können.

Star

Der Vogel warnt meist vor der Redseligkeit des Träumers, die ihn in Schwierigkeiten bringen kann.

starr, Starre, Erstarrung

Dahinter stehen Meinungen, Gefühle und Prinzipien, die durch nichts ins Wanken gebracht werden können, auch wenn sie sich nicht bewährt oder eindeutig als falsch erwiesen haben. Manchmal kommt dahinter auch innere Härte oder Männlichkeit zum Ausdruck.

starren

Wenn man im Traum jemanden anstarrt, kann das auf den Wunsch oder Versuch der Beeinflussung eines anderen in der Realität hinweisen. Starrt man ins Leere, deutet das meist auf hohe Konzentration hin.

Statue

Ein solcher Trauminhalt verkörpert Gleichgültigkeit, Gefühlskälte und Überheblichkeit, Eigenschaften also, die Konflikte mit der Umwelt und innerhalb der eigenen Persönlichkeit heraufbeschwören können.

Staub

Er versinnbildlicht oft den Hang zu einem einfachen, naturnahen Leben, dessen Unbequemlichkeiten der Träumer gerne gegen die Vorteile seiner augenblicklichen Lebensweise eintauscht. Häufiger erkennen wir darin aber auch Gedanken und Ideen, die aus unserem Unterbewußtsein emporsteigen. Möglicherweise kommt dahinter die Neigung zu nüchternem Denken zum Vorschein. Gelegentlich müssen aus diesem Traumsymbol praktische Konsequenzen für das reale Leben des Träumers gezogen werden.

Staubsauger

Er kann auf bevorstehende Auseinandersetzungen hinweisen, durch die man sich aber nicht weiter beeindrucken lassen sollte. Manchmal kommen darin Einflüsse von außen auf unser Denken zum Vorschein, die bestimmte eigene Ideen und Vorstellungen zu verdrängen drohen.

stechen

Dahinter stehen oft Ereignisse, durch die man angestachelt wird, etwas Bestimmtes zu tun. Manchmal kommt in diesem Traumsymbol auch die Verletzung des Träumers durch andere zum Ausdruck.

Stecken

→ Stab.

Stecknadel

Sie symbolisiert meist die Sticheleien der Umwelt, gegen die sich der Träumer ein dickeres Fell zulegen sollte. Längere Beachtung verdienen sie nicht, dazu sind die Anlässe zu nichtig.

steif

Darin kommen strenge Prinzipien, Moralvorstellungen, leere Förmlichkeiten und versteckte oder verdrängte Gefühle zum Ausdruck. Das Unterbewußtsein fordert uns auf, im Alltag lockerer und zugänglicher für andere Menschen zu werden, vor allem auch mehr Toleranz zu üben.

Steigbügel

Er verkörpert ein Hilfsmittel, das wir für unsere Ziele benötigen. Die genaue Bedeutung ergibt sich aus den Begleitumständen des Traums. (→ Pferd, → Sattel)

steil

Die Deutung hängt davon ab, was im Traum als steil erscheint. Ein steiler Weg nach oben zeigt uns, daß wir uns emporarbeiten müssen oder viel Mühe aufwenden werden, um zu geistigen Einsichten zu gelangen. Ein steiler Weg nach unten dagegen warnt uns entweder vor dem Abgleiten in geistige oder moralische »Niederungen«, oder er zeigt uns die Angst vor Versagen an. (→ Berg, → Abgrund)

Stein

Er symbolisiert Gefühlskälte, Verachtung, Haß oder mangelndes Mitgefühl. Zuweilen können Steine auch auf Hindernisse des Lebenswegs hinweisen oder ein solides Fundament unserer Pläne und Absichten anzeigen. Die genaue Deutung ergibt sich im Einzelfall aus den Begleitumständen des Traums und der tatsächlichen Lebenssituation. (→ Fels)

Stempel

Darin kommt zum Ausdruck, daß wir in einer Angelegenheit eine endgültige Entscheidung getroffen haben, hinter der wir uneingeschränkt stehen. Zuweilen kann der Stempel mit unserem Namen aber auch in der gleichen Bedeutung wie der → Name auftauchen.

sterben

→ Tod.

sterilisieren

→ Desinfektion.

Stern(e)

Er versinnbildlicht unser höheres, geistiges Streben, den Ehrgeiz, nach den Sternen zu greifen, ganz allgemein also unsere Absichten und Hoffnungen.

Sternschnuppe

Entsprechend ihrer volkstümlichen Bedeutung (wer eine Sternschnuppe fallen sieht, darf sich etwas wünschen) kann sie auch in einem Traum ankündigen, daß unsere Wünsche in Erfüllung gehen werden.

Steuer, Steuer-(Lenk-)rad

Darin kommt unser Wille zum Ausdruck, der dem Leben eine bestimmte Richtung gibt, die von unseren Erwartungen, Einstellungen, Grundsätzen und Hoffnungen geprägt wird. Für die weitere Deutung ist es auch wichtig, wer das Steuer in der Hand hält. (→ Steuermann)

Steuermann

Er verkörpert die Inhalte unserer Persönlichkeit, die entscheidend über die Richtung unseres Lebens bestimmen. Die genaue Bedeutung ergibt sich aus den Funktionen dieses Steuermanns. Ein Pfarrer oder Lehrer läßt eher auf geistige Ziele, ein Kaufmann auf geschäftliche (materielle) Interessen, ein Künstler auf Selbstverwirklichung durch Kreativität schließen.

sticken, Stickerei

Beide Symbole deuten auf Geschicklichkeit und Geduld des Träumers in bestimmten Angelegenheiten oder allgemein.

Stiefel

Sie kündigen Hindernisse und Schwierigkeiten auf unserem Lebensweg an, die sich nur durch große Standfestigkeit überwinden lassen. (→ Kleidung)

Stiege

→ Treppe.

Stier

Er verkörpert Männlichkeit und Potenz, in Träumen der Frau das Bedürfnis nach einem starken, sexuell aktiven Mann. Im weiteren Sinn kommen dahinter Energien aus der Triebwelt zum Ausdruck, die vergeistigt werden und somit für unsere höheren Ziele zur Verfügung stehen, ohne daß die Sexualität deshalb verdrängt wird. Die genaue Deutung richtet sich nach den Begleitumständen des Traum.

Stirn

Sie steht für unsere geistige Lebenseinstellung, zum Teil auch für den Charakter, der dann oft an einem Mal auf der Stirn abgelesen werden kann. Gelegentlich sitzt auf der Mitte der Stirn ein Auge, das auf Weisheit hindeutet.

Stock

→ Stab.

stolpern

Darin kommt ein Hindernis auf unserem Lebensweg zum Vorschein, das uns zwar straucheln läßt, aber nicht zu Fall bringt.

stopfen

Im einfachsten Fall erkennen wir dahinter Sparsamkeit und Vorsicht in finanziellen Angelegenheiten. Das Symbol kann aber auch auf seelische Wunden hinweisen, die wir »flicken« müssen. Worauf sich das im Einzelfall bezieht, geht aus dem Symbolgehalt dessen hervor, was wir im Traum stopfen.

Storch

Oft taucht er in Träumen junger Eheleute auf und versinnbildlicht dann deren Wunsch nach Kindern. Allgemein symbolisiert er die Seele oder die Zeit unserer frühsten Kindheit.

stoßen, Stößel

Beide Symbole können sexuelle Bedürfnisse oder Aggressivität zum Ausdruck bringen. Manchmal steht dahinter auch die Energie, mit der wir unser Leben meistern. Schließlich kann speziell im Symbol des Stoßens auch einmal der Zufall verkörpert werden, der uns auf einen neuen Gedanken, eine Idee oder einen für uns wichtigen Menschen stoßen läßt.

stottern

Es zeigt Ängste und Schwierigkeiten des Träumers im Umgang mit anderen Menschen an, die auf einem Minderwertigkeitsgefühl beruhen können. Er kann sich nicht richtig verständlich machen, wagt nicht so recht, seine Meinungen zu vertreten, ist unsicher und unentschlossen. Daraus sollte man praktische Konsequenzen ziehen.

Strafe, Sträfling

Dahinter können verdrängte Gefühle und Wünsche stehen, die der Träumer aus Angst vor der Mißbilligung seiner Umgebung nicht zum Ausdruck bringt.

strahlen

→ Glühen, → Licht.

Strahlenkranz, Heiligenschein

Es handelt sich um ein Symbol, das manchmal auf Religiosität hinweist. Häufiger erkennt man dahinter aber die eigene Geisteshaltung, die auch nach außen abstrahlt. Gelegentlich kann sich auch Scheinheiligkeit oder Heuchelei dahinter verbergen.

Straße

Sie zeigt uns die Richtung unseres Lebens, das persönliche Schicksal und unsere Lebensziele. Aus dem, was auf und neben der Straße im Traum geschieht, erkennen wir, ob wir den uns persönlich gemäßen Weg eingeschlagen haben und dadurch zur Selbstverwirklichung gelangen, oder ob wir vom rechten Weg abirren und unseren Lebenssinn verfehlen. Die Straße ist stets ein wichtiges Traumsymbol, das sorgfältig gedeutet werden sollte und je nach den Begleitumständen im Traum praktische Konsequenzen erforderlich macht.

Strauch

→ Gebüsch.

Strauß/Blumen

Der Vogel warnt uns davor, den Kopf in den Sand zu stecken, mit anderen Worten, die Augen vor den Tatsachen des Lebens zu verschließen. Die Bedeutung eines Blumenstraußes ergibt sich aus dem Symbolgehalt der Blumen. (→ entsprechende Stichwörter)

Strick

Dieses Traumsymbol kann unbequeme Bindungen an andere Menschen versinnbildlichen, die unsere Selbstverwirklichung hemmen und uns auf diese Weise am Vorwärtskommen hindern. Manchmal zeigt der Strick allerdings auch, daß viele Bestandteile unserer Persönlichkeit sich zu einem Ganzen vereinigt haben und uns die Energie und Kraft verleihen, um mit Problemen und

Schwierigkeiten fertig zu werden, vorher unlösbare Aufgaben zu bewältigen.

stricken

Das Symbol kann ähnlich wie → stopfen gedeutet werden. Gelegentlich erkennen wir daran aber, daß wir eine im Grunde einfache Angelegenheit unnötig komplizieren oder uns langweilige Aufgaben bevorstehen, die uns lange beschäftigen werden.

Stroh

Es kann in ähnlicher Bedeutung wie → Heu im Traum auftauchen. Zuweilen warnt es uns davor, leeres Stroh zu dreschen, oder kündigt uns materielle Risiken und Notlagen an.

Strom

→ Fluß, → Elektrizität.

Strumpf, Strumpfband

Diese beiden Symbole stehen meist für sexuelle Bedürfnisse oder den Wunsch nach einer erotischen Beziehung.

Stuhl

In ihm kommt entweder die eigene soziale Stellung oder die Gesamtheit unserer inneren Einstellung und Haltungen zum Ausdruck. Die genaue Bedeutung ergibt sich erst aus den Begleitumständen des Traums und aus der tatsächlichen Lebenssituation.

stumm

Das Versagen der Stimme symbolisiert im Traum unsere Unfähigkeit, Gefühlen und Bedürfnissen Ausdruck zu verleihen. Daraus sollten praktische Konsequenzen gezogen werden, eventuell mit Hilfe eines Therapeuten, denn meist leidet der Träumer im Alltag darunter.

Sturm

Er versinnbildlicht starke Gefühle und Ängste, zutiefst erschütterte Einstellungen und Gedanken,

eine innerlich aufgewühlte, verunsicherte Persönlichkeit. Daraus können Gefahren für die eigene Existenz erwachsen (→ Luft). Dieser Traum sollte praktische Konsequenzen nach sich ziehen.

Sturz

Durch einen Sturz im Traum warnt uns das Unterbewußtsein vor Schwierigkeiten und Hindernissen auf unserem Lebensweg, die im Gegensatz zum → Stolpern durchaus unsere Pläne behindern können.

Stute

→ Pferd.

Sucht, Süchtiger

Darin erkennen wir, daß unser Leben von Einflüssen bestimmt wird, die nicht unserem Willen und Bewußtsein entsprungen sind. Oft stehen Ängste und andere starke Gefühle oder Abhängigkeiten von anderen Menschen dahinter. Die genaue Bedeutung ergibt sich aus den Begleitumständen des Traums. Gelegentlich kommt dahinter auch eine tatsächliche suchtartige Abhängigkeit zum Vorschein.

Süden

Die Himmelsrichtung symbolisiert unser von geistigen Erfahrungen und Einsichten geprägtes Bewußtsein, das unser Leben entscheidend mit beeinflußt.

Sumpf

→ Morast.

Suppe

Sie kann ähnlich wie Nahrung allgemein auf Gefühle hinweisen, die uns stärken und Energie geben. Im Einzelfall – je nach den Begleitumständen des Traums – weist sie uns aber darauf hin, daß wir unsere Probleme und Schwierigkeiten selbst verursacht haben und die Suppe, die wir uns eingebrockt haben, nun auch allein wieder auslöffeln müssen.

T

T

Der Buchstabe kann das → Kreuz symbolisieren und steht dann für eine innere Entwicklung, die sich gegen eingefahrene Gewohnheiten und den Einfluß vergangener Erfahrungen richtet. Im weiteren Sinn versinnbildlicht das T den Ursprung unserer Kräfte, Wünsche, Gefühle und Ideale. Ob daraus praktische Konsequenzen gezogen werden sollten, ergibt sich aus den Begleitumständen des Traums und der realen Lebenssituation.

Tabak

Obwohl heute auch viele Frauen rauchen, steht er im Traum immer noch oft für Männlichkeit und sexuelle Bedürfnisse. Vor allem Pfeife und Zigarre sind als Phallussymbole zu verstehen. Trifft das im Einzelfall nicht zu, kann uns der Tabak auf Bemühungen hinweisen, die von vornherein nutzlos sind, gewissermaßen »in Rauch aufgehen«, noch ehe sie verwirklicht werden konnten.

Tabakspfeife

→ Pfeife.

Tablette

→ Arzneimittel, → Heilmittel, → Pille.

Tafel

Sie steht mit dem Lernen aus Lebenserfahrungen in Zusammenhang, das keinem von uns erspart bleibt. Je nachdem, was mit der Tafel geschieht oder auf ihr geschrieben steht, kommt dahinter zum Beispiel das Bedürfnis nach Rat und Hilfe, die Warnung vor Schaden und Risiken in der nächsten Zukunft oder die Ermahnung des Unterbewußtseins zu mehr Planung und Überlegung in einer bestimmten Lebenssituation oder ganz allgemein im Leben zum Ausdruck.

Tag

Er verkörpert einen bestimmten, klar umrissenen Abschnitt unseres Lebens. Die genaue Bedeutung dieses Symbols ergibt sich erst aus den näheren Begleitumständen des Traums.

Tagebuch

Dahinter stehen Erinnerungen an die Vergangenheit, die wichtig genug sind, um sie nicht achtlos zu übergehen, sondern daraus für die aktuelle Lebenssituation praktische Konsequenzen zu ziehen.

Tal

Es kann die weiblichen Geschlechtsorgane – also sexuelle Bedürfnisse – symbolisieren. Manchmal kommen dahinter auch depressive Verstimmungen oder andere Tiefpunkte in unserem Leben zum Ausdruck. Schließlich kann der Abstieg in ein Tal auch anzeigen, daß man sich im Leben zu stark nur mit materiellen äußeren Angelegenheiten beschäftigt. (→ Berg)

Talmud

Das Buch, für die Juden mindestens ebenso wichtig wie für Christen die Bibel, symbolisiert im Traum Erfahrung und Weisheit eines Lebens, das vom Geist gelenkt wurde. Aus diesem Erfahrungsschatz kann der Träumer auch in Zukunft Nutzen ziehen. Dazu fordert ihn das Unterbewußtsein symbolisch auf. (→ Bibel)

Tamburin

Dahinter stehen belanglose Nachrichten oder harmlose Vergnügungen, die man nicht weiter zu beachten braucht.

Tang

Er symbolisiert unbewußte Gedanken und Entwicklungen, die teilweise schon an die Oberfläche unseres Bewußtseins gelangt sind. Auch eine Verwirrung unserer Gefühle kann dahinter zum Vorschein kommen.

Tango

Dieser Tanz verkörpert die erotischen Bedürfnisse des Träumenden, die zu einer prickelnden, aber harmlosen Liebelei führen können, aus der zuweilen aber auch eine ernsthafte Liebesbeziehung hervorgehen kann.

Tank

Er steht im allgemeinen für materielle Sicherheit im Sinne von Vorrat, wenn er gefüllt ist. Der leere Tank kann das Gegenteil versinnbildlichen. Je nach dem Inhalt des Tanks ergeben sich daraus zusätzliche Deutungen. (→ Alkohol, → Benzin, → Wasser, → Wein)

Tanne

Der Baum steht als Phallussymbol meist für sexuelle Bedürfnisse. Manchmal symbolisiert er auch den Wunsch nach Ruhe, Erholung und Harmonie, den man möglichst bald befriedigen sollte.

Tannenzapfen

Sie verheißen uns eine positive Überraschung, die wir meist dem Zufall zu verdanken haben.

Tanz, tanzen

Dahinter kann innere Ausgeglichenheit stehen, zuweilen auch ein spontanes Gefühl, das man nicht unterdrücken sollte. Gelegentlich kommen auch sexuelle Bedürfnisse darin zum Vorschein. Der Eintänzer (Gigolo) deutet besonders stark auf das Bedürfnis nach einem sexuellen Abenteuer hin.

Tanzveranstaltung

Neben der Bedeutung des Tanzens (→ Tanz) kann darin der Wunsch nach Abwechslung und Frohsinn zum Ausdruck kommen. Manchmal weist uns das Unterbewußtsein mit diesem Trauminhalt allerdings darauf hin, daß wir in unseren zwischenmenschlichen Beziehungen und/oder ganz allgemein im Leben zu oberflächlich und vergnügungssüchtig sind.

Tapete

Sie symbolisiert ähnlich wie der Anstrich (→ anstreichen) unser Bemühen, das »wahre Gesicht«, also unsere Absichten, Einstellungen, Gefühle und Gedanken, hinter einer Maske (→ Fassade) zu verbergen, ein ganz bestimmtes, gemachtes Bild von uns zur Schau zu stellen. Mehr Mut zur Offenheit ist dem Träumer anzuraten.

Tasche

Sie kann unsere Erfahrungen und Erinnerungen oder unsere inneren und materiellen Reserven an Energie, Tatkraft, Gefühlen und Besitz verkörpern. Manchmal steht dahinter auch die Aufnahmefähigkeit für äußere Eindrücke oder ein sexuelles Bedürfnis.

Taschendieb

Ein Warnzeichen, das den Verlust der Reserven ankündigen kann, die von der → Tasche symbolisiert werden. Der Träumer sollte zu erkennen suchen, worauf sich diese Warnung bezieht, und dann vorsichtig sein.

Tasse

Sie kann sexuelle Bedürfnisse verkörpern, sie kann aber auch im Sinne eines → Gefäßes im Traum auftauchen.

taub, Taubheit

Die Symbole warnen uns davor, die Ohren vor der Realität zu verschließen oder zu mißachten, was andere von uns halten. Trifft diese Bedeutung im Einzelfall nicht zu, kann dahinter zum Ausdruck kommen, daß man nicht auf das achtet, was in einem selbst vorgeht, und dadurch auf manche wichtige Selbsterkenntnis verzichten muß. Der Trauminhalt fordert uns meist zu praktischen Konsequenzen auf.

Taube

Sie symbolisiert unser Bedürfnis nach Frieden, innerer Ruhe und Harmonie, manchmal auch Liebe. Zuweilen kommen darin die sanften, weichen Züge unseres Gemüts zum Vorschein, die genaue Bedeutung ergibt sich immer aus den Begleitumständen des Traums.

tauchen, Taucher

Dahinter steht die Aufforderung des Unterbewußtseins, in die Tiefen unserer Seele vorzudringen, um neue Selbsterkenntnis zu gewinnen. Manchmal werden wir auch dazu aufgefordert, im täglichen Leben den Schritt ins Neue, Unbekannte zu wagen.

tauen, Tauwetter

Die Symbole beschreiben, was in uns vorgeht oder was wir anstreben sollten. Insbesondere kommt darin zum Ausdruck, daß sich eine streng vernünftige, intellektuelle und erstarrte Einstellung auflöst oder daß verhärtete Gefühle und Gemütskälte zu tauen beginnen, dem Mitgefühl und der Gefühlswärme weichen.

Taufe

Sie deutet auf einen tiefgreifenden Wandel unserer inneren Einstellungen und Haltungen hin, die durch den Geist geläutert wurden. Dazu gehört zum Beispiel die Überwindung von Vorurteilen, Gefühlen und erstarrten Gedanken oder Gewohnheiten durch neue Einsichten. Dadurch werden neue Möglichkeiten im Leben erschlossen und bisher unbewußte, schlummernde Kräfte und Inhalte unserer Persönlichkeit geweckt. Worauf sich das im Einzelfall bezieht, erkennt man aus den Begleitumständen des Traums und der realen Lebenssituation. (→ Wasser)

Tee

Ähnlich wie → Kaffee kann das Getränk unser Bedürfnis nach Entspannung, Geselligkeit und Anregung zum Ausdruck bringen. Allgemein steht er für neue, anregende Einsichten, Erfahrungen, Ideen oder Bekanntschaften, die zu einer Änderung unseres Verhaltens führen.

Teer

In diesem Symbol kommen oft Ängste aus unserem Unbewußten zum Ausdruck. Ganz allgemein verkörpert der Teer jene negativen Seiten unseres Wesens, von denen wir nichts wissen, die unser Leben aber trotzdem mehr oder minder deutlich beeinflussen. Somit verhelfen uns Träume dieser Art zur vertieften Selbsterkenntnis, aus der im Einzelfall praktische Konsequenzen gezogen werden sollten.

Teich

Dahinter stehen unsere geheimsten Gefühle, die wir auch vor uns selbst kaum eingestehen, zum Beispiel »verbotene« Neigungen, Hoffnungen oder Leidenschaften. Die genaue Bedeutung dieses Symbols ergibt sich erst aus den Begleitumständen des Traums.

Teig

→ backen, → Brot.

Teint

Er ähnelt in seiner Bedeutung der → Fassade, also dem Eindruck, den wir auf andere machen wollen. (→ Kosmetik)

Telefon

Es kann unsere sozialen Beziehungen oder den Kontakt mit unserem Unterbewußtsein symbolisieren. Wenn wir das Telefon läuten lassen, ohne den Hörer abzunehmen, dann kommt darin unsere Ablehnung oder Angst vor inneren Empfindungen zum Ausdruck.

Telegraf, Telegramm

Beide Symbole verheißen uns eine Überraschung. Ob sie positiv oder negativ ist und worauf sich die Ankündigung überhaupt bezieht, ergibt sich aus den Begleitumständen des Traums und der realen Lebenssituation.

Teller

Dieser Trauminhalt symbolisiert unsere Aufgaben, Pläne oder Verpflichtungen, manchmal auch unsere Bedürfnisse oder Begierden. Ein gefüllter Teller deutet auf gutes Gelingen in diesen Bereichen hin, der überfüllte warnt uns davor, daß wir uns übernehmen, der leere kündigt Mißerfolge an.

Tempel

Dadurch wird der Körper als Wohnstätte von Geist und Seele versinnbildlicht. Die genaue Bedeutung ergibt sich aus den Begleitumständen des Traums. Meist erkennen wir darin, welche Bedeutung wir dem Körper und seinen Bedürfnissen im Vergleich zu seelisch-geistigen Ansprüchen zubilligen.

Teppich

Er kann die Schöpfung in ihrer verwirrenden Vielfalt symbolisieren, die sich bei genauer Betrachtung aber doch als sinn- und planvoll erweist. Im engeren Sinn erkennt der Träumer darin (ähnlich wie im → Mosaik) sein eigenes Leben. Manchmal weist uns der Teppich auf Geltungssucht hin oder versinnbildlicht den Höhenflug unserer Vorstellungen und Ideale. Die genaue Bedeutung ergibt sich aus den jeweiligen Begleitumständen des Traums.

Teufel

Darin erkennen wir unsere Gefühle, Wünsche, Begierden und Ideen, die wir grundsätzlich ablehnen, von denen wir aber trotzdem zu Handlungen und Verhaltensformen gezwungen werden. Da sie eigentlich persönlichkeitsfremd sind, bedauern wir sie hinterher meist. Was sich im Einzelfall konkret hinter dem Symbol verbirgt, ergibt sich aus den Begleitumständen des Traums und unserer realen Lebenssituation. (→ Besessenheit, → Dämon, → Satan)

Theater

→ Bühne, → Schauspieler.

Thermometer

Ähnlich wie das Barometer zeigt es Gefühle an, manchmal auch ganz allgemein unseren Temperamenttyp.

Thermosflasche

Sie verkörpert Gefühle, die wir im jetzigen Zustand entweder »warm« oder »unterkühlt« erhalten wollen.

Tiara

→ Papst.

tief, Tiefe

Ein vieldeutiges Symbol, das nur aus dem Zusammenhang mit den Begleitumständen des Traums gedeutet werden kann. Es weist uns immer in unser Unterbewußtsein, in die Tiefe unseres Wesens, oder in die Vergangenheit.

Tier

Es symbolisiert animalische Persönlichkeitszüge, vor allem Begierden, Leidenschaften und Triebe, oder eine primitive Bewußtseinsebene. Was das Traumsymbol konkret aussagen will, hängt immer von den Begleitumständen des Traums und der realen Lebenssituation ab.

Tierarzt

In ihm kommen die unbewußten Selbstheilungskräfte des Träumers zum Vorschein, die ihm bei seelischen Konflikten helfen. (→ Arzt)

Tierkreiszeichen

Die Tierkreiszeichen versinnbildlichen den Lebenslauf mit seinen zahllosen Möglichkeiten und Erfahrungen.

Tiger, Tigerin

Das männliche Tier symbolisiert unsere Triebe und Aggressionen einschließlich der sexuellen Potenz. Die Tigerin weist auf aggressive Sexualität der Frau hin. Zur genauen Deutung dieser Symbole müssen die Begleitumstände des Traums und die realen Lebensumstände des Träumers mit herangezogen werden.

Tinte

Sie kann einen unbewußten Inhalt der Seele symbolisieren, dem wir mehr Beachtung schenken sollten. Manchmal erfahren wir dadurch auch, daß eine Angelegenheit oder Begegnung ihre Spuren in uns hinterlassen hat. Ein Tintenklecks kann auf Schuldgefühle hinweisen.

Tisch

Er verkörpert die äußeren, materiellen Aspekte unseres Lebens, zum Beispiel unsere Arbeit. Die Bedeutung ergibt sich aus den Begleitumständen des Traums, etwa daraus, was wir am Tisch tun. Im weiteren Sinne kann der Tisch wie der → Altar gedeutet werden.

Tochter

→ Sohn.

Tod

Ein mehrdeutiges Symbol, das immer das Ende einer Lebensphase, den Abschluß eines Reifungsprozesses und die danach folgende Wiedergeburt in neuer Gestalt ankündigt. Deshalb ist er meist als positiv zu deuten, im allgemeinen im Sinne von Hoffnungen, Absichten, Plänen, Idealen und Bedürfnissen oder – allgemeiner formuliert – als Kreativität, die sich aus richtig verarbeiteten Erfahrungen ergibt.

Toilette

→ Abort, → Exkremente.

Tomate

Sie verkörpert Reife, Liebe und Leidenschaft. Die genaue Bedeutung hängt vor allem von der Reife der Frucht ab. Daran erkennt man, ob diese Inhalte heranwachsen oder bereits voll ausgebildet in uns vorliegen.

Ton

Als akustischer Reiz kann er im Sinn von Musik oder → Signal gedeutet werden. Die Tonerde symbolisiert den Körper und seine materiellen Bedürfnisse oder allgemeiner eine stark materialistisch geprägte Weltanschauung.

Topf

Er zeigt uns die Teile unserer Persönlichkeit, die Erfahrungen des Lebens oder ganz allgemein das Neue aufnehmen und zu neuen Wesenszügen umwandeln. Manchmal kommt dem Topf ähnliche

Bedeutung wie dem → Kreis zu. Der Töpfer verdeutlicht uns die Kräfte, die von außen auf uns einwirken und unser Leben gestalten.

Tor

Dahinter stehen die Grenzen und Schranken, die uns das Leben setzt, die wir überwinden oder an denen wir scheitern. Zugleich kann Angst vor dem dahinter zum Vorschein kommen, was es zu überwinden gilt. Das Symbol kann auch im Sinne von Narr auftauchen. (→ Clown)

Tornado

→ Luft, → Wind.

Torpedo

Er kann als Phallussymbol sexuelle Bedürfnisse verkörpern. Manchmal zeigt er auch Aggressionen an, die man in unfairer Weise (unterhalb der Gürtellinie) abreagiert. (→ Waffen)

Torte

Sie kann eine Frau verkörpern, die im Leben des Träumers eine Rolle spielt. Die genaue Bedeutung ergibt sich aus den Begleitumständen des Traums und der realen Lebenssituation.

tot, töten

Dahinter kommen Gefühle oder andere Inhalte unseres Wesens zum Ausdruck, die wir unterdrücken, verdrängen oder auf eine andere Weise abtöten. (→ Tod)

Totem

Es verkörpert einen geistigen Bereich unserer Persönlichkeit, der für uns sehr wichtig ist, oder ganz allgemein unsere Intuitionen.

Trance

Hier sind zwei gegensätzliche Deutungen mit verschiedenen Konsequenzen für den Alltag möglich, das ergibt sich jeweils aus den Begleitumständen des Traums. Einmal kann uns die Trance darauf hinweisen, daß wir uns mehr um die Inhalte unseres Unterbewußtseins kümmern sollten. Trifft das nicht zu, kommt das Gegenteil zum Ausdruck, wir dürfen dann über den unbewußten Inhalten unserer Persönlichkeit nicht die Realität vernachlässigen.

Tränen

Dahinter steht oft ein weiches Gemüt voller Gefühle und Mitleid. Zuweilen tritt das alles aber in übersteigerter Form auf und sollte dann auf ein »normales Maß« reduziert werden. Manchmal kommt in dem Symbol auch zum Ausdruck, daß sich der Träumer deprimiert und unglücklich fühlt und das im Traum durch Weinen abreagiert.

Trapez

Die geometrische Figur verkörpert ein Übermaß an Intellekt und Vernunft in unserem Leben, wodurch unsere Spontaneität, Intuition und das Gefühlsleben zu stark unterdrückt wird. Die Bedeutung des Trapez im Zirkus ergibt sich aus dem Symbolgehalt des → Seiltänzers.

Traube

Sie verkörpert das vom Geist noch nicht gelenkte Leben, das sich im körperlichen Sein erschöpft. Der vergorene Traubensaft (Wein) hingegen versinnbildlicht die Kraft des Geistes, der unserem körperlichen Sein einen Sinn gibt, das bloße »Dasein« zum »So-Sein« im Sinne von Individualität erweitert. Auch Männlichkeit, Logik und Kreativität kommen im gärenden Traubensaft zum Ausdruck. (→ Alkohol, → Wein)

Traum

Wer träumt, daß er träumt, erfährt dadurch oft, daß er in Kontakt zu seinem innersten Wesen tritt. Manchmal warnt dieses Traumsymbol aber auch vor Tagträumen, also eine Art Flucht vor der Realität in die Scheinwelt, die man eindämmen sollte.

treiben

Das zeigt uns, daß wir von Gefühlen beeinflußt werden, uns einfach ohne Plan und Ziel gehen

lassen, den zum Teil unbewußten Inhalten unserer Persönlichkeit ohne Kontrolle durch Bewußtsein und Willen einfach hingeben. Vorübergehend kann das erholsam und entspannend sein, zum Dauerzustand darf es jedoch nicht werden.

Treibgut, Treibsand

Beide Symbole zeigen Ängste und Hoffnungslosigkeit, innere Haltlosigkeit, vielleicht sogar Verzweiflung an, weil man den festen Boden unter den Füßen verloren hat oder in Gefühlen unterzugehen droht, vielleicht auch zu sehr von den Einflüssen und der Willkür anderer gelenkt wird.

Treibstoff

Er symbolisiert Energien, Erfahrungen und Wissen, die bisher noch nicht genutzt werden. (→ Benzin, → Tank)

Treppe, Treppenhaus

Ähnlich wie die → Leiter kann auch die Treppe sexuelle Bedürfnisse verkörpern. Ganz allgemein kommt dahinter unser Streben nach mehr Einfluß, Autorität und Macht, sozialem Aufstieg oder geistigen Einsichten zum Vorschein, das auf einer soliden Basis beruht.

Tretmühle

Wie in der Umgangssprache bringt dieses Symbol auch im Traum zum Ausdruck, daß der Träumer mit seinem Leben unzufrieden ist. Er hat die Pflichten und Mühen, das ewig wiederkehrende »Strampeln« nach etwas mehr Besitz und Ansehen, die Monotonie des täglichen Lebens und der Arbeit satt, die Aufgaben und Ansprüche erscheinen ihm stumpfsinnig – ein Stumpfsinn, der alles Lebendige, Schöpferische in ihm zu erdrücken droht. Der Traum sollte auf die reale Lebenssituation bezogen werden und zu praktischen Konsequenzen führen.

Tribüne

Sie kann Menschen oder Angelegenheiten verkörpern, die im Mittelpunkt unseres Interesses stehen.

Zuweilen kommt auch der (vielleicht übersteiger-te) Wunsch nach mehr Ansehen und Anerken-nung durch andere dahinter zum Vorschein.

trinken

Es zeigt uns, daß ein brennender Wunsch, eine Sehnsucht oder Leidenschaft, die sich auf körper-liche, emotionale oder geistige Bedürfnisse be-zieht, endlich in Erfüllung gehen wird. Worauf das im Einzelfall konkret hinweist, kann nur der Träumer selbst erkennen.

Trog (Futter-, Back-, Wäschetrog)

Allgemein ermahnen uns diese Symbole zur Spar-samkeit, denn nur dann können wir unsere fernen Ziele verwirklichen. Die Deutung des Backtrogs erfordert zusätzlich die Beachtung des beim → Backen angegebenen Symbolgehalts.

Trommel

Sie kann Energie und Kraft versinnbildlichen, wie sie auch im → Puls zum Ausdruck kommt. Manchmal steht dahinter auch das Bedürfnis nach sexueller Selbstbefriedigung.

Tuch

→ Seide.

Tür

→ Haus, → Tor.

Türke, Türkin, Türkei

→ Persien.

Tunnel

Darin kommt manchmal die Erinnerung des Träumers an die eigene Geburt zum Vorschein. Diese Erinnerung kann unter Umständen sehr ne-gativ sein und vielleicht die Wurzeln seelischer Konflikte verdeutlichen. Ganz allgemein symboli-siert der Trauminhalt entweder unser Unterbe-wußtsein, in das der Träumer eindringen sollte, um sich selbst besser zu verstehen, oder die Angst vor einer ungewissen Zukunft.

U

U

Der Buchstabe kann als Symbol mit ähnlicher Bedeutung wie → Becher oder → Kelch erschei-nen oder das Ich des Träumers versinnbildlichen. Ganz allgemein kommt darin der Ablauf der Zeit zum Ausdruck. Die individuelle Deutung richtet sich nach den jeweiligen Begleitumständen des Traums.

U-Bahn

In ihr erkennen wir die Richtung unseres Lebens, die durch unbewußte Inhalte unserer Psyche ge-steuert wird.

Überfall

Er warnt uns vor bisher unbewußten Bedürfnissen und Wünschen, die plötzlich in unser Bewußtsein durchbrechen und uns beunruhigen oder sogar ängstigen.

Übergabe

Darin kommt zum Ausdruck, daß der Träumer einen inneren Widerstand aufgibt und sich für äußere Einflüsse öffnet, denen er bisher wider-standen hat. Manchmal zeigt sich in dem Symbol auch die Kapitulation vor Konflikten, Problemen und Schwierigkeiten.

überlaufen

Der überlaufende (überkochende) Topf warnt uns vor Hindernissen auf dem weiteren Lebensweg, die uns wesentliche Nachteile bringen werden. Im Sinne eines Überläufers (Abtrünnigen), der die Fronten wechselt, ermahnt uns das Symbol, unse-re Überzeugungen nicht aus Feigheit aufzugeben, sondern offen zu bekennen, sich selbst also treu zu bleiben.

Überraschung

Meist eine Warnung vor unerwarteten Schwierig-keiten und zugleich die Aufforderung, vorsichtig zu sein.

Überrumpelung

Dieses Traumsymbol zeigt uns, daß wir Hindernisse, Probleme und Schwierigkeiten auf unserem Lebensweg gleichsam in einem Handstreich lösen werden oder sollten.

Überschwemmung

Sie symbolisiert eine grundlegende innere Wandlung, die mit erheblichen Selbstzweifeln und Ängsten einhergehen wird. Am Ende findet man aber wieder zum richtigen Lebensweg und zur gewohnten Selbstsicherheit zurück.

übertreten, Übertretung (zum Beispiel einer Vorschrift)

Im allgemeinen kommt darin zum Ausdruck, daß wir selbst oder andere die Gebote des Anstands und der guten Sitten übertreten, indem wir uns anderen oder diese sich uns aufdrängen. Übertritt man sich den Fuß, ergibt sich die genaue Bedeutung aus dem Symbolgehalt dieses Körperteils.

Ufer

Es symbolisiert die Grenzlinie zwischen dem Bewußtsein (Ich) und dem Unterbewußten. Was wir am Ufer oder Strand finden, stammt aus dem Unterbewußtsein und kann unter Umständen weiteren Aufschluß über die Bedeutung des Traums geben. (→ Treibgut)

Uhr

Sie versinnbildlicht den Lauf des Lebens und den Ablauf der Zeit. Zuweilen steht dahinter die Angst, in der begrenzten Zeit, die dem Menschen zur Verfügung steht, nicht mehr alles verwirklichen zu können, was einem am Herzen liegt. Die Uhr kann uns aber auch zeigen, daß wir eine Entscheidung treffen müssen. Worauf sich das im Einzelfall bezieht, kann der Träumer nur selbst aus seiner realen Lebenssituation erkennen.

Uhu

Er verkörpert Erfahrung, die zur Weisheit führt. (→ Eule)

umarmen

Die Umarmung durch einen anderen warnt uns vor bösen Absichten der Umwelt. Wenn wir selbst jemanden umarmen, kommt darin unsere eigene Arglist ihm gegenüber zum Ausdruck. Vorsicht ist in beiden Fällen geboten.

Umgestaltung (zum Beispiel eines Raums)

Neue Ideen, Gefühle, Einsichten und Einstellungen verwandeln uns nicht nur innerlich. Das Symbol bringt im Traum zum Ausdruck, daß diese inneren Kräfte auch auf unser äußeres Leben Einfluß nehmen.

Umweg

Er verkündet uns, daß wir aus eigener Schuld unsere Absichten, Pläne und Ziele nur mühsam erreichen werden, weil wir entweder vom rechten Weg abgewichen oder zu umständlich oder unbeweglich sind.

Unendlichkeit, Ewigkeit

Ein Traumsymbol, das die Unsterblichkeit von Geist und Seele verkörpert, manchmal auch eine ganz besondere, »unsterbliche« geistige Eigenschaft hervorhebt.

Unfall

Er kann Ängste zum Ausdruck bringen oder uns zeigen, daß wir durch das Verhalten anderer Menschen gekränkt und verletzt werden.

Ungeheuer

Dahinter stehen Ängste vor dem Versagen im Leben oder vor dem Tod, aber auch Haßgefühle, die sich in erster Linie gegen den Träumer selbst richten. Immer warnt uns das Unterbewußtsein durch ein solches Symbol davor, daß seelische Inhalte so großen Einfluß über uns gewonnen haben, daß wir sie kaum noch beherrschen können. Sie sind zur ernsten Bedrohung geworden und müssen unbedingt bewältigt werden, wenn nötig mit Hilfe eines Psychotherapeuten.

Uniform

Sie kann das Bedürfnis nach Autorität, Einfluß und Macht (manchmal in übersteigerter Form), aber auch die sture Anpassung an soziale Normen, Werte und Verhaltensweisen mit Intoleranz versinnbildlichen. Meist sollte der Träumer daraus praktische Konsequenzen ziehen.

Universität

Meist kommen darin unsere Lebenserfahrungen zum Vorschein, aus denen wir gelernt haben oder lernen sollten. Gelegentlich handelt es sich aber auch um Traumerinnerungen des Träumers an seine Universitätszeit.

Unkraut

Es kann wild wuchernde Gefühle, Begierden, Triebe und Leidenschaften verkörpern, die im → Garten des Lebens andere Eigenschaften zu verdrängen drohen. Der Träumer sollte sich bemühen, solchen »Wildwuchs« zu vermeiden.

Unrat

→ Abfall, → Dung.

Unterrock

Oft verkörpert der Unterrock sexuelle Bedürfnisse. Gelegentlich symbolisiert er aber auch unsere unbewußten Gefühle, die unser Verhalten mitbestimmen.

Unterseeboot

Darin erkennen wir ganz allgemein unterbewußte Inhalte unserer Persönlichkeit, die unbemerkt auf unser Leben Einfluß nehmen. (→ Boot, → Schiff, → tauchen)

Urin

→ Exkremente.

Urlaub

Dahinter steht im allgemeinen tatsächlich das Bedürfnis nach Entspannung und Erholung, das sich meist aus der chronischen Überlastung des Träumers in der Realität erklärt. Man sollte diesem Bedürfnis so bald wie möglich nachgeben, ehe die Ermüdung ins Stadium der völligen Erschöpfung übergeht.

Urne

→ Sarg.

Urteil

In diesem Symbol können tatsächliche gerichtliche Auseinandersetzungen in Erinnerung gerufen werden. Unter Umständen erkennen wir darin aber auch, daß wir mit anderen oder diese mit uns abrechnen. Manchmal kommt auch zum Ausdruck, daß wir in uns selbst zerstritten sind, Teile unserer Persönlichkeit andere verurteilen. Die genaue Bedeutung ergibt sich aus den Begleitumständen des Traums und der realen Lebenssituation, insbesondere daraus, ob wir selbst angeklagt oder als Richter erscheinen. Manchmal kann man beides in einer Person sein.

V

V

Der Buchstabe symbolisiert Erfolge oder Siege, manchmal ganz allgemein unser Streben nach Vollkommenheit.

Vagabund

Er kann uns vor schlechter Gesellschaft warnen, in die wir geraten sind, ohne es schon zu bemerken. Im weiteren Sinn steht er für persönliche Eigenschaften, die wir moralisch nicht annehmen können und deshalb verdrängen. Das Unterbewußtsein fordert uns auf, auch solche Wesenszüge zu akzeptieren und sie positiv zu verändern, damit sie uns im Alltag nützen. (→ Bettler)

Vagina

Die weibliche Scheide – allgemeiner der Schoß – verkörpert im einfachsten Fall sexuelle Bedürfnisse. Im weiteren Sinn kann sie aber auf Wesenszüge des Träumers hinweisen, das ergibt sich jeweils aus den Begleitumständen des Traums. Unter anderem kann dahinter stehen: geistige Fruchtbarkeit, Einfühlungsvermögen, Aufnahmebereitschaft für neue Ideen und Anstöße von außen, Kreativität, Hingabe an einen Menschen, eine Aufgabe, Pflicht oder ein Gefühl, auch Intuitionen, die auf unser Leben einen entscheidenden Einfluß nehmen.

Vampir

Er verkörpert Ängste, Instinkte und ähnliche primitive Inhalte unserer Persönlichkeit, die unseren weiteren Lebensweg behindern, unsere Energie und Kraft lähmen. (→ Ungeheuer)

Varieté

Es zeigt uns, daß wir keine klaren Linien in unserem Leben gefunden haben, weil wir selbst nicht so recht wissen, was wir wollen.

Vase

→ Gefäß, → Kelch.

Vater

Allgemein kann er für die Aktivität, Energie und Kreativität des Träumers stehen. Manchmal symbolisiert er den Einfluß eines Menschen, der uns ein Stück weit begleitet hat, zum Beispiel als eine Art Lehrer. Schließlich kann der Vater im Traum unser tatsächliches Verhältnis zum leiblichen Vater symbolisieren oder jene Teile unserer Persönlichkeit bewußt machen, die er in uns geprägt hat. (→ Mutter)

Vegetarier

Ein Symbol von ähnlicher Bedeutung wie der → Asket, das uns die Vergeistigung unserer Begierden, Leidenschaften, Instinkte und Triebe anzeigt, also nicht Verdrängung mit all ihren negativen Folgen, sondern Erhöhung zur Selbstverwirklichung bedeutet. Oft handelt es sich um Aggressionen oder sexuelle Bedürfnisse, die wir auf diese Weise »bearbeiten« sollen.

Veilchen

Es versinnbildlicht Erinnerungen an unsere Vergangenheit, die positiv oder negativ sein können. Manchmal verheißt es uns auch stilles häusliches Glück in der Ehe und Familie.

Venus

In ihr kommen neben sexuellen Leidenschaften auch Schönheit, Sanftmut, Weiblichkeit, Mütterlichkeit und innere Harmonie zum Ausdruck. Die genaue Bedeutung (oft Sehnsucht nach solchen Eigenschaften) ergibt sich aus den Begleitumständen des Traums.

Verband

Je nachdem, wie er im Traum auftaucht, kann er eine Verletzung (meist seelisch, zum Beispiel von Gefühlen), die Genesung oder – als → Mumie – den Tod symbolisieren.

verbinden

→ Verband.

Verbindung

Ein Symbol, das uns darauf hinweist, daß Einigkeit stark macht, sei es nun die Einigkeit mit anderen Menschen oder bestimmter Persönlichkeitsinhalte und Wesenszüge in uns selbst. Manchmal warnt das Symbol aber auch vor falschen Freunden.

verbrennen

Wenn man sich selbst verbrennt, kommt dahinter die Warnung vor voreiligen Entschlüssen zum Ausdruck (»sich die Finger verbrennen«). Wird ein Gegenstand verbrannt, will man vergangene Erfahrungen verdrängen und vergessen. Zur genauen Deutung gilt es allerdings auch zu beachten, was verbrannt wird.

verbrühen

Dahinter steht verletzende, unsachliche und ungerechte Kritik, die man entweder selbst erfährt oder an anderen übt.

verdammen

Eine Aufforderung des Unterbewußtseins, gerechter und toleranter gegenüber anderen Menschen zu werden oder sich selbst uneingeschränkt anzunehmen.

verdauen

Damit kann uns das Unterbewußtsein auffordern, bestimmte Erlebnisse oder Erfahrungen zu akzeptieren, zu verarbeiten und im weiteren Leben sinnvoll zu verwenden. Worauf sich das konkret bezieht, erfährt der Träumer aus den Begleitumständen des Traums und der realen Lebenssituation.

verdrehen

Das Symbol deutet oft auf falsche, gewissermaßen »verdrehte« Einstellungen oder Mißverständnisse hin, die uns in der Realität Schwierigkeiten bereiten und deshalb ausgeschaltet werden sollen. Manchmal kommen dahinter aber auch Ängste zum Ausdruck, die unserem Leben eine andere Richtung geben.

Verdrießlichkeit, Verdruß

Dahinter kann eine Neigung zur Aggressivität im weitesten Sinn zum Vorschein kommen, die der Träumer im eigenen Interesse abbauen sollte.

verehren, Verehrung

Beides versinnbildlicht eigene oder fremde Gedanken, manchmal auch andere Menschen, von denen wir uns ziemlich kritiklos leiten lassen.

Verein

Manchmal steht dahinter das Bedürfnis nach mehr Abwechslung oder Geselligkeit. Das Unterbewußtsein kann uns aber auch auffordern, in einer bestimmten Angelegenheit standfest zu bleiben und nicht auf andere zu hören, die uns beeinflussen wollen.

Verfall

Ein ernst zu nehmendes Symbol, das auf eine tiefgreifende innere Verwirrung hindeutet. Unter

Umständen muß der Träumer psychotherapeutische Hilfe in Anspruch nehmen. (→ Ruine)

Verfolgung

Dahinter kann das Gefühl stehen, von anderen Menschen ungerecht behandelt zu werden. Im Extremfall ist das bis zum Verfolgungswahn mit Krankheitswert gesteigert und bedarf dann psychotherapeutischer Behandlung. Umgekehrt kann dahinter aber auch ein Schuldgefühl zum Ausdruck kommen, das sich aus der Absicht oder Einsicht erklärt, einem anderen Unrecht zu tun, ihm gewissermaßen zu verfolgen.

Vergewaltigung

Ein mehrdeutiges Symbol, das manchmal wirklich auf aggressive Sexualität (oder den Wunsch danach – auch bei Frauen) hinweist. Häufiger zeigt uns das Unterbewußtsein dadurch aber, daß andere Menschen sich über unsere Absichten, Gefühle und Wünsche hinwegsetzen oder daß wir das anderen gegenüber tun.

vergiften

Dahinter kann das Gefühl stehen, durch negative Einstellungen (vor allem Haß gegen andere) das eigene Leben und die sozialen Beziehungen zu vergiften. Gelegentlich beherrschen solche Einstellungen das Leben des Träumers so stark, daß er sie nur mit Hilfe eines Psychotherapeuten überwinden kann. Je nach den Begleitumständen des Traums und der realen Lebenssituation kommt aber auch der Wunsch nach einer schnellen, gewaltsamen Lösung von Schwierigkeiten oder Konflikten darin zum Ausdruck, die allerdings nur scheinbar hilfreich ist, in Wirklichkeit die Probleme auf längere Sicht nur noch verschlimmern wird.

Vergißmeinnicht

Die Blume symbolisiert Erinnerungen an frühere Gefühlsbindungen oder zeigt an, daß sich der Träumer zu sehr von anderen (vor allem denen, für die er Gefühle aufbringt) vernachlässigt fühlt.

vergolden

Darin erkennen wir die schöne → Fassade, den äußeren Anschein, mit dem wir andere blenden wollen. Je nach realer Lebenssituation sollten daraus praktische Konsequenzen gezogen werden.

vergraben

Ein Symbol, das auf unser Unterbewußtsein hinweist. Manchmal zeigt es uns, daß wir gewisse negative Aspekte unserer Persönlichkeit vor den anderen verbergen wollen, indem wir sie verdrängen, ohne daß sie dadurch verarbeitet wurden. Andererseits können aber auch negative Lebenserfahrungen dahinterstehen, die wir ins Unbewußte vergraben wollen. Immer zeigt uns das Symbol, daß wir uns unzweckmäßig verhalten, denn die Probleme werden nicht gelöst, indem wir sie einfach aus dem Bewußtsein verbannen.

verhaften, Verhaftung

Darin kommt meist unser Gewissen zum Vorschein, das versucht, bestimmte Absichten und Verhaltensweisen zu bremsen, die nicht in Einklang mit unserer wahren Persönlichkeit oder den sozialen Normen und Werten stehen. Es empfiehlt sich, einen solchen Traum stets sehr sorgfältig zu analysieren und praktische Konsequenzen daraus zu ziehen.

Verhör

Durch dieses Symbol weist uns das Unterbewußtsein darauf hin, daß wir uns in einer Angelegenheit oder über einen Menschen noch genauer informieren sollten. Manchmal fordert uns das Unterbewußtsein auch dazu auf, mehr Selbsterkenntnis zu gewinnen.

verhungern

Dieses Traumzeichen bringt meist unseren Hunger nach Gefühlen, Anerkennung oder Einfluß zum Ausdruck, der in der Realität nicht genügend befriedigt wird. Es empfiehlt sich, nach Wegen zu suchen, um diese Bedürfnisse zukünftig mehr zu berücksichtigen.

verirren

Nach Ansicht des Unterbewußtseins geht der Träumer, der sich verirrt, im Leben einen falschen Weg und läuft dadurch Gefahr, keinen Ausweg mehr aus seinen Schwierigkeiten zu finden, in die er sich selbst hineinmanövriert.

Verkauf, verkaufen

Man kann sich selbst um eines materiellen Vorteils willen verkaufen, zum Beispiel eine unbefriedigende, aber gutbezahlte Arbeit ausüben oder Ansichten, Einstellungen und Ideale aufgeben. Für die seelische Gesundheit ist das immer schädlich. Deshalb fordert das Symbol uns auf, praktische Konsequenzen zu ziehen.

verknöchern

Ein Trauminhalt, der uns vor einer Verhärtung unserer Einstellungen, Gewohnheiten und Gefühle warnt. Fast immer muß man dies als Warnung auffassen und praktische Konsequenzen daraus ziehen.

verkrusten

Dieses Symbol bringt Einstellungen und Gefühle zum Ausdruck, die im Lauf der Zeit zu bestimmten Verhaltensformen führten. Sie werden als Gewohnheiten nicht mehr in Frage gestellt, obwohl das im Einzelfall durchaus angebracht und notwendig sein könnte, um die Krusten aufzubrechen und dem Leben neue Impulse zu geben. Manchmal steht dahinter aber auch eine empfindsame Persönlichkeit, die sich durch eine rauhe Kruste vor den Einflüssen der Umwelt schützt. (→ verknöchern)

verlassen, Verlassenheit

Das Gefühl der Isoliertheit und Vereinsamung kommt oft hinter diesen Trauminhalten zum Vorschein. Das Unterbewußtsein fordert den Träumer zugleich auf, energisch etwas dagegen zu unternehmen. Manchmal kann er das nur mit Hilfe eines Psychotherapeuten. In anderem Sinn weist das Symbol darauf hin, daß man innere Einstellungen oder Gefühle verlassen hat und deshalb vorübergehend ein Vakuum in sich spürt.

verletzen, Verletzung

Darin kommen Verletzungen der Seele zum Ausdruck, zum Beispiel Ungerechtigkeiten, Enttäuschungen und Kränkungen, die wir selbst anderen zufügen oder von der Umwelt erdulden müssen.

Verlobung

Sie versinnbildlicht oft das Bedürfnis des Träumers nach Liebe, Ehe und Familie. Bei Verheirateten kann dahinter der Wunsch nach einer besseren Beziehung zum Lebenspartner stehen. Manchmal deutet die Verlobung im Traum aber auch darauf hin, daß eine augenblicklich noch lockere Gefühlsbeziehung möglicherweise die Grundlagen zu einer dauerhaften Beziehung in sich trägt.

Versammlung

→ Verein.

verschenken

Oft erfährt der Träumer dadurch, daß er weniger auf seinen eigenen Vorteil achten sollte, da ihm gerade dann Erfolg beschieden sein wird. Verschenken kann aber auch darauf hinweisen, daß man sich selbst an einen Menschen verschenkt oder sehr stark für eine Angelegenheit engagiert, ohne dabei an den eigenen Nutzen zu denken. Ob dahinter zu viel Idealismus und Illusion steht, also praktische Konsequenzen gezogen werden sollten, ergibt sich aus den Begleitumständen des Traums und der realen Lebenssituation.

verschmelzen

Darin erkennen wir, daß wir einander widerstrebende Eigenschaften, Absichten und Einstellungen zu einer harmonischen Einheit verschmelzen sollten, die uns Kraft und Energie gibt. Im weiteren Sinn steht dahinter im Einzelfall auch einmal die innere Ausgeglichenheit unserer Persönlichkeit oder eine harmonische soziale Beziehung.

Wenn im Traum etwas durchschmilzt, weist uns das Unterbewußtsein darauf hin, daß wir gewisse Teile unserer Persönlichkeit überlastet haben, die deshalb wie eine elektrische Sicherung durchbrennen.

verschwinden

Ein Symbol für Absichten, Einstellungen, Erwartungen und Hoffnungen, die unter dem Druck der Realität aus unserem Bewußtsein verschwinden. Zuweilen steht dahinter auch das Bedürfnis, Inhalte unserer Persönlichkeit (vor allem unangenehme Erinnerungen) auszulöschen.

versengen

Dieses Symbol deutet auf aggressive Verhaltensweisen hin, die wir entweder selbst erleben oder gegenüber anderen anwenden. Es empfiehlt sich, je nach Begleitumständen des Traums und realer Lebenssituation daraus praktische Konsequenzen zu ziehen.

verspäten

Dahinter steht oft eine Persönlichkeit, die dazu neigt, sich vor Entschlüssen zu drücken und Entscheidungen immer wieder auf die lange Bank zu schieben. Der Träumer sollte dieses Symbol auf sein wirkliches Leben beziehen und erkennen, was er daran verändern kann.

versteinern, Versteinerung

→ verknöchern.

Verstopfung

Das Symbol kann als Körpertraum manchmal wirklich auf Darmträgheit hinweisen. Häufig steht dahinter aber auch eine Erfahrung, die man gerne loswerden möchte, zuvor jedoch erst noch verarbeiten (verdauen) muß. Schließlich können Eigenheiten der Persönlichkeit darin zum Ausdruck kommen, die der Entwicklung anderer Teile unseres Wesens im Weg stehen, gewissermaßen die Kanäle verstopfen, aus denen unser Leben in positivem Sinn gespeist wird.

versuchen, Versuchung

Die Symbole verkörpern unsere Einstellungen, Erwartungen und Wünsche, die maßgeblich Einfluß auf unser Verhalten nehmen.

Vertrag

Er läßt uns eine lästige oder unangenehme Pflicht erkennen, der wir uns nicht entziehen können. Als praktische Konsequenz empfiehlt es sich, die inneren Einstellungen dazu zu ändern, sich also damit abzufinden und keine unnötige Energie in einen Widerstand zu investieren, der letztlich doch erfolglos bleibt.

Verwandte

Sie symbolisieren unsere Gefühle, die wir für bestimmte Verwandte in der Realität aufbringen. Manchmal steht die Verwandtschaft auch für bestimmte Eigenschaften unserer Persönlichkeit, die zwar mit uns »verwandt« sind, aber eben doch nicht vollkommen zu uns passen. Der Träumer sollte versuchen, auch sie vollends in seine Persönlichkeit zu integrieren.

verwunden, Verwundung, Verwundeter

→ verletzen.

verzaubern, bezaubern

Darin kann der Eindruck zum Vorschein kommen, den ein Mensch, eine Sache oder Angelegenheit in uns hinterlassen hat. Manchmal steht dahinter auch der Hinweis auf eine ausweglose Situation, in der wir auf die Hilfe von oben warten, auf eine höhere Macht, die unsere Gegner verzaubert oder Hindernisse und Schwierigkeiten einfach wegzaubert.

Vieh

Dabei handelt es sich um ein Symbol, das unsere Triebe und Instinkte – das Animalische unserer Persönlichkeit – verkörpert. Die genaue Bedeutung ergibt sich aus den spezifischen Begleitumständen des Traums.

Viehhändler, Viehmarkt

Beide stehen für eine gewisse »Schlitzohrigkeit« des Träumers in finanziellen Dingen. Sie können ihn aber auch vor anderen warnen, die ihn übers Ohr hauen wollen, das richtet sich nach den weiteren Begleitumständen des Traums.

Viereck

Es versinnbildlicht unsere Lebenserfahrungen. (→ Kubus, → Zahlen, 4)

Villa

→ Palast.

violett

→ Farben.

Violine

→ Fiedel.

Visitenkarte

Die eigene gleicht in ihrer Bedeutung dem → Namen. Eine fremde Visitenkarte führt uns vor Augen, daß sich jemand um unsere Bekanntschaft bemüht, wir haben es bewußt nur noch nicht registriert.

Visum

→ Paß.

Vivisektion

Dieses Symbol versinnbildlicht den kalt sezierenden Verstand, der Menschen und Vorgänge ohne Gefühlsbeteiligung rein intellektuell analysiert. Eine solche innere Einstellung kann aus naheliegenden Gründen zu Problemen mit der Umwelt und zur inneren »Verarmung« führen. Vielleicht bildet sie aber auch einen Panzer gegen die Einflüsse und Verletzungen durch andere. Die genaue Bedeutung des Trauminhalts und die notwendigen praktischen Konsequenzen richten sich nach den Begleitumständen des Traums und der tatsächlichen Lebenssituation. Manchmal kann darin eine schizoide Persönlichkeit zum Ausdruck kommen, die oft psychotherapeutischer Hilfe bedarf.

Vogel

Er kann die Seele, Intuitionen, Ideale oder andere geistige Bestrebungen verkörpern, allgemein also den Wunsch nach Lösung von materiellen (irdischen) Zwängen und geistigen Höhenflügen. Nicht selten verkörpert er aber auch sexuelle Bedürfnisse und Wünsche. Die genaue Bedeutung ergibt sich im Einzelfall aus den Begleitumständen des Traums. (→ Adler, → Berg, → fliegen, → Luft, → Taube)

Vogelnest

→ Nest, → Ei.

Vogelscheuche

Dahinter können Selbsttäuschungen in bezug auf Menschen oder Vorgänge zum Vorschein kommen, meist falsche negative Einstellungen, die allerdings durch gegenteilige Erfahrungen nur langsam (wenn überhaupt) wieder überwunden werden. Gelingt das nicht, belasten sie uns als Vorurteile. Ganz allgemein symbolisiert die Vogelscheuche Teile unserer Persönlichkeit oder der anderer Menschen, manchmal auch Objekte oder Verhaltensweisen, die wir als wertlos, gefühllos oder leblos einstufen. Daraus können praktische Konsequenzen erforderlich werden, die den Lebenszielen oder Verhaltensformen des Träumers eine neue Richtung geben.

Vollmacht

Der Träumer erkennt darin entweder, daß andere ihn für ihre Absichten mißbrauchen wollen oder daß er sich selbst vor einer Angelegenheit drücken will und andere vorzuschieben versucht. Meist gelingt das aber nicht.

vollstopfen

Die Bedeutung des Symbols hängt unter anderem davon ab, was man womit vollstopft (→ dann entsprechendes Stichwort). Die Grundbedeutung warnt uns immer vor Übermäßigkeit und daraus resultierender Unbeweglichkeit. Gelegentlich stehen auch sexuelle Bedürfnisse dahinter.

Vorderseite, vorne

Die genaue Bedeutung ergibt sich aus den Begleitumständen des Traums. Grundsätzlich deuten beide Symbole auf das äußerlich Sichtbare oder Bewußte hin. (→ hinten, → Rücken)

Vorhang

→ Gardine, → Schleier.

vornehm

Eine vornehme Umgebung, vornehme Menschen und ähnliches weisen uns im Traum stets darauf hin, daß wir uns zu leicht vom Schein trügen lassen. Etwas mehr Skepsis ist angebracht, bis man hinter die → Fassade schauen kann. Wenn man sich im Traum selbst als vornehm sieht, weist das oft auf Eitelkeit und Geltungssucht hin, durch die man sich leicht lächerlich machen kann.

Vorschrift(en)

Darin kommen Anweisungen und Ratschläge unseres Unterbewußtseins zum Ausdruck. Man sollte sie beachten, um in Harmonie mit sich selbst zu bleiben oder aus vergessenen Erfahrungen Nutzen in der aktuellen Lebenssituation zu ziehen.

Vorzimmer

Eine Ermahnung des Unterbewußtseins, im eigenen Interesse weniger großspurig aufzutreten, weil man sonst leicht im »Vorzimmer« bleiben, also seine Absichten nicht verwirklichen wird.

Vulkan

Er kündigt uns drohende Gefahren aus dem Unterbewußtsein an, vor allem den Ausbruch unterdrückter Triebe und verdrängter Gefühle. Auch eine Art Selbstreinigung kann darin zum Ausdruck kommen. Man sollte deshalb beobachten, was beim Vulkanausbruch aus dem Krater geschleudert wird. (→ Berg, → Eruption)

W

W

Diesem Buchstaben kommt in der Traumsymbolik keine besondere Bedeutung zu.

Waage

Sie kann unseren Sinn für Ordnung und Gerechtigkeit symbolisieren, die manchmal auch in übersteigerter Form als höchste Werte betrachtet werden. Dann empfiehlt es sich oft, im Alltag etwas lässiger und vor allem toleranter zu werden. In der Waage kann aber auch das Schwanken zwischen verschiedenen Möglichkeiten im Leben zum Ausdruck kommen. Man sollte sorgfältig abwägen und dann eine Entscheidung treffen, hinter der man uneingeschränkt steht.

Wache, wachen, Wächter

Dahinter stehen meist soziale (moralische) Normen und Werte, die Teil unserer Persönlichkeit (Gewissen) sein können und über unser Verhalten wachen. Gelegentlich kommt auch Angst vor diesen Normen und Werten und den Institutionen zum Ausdruck, die über ihre Einhaltung zu wachen haben. Auch ein Schuldgefühl wegen einer Überschreitung der Normen ist als Trauminhalt möglich. Schließlich kann die Wache oder der Wächter unser Bedürfnis nach Schutz versinnbildlichen oder uns darauf aufmerksam machen, daß wir bestimmte Dinge (Eigenschaften, Gefühle, Besitz, Verhaltensweisen) über- oder bewachen sollten. Eine andere Bedeutung liegt dann vor, wenn wir uns im Traum selbst wach sehen. Dadurch fordert uns das Unterbewußtsein auf, Gefahren und Schwierigkeiten in unserem weiteren Lebensweg wachen Blicks frühzeitig wahrzunehmen oder Möglichkeiten und Chancen, die uns das Leben bietet, nicht zu »verschlafen«. (→ Polizei)

Wachs

Es kann im gleichen Sinn wie → Kerze, → Lehm oder → Ton auftauchen. Ganz allgemein erkennen wir darin die weichen, formbaren Teile unserer Persönlichkeit, die Einflüsse von außen oder aus dem Unterbewußtsein aufnehmen und sich dabei verändern. Das trifft auch für die Wachstafel zu, auf der im Traum solche Einflüsse symbolisch als Schrift erscheinen können.

Wade(n)

Wohlgeformte Waden deuten sexuelle Bedürfnisse oder allgemeiner Erfolge an. Die behaarten können für Männlichkeit stehen oder eine Überraschung aufzeigen. Unschöne Waden warnen vor Schwierigkeiten auf dem weiteren Lebensweg. (→ Bein, → Fuß)

Waffen

Die verschiedenen Waffen wurden zum Teil unter einem eigenen Stichwort beschrieben (→ jeweils dort). Grundsätzlich symbolisieren sie Aggressivität, starke innere Begierden und Triebe, die Hindernisse bei der Befriedigung gewaltsam überwinden, oder eine ziemlich rücksichtslose, aggressiv-unreife, meist männliche Sexualität.

Wagen

Dem Symbol kommt ähnliche Bedeutung wie dem → Auto zu. Allerdings muß man berücksichtigen, daß der Wagen meist von → Pferden gezogen wird. Ein Wagen, den Esel ziehen, deutet oft auf schädliche Einflüsse anderer Menschen hin. Wird der Wagen von Menschen gezogen (z. B. Rikschakuli), erkennen wir dahinter den Wunsch nach Autorität, Einfluß und Macht oder erfahren vom Unterbewußtsein, daß wir andere Menschen ausnutzen.

Wahn

Im allgemeinen steht dahinter die Warnung des Unterbewußtseins vor einem zu starken gefühlsmäßigen Engagement in einer zwischenmenschlichen (erotischen) Beziehung, die den klaren Verstand weitgehend ausschaltet und deshalb zur Gefahr werden kann. Manchmal bringt das Symbol auch zum Ausdruck, daß unsere Hoffnungen und Erwartungen ein leerer Wahn bleiben werden.

Wahrheit

Symbolisch wird in diesem Trauminhalt eine rechtschaffene, biedere Persönlichkeit mit ausgeprägtem Gerechtigkeitssinn verkörpert.

Wahrsager(in)

Die Symbole können im Sinne des → Astrologen oder einer Vorahnung auftreten, das richtet sich nach den Begleitumständen des Traums. Unter Umständen sucht der Träumer aber auch in einer schwierigen Situation einen Rat.

Waise

Wer sich im Traum als Waise erlebt, fühlt sich unsicher, ungeliebt und weiß nicht so recht, wo er hingehört. In dem Symbol kommt der Wunsch zum Ausdruck, einen Menschen zu finden, dem man uneingeschränkt vertrauen kann, der Geborgenheit und Sicherheit vermittelt. Zuweilen symbolisiert das Waisenkind auch bestimmte Teile unserer Persönlichkeit, die wir nicht als zu uns gehörig akzeptieren wollen und deshalb ablehnen oder unterdrücken. Die Konsequenzen, die daraus im Alltag gezogen werden sollten, ergeben sich erst aus der konkreten Lebenssituation des Träumers und den Begleitumständen des Traums. (→ Eltern)

Wal

Er tritt im Traum mit ähnlicher Bedeutung wie der → Elefant auf. Zusätzlich muß man die Bedeutung der → Fische berücksichtigen und auf die Begleitumstände des Traums achten.

Wald

Dieses Symbol kommt in Träumen häufig vor und verkörpert oft innere Unsicherheit angesichts der zahllosen Erfahrungen und Informationen, die wir im Lauf des Lebens sammelten, aber nicht richtig verwerten können. Der Träumer sieht »den Wald vor lauter Bäume nicht mehr«, hat also den Blick für das Ganze und (oft) seinen Lebenssinn verloren. Verstärkt wird diese Bedeutung, wenn man sich im Wald verirrt. Der Waldrand dagegen

kündigt uns an, daß wir entweder in eine solche Situation hineingeraten oder aus ihr herausfinden, je nachdem, ob man den Waldrand von innen oder von außen sieht. Nicht selten kommen im Wald auch erotische oder eindeutig sexuelle Bedürfnisse zum Ausdruck. (→ Baum)

Wallfahrt

Wenn dahinter keine religiösen Bedürfnisse des Träumers stehen, verheißt sie uns meist, daß wir eines unserer Ziele bald verwirklichen werden.

Wallgraben

Er symbolisiert gefühlsmäßige Widerstände gegen andere Menschen und deren Absichten oder Erwartungen, die allerdings nicht offen ausgesprochen, sondern hinter einem Wall von Ausreden verborgen werden.

Wand

Sie kann uns im Traum beschützen oder behindern, also auf das Gefühl (oder Bedürfnis nach) der Geborgenheit und Sicherheit im Alltag oder auf erhebliche, vielleicht unüberwindliche Schwierigkeiten hinweisen. Oft zeigt uns das Unterbewußtsein auch, daß wir mit dem Kopf gegen eine Wand rennen, also Probleme auf die falsche Weise zu lösen versuchen. Daraus sollten — je nach der tatsächlichen Lebenssituation — praktische Konsequenzen gezogen werden.

Wanderer, wandern, Pilger

Alle drei Symbole verdeutlichen im Traum unseren Lebensweg und die Art, wie wir uns darauf bewegen. Von den Begleitumständen des Traums hängt die genaue Deutung ab. Man muß zum Beispiel beachten, ob man sich forsch, gemächlich, vielleicht auch müde und erschöpft bewegt, ob der Weg glatt oder beschwerlich ist, bergauf, bergab oder durch eine flache Landschaft führt, ob man einen schweren Rucksack, ein leichtes Bündel oder überhaupt nichts auf dem Rücken trägt. Der Pilger kann Demut und Vertrauen in eine höhere Führung, aber auch Schuldgefühle zum Ausdruck bringen. Die genaue Deutung des Traums sollte zu praktischen Konsequenzen im Alltag führen.

Wange(n)

Sie zeigen uns bevorstehende Erfolge oder Mißerfolge, Glück und Gesundheit oder Sorgen, Kummer und Krankheit an. Das richtet sich vor allem danach, ob die Wangen rot und gesund oder blaß und faltig wirken. Geschminkte Wangen warnen uns vor dem Versuch, andere zu betrügen oder zu täuschen, manchmal weisen sie uns darauf hin, daß andere versuchen, uns in die Irre zu führen. Worauf sich das Symbol bezieht, kann nur der Träumer selbst aus seiner konkreten Lebenssituation erkennen.

Wanne

Dieses Symbol fordert den Träumer auf, sich selbst reinzuwaschen. Das bezieht sich je nach Einzelfall auf »unsaubere« Eigenschaften, Absichten, Erwartungen und Hoffnungen. Die genaue Deutung ist nur auf Grund der Begleitumstände des Traums und der realen Lebenssituation möglich.

Wanze, Ungeziefer (allgemein)

Dahinter kann eine Störung im Bereich des vegetativen Nervensystems stehen, so daß sich eine baldige gründliche Untersuchung durch den Fachmann empfiehlt. Ist das nicht der Fall, bringt das Ungeziefer alle die kleinen Sticheleien der Umwelt und die weniger wichtigen Probleme unseres Alltags zum Ausdruck, die uns zwar nicht stärker belasten, aber doch ziemlich lästig fallen.

Wappen, Wappentier

Es kann Erinnerungen symbolisieren, die uns schon lange entfallen waren und jetzt wieder aus dem Unterbewußtsein auftauchen, damit sie endgültig verarbeitet werden. Wenn wir unser eigenes Wappen im Traum sehen, kommt dem ähnliche Bedeutung wie dem → Namen zu. Das Wappentier, meist ein → Adler, gibt zusätzlich Auskunft über unser Selbstverständnis.

Warenhaus

→ Kaufhaus.

warm, Wärme

Die Symbole tauchen in gleicher, aber abgeschwächter Bedeutung wie die → Hitze auf.

Warze(n)

Sie symbolisiert oft tatsächliche oder vermeintliche eigene Schwächen oder die anderer Menschen, die sich nicht verbergen lassen. Im weiteren Sinn kommen darin auch dunkle Punkte unserer Vergangenheit zum Ausdruck, deren wir uns schämen. Meist fürchtet der Träumer, daß ihn diese Schwächen oder dunklen Punkte bloßstellen. Das muß aber nicht immer zutreffen, denn es kann sich durchaus um Eigenschaften handeln, die nur vor dem eigenen Gewissen als Schwäche und Verfehlung gelten. Zuweilen kommen in einer Warze auch sexuelle Bedürfnisse zum Ausdruck.

waschen, Wäsche

Ähnlich wie bei der → Wanne kann darin die Aufforderung zum Vorschein kommen, sich selbst reinzuwaschen. Je nach den Begleitumständen warnt uns der Trauminhalt aber auch vor Verleumdungen durch andere Menschen. Ein Korb voll schmutziger Wäsche kündigt uns an, daß wir durch andere Menschen in Schwierigkeiten geraten können. Die Wäscherei weist besonders deutlich auf innere Einstellungen hin, die wir in der Realität tatsächlich korrigieren sollten, um uns unnötige Probleme und Enttäuschungen zu ersparen. (→ Seife, → Taufe, → Wasser)

Wasser

Es verkörpert unseren Seelenzustand, also Stimmungen, Gefühle, Erwartungen, Hoffnungen und Wünsche, die zum Teil im Unterbewußten verborgen bleiben. Die genaue Deutung hängt vor allem vom Zustand des Wassers ab. Das klare Wasser zeigt uns einen positiven Seelenzustand an, das trübe oder schmutzige dagegen weist auf einen zu starken Einfluß von außen oder eine zu sehr dem

Materiellen verhaftete innere Einstellung hin. Manchmal kommt darin auch zum Ausdruck, daß wir mit uns selbst im Widerstreit liegen. Ähnliche Bedeutung kommt auch dem aufgewühlten Wasser zu. Ferner sollte die mögliche Färbung des Wassers (→ Farben) oder das → Gefäß, in dem es sich möglicherweise befindet, zur Deutung des Trauminhalts mit herangezogen werden. (→ Bach, → Fluß, → Meer, → Taufe)

weben, Weber

Beide Symbole deuten auf Fleiß, Ausdauer und Sparsamkeit hin, Eigenschaften also, die der Träumer entweder schon besitzt, erwerben oder nicht übertreiben sollte. Die genaue Bedeutung richtet sich nach den spezifischen Begleitumständen des Traums und der tatsächlichen Lebenssituation.

Webstuhl

Er verknüpft die Fäden unseres Lebens, die vielfältigen Erfahrungen und Erlebnisse, zu einem sinnvollen Muster. Der Traum kann uns also zur Selbsterkenntnis auffordern. Vielleicht symbolisiert der Webstuhl aber auch unsere sozialen Beziehungen zur Umwelt, unsere Fähigkeit, solche zwischenmenschlichen Kontakte anzubahnen und zu pflegen.

Wecker

Ein warnendes Symbol, in seiner Bedeutung vergleichbar der → Glocke, → Klingel, → Pfeife oder dem → Signal. Dabei muß allerdings gleichzeitig noch der Symbolgehalt der → Uhr zur Deutung mit herangezogen werden.

Weg

→ Straße, → Wanderer.

Weib, weiblich

Wie die Frau, aber noch stärker erotisch-sinnlich betont, verkörpert das Weib im Traum die gefühlsbetonte, irrationale Seite der Persönlichkeit. Im weiteren Sinne symbolisiert das Weib die Emp-

fänglichkeit für äußere Eindrücke, vielleicht auch die Hingabe an solche Einflüsse und die Aufgabe eines Teils des eigenen Wesens, damit aus dem Eingedrungenen, dem man sich hingegeben hat, etwas Neues entstehen kann. Es gibt keine genaue Definition der Unterschiede zwischen den Traumsymbolen Frau und Weib. Der Träumer muß in sich hören, vielleicht auch ganz intuitiv erkennen, welchem der beiden Symbole sein Trauminhalt am ehesten entspricht. Das Unterbewußtsein wird ihn dabei auch nicht im Stich lassen, sondern auf seine Weise die genaue, individuelle Definition mitliefern.

Weidenbaum

Der biegsame Baum deutet oft auf eine zu stark ausgeprägte Anpassungsfähigkeit des Träumers hin. Deshalb sollte er überlegen, aus welchen Motiven er sich so stark anpaßt, und dann etwas dagegen unternehmen, sonst verfehlt er die in seiner Persönlichkeit angelegten Möglichkeiten. Als Gründe kommen unter anderem mangelndes Selbstbewußtsein und Selbstvertrauen, Minderwertigkeitsgefühle und Angst vor der Vereinsamung in Betracht, manchmal auch nur Bequemlichkeit und die Neigung, Schwierigkeiten aus dem Weg zu gehen und den leichtesten Weg zu wählen.

Weiher

→ Meer.

Weihrauch, Weihwasser

Beide Symbole können auf Religiosität hinweisen. Wenn das auszuschließen ist, verkörpern sie unser Streben nach höheren geistigen Werten und Idealen. Das Weihwasser bringt unter Umständen auch das Bedürfnis nach Läuterung zum Ausdruck.

Wein

Er symbolisiert unsere geistige Energie, ganz allgemein auch die Vitalität, die Lebenskraft und die Lebensfreude des Träumers. (→ Alkohol, → Traube)

weinen

Manchmal zeigt uns das Weinen im Traum, daß wir in der Realität bald Grund genug zum Lachen haben werden. Oft entladen sich darin innere Spannungen, Ängste und Konflikte, die wir in der Realität unterdrücken, oder wir weinen aus Reue wegen einer Handlung, die uns jetzt als schlecht, unmoralisch oder ähnlich negativ erscheint. Schließlich kennen wir die »Krokodilstränen«, die geheuchelt sind oder aus Selbstmitleid vergossen werden. Die genaue Bedeutung ergibt sich aus den Begleitumständen des Traums und der tatsächlichen Lebenssituation und sollte zu praktischen Konsequenzen im Alltag führen.

Weinstock

In diesem Traumsymbol erkennen wir bestimmte Seiten unserer Persönlichkeit, die sich rasch entwickeln. Worauf sich das im Einzelfall konkret bezieht, kann nur der Träumer selbst aus seiner Lebenssituation und den Begleitumständen des Traums erkennen.

Weintrauben

→ Traube.

Weisheit, Weiser

Die innere, allen Menschen gemeinsame Weisheit, die nichts mit der Intelligenz zu tun hat, sondern als intuitive Kraft in uns wirkt, wird durch diese Symbole verkörpert. Der Traum kann uns darauf hinweisen, daß wir mit dieser inneren Kraft in Verbindung treten sollen, um sie zur Lebensbewältigung zu nutzen. Vielleicht gibt uns der Traum aber auch schon die Gewißheit, daß wir mit dieser inneren Weisheit in Einklang leben, uns von ihr führen lassen und deshalb voller Sicherheit und Vertrauen den Aufgaben des Lebens entgegensehen können. (→ Guru)

weiß

Es symbolisiert Reinheit und Vollkommenheit, die wir anstreben oder um die wir uns mehr bemühen sollten. (→ Farben allgemein)

Weizen

→ Getreide, → Korn.

Welpe(n)

Junge Hunde verkörpern arglose Zuneigung und jugendliche Spontaneität. Entweder bringt uns jemand solche Zuneigung entgegen oder wir selbst verhalten uns in der Realität so.

Welt

Sie kann unsere Gedanken, Ideale und Träume oder unsere körperliche Existenz symbolisieren. Die genaue Bedeutung richtet sich nach den Begleitumständen des Traums.

Weltall, Universum, Kosmos

Die Symbole tauchen im Sinne von → Unendlichkeit auf.

Weltuntergang

Er verkündet uns bevorstehende Probleme und Konflikte, die mit einer Trennung von bisher wichtigen inneren Einstellungen oder von nahestehenden Menschen enden werden.

Werkzeug

Manchmal erkennen wir darin, wie es um unsere praktischen Fertigkeiten bestellt ist. Allgemeiner kommen darin Möglichkeiten der Selbstäußerung im täglichen Leben zum Vorschein, die wir vielleicht überhaupt noch nicht richtig nutzen.

Wertpapiere

→ Aktien.

Werwolf

Ein warnendes Symbol, das uns auf animalische Bedürfnisse und Begierden hinweist, die wir vor den anderen – oft genug auch vor uns selbst – hinter einer Maske verbergen. Sie können aber in unser Leben durchbrechen und lassen uns dann zum Tier werden. Der Träumer sollte sich mit diesen Begierden auseinandersetzen, ehe sie ihn überwältigen und völlig beherrschen.

Wespe

Sie verkörpert niedrige Triebe und Instinkte, Haß, Rachegelüste, Gehässigkeit oder blinde Wut. Entweder begegnen uns andere mit diesen Gefühlen, oder wir selbst haben das alles in uns.

Weste

→ Jacke, → Kleidung.

Westen

Die Himmelsrichtung versinnbildlicht die Vereinigung von Licht und Dunkel, Vernunft und Körper, Bewußtsein und Unbewußtem. Um den Traum zu verstehen, müssen wir beobachten, was im Westen geschieht, wie der Blick in diese Himmelsrichtung auf uns wirkt.

Wette, wetten

Im Traumsymbol der Wette kommt stets zum Ausdruck, daß wir uns auf eine unsichere Angelegenheit eingelassen haben. Wir können erfolgreich daraus hervorgehen, aber auch einen Mißerfolg erleben. Die Entscheidung, ob wir dieses Risiko eingehen sollen, kann uns das Unterbewußtsein letztlich nicht abnehmen. Es ermahnt uns aber zur sorgfältigen Prüfung.

Wetter

Es symbolisiert in Träumen fast immer unsere Stimmungen. Ausnahmsweise können dahinter auch einmal Gedanken an die tatsächliche Wetterlage stehen, zum Beispiel dann, wenn man am Wochenende eine Wanderung oder Reise plant und sich schon donnerstags damit beschäftigt. In solchen Fällen ist der Zusammenhang zur Realität offenkundig. Hinter bestimmten Wetterlagen, die wir im Traum erleben, ohne daß sich die oben genannten Zusammenhänge nachweisen lassen, stehen häufig folgende Gefühle und Stimmungen:
Sonnenschein – Optimismus, Kraft, Energie, Selbstbewußtsein und Selbstvertrauen;
Bewölkung – Pessimismus, Ängste, Depressionen, vielleicht sogar Verzweiflung (düstere, schwere Wolken);

Bewölkung, die am Horizont aufreißt – Hoffnung in einer schweren Situation (»Silberstreif« am Horizont);
Wind, Sturm – Mehr oder minder starke Gefühlsausbrüche stehen dem Träumer bevor;
Regen – Befreiung gestauter Gefühle, die entlastend wirkt, manchmal aber auch unser Bewußtsein förmlich überschwemmt. (→ Überschwemmung)
Zusätzlich müssen zur Deutung der Wetterlagen oft noch die Erklärungen bei den Stichworten → Regen, → Wasser, → Sonne oder → Luft herangezogen werden.

Wetterfahne, Wetterhahn

Beide symbolisieren eine »wetterwendische«, wankelmütige Persönlichkeit, die nicht so recht weiß, was sie will, vielleicht aber auch nur ihren Mantel nach dem Wind dreht, sich also anpaßt, um Vorteile zu erlangen.

Wetterleuchten

Darin kündigt uns das Unterbewußtsein bevorstehende tiefgreifendere Veränderungen in unserem Leben an.

Wettkampf

→ Olympiade.

Widder

Das Tier symbolisiert Männlichkeit und Stärke, Potenz, Ausdauer und zähes Durchhaltevermögen. Alle diese Eigenschaften können uns im Leben weiterhelfen, wenn sie durch den Geist gelenkt werden. Das kann im Traum dann zum Ausdruck kommen, wenn der Widder auf dem → Altar geopfert wird.

Wiege

Gelegentlich kommt dahinter der Wunsch nach Kindern zum Vorschein. Häufiger warnt das Symbol aber vor anderen Menschen, die unsere Aufmerksamkeit, unser gesundes Mißtrauen, einschläfern wollen.

Wiese

Sie versinnbildlicht meist unser Bedürfnis nach Ruhe und Entspannung, besonders dann, wenn man im Traum auf der Wiese liegt. Bewegen sich Tiere auf der Wiese (Weide), muß man auch deren Symbolgehalt mit berücksichtigen (→ entsprechendes Stichwort). Eine umzäunte Wiese kann unseren Lebensraum symbolisieren. Dann sollte man sehr genau darauf achten, was innerhalb dieser Umzäunung vorgeht, um wichtige Selbsteinsichten zu gewinnen, aus denen man dann oft auch praktische Konsequenzen für das weitere Leben ziehen muß.

wild

→ zahm.

Wildbret

→ Fleisch.

wildern, Wilderer

Dahinter stehen Vorgänge in unserem Unterbewußtsein, die unsere Triebe und Instinkte beeinflussen, vielleicht auch stärker behindern oder gar abtöten. Der Träumer sollte versuchen, diese Einflüsse und Hindernisse zu erkennen, da er sonst innerlich unausgeglichen bleibt. Oft enthält das Traumsymbol einen Hinweis auf sexuelle Störungen, die vielleicht fachmännisch behandelt werden müssen.

Wildschwein

Es gleicht in seiner Bedeutung dem → Schwein, das heißt, es steht wie dieses für krassen Materialismus, wobei aber die Komponente Rücksichtslosigkeit stärker betont wird.

Wind

Wenn im Traum der Wind weht, kommen darin geistige Energien zum Ausdruck, im weiteren Sinn alles, was unser Leben beeinflußt, ohne daß es uns gänzlich bewußt wird. Der Wind im Gesicht kündigt Schwierigkeiten, der im Rücken meist Erfolge an. (→ Luft)

Windeln

Damit bringt uns das Unterbewußtsein Veranlagungen und äußere Einflüsse zum Bewußtsein, die uns in unseren Erwartungen, Absichten oder Zielen einengen. Manchmal ist es auch der eigene Körper, den wir als Beengung empfinden. Der Traum sollte beachtet werden und zu praktischen Konsequenzen führen.

winken

Die Bedeutung hängt von den Begleitumständen des Traums und der realen Lebenssituation ab. Immer will uns das Winken auf etwas aufmerksam machen, dem wir mehr Beachtung schenken müssen.

Winter

Er kann den »inneren Tod«, das Erkalten von Gefühlen oder die Unterdrückung von Eigenschaften in uns versinnbildlichen. Das Symbol gibt aber zugleich auch neue Hoffnung, denn auf den Winter folgt das Wiedererwachen im → Frühling. Zuweilen deutet der Winter im Traum an, daß wir uns einige Zeit in uns zurückgezogen haben (oder es tun sollten), um zu inneren Einsichten zu gelangen, das Neue in uns unter dem Mantel der äußeren Untätigkeit heranreifen zu lassen. (→ Eis, → kalt)

Wirt, Wirtin, Wirtshaus

In diesen Symbolen kommt eine urwüchsige Freude an Geselligkeit und Vergnügen zum Ausdruck. Manchmal will uns das Unterbewußtsein durch solche Trauminhalte zeigen, daß wir unserem Bedürfnis nach solchen Abwechslungen häufiger nachgeben sollten. Aber auch das Gegenteil ist möglich, die Warnung vor zu viel Leichtlebigkeit. Die genaue Deutung ergibt sich im Einzelfall vor allem aus der realen Lebenssituation des Träumers.

Wissenschaftler

Dahinter steht ein Mensch mit sachlich-nüchternem, analytischem Verstand, der das Leben vorwiegend von der Vernunft her anpackt. Das kann manchmal in der übersteigerten Form zum gefühlskalten Intellektualismus führen, der unbedingt gemildert werden sollte.

Witwe, Witwer

Manchmal verkörpern diese Symbole den Wunsch nach Einsamkeit, nach dem zeitweisen oder dauernden Rückzug aus sozialen Bindungen und Besinnung auf das eigene Wesen. Unter Umständen weist das Unterbewußtsein aber auch darauf hin, daß wir zu stark von Gefühlen und dem Irrationalen in uns beeinflußt werden oder zu sehr unseren Erinnerungen verhaftet sind. Dagegen sollte man im Alltag vorgehen.

Wohnung

→ Haus.

Wolf

Er verkörpert gefährliche Triebe, Begierden und Instinkte oder Aggressionen in uns, mit denen wir uns bewußt auseinandersetzen müssen, damit nicht das Raubtier in unserem Verhalten durchbricht.

Wolken

→ Wetter, Bewölkung.

Wolkenkratzer

Er kann in manchen Träumen die Zufriedenheit, häufiger die Unzufriedenheit des Träumers mit seiner Wohnung in einem Hochhaus zum Ausdruck bringen. Auf das Haus werden dann alle Gefühle und Einstellungen übertragen, die mit der Wohnungssituation in Zusammenhang stehen, zum Beispiel das Gefühl der Isoliertheit, das viele Menschen gerade im Wolkenkratzer mit seiner Anonymität erleben, oder auch mehr irrationale Ängste, die in Verbindung mit dem Haus auftreten. Der Wolkenkratzer kann aber auch eine Warnung des Unterbewußtseins sein, das uns bewußt machen will, daß auch unsere Bäume nicht in den Himmel wachsen. (→ Haus)

Wolle

Sie verkörpert das Weiche und Sanfte in unserem Leben, vielleicht auch ein ausgeglichenes, sanftmütiges Wesen. Bei der Deutung muß auf jeden Fall beachtet werden, was mit der Wolle im Traum geschieht.

Wort(e)

Darin können gezielte Hinweise unseres Unterbewußtseins zum Ausdruck kommen, wenn man das Wort im Traum wirklich lesen kann. In solchen Fällen sollte man versuchen, die Botschaft dahinter zu verstehen und in der Realität zu verwirklichen. Vielleicht sehen wir auch unseren → Namen oder aneinandergereihte einzelne Buchstaben (→ die verschiedenen Buchstaben des Alphabets). Im weiteren Sinn deuten Worte auf den Anfang in einer bestimmten Angelegenheit hin (»am Anfang steht das Wort«). Den genauen Symbolgehalt kann man nur individuell aus den Begleitumständen des Traums und der realen Lebenssituation erkennen.

Wrack

Es warnt uns vor Mißerfolgen. Zur genaueren Deutung muß man erkennen, um was für ein Wrack es sich handelt (zum Beispiel Auto-, Schiffswrack), um die spezielle Bedeutung dieser Symbole zusätzlich zu berücksichtigen. Manchmal taucht das Wrack auch im Sinne einer → Ruine auf.

Wünschelrute

Sie verkörpert unser Bedürfnis nach Führung durch die Intuition aus unserem Unterbewußtsein oder nach mehr Selbsterkenntnis.

Würfel

Dahinter steht unser Schicksal, vielleicht auch eine Chance, die sich uns in der Realität bietet, oder die Hoffnung auf persönliches Glück. Die genaue Bedeutung ergibt sich aus den Begleitumständen des Traums und der tatsächlichen Lebenssituation.

Wüste

In diesem Symbol kommt oft eine gefühlsarme, nüchtern-vernünftige Lebenseinstellung zum Ausdruck, die unfruchtbar bleibt, solange nicht Gefühle, Intuitionen und ähnliches sie befruchten. Sie kann verbunden sein mit Selbstzweifeln, Existenz- und Zukunftsangst, die der Selbstverwirklichung entgegenstehen. In ihrer inneren Unsicherheit klammern sich diese Menschen an Vorurteile und Gedankenspiele, die das Leben aber nicht erfüllen können, sondern nur ein enges »Korsett« von Zwängen bilden, das Sicherheit und Geborgenheit ersetzen soll. Oft kommt in einem Wüstentraum deshalb auch Durstgefühl hinzu, ein Durst nach Lebenssinn und Selbstsicherheit, der nur über eine Veränderung der Lebenseinstellungen und inneren Haltungen befriedigt werden kann. Häufig erlebt der Träumer in der Wüste auch eine Fata Morgana, die ihm zeigt, daß er in einer intellektuellen Scheinwelt lebt. Allgemeiner kann die Wüste auch als Symbol für Isolierung und Vereinsamung des Träumers stehen. Wüstenträume sollten immer sorgfältig analysiert werden, besonders wenn sie mehrmals auftauchen. Sie geben Denkanstöße für innere Wandlungen, die man unbedingt beachten muß. Im Einzelfall kann es auch einmal notwendig werden, die Hilfe des Psychotherapeuten in Anspruch zu nehmen.

Wunde

→ verletzen.

Wundverband

→ Pflaster.

Wurm

Er kann als Symbol sexueller Bedürfnisse in Erscheinung treten. Ganz allgemein verkörpert er die Vergänglichkeit alles Irdischen, niedrige Instinkte und Triebe.

Wurst

Sie steht für unsere materiellen Bedürfnisse, manchmal ganz konkret für Hungergefühle. Als Phallussymbol kann sie auch sexuelle Bedürfnisse verkörpern.

Wurzel

Sie zeigt uns den Ursprung unseres Seins, also grundlegende Bedürfnisse, Einstellungen und Haltungen, auf denen unser Leben aufgebaut ist. Ferner können darin Bindungen an Menschen und Objekte zum Ausdruck kommen, die unentbehrlich für uns geworden sind. Manchmal symbolisiert die Wurzel Inhalte unseres Unterbewußtseins (vor allem Triebe), die wir verdrängt haben, die aber mit Macht in unser Bewußtsein vorzustoßen versuchen. Das beinhaltet dann die Aufforderung, uns mit diesen Inhalten auseinanderzusetzen, sie zu verarbeiten. Schließlich kann hinter dem Wurzelsymbol der Wunsch stehen, einer Angelegenheit, einem Menschen oder auch sich selbst auf den Grund zu kommen.

Wut, Zorn

Wer im Traum in Wut gerät, leidet unter Konflikten in sich selbst oder mit anderen, die er beseitigen möchte. Das Traumsymbol verkündet meist, daß ihm das auch in der nächsten Zeit gelingen wird. Bringt man im Traum einen anderen in Wut, weist das auf nur oberflächlich beigelegte Konflikte in sich selbst oder mit anderen hin, die noch verarbeitet werden müßten. Entsprechend der individuellen Lebenssituation müssen aus solchen Trauminhalten stets praktische Konsequenzen gezogen werden.

X

X

Der Buchstabe kann im Traum im Sinne des → Kreuzes erscheinen. Er symbolisiert aber auch das Unbekannte oder – als römisches Zahlzeichen – die Zahl 10 (→ Zahlen). Durch ein X kann schließlich etwas angekreuzt oder durchkreuzt werden. Die genaue Bedeutung richtet sich nach den Begleitumständen des Traums.

Xanthippe

Meist kommen darin Ehe- und Familienprobleme des Träumers zum Ausdruck.

X-Beine

Sie deuten auf Schwierigkeiten in der Lebensbewältigung hin, die entsprechend der realen Lebenssituation entschlüsselt und beseitigt werden sollten.

Xylophon

Das Musikinstrument warnt uns davor, mit den Gefühlen anderer Menschen zu spielen. Manchmal zeigt es uns aber auch, daß andere mit unseren Gefühlen ein böses Spiel treiben. In beiden Fällen sollte man praktische Konsequenzen für den Alltag ziehen.

Y

Y

Wie in der Mathematik symbolisiert es auch im Traum meist etwas Unbekanntes. Die genaue Bedeutung ergibt sich aus den Begleitumständen des Traums. Manchmal stehen auch sexuelle Bedürfnisse dahinter.

Yacht

→ Jacht, → Schiff.

Yankee

Der typische Amerikaner, als den man den Yankee oft versteht, symbolisiert im Traum Geschäftstüchtigkeit, materielle Lebenseinstellungen und eine gewisse Rücksichtslosigkeit. Der Träumer sollte seine Wertvorstellungen und Verhaltensweisen überdenken und manches daran korrigieren.

Yoga, Yogi

In diesen Symbolen erkennen wir den Versuch, Bewußtsein und Unterbewußtes zu vereinigen. Der Yogi kann auch im Sinne eines → Asketen oder → Gurus im Traum auftreten.

Z

Z

Der letzte Buchstabe des Alphabets weist meist wieder auf das Unbekannte hin, zum Beispiel auf eine nicht sicher abzuschätzende Größe bei einer Entscheidung, vielleicht auch auf ein Risiko, das auch nach sorgfältiger Abwägung aller Faktoren verbleibt. Zuweilen symbolisiert das Z aber den → Blitz oder die → Elektrizität.

Zacken

Die Deutung hängt von den weiteren Begleitumständen des Traums ab. Uns kann zum Beispiel ein »Zacken aus der Krone fallen«. Manchmal tritt der Zacken aber auch in ähnlichem Sinn wie das → Z auf. Vielleicht steht er auch für die Haken, die wir auf unserem Lebensweg schlagen, oder symbolisiert Hindernisse, die wir überwinden müssen.

zäh, Zähigkeit

Dahinter kann Ausdauer und unbeirrbarer Glaube an etwas stehen, Voraussetzungen des Erfolgs in einer bestimmten Angelegenheit oder aber Symbol für Starrsinn und Verbohrtheit. Manchmal weist uns das Symbol aber auch auf Schwierigkeiten hin, die uns behindern und die wir nur durch Ausdauer überwinden werden.

Zahlen

Die Traumzahlen können manchmal Glückszahlen sein, die man im Toto, Lotto oder bei einem anderen Glücksspiel setzen sollte. Mancher Lottomillionär verdankt seinem Traum tatsächlich den erhofften Gewinn. Zu erklären ist das allerdings noch nicht. Meist kommt den Zahlen im Traum aber eine tiefere Bedeutung zu, die oft in Zusammenhang mit persönlichen Erlebnissen oder Lebensumständen steht. Deshalb muß bei jedem Traum mit Zahlen sorgfältig untersucht werden, ob eine solche Beziehung zu tatsächlichen Ereignissen vorliegt, zum Beispiel zu einem bestimmten Datum, einer Hausnummer oder ähnlichem.

In solchen Fällen will das Unterbewußtsein auf diese Ereignisse hinweisen, weil sie in der tatsächlichen Lebenssituation eine Rolle spielen können. Wenn solche Deutungen auszuschließen sind, kommt der Zahl oft eine Eigenbedeutung zu, die zum Teil auf dem Aberglauben der Völker beruht. Diese Eigenbedeutung der 1 – 13 wollen wir nun einzeln untersuchen.

0 – Sie verkörpert die Leere und das Nichts, einen Zustand also, der eigentlich völlig bedeutungslos ist, zugleich aber auch wieder unentbehrlich, damit etwas entstehen kann. Sie symbolisiert auch das Chaos, aus dem alles Sein, jede Ordnung hervorgeht und wieder darin verschwindet. Die Null steht jenseits aller Gegensätze, Gefühle, jenseits von Gut und Böse, ist jedoch der Quell all dessen, was sich organisiert und Gestalt annimmt. Deshalb kommt in der Null oft das Nirwana zum Ausdruck, ein Zustand, den die asiatischen Religionen als Einswerden mit Gott und der Welt durch Versenkung erreichen wollen. Konkreter ausgedrückt kommt in der Null unsere Sehnsucht nach höheren Einsichten, nach innerem Frieden, nach Selbstverwirklichung und genügend Freiraum für die Kreativität des Träumers zum Ausdruck. Vielleicht zeigt sie im Einzelfall auch einmal das Bedürfnis nach Einsamkeit, Meditation oder Absetzen von der Masse an. Zur genauen Deutung muß die Null vom Buchstaben → O und vom → Kreis unterschieden werden. Das Unterbewußtsein wird dem Träumer im allgemeinen in geeigneter Weise zeigen, welches dieser sehr ähnlichen Symbole in seinem Traum gemeint war.

1 – Die erste Zahl symbolisiert etwas Unteilbares, den Anfang, das Fundament. Sie kann aber auch nichts anderes teilen. Da alles, so unterschiedlich es auch sein mag, aus der Eins entsteht, geht sie auch in allem auf, ohne etwas zu verändern. Wegen dieser Eigenschaft wird sie auch als »zwittrig« verstanden. Im Traum kann sie manchmal auf eine Persönlichkeit hinweisen, die nicht Fleisch, nicht Fisch ist. Häufig verkörpert die Eins Männlichkeit, die Individualität einer eigenständigen Persönlichkeit, Wagemut, Vorherrschen des Geistes, der alles durchdringen will, ohne es zu verwandeln, zuweilen den Wunsch, eins mit sich selbst zu werden, vielleicht auch eins mit anderen Menschen oder Gott.

2 – Im Gegensatz zur Eins kann die Zwei die Dinge sehr wohl verändern. Sie teilt sie in zwei Hälften oder in Gegensätze auf, zum Beispiel in Gut und Böse, männlich und weiblich, Dunkel und Licht, Innen und Außen oder Geist und Materie. Im weiteren Sinn steht dahinter Weiblichkeit, Entscheidungsfreiheit, Aufnahme- und Hingabefähigkeit, die Einsicht, daß alles zwei Seiten hat, vielleicht auch die Erkenntnis von Gegensätzen und Widersprüchen in uns selbst, mit denen wir leben, die wir ständig ausgleichen müssen.

3 – Sie symbolisiert das Neue, das aus der Vereinigung zweier vorhandener Elemente hervorgeht. Das kann zum Beispiel für die Einheit der Persönlichkeit stehen, die aus positiven und negativen Elementen besteht, das Leben des Träumers insgesamt unter Einschluß aller Erfolge und Mißerfolge verkörpern oder ganz konkret den Wunsch nach einem Kind symbolisieren. Die Zahl kann aber auch unser Seelenleben mit seinen drei Schichten Ich (Bewußtsein), Über-Ich (Gewissen) und Es (Unbewußtes) darstellen. Zugleich steht die Zahl für das Schöpferische, für die Kreativität des Menschen, die aus dem vorhandenen Material neue Formen erschafft, oder für seine Fähigkeit, Gegensätze und Widersprüche auszugleichen. Manchmal taucht sie im Sinn eines → Dreiecks auf.

4 – Sie erscheint oft in der Bedeutung von Viereck oder Würfel (→ Kubus) und verkörpert innere Festigkeit, Stärke, Ausdauer, Naturverbundenheit und Sinnlichkeit.

5 – Die Bedeutung ergibt sich aus den vier »Elementen« in der Alchimie des Mittelalters. In der Fünf wird die Einheit dieser Elemente versinnbildlicht, zugleich aber auch die Vielfalt des Seins, die aus der unterschiedlichen Mischung dieser Elemente hervorgeht. Außerdem kann die Zahl den menschlichen Körper mit Kopf, zwei Armen und zwei Beinen versinnbildlichen. Gelegentlich gilt die Fünf als Symbol der Ehe oder Ausdruck des Wunschs nach Kindern.

6 – In dieser Zahl, die auch als doppeltes Dreieck (→ Dreieck, → 3) auftauchen kann, kommt Harmonie oder Symmetrie zum Ausdruck. Sie verkörpert die Einheit von Körper, Geist und Seele, die harmonischen Wechselbeziehungen zwischen Körper und Geist, Mensch und Gott, Vergänglichkeit und Unendlichkeit. Außerdem kann die Zahl auf unsere Gesundheit hinweisen, insbesondere drohende Schäden und Krankheiten anzeigen.

7 – Die Sieben, auch als Kombination aus einem → Viereck und einem → Dreieck zu verstehen, versinnbildlicht den Einfluß innerer oder kosmischer, rhythmischer Schwingungen und Energien auf unser Leben und unseren Körper. Die menschliche Entwicklung wird seit alters in »Jahrsiebte« aufgeteilt: Kindheit, Schulzeit, Pubertät, junger Erwachsener, Aufbau, Festigung des Erreichten, Mitte des Lebens und so weiter. Die asiatische Medizin geht davon aus, daß in unserem Körper sieben Energiezentren vorhanden sind. Außerdem steht die Sieben noch mit dem Spektrum der Farben und den Tönen in der Musik in Verbindung.

8 – Sie symbolisiert Abstieg und Tod, Aufstieg und Wiedergeburt, so wie in der Zahl selbst auf die Abwärtsbewegung des unteren Teils die Aufwärtsbewegung im oberen folgt. Sie kann aber auch den Höhepunkt (Gipfel) einer Entwicklung verkörpern, aus dem etwas Neues keimt, weil das Alte keine weitere Entwicklung mehr zuläßt. Ganz allgemein steht die Acht für Zerfall und Zeugung, manchmal auch für Gerechtigkeitssinn.

9 – Sie steht am Ende unseres Zahlensystems, danach beginnt alles wieder auf einer höheren Ebene von vorn. Deshalb symbolisiert die Neun das Ende einer bestimmten Entwicklungs- oder Wachstumsphase. Dem entspricht auch, daß die Schwangerschaft im neunten Monat der Geburt endet.

10 – Die Kombination aus der Eins und der → Null bedeutet den Beginn eines neuen Abschnitts auf einer höheren Ebene. Während die Eins den Anfang überhaupt symbolisiert, steht die Null für die Leere, aus der die neue Entwicklung hervorgeht und in die das Neue hineinwächst. Konkreter ausgedrückt: Wir beginnen im Leben etwas von vorne, bauen dabei aber auf den Erfahrungen unseres bisherigen Lebens auf. Deshalb kann die Zehn auch Wiedergeburt oder Karriere versinnbildlichen.

11 – Sie kann als die → Zwei auf höherem Niveau betrachtet werden, zeigt dann also meist das Fortschreiten einer Entwicklung an, die in der Zehn zum Ausdruck kommt. Man kann die Elf aber auch im zeitlichen Rahmen als die vorletzte Stunde betrachten. Dann fordert sie uns zum Handeln auf, solange dazu noch Zeit ist. Manchmal symbolisiert die Zahl den Wunsch nach guten, langwährenden zwischenmenschlichen Beziehungen oder weist uns auf Veränderungen und Störungen im Bereich des vegetativen Nervensystems hin.

12 – Eine sehr wichtige Zahl, die seit alters in Mythen, Sagen und Religionen auftaucht. Wir kennen zum Beispiel die zwölf Jünger um Jesus, zwölf Tierkreiszeichen, zwölf Ritter in der Tafelrunde des sagenumwobenen König Artus, die zwölf Stämme des »auserwählten Volkes Israel« oder die zwölf Arbeiten des Herkules, um nur einige bekannte Beispiele aufzuführen. Sie symbolisiert deshalb die Erfahrungen des Lebens, welche die Seele sammeln muß, um sich zu vervollkommnen. Außerdem zeigt die Zwölf die Möglichkeiten auf, die in uns angelegt sind und – zum Teil durch die Verarbeitung unserer Lebenserfahrungen – verwirklicht werden. Im weiteren Sinn stehen hinter der Zwölf auch unsere Hoffnungen und Sehnsüchte, niedrige Instinkte und hohe Ideale, Weisheit, Vernunft, Liebe, Intuitionen und Zweifel, kurz die ganze Vielfalt des menschlichen Lebens.

13 – Sie verkörpert die Harmonie all dessen, was die Zahl 12 umschließt, also die Ganzheit unserer Persönlichkeit und die Vollendung unseres Lebens. Entsprechend ihrer Bedeutung im allgemeinen Sprachgebrauch kann die Dreizehn aber auch eine Unglücks- (seltener Glücks-)zahl sein.

Alle Zahlen, die gemalt, geschrieben oder auch plastisch im Traum auftauchen können, müssen stets individuell je nach den Begleitumständen des Traums gedeutet werden.

zahm, zähmen

Diese Symbole deuten auf Bestandteile unserer Persönlichkeit hin, die bisher zu kurz gekommen sind und mit denen wir einen neuen Umgang pflegen sollten. Das bezieht sich häufig auf unsere Gefühle, mit denen wir oft recht stiefmütterlich umgehen, denen wir nicht so ganz vertrauen, obwohl sie uns im täglichen Leben meist sicher leiten könnten.

Zahn, Zähne

Sie können auf sexuelle Bedürfnisse oder materielle Bestrebungen des Träumers hinweisen. Die genaue Deutung richtet sich auch nach dem Zustand der Zähne. Sind sie gesund, kann man meist mit Erfolgen rechnen, während lockere, schlechte oder sogar ausfallende Zähne vor Mißerfolgen und materieller Not warnen. Läßt man sich im Traum die Zähne plombieren, dann sollte man im Alltag prüfen, welche Fehler man bei der Bewältigung von Schwierigkeiten macht. Wird ein Zahn gezogen, deutet das materielle Probleme an. Wenn man selbst einem anderen einen Zahn zieht, wird man entweder seinen Widerstand brechen können oder aus seinen Schwierigkeiten selbst Nutzen ziehen. Zahnschmerzen warnen ganz allgemein vor bevorstehenden Problemen und Hindernissen, die man allerdings noch beseitigen kann, wenn man die Warnung des Traums ernst genug nimmt und rechtzeitig handelt. Falsche Zähne warnen vor Scheinerfolgen oder weisen auf eigenes Geltungsbedürfnis hin, wenn man sie selbst trägt. Bei anderen sind sie als Warnung vor deren Heucheleien und Hinterlist zu verstehen. Die Zähne können im Traum aber auch auf die Neigung des Träumers hinweisen, andere Menschen durch sein Verhalten zu verletzen, ihnen seelische Schmerzen zuzufügen. Manchmal symbolisieren sie bei Frauen den Wunsch nach Schwangerschaft.

Zahnarzt

Er verkörpert zum Beispiel Angst vor Schmerzen, gelegentlich die Hoffnung, daß ein anderer Mensch einem aus einer schwierigen Situation heraushelfen wird. Häufig sagt uns das Symbol im Traum, daß wir mehr auf das achten sollten, was wir (oft unüberlegt oder im Zorn) sagen, weil wir sonst andere Menschen vor den Kopf stoßen oder verletzen.

Zahnrad

Es kann im Traum ankündigen, daß wir Hindernisse auf dem Lebensweg auf ungewöhnliche Weise lösen werden. Da Zahnräder auch in Kupplungen häufig zur Kraftübertragung verwendet werden, kann das Symbol manchmal darauf hinweisen, daß wir die Energien aus bisher mißachteten Teilen unserer Persönlichkeit »ankuppeln« sollten, um unsere Absichten und Pläne zu verwirklichen.

Zahnradbahn

Sie zeigt uns, daß unser Aufstieg im Leben zwar langsam, aber sicher erfolgen wird.

Zange

Der Träumer befindet sich in einer Klemme. Meist handelt es sich dabei um moralische Zwangslagen, die ihn »in die Zange« nehmen. Aus dem Traum sollten praktische Konsequenzen gezogen werden.

Zank, Streit

Diese beiden Traumsymbole deuten oft darauf hin, daß wir einem Menschen, mit dem wir bisher in Zank und Streit leben oder den wir zumindest als unsympathisch empfanden, Unrecht getan haben und das auch bald einsehen werden. Aus dieser Einsicht wird dann ein besseres Verhältnis zu ihm resultieren.

Zapfenstreich

Er verkündet Störungen in einer Liebesbeziehung, vielleicht gar ihr Ende.

zart, Zärtlichkeit

Manchmal kommt in solchen Trauminhalten tatsächlich ein unbefriedigtes Bedürfnis nach Zärtlichkeit zum Ausdruck. Vielleicht steht dahinter aber auch die Persönlichkeit des Träumers, der zart besaitet ist, vieles zu schwer nimmt und leicht verletzt werden kann. Dann sollte man nach den Ursachen forschen und versuchen, sich etwas mehr gegen die Umwelt abzuhärten. Im Einzelfall kann das Symbol auch einmal auf ein wenig belastbares vegetatives Nervensystem oder eine allgemein schwächliche körperliche Konstitution hinweisen.

zaubern, Zauberer

Das vieldeutige Symbol kann Selbstüberschätzung oder zu hohe Erwartungen anderer Menschen an die eigene Persönlichkeit zum Ausdruck bringen – man erwartet gewissermaßen »Wunder«. Zuweilen erhofft sich der Träumer auch Hilfe in einer Situation, die ihm so schwierig erscheint, daß nur noch »Zauberei« zu helfen scheint, oder er versucht, durch List etwas zu erreichen, was er auf geradem Weg nicht verwirklichen kann (oder zumindest glaubt nicht erreichen zu können). Im weiteren Sinn stehen dahinter männliche Persönlichkeitszüge, die zwar unbewußt bleiben, aber doch stark auf unser Leben Einfluß nehmen.

Zaum

Durch ihn zeigt uns das Unterbewußtsein, daß wir unser Leben in die eigene Hand nehmen müssen oder uns mehr im Zaum halten, also selbstbeherrschter werden sollten. Die genaue Deutung hängt auch von dem Tier ab, das wir unter Umständen im Traum am Zügel führen.

Zaun

Oft symbolisiert er ein Hindernis auf unserem Lebensweg, das in uns besteht oder durch äußere Ursachen aufgerichtet wurde. Der Zaun kann aber auch Schutz bedeuten oder die eigenen Möglichkeiten eingrenzen.

Zebra

Das Tier demonstriert uns durch sein schwarzweißes Fell, wie nahe Gut und Böse, Positives und Negatives, oft im Leben beieinander liegen. Diese Einsicht kann uns helfen, im Glück nicht zu übermütig und im Pech nicht zu verzagt zu werden.

zeichnen, Zeichnung

In beiden Symbolen werden wir mit Dingen aus unserem Leben konfrontiert, die entweder noch aktuell sind oder nur noch in der Erinnerung bestehen. Zur genauen Deutung kommt es vor allem auf den Inhalt der Zeichnung an. Daraus kann man wichtige Einsichten gewinnen und praktische Konsequenzen ziehen.

Zeigefinger

Hinweis, Warnung oder Anklage kommt in diesem Symbol zum Ausdruck. Zur genauen Deutung müssen die Begleitumstände des Traums und die reale Lebenssituation berücksichtigt werden.

Zeiger (der Uhr)

Die Bedeutung ergibt sich vor allem aus der Stellung der Zeiger und den Begleitumständen des Traums. Oft muß die Zahl, auf der die Zeiger stehen, bei der Deutung mit berücksichtigt werden (→ Zahlen). Ganz allgemein zeigt das Symbol uns ein bevorstehendes wichtiges, mehr oder minder positives Ereignis an. Wenn die Zeiger kurz vor zwölf stehen, sollte in einer wichtigen Angelegenheit endlich noch eine Entscheidung getroffen werden, ehe es dazu endgültig zu spät geworden ist.

Zeitung

Sie verkörpert etwas Neues, das uns vielleicht erst vor kurzem bewußt geworden ist. Es hat zwar einige Bedeutung für uns, aber doch nicht so stark, daß unser Leben dadurch nachhaltig beeinflußt würde. Manchmal kann die Zeitung innere Unsicherheit symbolisieren, die sich aus den verschiedenen Aspekten der eigenen oder einer anderen Persönlichkeit oder Angelegenheit ergibt. Man findet sich nicht zurecht, weil diese unterschiedlichen Möglichkeiten nicht überschaubar sind. Im Einzelfall weist die Zeitung darauf hin, daß wir eine Enthüllung fürchten – vielleicht die Offenbarung eines Geheimnisses, das man aus Angst vor Verurteilung durch die Umwelt peinlich verborgen hält.

Zelt

Es versinnbildlicht das Lebensgebäude des Träumers, das auf unsicheren Grundlagen errichtet ist, zeigt Mangel an Ausdauer, Beständigkeit und einer klaren Lebenslinie an. Dem Zelt haftet immer der Charakter des Unbeständigen, Vorübergehenden an. Dagegen sollte der Träumer je nach realer Lebenssituation etwas unternehmen. In anderem Sinn kann das Zelt aber auch auf eine unbekümmerte Lebenseinstellung hinweisen, auf Freude am Risiko und Abenteuer oder auf das Bedürfnis nach häufigem Wandel. Wenn diese Einstellungen mit der Persönlichkeit des Träumers in Einklang stehen, sind daraus meist keine praktischen Konsequenzen erforderlich. Der Träumer gehört dann oft zu den beneidenswerten Menschen, die ohne unnötigen Ballast durchs Leben gehen, Schönheit und Lebensglück genießen und sich keine unnötigen Sorgen machen.

Zeppelin

In ihm kommen sexuelle Bedürfnisse zum Ausdruck, die uns in vergeistigter (sublimierter) Form die Energie zur Verfügung stellen, die wir benötigen, um kreativ zu sein und uns über den Alltag zu erheben.

Zepter

Als Zeichen der Autorität und Macht deutet dieses Symbol auf entsprechende Bedürfnisse des Träumers hin. Auch eine gewisse Geltungssucht kann dahinter zum Vorschein kommen.

zerbrechen

Die Bedeutung hängt davon ab, was zerbricht (→ entsprechendes Stichwort).

Zeremonie

Sie verkörpert innere Einstellungen, Haltungen und Werte, die unser Leben mehr oder minder stark beeinflussen, unserem Verhalten eine bestimmte Form geben.

zerlumpter Mensch

Mit diesem Symbol kann uns das Unterbewußtsein auf ein Wertvakuum in uns hinweisen. Dem Träumer mangelt es oft an klaren Lebenszielen, moralischen Leitlinien und Normen. Aus dieser Einsicht sollten praktische Konsequenzen gezogen werden. (→ Bettler)

zerreißen

Dahinter können Pflichten stehen, aus denen wir uns befreien möchten. Manchmal handelt es sich auch um Gefühlsbindungen, die unbefriedigend geworden sind und uns belasten, die wir aber nicht so ohne weiteres aufgeben können. Zur Deutung muß man auch die Gegenstände heranziehen, die im Traum zerrissen werden. Praktische Konsequenzen sollten aus einem solchen Trauminhalt gezogen werden, zum Beispiel der Abbruch einer Gefühlsbindung oder die Arbeit daran, damit sie wieder besser wird.

Zerstörung

Oft weist dieses Symbol auf innere Einstellungen hin, die bisher wichtig für uns waren, sich aber als nicht mehr tragfähig erwiesen. Zerstört werden können aber auch Hoffnungen, Gefühle oder bestimmte Wesenszüge. Zuweilen steht hinter dem Symbol der negative Einfluß der Umwelt, die unsere Persönlichkeit zu zerstören droht.

Zettel

Eine Ermahnung des Unterbewußtseins, sich nicht durch Kleinigkeiten unnötig belasten zu lassen oder sich nicht zu verzetteln, sondern auf das Wesentliche zu konzentrieren.

Zeuge, Zeugin

→ Eid.

Zeugnis

Wenn dahinter nicht tatsächlich ein Zeugnis (Schule, Beruf) steht, das der Träumer erwartet oder erhalten hat, dann deutet das Symbol meist auf eine bevorstehende Situation hin, in der er sich bewähren muß. Je nach den Begleitumständen des Traums blickt er dieser Bewährungsprobe mit guten oder negativen Empfindungen entgegen. Im Einzelfall kann es sinnvoll sein, seine inneren Einstellungen und Erwartungen einer Überprüfung zu unterziehen, damit man diese Probe gut übersteht.

Ziege

Das Tier symbolisiert Ausdauer, Genügsamkeit und Bewältigung auch schwieriger Situationen. Es kann aber auch auf Halsstarrigkeit und Aggressivität (besonders in der Form des Ziegenbocks) hinweisen. Manchmal verkörpert die Ziege die Opfer, die wir im Lauf des Lebens gebracht haben, oder zeigt uns, daß wir nach einem Sündenbock suchen oder selbst von anderen als Sündenbock mißbraucht werden.

Ziegel

Sie gelten als solides Baumaterial. Demnach zeigen Ziegelsteine im Traum an, daß unsere Existenz gesichert ist. Die Dachziegel versinnbildlichen das berechtigte Gefühl der Sicherheit und Geborgenheit.

ziehen

Wenn man im Traum etwas zieht, kündigt das Unterbewußtsein dadurch Mühen und Schwierigkeiten an, die wir auf dem weiteren Lebensweg ertragen und bewältigen müssen. Zur genaueren Deutung dieses Traumsymbols kommt es natürlich auch darauf an, was man zieht. Manchmal beobachtet der Träumer auch, wie andere Menschen oder Tiere etwas ziehen. Darin kommt zum Ausdruck, daß man aus den Mühen und Schwierigkeiten anderer Nutzen ziehen wird. Von entscheidender Bedeutung kann es auch sein, welches Tier dabei auftaucht.

Ziehharmonika

Das Musikinstrument symbolisiert innere Ausgeglichenheit, vor allem gefühlsmäßige Harmonie in einer bescheidenen, schlichten, aber tragfähigen Beziehung.

Ziel, zielen

Darin erkennen wir unsere Lebensziele und werden vom Unterbewußtsein aufgefordert, uns darauf zu konzentrieren.

Zielscheibe

Sie verkörpert Absichten, Bestrebungen und Hoffnungen, die aber meist noch in der Ferne liegen.

Zigarre

Als Phallussymbol weist sie oft auf primitive sexuelle Bedürfnisse hin, im weiteren Sinn auch auf Männlichkeit.

Zigeuner(in)

Beide verkörpern ein unstetes Wesen, den Drang nach Freiheit, das Leben aus der Intuition, die aus dem Unbewußten stammt und vom Verstand nicht gelenkt wird. Im weiteren Sinn stehen dahinter ausgeprägte Individualität und vielleicht auch die Neigung, sich über soziale Normen und Gebote hinwegzusetzen, wenn man sie innerlich nicht akzeptiert. Manchmal warnt uns das Unterbewußtsein durch diese Symbole auch vor der Falschheit und Hinterlist anderer, die uns übers Ohr hauen wollen. Weissagungen durch eine Zigeunerin können tatsächlich bevorstehende Ereignisse ankündigen, vielleicht aber auch einen Hang zum Mystischen aufzeigen oder den Wunsch des Träumers nach Einblick in die nächste Zukunft, nach Rat und Hilfe für sein weiteres Leben, zum Ausdruck bringen. Die Begleitumstände müssen zur Deutung ebenso wie die tatsächlichen Lebensumstände herangezogen werden.

Zimmer

Ein Teil des Hauses, also ein Aspekt unserer Persönlichkeit oder unseres Lebens. (→ Haus)

Zimmermann

Er verkörpert unsere schöpferische Kraft, die aus dem Unbewußten stammt und vom Verstand gezielt zur Verwirklichung unserer Absichten, Hoffnungen und Wünsche eingesetzt wird. Das Symbol weist uns gleichzeitig darauf hin, daß wir unser Leben selbst gestalten können und sollten, um uns zu verwirklichen und in Einklang mit uns selbst zu leben.

Zinsen

Sie symbolisieren die Ansprüche, die das Leben an uns stellt als Preis für die Verwirklichung unserer Absichten und Ziele.

Zirbeldrüse

Das Organ versinnbildlicht im Traum unsere bewußten geistigen Funktionen, vor allem die der Sinnesorgane.

Zirkel

Der Zirkel ist ein Traumsymbol, das uns zeigt, daß wir uns im täglichen Leben bei der Lösung eines Problems im Kreis bewegen und deshalb erfolglos bleiben. Man sollte diesen Hinweis des Unterbewußtseins auf die konkrete Lebenssituation beziehen und möglichst bald praktische Konsequenzen daraus ziehen.

Zirkus

Das Symbol verkörpert die Inhalte und Bedürfnisse aus unserem Unterbewußtsein, die wir alle unter geistiger Kontrolle haben. Zuweilen will uns das Unterbewußtsein auch erst auf diese Fähigkeiten hinweisen, damit wir sie mehr als bisher nutzen können.

zischen

Darin erkennen wir eine innere Entlastung von Gefühlen, die bisher unterdrückt wurden und sich deshalb bis zum Überdruck stauten. Die Entladung kann entweder symbolisch oder durch ein tatsächliches Ausleben dieser Gefühle zustande kommen.

Zither

Sie verkörpert die Harmonie in einer guten Gefühlsbeziehung.

Zitrone

Die saure Frucht kann auf Gefühle hindeuten, die negativ geprägt sind. Der Träumer ist »sauer« oder vom Leben verbittert. Da Zitrusfrüchte aber auch gesund sind, weist das Unterbewußtsein vielleicht auch ganz einfach darauf hin, daß Fehler in der Ernährung (Vitamin-C-Mangel) abgestellt werden sollten.

Zölibat

In diesem Trauminhalt kommt zum Ausdruck, daß der Träumer seine materiellen Bedürfnisse und Instinkte beherrscht (oder es tun sollte). Das kann nützlich sein, unter Umständen aber auch erhebliche Probleme aufwerfen.

Zoo

Er verkörpert die Gesamtheit unserer Instinkte und Triebe, die wir beherrschen oder unterdrücken. Aus den Begleitumständen des Traums wird erkennbar, ob man damit das Richtige tut oder sich zu starke Beschränkungen auferlegt, die man besser locken sollte.

Zopf

Manchmal weist er auf Gewohnheiten und traditionelle Normen hin, die uns behindern, weil sie neue Lebensrichtungen und Denkanstöße nicht zulassen. In diesem Fall empfiehlt es sich, den Mut zum Ausbrechen aus dem Gewohnten zu finden. Der Zopf kann aber auch die Ausrichtung aller Energien und Kräfte auf ein Ziel symbolisieren, das wir dadurch besser und schneller erreichen werden.

Zorn

→ Zank.

Zuchthaus

→ Gefängnis.

Zucker

Darin kommen die positiven Seiten unserer Persönlichkeit, angenehme Lebenserfahrungen oder freundliche Menschen in unserem Lebensraum zum Vorschein. Manchmal zeigt uns der Zucker auch, daß wir versuchen, negative Lebenserfahrungen, die unangenehmen Seiten unserer eigenen Person oder anderer Menschen zu versüßen. Das kann Selbstbetrug bedeuten, zuweilen aber auch sinnvoll sein. Nur der Träumer selbst kann das auf Grund seiner konkreten Lebenssituation erkennen und richtig deuten.

Zug

→ Eisenbahn.

Zugbrücke

Sie verdeutlicht uns die Abhängigkeit von anderen Menschen ganz allgemein oder in einer bestimmten Lebenssituation, in der wir auf die Gunst anderer angewiesen sind.

Zügel

→ Zaum.

Zulu

→ Eingeborener.

Zunge

Hauptsächlich versinnbildlicht sie unsere Fähigkeit zu sozialen Kontakten, die ja in erster Linie durch die Sprache angeknüpft und unterhalten werden. Manchmal symbolisiert sie als Phallussymbol sexuelle Bedürfnisse. Im weiteren Sinn bringt sie Gefühle zum Vorschein, die danach drängen, sich auch in der Realität bemerkbar zu machen, vom Träumer aber noch unterdrückt werden.

zuschließen

Ein Symbol, das auf die Neigung des Träumers hindeutet, sich gegen die Umwelt abzuschließen, ihre Einflüsse abzuwehren. Ganz konkret kann darin (vor allem bei Frauen) aber auch eine Ab-

neigung gegen sexuelle Betätigung zum Ausdruck kommen, deren Ursachen dann erforscht und – wenn nötig mit Hilfe eines Psychotherapeuten – bewältigt werden müssen.

Zweig(e)

Meist verkörpern sie Teile unseres Lebens (→ Baum). Verdorrte oder auf dem Boden liegende Zweige symbolisieren Erfahrungen oder Persönlichkeitszüge, die wir überwunden haben, ablehnen oder verkümmern lassen. Auch abgestorbene Hoffnungen und Ideale können dahinterstehen. Die grünen, saftigen oder blühenden Zweige dagegen weisen auf positive Wesenszüge oder Erfahrungen hin, die wir bejahen, oder sie zeigen uns, daß Hoffnungen, die wir uns machen, berechtigt sind.

Zweikampf, Duell

Ein Symbol, das auf bestehende oder zu erwartende Differenzen mit einem anderen Menschen (oft dem Lebenspartner) hinweist.

Zwerg

Vordergründig bringt er Minderwertigkeitsgefühle des Träumers zum Ausdruck. Man muß sich in diesem Fall nach deren Wurzeln fragen. Vielleicht entstanden sie tatsächlich aus einer persönlichen Schwäche oder Minderwertigkeit, oft aber auch, weil das Geltungsbedürfnis und die persönliche Eitelkeit nicht genügend befriedigt wurden, weil man die eigenen Grenzen nicht erkannte oder nicht akzeptieren wollte. In solchen Fällen hilft nur eine Veränderung der Einstellungen und Erwartungen, die im Einzelfall nur mit Hilfe des Therapeuten zu erreichen ist. Der Zwerg kann aber auch Teile unserer Persönlichkeit symbolisieren, die wir vernachlässigen oder unterdrücken. Dadurch wird die Selbstentfaltung behindert. Man sollte die Motive analysieren und praktische Konsequenzen daraus ziehen. Ganz allgemein verkörpern Zwerge Energien und Kräfte aus unserem Unterbewußtsein, die uns (ohne daß uns das klar wird) im Leben stärker beeinflussen.

Zwetschen, Pflaumen

Sie deuten häufig auf sexuelle Bedürfnisse hin. (→ Obst)

Zwiebel

Im antiken Ägypten wurden Knoblauch und Zwiebeln gottähnlich verehrt und auch zu religiösen und kultischen Handlungen gebraucht. Der Trauminhalt kann deshalb unsere Bedürfnisse nach Kontakt mit dem Unterbewußten oder nach höheren, mystischen Einsichten symbolisieren. Da Zwiebeln uns auch zum Weinen bringen, steht im Einzelfall eine Erfahrung dahinter, die uns schwer getroffen hat und nun durch Weinen abreagiert wird.

Zwillinge

Mit dem Traumsymbol der Zwillinge will uns unser Unterbewußtsein auf eine Verwechslung aufmerksam machen.

Zwirn

→ Faden.

Zylinder

Als → Hut entspricht er der unter diesem Stichwort angegebenen Bedeutung. Der Zylinder eines Motors deutet auf Energie und Kraft hin, die wir zur Bewältigung einer Arbeit einsetzen oder benötigen. Außerdem kennen wir noch den Zylinder einer → Lampe.

Zyste(n)

Darin kommen negative Erinnerungen und Gefühle zum Ausdruck, die wir in uns abgekapselt haben, die aber dennoch ungünstig auf unser Leben wirken. Man sollte diese Abkapselung durchbrechen, die Erinnerungen und Gefühle verarbeiten, damit sie ihre negativen Wirkungen verlieren. Wenn das aus eigener Kraft nicht möglich ist, sollte ein Psychotherapeut konsultiert werden.

Schlußwort

Träume sind Botschaften – aber nicht aus der übersinnlichen Welt der Götter, Geister und Dämonen, wie man bis ins Mittelalter hinein glaubte, sondern Botschaften aus der eigenen Seele.

Als regelmäßig wiederkehrende Form des Schlafs erfüllen die Träume zunächst ganz unabhängig von ihrem Inhalt eine wichtige Erholungsfunktion für das Seelenleben. Darum braucht man sich aber nicht weiter zu kümmern, denn diese Funktion wird automatisch erfüllt, sobald wir träumen. Von hohem praktischen Wert dagegen sind die verschlüsselten Botschaften der Träume, die aus dem unbewußten Bereich unserer Seele emporsteigen.

Die Funktion der Träume

Die Allegorien, Symbole, Metaphern und Archetypen, die in unseren Träumen auftauchen, sind keine Produkte des Zufalls. Manchmal dienen sie nur der Verarbeitung von Tagesereignissen, oft steht dahinter aber ein tieferer Sinn. Aufgabe der Traumdeutung ist es, diesen Sinngehalt zu entschlüsseln, damit der Traum nicht umsonst geträumt wurde. Für diese Traumanalyse gibt es nur einen einzigen »Spezialisten« – den Träumer selbst. Auch wenn er die Hilfe eines Fachmanns in Anspruch genommen hat, kann im Grunde nur er allein den Traum deuten und beurteilen, ob die Deutung stimmt. Der Psychotherapeut leistet dazu lediglich die »Hebammendienste«, indem der auf Grund seiner Erfahrung und Ausbildung bestimmte mögliche Deutungen vorschlägt und Hindernisse aus dem Weg räumt, die der Deutung entgegenstehen.

Diese Aufgabe kann normalerweise aber auch ein Traumlexikon übernehmen. Der Fachmann wird erst dann notwendig, wenn eine tiefgreifendere seelische Störung die Traumdeutung blockiert oder verfälscht, in den Fällen also, bei denen die Traumdeutung zur Behandlung seelischer Krankheiten eingesetzt wird. Es wäre ja praktisch auch kaum möglich, wegen jedes Traums gleich zum Psychotherapeuten zu gehen.

Selbstdeutung ist möglich

Die Selbstanalyse darf keineswegs als bloße Spielerei mißverstanden werden. Wer sich nur gelegentlich einmal damit beschäftigt, wird kaum Nutzen daraus ziehen. So wie die Körperpflege selbstverständlicher Bestandteil der täglichen Hygiene ist, so sollte auch die Traumdeutung täglicher Bestandteil der seelischen Hygiene werden.

Das setzt voraus, daß man sich regelmäßig mit den Träumen beschäftigt. Anfangs fällt das den meisten Menschen nicht leicht, denn alles, was aus unserem Unbewußten stammt, wird uns nur verschlüsselt bewußt. Es bedarf schon einiger Übung und Erfahrung, um sich dadurch nicht verwirren und in eine falsche Richtung lenken zu lassen. Die Mühe lohnt sich aber, denn es gibt keinen besseren und direkteren Weg zur Selbsterkenntnis als die Selbstanalyse von Träumen. Und Selbsterkenntnis – also das Bewußtsein der Eigenschaften, Hoffnungen, Neigungen, Erwartungen und Wünsche, die zum Teil unbewußt in uns ruhen – schafft wiederum die Grundlagen für ein gesundes, erfüllteres Leben im Einklang mit sich selbst. Die Selbstanalyse von Träumen muß sich nun nicht darauf beschränken, vertiefte Kenntnisse von der eigenen Persönlichkeit zu erwerben. So wichtig diese Funktion auch ist, sie bleibt doch noch zu sehr Theorie. Der Träumer erwartet von seinem Unbewußten meist mehr, zum Beispiel ganz konkrete Lösungsvorschläge zu Lebensproblemen, die ihn belasten und aus denen er ohne Hilfe aus seinem Innern keinen Ausweg erkennt. Auch darauf bleibt die Traumanalyse die Antwort nicht schuldig.

Das Unbewußte ist ein verläßlicher Ratgeber

Die Weisheit des Unbewußten, in dem sich die Summe aller längst vergessenen persönlichen Lebenserfahrungen mit dem jahrtausendealten Erfahrungsschatz der Menschheit aus dem kollektiven Unbewußten vereint, wo Kreativität und Phantasie ihren Ursprung nehmen, kann uns in der bildhaften Sprache der Träume bei allen Lebensfragen zum verläßlichen Ratgeber werden.

Es sind keine »billigen« Ratschläge, wie wir sie oft von unseren Mitmenschen hören, die dadurch in erster Linie nur ihre eigenen Meinungen zum Ausdruck bringen wollen, sondern Hilfen, die unserer Persönlichkeit uneingeschränkt gerecht werden. Deshalb können wir auch voll und ganz hinter den Entscheidungen stehen, die wir im Einklang mit dem Unbewußten getroffen haben.

Die Selbstanalyse von Träumen und die Umsetzung ihrer Aussagen im täglichen Leben gewinnt heute zunehmend an Bedeutung. Die in den letzten Jahrzehnten in allen Industrienationen der Erde sprunghaft angestiegene Zahl seelisch kranker Menschen erklärt sich nicht zuletzt daraus, daß wir immer weniger im Einklang mit unserem Unbewußten leben. Es »rächt« sich für diese Mißachtung, indem es seelische Fehlhaltungen, Depressionen, Ängste und vielleicht sogar Geisteskrankheiten zuläßt. Davor gibt es keinen wirksameren Schutz, als die tägliche Seelenhygiene durch Traumdeutung, zu der dieses Lexikon anleitet.

Seelenhygiene durch Traumdeutung

Der Mensch, der durch die Träume ständig im Kontakt mit seinem Unbewußten steht und aus dessen verschlüsselten Botschaften auch praktische Konsequenzen zieht, wird nicht so leicht gegen seine Grundbedürfnisse verstoßen und dadurch krank an Seele und Körper werden.

Sachregister

**Begriffe
von A bis I**

**Begriffe
von T bis Z**